Erscheint Maria heute?

Jacques Cabaud

Erscheint Maria heute?

Übersetzt aus dem Englischen von Rosemarie Cabaud

Französischer Originaltitel:

«En faveur des apparitions mariales contemporaines»

Hauptstraße 22

88353 Kisslegg

www.fe-medien.de

ISBN 978-3-7171-1260-0

Druck: Axlo, Suchy Las

Printed in EU

*Für Frau Dr. Maria Diepgen,
ohne die es dieses Buch nicht gäbe.*

«…Eins unserer massgeblichen Kriterien ist es,
das Urteil über
die übernatürliche Wahrheit des Ereignisses
nicht mit
den geistigen Früchten zu verwechseln.»

Kardinal Ratzinger

Dies ist das Buch eines treuen Sohnes der Kirche.
Falls einige Formulierungen zu gewagt erscheinen
oder Fehler eintreten sollten, bedauere ich das zutiefst.
Weit entfernt davon, mich in überflüssige Streitereien
zu verstricken, habe ich versucht,
den Geist der Unterscheidung zu wecken.

«Wenn die schweigen, schreien die Steine.»

In unserer Zeit des Glaubensschwundes
sagt Jesus zu uns:
«Hört auf meine Mutter, was sie euch sagt, das tut!»

Einleitung

Wie der selige Papst Innozenz XI.[1] sagte, sind Privatoffenbarungen nicht Gegenstand übernatürlichen Glaubens, wie es die Heilige Schrift und die Dogmen sind. Es ist aber eine erwiesene Tatsache, dass sie nicht nur viele Ungläubige zum Glauben geführt, sondern auch die lauwarme religiöse Praxis mancher Kirchgänger neu belebt haben. Manchmal schrieben Privatoffenbarungen sogar Geschichte, wenn wir glauben wollen, dass Fatima den Untergang des Kommunismus bewirkte.

Wie soll der Durchschnittschrist reagieren, wenn er von Marienerscheinungen erfährt, die sich in heutiger Zeit an verschiedenen Orten ereignen? Die meisten Menschen, die keine Probleme mit Erscheinungen der Vergangenheit haben, sind hilflos, wenn sie mit Medjugorje, Schio, Manduria und all den anderen Orten konfrontiert werden, wo derzeit übernatürliche Ereignisse stattfinden oder stattgefunden haben. Übernatürliche Ereignisse in heutiger Zeit beunruhigen, während die der Vergangenheit dem Urteil der Kirche anvertraut werden. Die richtige Antwort auf diese Phänomene zu finden, wird für den einfachen Gläubigen noch dadurch erschwert, dass die zuständige Autorität — in den meisten Fällen der Ortsbischof — den übernatürlichen Charakter eines außergewöhnlichen Geschehens in seiner Diözese nicht anerkennen wird, solange dieses nicht zu einem Ende gekommen ist. Nach unserer Erfahrung mit ähnlichen Fällen wird er ein Dokument verfassen, in dem er bestreitet, dass das, was die Seher sehen, was Augenzeugen be-

1. Vgl. Artikel Nr. 2121 im Denzinger-Schönmetzer.

kunden, was die übermittelten Botschaften aussagen, von übernatürlichem Charakter sei, oder, um es milder auszudrücken, dass in den meisten Fällen der übernatürliche Charakter dieser Ereignisse nicht nachgewiesen werden kann. Auf diese Weise korrektermaßen gewarnt, sind die Gläubigen sich selbst überlassen, denn seit dem II. Vatikanischen Konzil und seit Papst Paul VI. dürfen sie sich überall zum Gebet versammeln, wo sie möchten, solange sie keinen Skandal erregen. Im Laufe der Zeit kann es dann geschehen, dass ein neuer Bischof anerkennt, was zahllose Gläubige schon seit langem wissen, nämlich dass Erscheinungsorte Gnadenquellen unzähliger Segensgaben mit Bekehrungen, wunderbaren Heilungen und innigem Gebet sind. Manchmal bevorzugt es der Bischof, an seiner ersten Verlautbarung nichts zu ändern, während er die Pilgerscharen gewähren lässt oder sie inoffiziell unterstützt. All das ist ein langer Prozess. Was aber sollen Gläubige in der Zwischenzeit tun, wenn ihnen Berichte von Erscheinungen zu Ohren kommen? Mögen die folgenden Überlegungen, basierend auf den Erfahrungen und Untersuchungen des Autors, dabei eine gewisse Hilfe bieten. Ich möchte ausdrücklich betonen, dass ich auf keinen Fall, um der «guten Früchte» eines Erscheinungsortes willen, die heilige Autorität eines Bischofs anfechte, dessen Amt unersetzbar und dessen Aufgabe sehr schwierig ist. Diese Arbeit ist eine phänomenologische Untersuchung und nicht ein methodischer, kirchenrechtlicher Rechenschaftsbericht in seiner gesamten Komplexität. Und da wir mit Logik und Menschenverstand vorgehen wollen, können wir zunächst etwas aus der Geschichte lernen.

Pater Gemelli, zu seiner Zeit eine anerkannte Autorität in mystischen Fragen, bewies einen bemerkenswerten Mangel an Sachverstand im Falle von Padre Pio. Auf der Basis einer kurzen Begegnung verfasste er einen abwertenden Bericht und boykottierte so das Apostolat dieses Heiligen in seiner Wirksamkeit. Der Messe des heiligen Mönchs beigewohnt und bei ihm gebeichtet zu haben — wie ich es tat —, seinem Christus-ähnlichen Blick begegnet zu sein, war eine übernatürliche Erfahrung in sich selbst. Es ist nicht so,

Heiliger Padre Pio

dass Pater Gemelli, voreingenommen wie er war, keine Gründe gehabt hätte, dem Offensichtlichen zu widersprechen. Wo Wissenschaft dazu dient, das Gewissen auszuschalten (auch wenn das nicht notwendigerweise aus Mangel an Glauben geschieht), steht Gemelli nicht allein. Tatsächlich gibt es absolut keinen Mangel an Argumenten gegen das Übernatürliche, die den unvoreingenommenen Beobachter völlig überzeugen können. Aber sind diese Argumente einsichtig, sachdienlich? Sind sie wirklich auf den aktuellen Fall anwendbar? Sind sie zuverlässig? Dies ist das Thema meiner Untersuchung.

Als Vorsitzender der Glaubenskongregation war Kardinal Ottaviani sehr darauf bedacht, dass de facto keine Erscheinung der Muttergottes kirchlich anerkannt wurde. In Deutschland gab es in den letzten zweihundert Jahren viele Marienerscheinungen, die, hätte man sie untersucht, sich möglicherweise als genauso authentisch erwiesen hätten wie diejenigen in Frankreich und Belgien. Wirklich keine dieser Erscheinungen wurde offiziell anerkannt, wenngleich man viele stillschweigend tolerierte. Befürchtete man etwa in Deutschland, die lutherische Kirche zu provozieren? Oder werden Erscheinungen für null und nichtig erklärt, weil die Offenbarung in Jesus Christus ihre Erfüllung und ihr Ende gefunden hat?

Wir können dem Himmel nicht unser System aufzwingen. Wenn die Muttergottes beschließt, im Laufe des 20. Jahrhunderts häufiger zu erscheinen als in der gesamten vorhergehenden Zeit, wer sind wir, dass wir ihr einen Fehler vorwerfen und sie zur Rechenschaft ziehen könnten? Lassen Sie uns nicht vergessen, dass im 20. Jahrhundert mehr Menschen auf der Erde lebten als zusammengenommen in den letzten drei vorausgegangenen. Vor dem heiligen Franziskus gibt es keine Berichte über stigmatisierte Menschen. Allein in unserer Zeit haben wir Dutzende von stigmatisierten Männern und Frauen. Dieses Ungleichgewicht ist Gottes Werk. Ich denke nicht, dass wir lange suchen müssen, ehe wir eine plausible Erklärung für dieses Phänomen finden.

Schon allein, wenn wir an das Massaker ungeborener Kinder denken, ist es klar, dass die Welt niemals mehr der Erlösung bedurfte als heute. Christus zeigt uns seine Wunden im lebendigen Fleisch, um unsere zweifelnden Thomasse zu überzeugen. Entsprechend verstärkt die Muttergottes ihre Bitte um Gebet, Buße und Umkehr. Die Zeit wird knapp. Natürlich war die Zeit schon immer knapp. Im Vergleich zu vergangenen Jahrhunderten jedoch scheint die Muttergottes zu übertreiben.[2] Aber ist es nicht sie, die die Maßstäbe setzt? Wenn sie erscheint und Bekehrungen stattfinden, müssen wir nicht lange nach Authentizitätsbeweisen suchen, denn es gibt kein größeres Wunder als eine Bekehrung.

Manche Kritiker stoßen sich an dem, was Maria bei ihren Erscheinungen in Medjugorje gesagt hat. Aber wie können wir uns die zahllosen Beichten erklären, die dort täglich abgelegt werden? Der verstorbene Kardinal Siri sagte einmal: «Ich weiß nicht, ob die

---

2. Man hat den Eindruck, es habe im 20. Jahrhundert — und besonders in der zweiten Hälfte — mehr marianische Erscheinungen gegeben als in den gesamten 19 vorausgegangenen. Dafür könnte man zwei Gründe anführen. (a) Erstens die sofortige Berichterstattung und zweitens der zahlenmäßige Anstieg der Weltbevölkerung. Aus welchen Gründen auch immer: Es gibt einen in Potenzen auszudrückenden Anstieg himmlischer Manifestationen, seien es Erscheinungen oder andere übernatürliche Phänomene wie etwa Zeichen am Himmel, Stigmatisierungen, Statuen, die wirkliche oder blutige Tränen weinen, Andachtsbilder, die Öle mit heilender Kraft absondern u.ä. Wenn es mehr Menschen auf der Erde gibt, greifen Gott und seine Heiligen öfter ein, weil die Not größer wird. Parallel dazu ist in unserem Jahrhundert mehr Blut zur Verteidigung des Glaubens vergossen worden als in den 19 vorausgegangenen. Es gab im 20. Jahrhundert 27 Millionen christliche Märtyrer. Soweit man überhaupt zählen kann, waren es in den vorausgehenden Zeiten etwa 13 Millionen. Könnte es vielleicht einen Zusammenhang geben zwischen den Verdiensten dieser Blutzeugen und den unmissverständlichen, übernatürlichen Zeichen? Mit unseren unbegrenzten Möglichkeiten der Berichterstattung kann man das Totschweigen der Informationen zu Marienerscheinungen nur als Skandal bezeichnen. Besonders wenn man bedenkt, wie die Jugend mit ihrer überschäumenden Begeisterung und ihrem unbegrenzten Enthusiasmus für diese übernatürlichen Ereignisse gewonnen werden könnte, statt sie der heimtückischen Verführung der Unterhaltungsindustrie auszuliefern, den Drogen, dem Glockengeläute des Spiritismus, der Esoterik, dem Okkultismus und all der Ersatzspiritualität, die von Sekten und östlichen Religionen angeboten wird.

(a) Nach Jörg Müller hat es im 20. Jahrhundert an mehr als 400 Orten Marienerscheinungen gegeben (*Warum erscheint Maria so oft?* Mediatrix-Verlag, St. Andrä-Wörder, Österreich, 1999).

Heilige Jungfrau in Medjugorje erscheint, aber ich weiß, dass unzählige Menschen, die nie einen Fuß in eine Kirche gesetzt haben, von dort als fromme, praktizierende Gläubige zurückkommen.»

Jede Erscheinung scheint etwas an sich zu haben, das Gebildete irritiert («Ich spreche in Gleichnissen, so dass sie hören und doch nicht verstehen.»). In Lourdes hat Bernadette einmal Gras gegessen und sich das Gesicht mit Schlamm beschmiert. Die Skeptiker fanden sich dadurch in ihrer ablehnenden Haltung bestätigt. Wenn die Muttergottes durch den Mund von Sehern an einem bestimmten Ort zum Gebet aufruft, wer bin ich, dass ich sagen könnte: Das geht mich nichts an!

Was zieht so viele Menschen an Erscheinungsorte? Etwa der Wunsch, den Rosenkranz zu beten? Wenn der Aufenthalt dort ein Ansporn zum Gebet ist, ist es dann richtig, zu sagen, «diese Rosenkränze sollten nicht gebetet werden»? Wir wissen es doch alle aus eigener Erfahrung, wie schwer es ist, der Hektik unserer Tage einen Ort der Ruhe für das Gebet abzuringen. Wo sonst erhebt sich unsere Seele so gut zum Gebet wie unter freiem Himmel, in den Heiligtümern der Muttergottes, wo uns nichts vom «unum necessarium» ablenkt und die Zeit mit Gebet gemessen wird. In der Überzeugung, dass Maria anwesend ist, erhebt sich die Seele, um wie neugeboren ihrer Mutter zu begegnen. Können wir wirklich die Einladung der Muttergottes missachten, wenn wir hören, sie sei in unsere Nachbarschaft oder an einen für uns leicht erreichbaren Ort gekommen?

Unglücklicherweise wird in neun von zehn Fällen der Ortsbischof die Ereignisse nicht mit Wohlwollen unterstützen. Richten wir zum Beispiel unsere Blicke auf San Damiano, einen Ort in Italien, in der Nähe von Piacenza, in den 60er und 70er-Jahren. Es begann dort alles mit der wunderbaren Heilung der «Mamma» Rosa Quattrini von einer seit Jahren andauernden Bauchfellentzündung, die sie sich infolge einer Schwangerschaft zugezogen hatte. Gegen den Willen der Ärzte hatte sie sich für das Austragen ihres Kindes entschieden. Trotz ihrer Frömmigkeit war sie eine so einfache Frau, dass sie ohne fremde Hilfe die Geheimnisse des Rosenkranzes nicht in der korrekten Reihenfolge beten konnte. An ihr bestätigten sich die Worte des Apostels: «… das Törichte in der Welt hat Gott erwählt, um die Weisen zuschanden zu machen» (Kor 1,27). Stellen Sie sich das Erstaunen ihres Pfarrers vor, als sie plötzlich prophetische Träume hatte. «Ich habe geträumt, unsere Kirche war so voll, dass nicht einmal die Hälfte der Gläubigen darin Platz finden konnte.» Und dann erschein ihr die Muttergottes. Ihr Pfarrer kannte sie zu gut, um zu glauben, sie wolle ihm etwas vormachen oder sie hätte Wahnvorstellungen. Daher nahm er sie mit zum Bischof von Piacenza. Dieser weigerte sich, sie mehr als ein paar Minuten zu sehen und entschied sich, ohne eine formelle Untersuchung in die Wege zu leiten, dem Ruf des Himmels nicht zu folgen. Zum Glück für die Pilger ergriff er zunächst keine drastischen Maßnahmen. Aber im Lauf der Jahre verlor er die Geduld und seine Strategie bestand vor allem darin, es den Pilgern so schwer wie möglich zu machen. Er versetzte den Gemeindepfarrer und beraubte den Ort seiner täglichen Heiligen Messe. Mamma Rosa durfte die Muttergottes nicht mehr in der Öffentlichkeit empfangen noch mit den Pilgern sprechen, noch die Botschaften, die sie erhielt, weiterverbreiten. Sie gehorchte ihrem Bischof, auch als er sie daran hinderte, mit den Opfergeldern, die sie empfangen hatte, ein Haus für Alte und Kranke zu bauen.

Als ich mit Mamma Rosa sprach, war ich von ihrer geistigen Präsenz tief beeindruckt, noch bevor sie meine Frage beantwortet hatte. Ihre Antwort, der sie den Satz: «Die himmlische Mutter sagt…» vorausschickte, schien mir von Eingebung und nicht von menschlichem Einfühlungsvermögen geleitet zu sein. Aber das war, bevor sie auf Anweisung des Bischofs nicht mehr mit den Pilgern sprach. Dieses Verbot, das sie fast zu einer Einsiedlerin werden ließ, war umso bedauerlicher, als Mamma Rosa, ebenfalls gleich zu Beginn der Erscheinungen, wunderbarerweise von ihrem intellektuellen Handicap geheilt worden war, von dem wir oben sprachen. Mit ihrer angeborenen Wärme und Güte war sie wie geschaffen, auch ohne himmlische Eingebung den bedrängten Seelen, die sie um Rat fragten, zu helfen, ganz zu schweigen von den Fällen, in denen die Muttergottes ihr selbst die Antwort eingab. Der Bischof von Piacenza schrieb sogar an alle Bischöfe Europas einen Brief mit der Bitte, ihren Gläubigen zu verbieten, nach San Damiano zu kommen. Wären da nicht die Bekehrungen, deren Früchte und andere übernatürliche Zeichen, hätte man diesen Ort schon längst vergessen.[3] Auch ist es zweifelhaft, ob Opposition dazu dienen könnte, Gott zu bewegen, seine Heilspläne noch effektiver werden zu lassen. Hat die Madonna in Fatima nicht davor gewarnt, die Seherkinder an dem Tag, an dem sie erscheinen würde, verhaften zu lassen, weil dann das angekündigte Wunder nicht so überwältigend

---

3. «Wie kann man behaupten, nichts Übernatürliches fände statt?», fragt René Laurentin. «Während ihres ganzen Lebens hat sie [Mamma Rosa] nur auf das Übernatürliche und auf Gott vertraut. Diejenigen, die diesen Fall ohne Vorurteile untersucht haben, stießen nicht nur in zehn, sondern in Hunderten von Fällen auf Heilungen, die wiederum zur Bekehrung von Ärzten vieler Nationalitäten führten, auf Bekehrungen und Berufungen als Frucht einer Wallfahrt ... Systematische Kritik tötet den Geist, statt ihn zu finden.» (*Multiplication des apparitions de la Vierge aujourd'hui:* Arthème Fayard, Paris, 1995, S. 27.) Ein französischer Priester, der der Gemeinschaft vom Heiligen Johannes angehört, hat kürzlich folgendes Zeugnis abgelegt: «Es ist hier, in San Damiano, dass ich im Alter von 36 Jahren meine Berufung zum Priester erfahren habe, und ich kann bezeugen, dass sechzig Priester aus meinem Orden ihre Berufung hier erhielten» (Stella Maris, Schweiz, Februar 2007, S. 9).
Eine Information, die Scharen von Pilgern nach San Damiano strömen ließ, die allerdings auch sehr angefochten wurde, waren Fotos von einem Lichtkreuz am Himmel. Diese Aufnahmen, welche nach Meinung von Augenärzten eine ernste Gefahr für das Auge des Fotografen darstellten, widersprachen den Gesetzen der Linsenbrechung. Das heilige Zeichen war nicht vor dem Ast oder dem Kabel oder, was auch immer sich im Vordergrund befand, eingeblendet, sondern erschien hinter dem Ast, hinter dem Kabel.
Erstaunlicher als die Skepsis kirchlicher Behörden jedoch war die Menge der Menschen, die aus ganz Europa nach San Damiano strömte. Eine ernsthafte Ermittlung hat niemals stattgefunden, kein Verfahren war je eröffnet, keine systematische Untersuchung je angestellt worden. Da es aus der Zeit, da die Ereignisse stattfanden, keine Dokumente gibt, erweist sich die Aufhebung der ursprünglichen, negativen Erklärung als sehr schwierig. Konnten die Verantwortlichen wirklich erwarten, dass ein Phänomen dieser Größenordnung im Laufe der Zeit von alleine seine Bedeutung verlieren würde? Soll man es etwa als «non-event» hinnehmen, als etwas, was nicht stattgefunden hat? San Damiano ist sicherlich ein außergewöhnlicher Fall und er veranschaulicht wie kein anderer die zahllosen unnötigen Probleme, die nach Karl Rahner das «Institutionelle» dem «Charismatischen» entgegensetzt.

Mamma Rosa von San Damiano

groß sein würde, wie sie es geplant hatte? Man ist schlecht beraten zu glauben, dass eine negative Einstellung keinen Einfluss auf Gottes Wirken hätte. Auch in außergewöhnlichen Fällen spielt unsere Freiheit eine bedeutende Rolle, ob wir von ihr als Individuum oder im Kollektiv Gebrauch machen. Wir sind aufgefordert, eine Antwort, eine Art von Zustimmung auf himmlische Manifestationen zu geben. Ablehnung kann auch oft bedeuten, sich nicht festlegen zu wollen. Und der Verstand ist ungeheuer erfinderisch, wenn es darum geht, Argumente gegen die Echtheit von Erscheinungen zu finden, die noch nicht durch die Tradition bestätigt wurden. Für solch unvergessliche Ereignisse ist das Fehlurteil des Augenblicks unverzeihlich. Aufgrund eigener Erfahrung möchte ich behaupten, dass mancher Unentschlossene, selbst wenn er in gutem Glauben handelt, bereitwillig zu sophistischen Argumenten seine Zuflucht nimmt, ohne sich deren innewohnender Irrationalität bewusst zu sein. Denn in der Tat geht das Misstrauen den Argumenten, die den Zweifel rechtfertigen sollen, der unbegründet war, voraus; das wiederum soll kaschiert werden, und zwar mit einem ungeheueren Einfallsreichtum an Argumenten. In dieser Arbeit finden Sie eine bunte Sammlung von scheinbar unwiderlegbaren Beweisen zur Nicht-Authentizität marianischer Erscheinungen. Insgesamt sind dies 51 Argumente in 51 Kapiteln. Jedes Gegenargument erhält genügend Raum, um sich zu entfalten, bevor ich seinen falschen Denkansatz aufzeige und es widerlege. Auf diese Weise steht jedem «Contra» ein «Pro» gegenüber und jeder Einwand wird beantwortet. Obgleich Überschneidungen sich nicht vermeiden lassen, so hat doch jedes Kapitel ein eigenes Thema.[4] Dem Übernatürlichen mit Zweifel zu begegnen, ist kein Weg zu einem tieferen Glauben.

---

4. Es muss wohl nicht erwähnt werden, dass die Kapitel in einer gewissen inneren Logik angeordnet sind. Im ersten Teil des Buches, Kapitel 1-12, reagiert der Autor auf die häufigsten Argumente gegen die Authentizität marianischer Erscheinungen unserer Zeit und zeigt viel mehr deren Bedeutung und Nutzen. Im zweiten Teil, Kapitel 13-30, beschäftigt er sich mit allgemeineren Überlegungen und der Beziehung zwischen diesen Erscheinungen und der Haltung der Kirche, wie auch der Welt. Schließlich, im dritten Teil, Kapitel 31-45, kehrt er noch einmal zu seiner ursprünglichen Absicht zurück und setzt sich in allgemeinerer Form mit den Argumenten gegen kontemporäre Marienerscheinungen auseinander. Die Vorgehensweise bleibt dabei dieselbe: **zunächst der Einwand, dann die Widerlegung**. Im Anhang beschäftigt er sich mit Ideen, die die vorausgegangenen Fragen ergänzen. Kapitel 49 bringt eine Zusammenfassung.
Innerhalb dieser drei Teile sind die einzelnen Kapitel nicht immer thematisch aufeinander bezogen. Ergänzend möchte ich auch noch bemerken: Ein tiefsitzender Einwand tritt immer wieder zu Tage, was zur Folge hat, dass seine Widerlegung einen Wiederholungseffekt annimmt. Und weil es viel mehr Irrtümer als gesunde Ideen gibt, werden sie immer wieder auftauchen.
Wie umfassend kann ein Buch wie dieses bei so zahlreichen Erscheinungen in unserer Zeit überhaupt sein? Ich habe mich auf die Erscheinungsorte beschränkt, die mir wirklich bekannt sind, sei es, weil ich persönlich dort war, oder aufgrund der zur

Bei den Erscheinungen, mit denen wir uns beschäftigen, sind die Früchte offenkundig und erinnern an die Zeichen, die Kapharnaum einst gleichgültig gelassen haben: «... diese Werke, die ich vollbringe, legen Zeugnis dafür ab, dass mich der Vater gesandt hat» (Joh 5,36). Sobald Maria erscheint, geschehen Wunder. Wenn man sie nur zur Kenntnis nehmen würde! Wenn diese «Werke» unseres Herrn «Zeugnis dafür ablegten, dass der Vater ihn gesandt hat», sollte man wohl auch sagen, dass die Werke der Muttergottes in unseren Tagen dafür Zeugnis ablegen, dass der Sohn sie gesandt hat. Wunderbare Heilungen, unerwartete Konversionen, geistige Erbauung sind Geschenke des Himmels. Zu seiner Zeit hat Christus Apostel und Jünger dazu bestellt, in seinem Namen zu wirken, jetzt überträgt er Maria die Aufgabe, uns daran zu erinnern, dass «das Reich Gottes nahe ist». Und das tut sie mit unvergleichlichem Eifer.

Und doch werden ihre Erscheinungen angefochten. Sind sie denn echt? Könnten sie auch Sinnestäuschungen sein? Kann ihr übernatürlicher Charakter festgestellt werden, um als Beweis für ihre Authentizität zu dienen? Kursierende Gegenargumente, für bare Münze gehalten, könnten Pilger daran hindern, der Einladung der Muttergottes zu folgen. Unsere Absicht ist es daher, diesen Ein-

---

Verfügung stehenden Informationen und Fakten. Meine Absicht war es auch nicht, einen vollständigen Katalog zu erstellen, was sowieso nicht möglich gewesen wäre, sondern mich auf die marianischen Erscheinungen zu beschränken, von deren Authentizität ich persönlich überzeugt bin. «Die Muttergottes sagte zu Renato Baron in Schio/Italien, sie würde derzeit an mehr als 200 Orten dieser Welt erscheinen» (Paul Bouchard: *Le règne de Dieu sur terre!* Spirimedia, Chertsey, Québec, 1994, S. 156).

Die Titel der einzelnen Kapitel wurden aus praktischen Erwägungen gewählt, entweder weil sie die Meinung der Gegner — so zum Beispiel «charismatici sunt schismatici» (Kapitel 9) — oder die des Autors zum Ausdruck bringen — wie etwa «De Maria nunquam satis» (Kapitel 24). Der Leser wird bemerken, dass die Übersetzung der lateinischen Überschriften eine sehr freie ist. Ist Latein nicht im II. Vatikanischen Konzil als Sprache für die Liturgie beibehalten worden? Hier wurde es wegen seiner Dichte und Suggestionskraft zum Einsatz gebracht, und wohl auch als Hommage an die Rolle, die es einmal gespielt hat. Keats hatte recht, als er sagte: «Etwas Schönes ist Freude für immer.» Meine eigenen Versuche, eine tote Sprache zu erwecken, sind eher linkisch. Für moderne Begriffe wie Rationalismus, Ökumenismus, «Millenarismus», Feminismus war Kirchenlatein meine einzige Quelle.

wänden, die man ständig hört, den Nimbus zu nehmen. Denn bei jeder neuen Erscheinung tauchen sie wieder auf.[5]

Es sind nicht die verschiedenen Erscheinungen, die wir überprüfen möchten, sondern wir wollen die Kritik an ihnen genau untersuchen.

Kurz gesagt, wir werden die Gültigkeit der jüngsten Einwände abwägen und dabei zwischen Tatsache und Gerücht, Fakten und Fiktion unterscheiden. Selbst wenn die Wahrheit eindeutig ist und die Daten unbestreitbar sind, gibt es weit verbreitete und vielfältige Irrtümer. Leider findet der Versuch, das Leben Jesu zu «entmythologisieren», seine Entsprechung in der falschen und abwegigen Weise, wie derzeitige Marienerscheinungen interpretiert werden.[6]

---

5. Man fragt sich oft, warum diese falschen Argumente eigentlich so erfolgreich sind. Sie werden immer und immer wieder hervorgeholt, auch wenn sie schon längst widerlegt wurden. Auf diese Frage gibt uns Claude Tresmontant — auch wenn es in einem anderen Zusammenhang geschieht — folgende Antwort: «Logisches Denken ist eine so mühevolle Arbeit, dass man ihm meistens durch Vernachlässigung Ehre erweist» (*Les métaphysiques principales*: O.E.I.L., Paris, 1990, S. 74).
   Die Kriterien für die Echtheit übernatürlicher Vorgänge, als Ergebnis bischöflicher Untersuchungen, finden sich in der Anmerkung zu Kapitel 22 (*Pecunia falsa expellit bonam*). Die Auflistung dieser Kriterien ist erschöpfend. Die Formulierungen sind so eindeutig, dass man nicht darüber diskutieren kann. Sie sind allerdings nicht so leicht zugänglich für jedermann, da sie eine ungeheure Dokumentation und zeitaufwendige Beweisführung mit sich ziehen. Daher sind Kommissionen unerlässlich und unersetzlich. Leider gibt es unter den Mitgliedern der Kommissionen gewöhnlich keine Experten für Spiritualität. Das ist bedauerlich, aber einem «Lehrer in Israel» sollte es, wie Jesus zu Nikodemus sagte, nicht an gutem Willen fehlen. (Joh 3,10).
6. Als typisches Beispiel für den «Entmystifizierungsprozess» marianischer Erscheinungen möchte ich auf ein Buch von zwei Ordensbrüdern hinweisen, nämlich Michel de la Trinité und Augustin du Saint Sauveur: *Medjugorje en toute vérité selon le discernement des esprits* (La Contre-Réforme Catholique, 1991, 520 Seiten): Auf den ersten Blick überzeugt dieses Buch seine Leser. Aber es ist mit einem Mangel behaftet, der es für eine Untersuchung dieser Art disqualifiziert. Die Autoren geben nämlich zu, nie in Medjugorje gewesen zu sein. Wie kann man ein Urteil fällen, wenn man die Fakten nur aus zweiter Hand kennt? Sollte man zu Zeiten massiven Glaubensverlusts nicht einen Prozess, der in die gute Richtung weist, unterstützen, statt ihn im Keim zu ersticken? Kann man Spekulationen Erfahrungen vorziehen, vor allem, wenn Beweise aus erster Hand verfügbar wären? Muss gute Theologie Fakten «in abstracto» untersuchen? «Ich kenne Experten», schreibt Réne Laurentin, «...die von folgendem Prinzip überzeugt sind: um objektiv zu sein, darf das Urteil keine Beteiligung aufweisen. Aber bei Mystik, wie auch bei Musik, ist die Qualität der individuellen Wahrnehmung und ihr «Einssein» mit dem Gegenstand

Wir haben keine Ausrede. Es gibt die objektive Wahrheit, und sie zu erkennen, verdient unsere uneingeschränkte Anstrengung. Wahrheit allein kann uns von Vorurteilen befreien.

Wenden wir uns Schio zu, einem Erscheinungsort jüngerer Zeit. Diese Stadt am Fuß der Alpen, 50 km östlich von Verona gelegen, war schon einmal durch das Tugendleben der seligen Schwester Bakhita, einer freigelassenen Sklavin des 20. Jahrhunderts, geheiligt worden. Vielleicht hatte diese heilige Nonne eine Eingebung, dass Schio noch einmal durch die Visionen von Renato Baron auf sich aufmerksam machen würde. Er war noch ein kleiner Bub, als Bakhita ihn von seinen heftigen Zahnschmerzen befreite. Sie verstopfte einfach das Loch im Zahn mit einer Brotkrume, eine Schmerztherapie, mit der kein Zahnarzt Erfolg gehabt hätte.

Als Renato acht Jahre alt war, fühlte er sich besonders zu der Statue der Muttergottes mit dem Jesusknaben hingezogen, die die

---

von ausschlaggebender Bedeutung für das Urteil (*10 années d'apparition ... Dernières nouvelles de Medjugorje no. 10*: O.E.I.L., Paris 1999, S. 49). Wie kann man sich über die Herkunft eines außergewöhnlichen Phänomens ein Urteil bilden, wenn man sicht weigert, es persönlich zu beobachten? Solange der Bischof von Civitavecchia sich nur auf Gerüchte aus Zeitungsberichten und auf mündliche Aussagen stützte, glaubte er nicht, dass die Statue der Muttergottes, die Pilger aus Medjugorje mitgebracht hatten, blutige Tränen weinte. Kaum jedoch war sie in seinem eigenen Haus, sah er mit eigenen Augen und glaubte, woran er zuvor nicht bereit gewesen war zu glauben. Überzeugungen sind etwas sehr Persönliches und man gelangt zu ihnen durch Engagement. Sich nicht zu engagieren, bereitet höchstens den Boden für Vorurteile.

Ein Vergleich zwischen der positiven Einstellung von Priestern, die an Erscheinungsorten Beichte hören und der negativen Haltung von Amtspersonen, die sich in ihren Büros verbarrikadieren, sollte uns schnell davon überzeugen, dass an der Methode, die zur Untersuchung außergewöhnlicher Phänomene angewandt wird, etwas falsch ist. Die Priester im Beichtstuhl besitzen ein Wissen, das auf Erfahrung beruht, während Untersuchungsbeauftragte sich in allgemeinen Spekulationen ergehen. Und bevor es zu einer Verständigung zwischen den beiden Gruppen kommt, können 20, 30 Jahre vergehen — ja sogar noch mehr. So wurden die Erscheinungen «unserer Lieben Frau aller Völker» (1945-1959) von Amsterdam erst kürzlich vom Bischof für echt erklärt wegen der guten Früchte, die er beobachten konnte, nachdem man sie lange Zeit sogar von Seiten Roms für diabolisch gehalten hatte.

Wir können mit René Laurentin schließen, der sagt: «Erscheinungen sind das am wenigsten erforschte Gebiet der Theologie, das am meisten für Verwirrung sorgt, an das man mit Ausprobieren herangeht, und wo gleichzeitig ein klares Urteil zu fällen, am schwierigsten ist (vergleiche: *Stella Maris*, September 2002, S. 12).

Kapuzinerväter von Schio in ihrer Kirche hatten. Erstaunlich war sein kindlicher Eifer, das vernachlässigte Kirchlein von San Martino d'Asta in seiner Nachbarschaft zu säubern und zu betreuen. Seine Bestürzung war groß, als die Kapuziner 20 Jahre später die schöne Madonna seiner Kindheit in die Sakristei verbannten, um einer Figur der Muttergottes von Fatima Platz zu machen. «Wäre die Kapelle von San Martino nicht ein passenderer Ort für die alte Statue?», fragte er die Kapuzinermönche. Um ihn zu entmutigen, sagten ihm die Kapuzinerpriester, die Plastik sei zu kostbar, um sie einfach herzugeben. Das entmutigte Renato keineswegs. Er wollte die Statue kaufen und nahm daher einen «Job» während der Sommermonate an. Als er den Patres bares Geld für die Skulptur anbot, waren sie gerührt und beschlossen, ihm die Madonna für einen Monat kostenlos zu überlassen — das war für den Mai des Jahres 1952. Überglücklich geleiteten Renato und eine Gruppe von Freunden die Muttergottes in einer feierlichen Prozession nach San Martino. Dort wurde sie unter einem Baldachin auf einen Altar gestellt. Am 31. Mai, als die Statue in einer Prozession wieder zu den Kapuzinern zurückgebracht werden sollte, brach ein solcher Sturm aus, dass es unmöglich war, das Unternehmen auszuführen. Man einigte sich auf einen späteren Termin und auf einen noch späteren, bis schließlich ein ganzes Jahr verstrichen war. Als Ende Mai, im Jahre 1953, schon alles vorbereitet war, verhinderte ein mächtiger Wolkenbruch die Rückkehr der Madonna. Entsprechendes spielte sich im Mai 1954 ab. Nun verstanden die Patres die Botschaft der Muttergottes und erlaubten, dass die Plastik in San Martino bleiben konnte. Jetzt hatte Renato sie — sozusagen — für sich selbst, wenn er in der Kapelle den Rosenkranz betete. Jedoch im April 1960 kamen Inspektoren des Departements für Schöne Künste in die Kirche von San Martino und erhoben Einwand gegen die moderne Figur, weil sie den Blick auf die Fresken dahinter, die aus dem 15. Jahrhundert stammen, verdeckte. Renato stellte daraufhin die Muttergottes auf einen Sockel. In dieser Nacht stürzte der schwere Marmorbaldachin, unter dem die Madonna gestanden hätte, ein und zertrümmerte den Altar. Diese Muttergottesstatue, die wie durch ein Eingreifen des Himmels gerettet worden war, sollte noch eine bedeutende Rolle im Leben ihres jungen Betreuers spielen.

In der Zwischenzeit hatte Renato im Jahre 1958 geheiratet und war als Ratsmitglied in den Stadtrat gewählt worden, eine Stellung, die er bis zum Jahre 1985 innehatte. Seinen Lebensunterhalt verdiente er sich bescheiden als Kassierer an der nahegelegenen Autostrada-Station. Und dann sah er in der Nacht vom 25. März 1985 die Muttergottes in einem Traum. Sie sagte zu ihm: «Warum kommst du nicht nach San Martino? Ich muss mit dir sprechen.» Nach zwei Tagen folgte er dem Ruf der Jungfrau. Als er zu beten begann, wurde die Statue vor seinen Augen lebendig, und die Madonna sagte: «Ich habe gestern auf dich gewartet ... Von jetzt an werde ich immer hierher kommen, weil ich dir vieles zu sagen habe und dann ... wirst du schreiben.» Weit entfernt davon, über die Erscheinung erfreut zu sein, fürchtete Renato, er habe den Verstand verloren. Aber am folgenden Tag beruhigte ihn die Muttergottes und versicherte ihm, dass er eine Mission zu erfüllen habe. Am zweiten April, als er beim Gebet des Ave Maria bei der Stelle «und die Frucht deines Leibes, Jesus» angelangt war, unterbrach die Jungfrau ihn und sagte: «Von nun an wirst du sagen: die Frucht deines *Herzens*, Jesus.» Am nächsten Tag bat sie ihn, «alles, woran sie die Welt erinnern möchte», niederzuschreiben. Auf Anweisung der Muttergottes zog er seinen Pfarrer ins Vertrauen. Anfangs sehr skeptisch, zeigte ihm der Priester eine Passage aus dem Buch der Könige, wo der Herr zu Elija sagt: «Komm heraus und stell dich auf den Berg vor den Herrn!» (1 Kön 19,11 ff). Am nächsten Tag in San Martino hörte Renato die Jungfrau sagen: «Geh in die Sakristei, nimm ein Buch, lege es auf den Altar und dann lies!» Von den 50 Büchern, die es dort gab, nahm Renato das erste, öffnete es aufs Geratewohl und traf genau auf die Stelle der so wohl bekannten Theophanie, der gewaltigen Erscheinung Gottes vor Elija.[7]

---

7. Der Leser wird bemerkt haben, dass es sich hier um eine Zusammenfassung der Verse 11 bis 12, und nicht um ein wörtliches Zitat handelt.

Am 18. Juni versicherte die Muttergottes Renato, dass das Gelingen in Reichweite sei: «Der Tag wird kommen, da viele in dieser Kirche beten werden, und ich werde sie segnen und sie werden dem Vater anvertraut werden.» Am 24. November traf sich zum ersten Mal eine Gebetsgruppe, bestehend aus 24 Personen. Die Frage war nun: «Mit welchem Titel sollen wir die Jungfrau der Erscheinung ansprechen?» Am 28. November erhielten sie die Antwort: «Ich bin die Königin der Liebe.» Und ihre dringende Bitte war: «Betet und ruft zum Gebet auf! ... Zum Gebet ohne Ende! Geht auf die Straßen der Welt und verkündet unermüdlich das Reich Gottes. Wer seinen Bruder rettet, rettet sich selbst.»

Die Kapuzinerpatres willigten ein, das heiligste Sakrament nach San Martino zu bringen. Renato kaufte einen Tabernakel, in dem unser Herr feierlich eingesetzt wurde. Am Abend dieses Tages sagte Maria zu Renato: «Morgen werde ich dir Jesus zeigen.» Und am nächsten Tag sagte sie: «Hier ist Jesus, der lange schon auf dich gewartet hat. Eines Tages ... musst du den kirchlichen Autoritäten sagen, dass Jesus seine Mutter als Königin der Welt und als Königin der Liebe [verehrt] sehen möchte und dass er es niemals erlauben wird, dass man sie von den Altären entfernt. Die Welt braucht Maria und Maria wird die Welt retten, wenn ihr auf sie hört und euch bekehrt.» Bei diesen Worten begann das Kind in ihren Armen «sich zu bewegen und mit ihr zu spielen wie jedes andere Kind». Das Lebendigwerden der ganzen Statue wiederholt sich seitdem bei jeder Erscheinung. Das Kind schien mit seinen Gesten zu bekräftigen, was seine Mutter sagte. Und Renato sah, wie es ihre Tränen mit seinen Händen abtrocknete, die sie weinte, wenn sie über die Sünde der Abtreibung sprach.

Am Dienstag, dem 3. Dezember 1985, erreichten die Ereignisse von Schio die Zeitungskioske. Das «Giornale di Vicenza» widmete ihnen zwei volle Seiten. Das «Unternehmen Maria» war in Bewegung geraten. «Deine heutigen Leiden werden sich in Freude verwandeln», sagte Maria zu Renato. «Deine Stunde ist gekommen.

Viele schließen sich dir an und kommen zu Maria.» Am Donnerstagabend war die Kirche zu klein für die Menschenmenge.

Am 13. Januar 1986 warnte die Muttergottes: «Satan hat die Vorherrschaft über alle Institutionen erlangt ... Gott wurde aus der Gesellschaft vertrieben.» Am 21. Januar jedoch beruhigte sie mit den Worten: «Meine Kinder, es sind eure Gebete, die der Welt Frieden bringen werden.» Um die Pilgerscharen in geordnete Bahnen zu lenken, beschloss man, einen Kreuzweg einzurichten entlang dem Fußweg, der hinauf nach Belmonte, einem Berg in der Nachbarschaft, führt. Renato hatte mit seinen Freunden auf der Spitze des Berges bereits am 29. März 1986 ein großes Kreuz errichtet. Einfache Kreuze aus rohem Holz markierten die einzelnen Stationen. Am 29. März 1996 fand die Weihe statt. Hier sollte nun der Kreuzweg wöchentlich von den Pilgern und Renato gebetet werden. Zwölf Tage später fiel Renato vor der vierten Station auf die Knie. Die Jungfrau erschien ihm diesmal ohne das Jesuskind, mit weit geöffneten Armen, in einer perlgrauen Tunika, ähnlich der Muttergottes von Medjugorje, wo Renato mit seiner Frau vom 7. bis 8. März gewesen war. «Du warst mutig, als du dieses Kreuz errichtet hast. Jesus wird alle segnen, die zum Beten hierher kommen.»

Am 25. März desselben Jahres, es war der Gründonnerstag, bat Maria Renato und seine Freunde, ein großes Heim zu bauen für Ausgestoßene, Einsame und Priester und es «Haus der Liebe» zu nennen (Opera del Amore).

Renato und seine Freunde beteten «schon seit geraumer Zeit» ihren Rosenkranz den Weg hinauf zum Belmonte, der nun «Berg Christi» genannt wurde. Als sie zur zweiten Station kamen, bemerkten sie, dass das Kreuz, das aus Akazienholz gezimmert war, einen «unvergleichlichen, geheimnisvollen Duft» von sich gab.

Eines Nachts gruben Vandalen das Akazienkreuz aus und beschmierten es mit Pech. Nachdem man es gereinigt hatte, barg Renato es in seinem eigenen Haus. Als es noch stärker duftete als zuvor, brachte er es «in einer Glasvitrine mit eingebohrten Löchern … an der Wand der Kapelle des Hauses der Liebe» an.

Am 19. März 1987, am Ende des Kreuzweges auf dem Belmonte, den Renato mit einer Gruppe betete, fiel er in Ekstase und die Muttergottes sagte zu ihm: «Laufe, laufe! Ein Sakrileg wird im Haus vorbereitet …» Die Gruppe lief den Berg hinunter und sah, dass die Tür zum Haus weit offen stand und das Kreuz verschwunden war. Sie folgten dem Rosenduft wie einer Spur und erreichten die Schutzmauer des Anwesens genau in dem Moment, «als die Räuber ihre Beute auf einen Lastwagen laden wollten».[8]

Das Kreuz wurde wieder an der Wand der Kapelle installiert unter einem dicken Schutzglas aus Plastik, ausgestattet mit Löchern, durch die in den letzten zwanzig Jahren ein intensiver Duft von Rosen strömte. Eine chemische Analyse von Experten unter gerichtlicher Aufsicht konnte keine natürliche Erklärung für diesen Duft finden.[9]

So also begann eine Serie von Marienerscheinungen, begleitet von Botschaften, die bis zum Tode des Sehers im Jahre 2004 andauerten. Schio wurde ein Zentrum der glühendsten Marienverehrung unserer Tage. Im Gegensatz zu Garabandal, Medjugorje, El Escorial oder Manduria war der vom Himmel erwählte Seher eine wohlbekannte Persönlichkeit des öffentlichen Lebens und ein Mann von außergewöhnlicher und vorbildlicher Frömmigkeit. Und bei ihm, wie bei den meisten Erscheinungsorten, zog nicht nur er allein Gewinn aus den Zeichen des Himmels. Was für Schio so charakteristisch ist, der Rosenduft, Wogen himmlischen Wohlgeruchs, wurde an verschiedenen Orten, besonders während des Kreuzweges (vor allem, wenn die Muttergottes erschien) von vie-

8. Die Zitate stammen von Mgr. Fausto Rossi: *La Reine de l'Amour, Apparitions à San Martino di Schio* (Ed. du Parvis, Hauteville, Schweiz, 1988).
9. Winzige Partikel aus dem Akazienkreuz in der Größe eines Weizenkornes, die sich in privatem Besitz befinden, verströmen immer noch, nach zwanzig Jahren, einen Rosenduft von unvergleichlicher Intensität. Auch nach dem Tod von Renato im Jahre 2004, werden Pilger in Schio manchmal an verschiedenen Orten von Rosenduft begrüßt. — Jetzt aber verschwindet dieses Phänomen langsam.

len, manchmal auch von allen, wahrgenommen. Bisweilen überraschte der Duft zu ganz ungewöhnlichen Zeiten einen einzelnen Pilger oder eine ganze Gruppe, als wollte die Madonna ihre Anwesenheit kundtun.[10]

---

10. Während in Schio (1985-2002) Renato Baron trotz der anfänglichen Skepsis seines Bischofs den Eingebungen des Himmels in Freiheit Folge leisten konnte, wurde in Lyon Croix-Rousse (1882-1883) Anne-Marie Coste durch den Widerstand ihres Bischofs daran gehindert, ihre Mission zu erfüllen (siehe Kapitel 4). Welch ein Unterschied innerhalb von hundert Jahren dank der größeren Freiheit, die das II. Vatikanische Konzil dem Laien gewährt, und seiner positiveren Einstellung übernatürlichen Ereignissen gegenüber!

Erster Teil

An den Leser:

Ich möchte Ihre Aufmerksamkeit in besonderer Weise auf meine Anmerkungen lenken. Im Text drücke ich meine Gedanken und Ideen aus. In den Fußnoten führe ich die Fakten vor Augen, die mich zu meinen Überlegungen geführt haben. Und was wäre eine These ohne Fakten als Fundament für die Wahrheit?

Wie schon erwähnt, finden Sie in jedem Kapitel Argument und Gegenargument in Gegenüberstellung, getrennt durch einen fettgedruckten Balken —. In ähnlicher Weise stehen sich Überschrift in Großbuchstaben zu Beginn jedes Kapitels und Fußnoten komplementär gegenüber, d.h. in den Anmerkungen finden Sie oft Erklärungen für die Überschrift.

Die Reaktion auf mein französisches Buch hat außerdem gezeigt, dass paradoxerweise die Anmerkungen manchmal für interessanter befunden wurden als der Text!

1

Revelatio sufficit

Die Offenbarung genügt

Vom heiligen Johannes vom Kreuz wird behauptet, er habe gesagt, dass die Offenbarung, wie sie in der Heiligen Schrift niedergelegt ist und uns durch die Tradition vermittelt wird, alles ist, was wir zu unserem Heil benötigen. Weiterhin soll er gesagt haben, dass Privatoffenbarungen der allgemeinen Offenbarung nichts hinzufügen, ja sogar etwas wegnehmen könnten. Nur die allgemeine Offenbarung ist von allgemeiner Bedeutung. Obwohl er den «Aufstieg zum Berge Karmel» für Mönche des 16. Jahrhunderts geschrieben hat, gelten seine Ratschläge, die er im zweiten Buch erteilt, auch heute noch. Es gibt keine Vision, keine Bilokation, keine Prophezeiung, der ein Seher anfangs nicht misstrauen sollte. Denn was sie bringen, ist fragwürdig und ihre Früchte sind ungewiss.[11] Warum sich auf Privatoffenbarungen stützen, um zu ergänzen, was keiner Ergänzung bedarf?

Der heilige Johannes vom Kreuz, ein Anhänger des heiligen Thomas, wollte uns vor fehlgeleiteter Neugier und Täuschung bewahren. Ihm lag das Heil der einzelnen Seele am Herzen, während es dem heiligen Thomas um das Wohl der ganzen Kirche ging. In den Augen des Doktor Angelicus war die überschäumende Leicht-

11. Selbst in den Tagen des Heiligen Johannes vom Kreuz war dies keine neue Erkenntnis. Im 15. Jahrhundert zum Beispiel machte Gerson, der die Offenbarung der Heiligen Gertrud studierte, folgende Bemerkung: «Es gibt keine schlimmere Plage, keine, die mehr zerstört, keine verderblichere, als die Vernarrtheit in Offenbarungen» (zitiert von Louis Pain: *La bergère du Laus*, Résiac, Montsûrs, 1988, S. 118).

gläubigkeit derer, die an unbestätigte Wunder glaubten, schädlich und bot den Skeptikern Anlass zu Spott und Hohn.

MEINE ANTWORT

— Obwohl die Offenbarung genügt, zumal für diejenigen, die danach leben, so bedarf es doch für die meisten von uns eines Extra-Anstoßes, der uns aus unserer Selbstzufriedenheit aufweckt und unseren religiösen Eifer neu belebt. Unser Glaube wird oft so lauwarm in der Eintönigkeit unseres Lebens. Wir denken, weil wir hart arbeiten, würden wir aus unserem Leben etwas Gutes machen, solange es nur nützlich ist. Ein Wunder kann unsere Selbstgefälligkeit sehr wohl erschüttern und uns aus unserer Gleichgültigkeit aufrütteln, uns wieder daran erinnern, was Gebet bedeutet, nämlich unsere Zeit für übernatürliche Dinge zu verwenden. Die Ereignisse in Fatima haben nicht nur die Seherkinder geheiligt, die Pilger erbaut und zu größerer Frömmigkeit geführt, sondern haben die gesamte Spiritualität in Portugal erneuert. Abgesehen von seiner damaligen, aktuellen Bedeutung bewirkte Fatima den Fall der Mauer und die teilweise Demokratisierung Russlands, nachdem der Papst die Welt dem heiligsten, unbefleckten Herzen Mariens geweiht hat. Einige wenige Sätze, von einem himmlischen Boten an drei kleine Schäfer gerichtet, veränderten den Lauf der Geschichte.

Das oben erwähnte Zitat des heiligen Johannes vom Kreuz, der mit gutem Grund als Autorität für sogenannte «Erscheinungen» gilt, ist übrigens aus dem Zusammenhang gerissen. Es stimmt: Im «Aufstieg zum Berge Karmel» (Buch II, Kap. XII) ermahnt er seine Jünger, Gott oder die Heilige Jungfrau nicht um besondere, übernatürliche Gnaden zu bitten, wie etwa Visionen oder Bilokationen. Er wusste aus erster Hand, dass Mönche und Nonnen, die ein kontemplatives Leben führen, durch Eigensuggestion leicht in die Irre geführt werden können.[12] Sollte man aber seine Ermahnungen zur

12. Das jedoch ist nicht immer der Fall. Denn der Mensch denkt und Gott lenkt, wie wir wissen. Die heilige Catherine Labouré von der rue du Bac hat in ihrer ungeheuren Schlichtheit oft ihren Schutzengel gebeten, er möge ihr die Gnade erwirken,

Vorsicht tatsächlich auf Fälle anwenden, mit denen wir es hier zu tun haben, wo der Himmel von sich aus eingreift, ohne dass die Seher jemals eine übernatürliche Erfahrung erwartet oder gesucht haben? Die kleinen Mädchen von Heroldsbach oder Garabandal, die jungen Mädchen und Frauen von Medjugorje, die zwei jungen Männer von Maracaibo (Venezuela), die Familienmutter in El Escorial (Spanien) oder Renato Baron, ein aktiver Lokalpolitiker in Schio, sie alle wurden von ihren Visionen völlig überrascht. Und zwar so überrascht, dass sie die Muttergottes fragten: «Warum gerade ich?» Debora aus Manduria war weit entfernt von wundersüchtigen und selbst-suggestiven — wahrscheinlich sogar von jedem religiösen — Gedanken, als sie zum ersten Mal einen Ruf hörte, denn sie war auf dem Weg zur Disco. Aus solch einem unerwarteten Ruf kann Großes entstehen und vielen zum Heil gereichen. Kein geringerer als der heilige Paulus konnte Gottes Anruf an Jesaja (65,1) auf sich selbst anwenden, der sagt: «Ich ließ mich finden von denen, die nicht nach mir suchten; ich offenbarte mich denen, die nicht nach mir fragten» (Röm 10,20).

Was geht in den Menschen gewöhnlich vor, was sind ihre Motive, die sie zu Erscheinungsorten ziehen? Sensationslust, Neugierde oder andere, nicht gerade schmeichelhafte Gründe, die ihnen bisweilen unterstellt werden? Wollen sie sich besondere Gnadengaben erzwingen (do, ut des), verläuft ihr Gebetsleben nicht in geordneten Bahnen? Sollte man ihnen abraten zu kommen oder sie sogar daran hindern, bis ihre Motive so gereinigt und geheiligt sind, wie Johannes vom Kreuz es von seinen Ordensleuten erwartet? Wäre Christus nicht vor allem zu den Sündern und nicht zu den Gerechten gekommen, müsste man diese Probleme bedenken. Seine heilige Mutter scheint dabei in seine Fußstapfen zu treten und die Sünder zu besuchen. Aber ist sie nicht «Mater peccatorum», die Mutter

---

die Muttergottes zu sehen. Daher erschrak sie nicht allzu sehr, als ein Kind, das sie für ihren Schutzengel hielt, sie mitten in der Nacht aufweckte und in die Klosterkapelle zur Madonna führte (vgl. *Pierre Jovanovic: Enquête sur l'existence des Anges Gardiens: le Jardin des Livres*. Paris, 2008, S. 466).

der Sünder? Müssen wir wirklich befürchten, dass Durchschnitts-Christen von Überlegungen inspiriert werden, die sie zu exzessivem religiösem Eifer verführen könnten?

Der Gedanke, die heilige Offenbarung sei so exklusiv, dass sie alles, was außerhalb ihrer selbst liegt, ausschließt, ist so engstirnig wie Luthers Behauptung, die Heilige Schrift erkläre sich selbst. Die Schrift braucht, wie wir alle wissen, die Kirche zur Erklärung. Und was ist die Kirche, wenn nicht die Zahl der Gläubigen, Priester und Laien, in welcher die Gaben, die Charismen des einen dem anderen zum Heil dienen? Privatoffenbarungen können die Wirkung der allgemeinen Offenbarung verstärken, wie etwa in der Predigt der Sonntagsmesse die Aussage der Bibel erklärt wird. Der Heilige Geist, der zu uns allen in den heiligen Schriften spricht, ist es, der auch mit leiser Stimme den Propheten unserer Tage ins Ohr flüstert. Offenheit oder Veränderungsbereitschaft (wie Dietrich von Hildebrand es nennt) ist alles, was der Himmel von uns erwartet, wenn er bei uns anklopft. Diese Veränderungsbereitschaft und Offenheit fehlt gewöhnlich bei den Menschen, die sich darüber ereifern, ob der Himmel das Recht hat, in den normalen Lauf der Dinge auch in unserem Leben einzugreifen. Als hätte Gott ein für allemal darauf verzichtet, nach dem Tod des letzten Apostels mit den Menschen zu sprechen, um ihnen sozusagen von Mund zu Ohr direkt seine Anweisungen zu geben. Als dürfte er nun nicht mehr seine Engel zu uns schicken oder der Muttergottes erlauben, uns zu besuchen!

Jedoch gibt es Menschen, die sagen, «Gott allein genügt» und ihn können wir in der Heiligen Schrift finden. Warum nach mehr Information suchen als der, die er uns bereits geschenkt hat? Sicher ist Gott in der Heiligen Schrift zu finden, aber auch in anderen Texten. Durch die Medien erfahren wir von Botschaften, die Sehern und Mystikern anvertraut sind. Vassula übermittelt uns zu diesem Thema die Klagen, die unser Herr an die gereizten Kritiker seiner Privatoffenbarungen richtet:

> «Wenn ihr mich in meinen Botschaften jetzt nicht versteht, dann deshalb, weil ihr die Schrift nicht versteht, die für den Heiligen Geist ein Schlüssel zum Verständnis meiner Worte ist. Kann etwa eine Seele, die tot ist, die Heilige Schrift verstehen und sie in die Tat umsetzen? Hättet ihr die Heilige Schrift verstanden, die ein Spiegel meines Antlitzes ist, hättet ihr nicht gesagt: "Die Schrift allein genügt."
>
> Nein, meine Freunde, die Schrift genügt nicht, wenn der Heilige Geist nicht in euch wohnt. Nur im Lichte des Heiligen Geistes kann die Offenbarung verstanden werden. Und all das, was als undurchdringliches Geheimnis in der Heiligen Schrift versiegelt scheint, wird verständlich und klar werden; denn der Schlüssel zum Verständnis wird euch durch den Heiligen Geist gegeben werden.»

Wenn wir nicht offen sind für den Geist, der durch die heutigen Propheten zu uns spricht, warum glauben wir, empfänglich zu sein für den Geist, der durch die Propheten von gestern gesprochen hat?

> «Widersetzt euch daher nicht meinen Boten, die wie klingende Schriften sind und die Aufgabe der Prophezeiung erfüllen; sie kommen von mir; sie verkünden nicht mehr als in der Heiligen Schrift steht, aber sie werden eurem Leben eine neue Richtung geben, so dass ihr wirklich in mir leben könnt…» (Vassula, zitiert in *Stella Maris*, Hauteville, Schweiz, Oktober 2008, S. 20).

2

Revelatio sufficit (bis)

Die Offenbarung genügt (2)

Nach der Lehre des Katechismus ist eine Privatoffenbarung nicht Gegenstand übernatürlichen Glaubens. Warum sollten wir ihr dann unsere Aufmerksamkeit schenken? Wenn wir Privatoffenbarungen zu viel Bedeutung beimessen, begeben wir uns dann nicht in Konfrontation mit der anerkannten heiligen Offenbarung? Laufen wir nicht Gefahr, indem wir uns auf Botschaften ungesicherten Inhalts und ungesicherter Herkunft einlassen, die geheiligte Stellung des Evangeliums und der Tradition zu unterminieren? Reduzieren wir dann nicht das Essentielle auf das Akzidentielle?

— Es ist wahr, es gibt eine allgemeine Offenbarung, die wir als universal bezeichnen, weil sie an uns alle gerichtet ist. Sie ist in ihrem Wesen universal: «Diejenigen, die glauben, werden gerettet», schreibt der heilige Paulus. Trotzdem schließt die allgemeine Offenbarung die Möglichkeit einer Privatoffenbarung nicht aus. Nichts überzeugt mehr als Erfahrung. Nehmen wir uns als Beispiel den Mann, der gerade in dem Moment des «kleinen Wunders» in Garabandal war, als Conchita aus der Hand eines Engels die Heilige Kommunion empfing. Er wurde Zeuge dieses Wunders und glaubte. Innerhalb weniger Sekunden wurde aus einem Ungläubigen ein Glaubender. Er war nicht länger agnostisch, er war ein Kind der Kirche geworden. Dieses spezifische, private Ereignis, das aus nächster Nähe zu erleben er privilegiert war, veränderte sein Leben völlig und für immer. Da es sich hier um ein eucharistisches Wunder handelte, verstand dieser Mann, dass Jesus unser Heil und unsere Rettung ist. Im selben Moment, als er die Realität des Übernatürlichen erfuhr, wurde er sich seiner eigenen Sündhaftigkeit bewusst. Glaube war in seinem Fall eine Erfahrung. Er erfuhr ihn durch die Sinne, bevor er sein Herz erreichte.

Dieser Mann zog Gewinn aus einer besonderen Gnade, nämlich einer Privatoffenbarung. Sein Weg von der privaten zur allgemeinen Offenbarung war intim und für ihn notwendig. In der Praxis werden Privatoffenbarungen gewissen Personen zu ihrem eigenen Heil gewährt und sind daher nicht zu missachten. Einer der törichtsten Aussprüche, die ich jemals gegen Medjugorje gehört habe, war folgender: «Der Glaube an den übernatürlichen Charakter dieses Erscheinungsortes sollte nicht dem übernatürlichen Glauben gleichgesetzt werden.» In diesem Fall allerdings ist es das Ziel, das die Mittel heiligt. Und das Ziel ist Gott, und es gibt nur einen Gott. Es ist absurd, den Gott von Medjugorje gegen den Gott der Bibel auszuspielen. Gottes Eingriff in eine individuelle Seele schließt nicht sein Eingreifen durch die Tradition, die Heilige Schrift und die universelle Kirche aus. Ebenso ist das «kleine Wunder» von Garabandal nicht eine Glaubensfrage, vielmehr führte es zum Glauben, und Glauben ist das kostbarste Geschenk Gottes an die Menschen.[13]

---

13. Ein Engel reichte der Seherin Conchita die Heilige Eucharistie. Der Zeuge war Dr. Caux, ein berühmter Pariser Schönheitschirurg. Um es genauer zu sagen: Die Anwesenden sahen nicht den Engel, sondern nur die Hostie auf Conchitas Zunge, wo sie für zwei Minuten sichtbar blieb. Dieses Wunder wurde auf einem Video festgehalten. Ein unspektakuläres, fast intimes Wunder, dessen Wirkung jedoch für einen Zeugen lebensverändernd werden sollte.

3

Gamaliel dicit

So sprach Gamaliel

«... Wenn dieses Vorhaben oder dieses Werk von Menschen stammt, wird es zerstört werden; stammt es aber von Gott, so könnt ihr sie [die Christen] nicht vernichten» (Apg 5,38). Gamaliel wird niemals wörtlich zitiert, aber man paraphrasiert den Kern seines Argumentes vor dem Sanhedrin gern folgendermaßen: «Ist die Erscheinung Betrug, so ist es richtig, sie nicht zu beachten. Ist sie aber echt, so wird sie, dank unserer Opposition, noch deutlicher sprechen und noch mehr Gnadengaben schenken.»

— Dies ist das ausgeklügeltste Argument von allen, denn es klingt so, als ob der Allmacht Gottes durch unsere Resistenz Ehre erwiesen würde. Natürlich müssen wir uns hüten, zu glauben, wir könnten Gottes Absicht und Vorsehung verstehen. Aber wir sollten uns noch mehr davor hüten anzunehmen, Gott würde seine Gnade ohne unsere Mitarbeit und unverzügliche Antwort in uns wirken lassen. Gamaliel selbst warnt ja vor den Folgen der Opposition und der Gefahr einer falschen Entscheidung: «... sonst werdet ihr noch als Kämpfer gegen Gott dastehen» (Apg 5,39). Die Ermahnung in der Bibel, Gott nicht zu versuchen, ist hier angemessen, und Gott zu versuchen, ist blasphemisch, wenn es mit Absicht geschieht. Auch wenn die Grenzlinie zwischen vernünftigem Handeln und unklugem Errichten von künstlichen Hürden, die das Eingreifen Gottes behindern, außerordentlich schmal sein kann, so ist es doch nicht weise, den Wünschen des Himmels Hindernisse in den Weg zu legen. Wir kennen einen Fall, wo ein Prälat auf die Einladung der Muttergottes durch die Seherin, doch zum Erscheinungsort zu kommen, antwortete: «Sie soll es mir persönlich sagen». Hätte er das wirklich ernst gemeint, so wäre das mehr als impertinent gewesen.

Eine Antwort auf vorhersehbare Unklarheiten verursacht oft den Schaden, dem sie zuvorkommen möchte. Wenn Pro und Kontra auf dieselbe Ebene gestellt werden, wird das weniger Vernünftige fast automatisch aufgewertet. Der heilige Grignion de Montfort zum Beispiel, dessen apostolischer Eifer bei den etablierten, konservativ Gesinnten Anstoß erregte, brachte seine Bischöfe, die von dem revolutionär Neuen seines religiösen Ansatzes schockiert waren, des öfteren zu dem Ausruf: «Entweder ist er ein Heiliger oder der unverschämteste Heuchler.» Da sie beide Möglichkeiten für denkbar hielten, von denen eigentlich nur eine hätte vorstellbar sein dürfen, kamen sie, im Einklang mit dem, was sie für die Tugend der Weisheit hielten, zu ihrer Entscheidung. Sie erlaubten diesem feurigen Apostel nicht, in ihren Diözesen zu missionieren!

Genauso wenig bemerkt derjenige, der das oben erwähnte «Gamaliel-Argument» falsch anwendet und es wie ein zweischneidiges Schwert gegen die Glaubwürdigkeit von Erscheinungen zum Einsatz bringt, dass er eine Sünde gegen das logische Denken begeht. Denn Phänomene dieser Art sind keinesfalls von so einfacher Natur, dass man sie auf die Widersprüchlichkeit zweier Extreme reduzieren könnte, von welchen das eine das andere ausschließt. Man kann sich auf so oberflächliche Weise nicht von der Verantwortung befreien, die richtige Entscheidung treffen zu müssen. Für eine Verantwortung gibt es keinen Ausweg. Gewisse Probleme lassen sich nicht lösen, indem man eine Münze wirft. Damit soll nicht gesagt sein, dass derjenige, der sich so unverantwortlich verhält, sich dessen bewusst wäre. Weit entfernt davon! Er hält sich persönlich für einen aufrichtigen, gewissenhaften Gegner von Erscheinungen unsicherer Herkunft.

In den Visionen der Maria Valtorta ist Jesus sehr streng mit denen, die es einfach Gott überlassen, das zu einem guten Ende zu bringen, was er mit ihrer Hilfe zu erreichen beabsichtigt hatte. Sie sagen: «Wenn dies Gottes Werk ist, so muss er sich darum kümmern.» Allein schon dieser Satz beweist, dass sie nicht daran glauben, dass es von Gott kommt. Sie möchten, dass er dem, was er bereits getan hat, noch etwas hinzufügt. Damit stellen sie eine zusätzliche Bedingung, ohne deren Erfüllung vonseiten Gottes sie nicht bereit sind zu glauben. «Mit dieser Einstellung kränken sie mich», sagt Christus zu Maria Valtorta. «Merken sie denn nicht, dass sie die Liebe in meiner Person verletzen, wenn sie sagen, Gott müsse, um sie zu überzeugen, Außerordentliches vollbringen, um seinen Werken, die in sich selbst schon außergewöhnlich und wunderbar sind, zum Sieg zu verhelfen?» Wenn Übernatürliches in Erscheinung getreten ist, hat der Mensch kein Recht, ein zusätzliches Zeichen zu verlangen unter dem Vorwand, Gott schulde es sich selbst, zur Vollendung zu bringen, was er bereits begonnen hat. Und Christus schließt mit folgenden, herzzerreißenden Worten:

> «Wie oft hat der Mensch seit der Erschaffung von Engeln und Menschen Gottes vollkommenes Werk verachtet oder zerstört! Wenn diese Werke keinen Erfolg brachten, dann nicht deshalb, weil sie nicht von Gott stammten. Ganz im Gegenteil! *Genau deshalb, weil sie von Gott stammen, wurden sie mit Füßen getreten.*»
>
> Und eindringlich fügt er hinzu: «Ich versichere, dass dies so ist.»[14]

Furchteinflößende Worte, die man nicht einfach wegstecken sollte. Zu den Wundertaten Gottes, die nicht zur Entfaltung kamen, weil der Mensch sie nicht annehmen wollte, zählen zweifelsohne auch Erscheinungen der Muttergottes.

---

14. Maria Valtorta: *Les cahiers de 1945 à 1950* (Centro editoriale valtortiano, Isola del Lire, 2004, S. 530, Übersetzung: Jacques Cabaud). Es ist protestantische Glaubensvorstellung, dass Gott uns ohne unsere aktive und persönliche Mithilfe erlöst.

4

Gamaliel bis atque Maria, Mater desolata

Gamaliel (2) und Maria, die verlassene Mutter

Gott ist das Alpha und das Omega und nichts kann sich ihm in den Weg stellen. Das war Gamaliels Überzeugung, als er zum Sanhedrin sagte: Wenn ein Werk von Gott stammt, dann wird es mit Sicherheit siegen. Das bedeutet: Wenn die Muttergottes erscheint, dann wird ihr Erscheinen nicht unter einem Scheffel stattfinden und dort verborgen bleiben. Sie wird vielmehr öffentlich erkannt und gefeiert werden. Es gibt so etwas wie eine Erfolgsgeschichte für authentische Erscheinungen wie Lourdes und La Salette und eine traurige Geschichte von Enttäuschung und Missachtung ungeklärter Erscheinungen, zu denen etwa auch die von Lyon la Croix-Rousse (1882-1883) und Tilly-sur-Seulles (Normandie; Diözese von Bayeux, 1896-1900) gehören.

— Die Geschichte beweist allerdings, dass oft Werke, die nicht von Gott stammen, Erfolg haben. Haben die Freimaurer in Frankreich im Jahre 1904 es etwa nicht geschafft, die Elite unter den Gläubigen, die katholischen Kongregationen, zugrunde zu richten? In Frankreich, einem Land, in dem zur damaligen Zeit die meisten der Bewohner getauft waren. Und kam es nicht in Mexiko im Jahre 1920 zu der effektivsten Priesterverfolgung, obwohl es viel mehr Gläubige als Ungläubige gab? Beide Fälle beweisen übrigens,

Anne-Marie Coste

dass demokratische Mehrheit ohne Bedeutung ist für die, die die Hand am Hebel der Macht haben.

Was Lyon la Croix-Rousse im Jahre 1885 und Tilly-sur-Seulles im Jahre 1899 betrifft, so ließ sich der noch zögernde Bischof nicht von den Gebeten der Gläubigen beeindrucken, sondern reagierte auf politischen Druck und gab ihm nach. Im ersten Fall befürchtete der Bischof, er könne seine Anpassungspolitik an ein anti-klerikales Rathaus aufs Spiel setzen; im zweiten Fall ließ sich der Bischof von Bayeux von ähnlichen Überlegungen leiten, als er erklärte, ein zweites Lourdes wäre zu dem Zeitpunkt in seiner Diözese unangebracht.

«Vox populi» kann nur «vox Dei» werden, wenn «vox clericorum» zustimmt. In Lyon schienen die Rahmenbedingungen zunächst günstig zu sein. Eine bevorstehende Flutkatastrophe konnte durch die Gebete eines Sehers verhindert werden. Nichts weniger als ein Berg, versetzt durch einen Erdrutsch, hatte die drohenden Wassermassen der Rhône so lange in Schach gehalten, bis der Pegel der Saône, eines Zuflusses der Rhône, sich wieder gesenkt hatte, bevor die beiden Flüsse hinter Lyon aufeinandertrafen. Die Tatsache, dass es sich um ein Wunder handelte, kann nicht geleugnet werden, wenn man die Ankündigung der Muttergottes vor dieser Flut in Betracht zieht. Aber wie so oft wurde die Nachricht des Himmels an die Erde streng vertraulich behandelt. So wurde ihr, der Ehre gebührte, keine Ehre erwiesen. Während Lyon vor der Katastrophe bewahrt blieb, traf sie das restliche Frankreich in vollem Ausmaß. Die Loire und Saône überfluteten alle Städte an ihren Ufern.

Lassen Sie uns nun das Eingreifen Unserer Lieben Frau von Fourvière, der Patronin von Lyon, genauer untersuchen.

Das Zerbrochene Kreuz

Anne-Marie Coste, geboren am 3. August 1860 in der rue Saint-Cyr in Lyon, war die älteste von neun Geschwistern. Als kleines Mädchen wurde sie von einem Zigeuner entführt, der sie in seinem Wagen einschloss. Ihre Gebete wurden erhört, und der heilige

Josef, den sie später als solchen auf Bildern identifizieren konnte, kam, um sie zu befreien. Er führte sie nach Hause, streichelte ihre Wange und sagte: «Geh schnell heim zu deinen Vater.»

Mit vierzehn Jahren stürzte sie und wurde infolge dieses Sturzes zum Krüppel. Ihre Krankheit wuchs sich mit den Jahren zu einer Knochen- und Lungentuberkulose aus mit Geschwüren und Wunden, aus denen krebsbefallene Knochensplitter und Würmer herausgezogen wurden. Vier Aufenthalte im Hospital in der Zeit von 1879 bis 1882 brachten keine Besserung. Während ihres letzten Aufenthaltes in der Klinik, im Jahre 1882, erschien ihr am 6. November nachts um elf Uhr die Muttergottes. «Ich habe die Gestalt angenommen, die du am liebsten hast, wenn du mich anrufst», sagte sie und Anne-Marie erkannte in ihr «Unsere Liebe Frau von Fourvière». «Du leidest viel, aber ich bin gekommen, um dich zu trösten.» Auf ihrem linken Arm trug sie das Jesuskind, das in seiner linken Hand eine große strahlende Erdkugel hielt, gekrönt von einem Kreuz, das an manchen Stellen «wie von einem Messer» angehackt war.

«Sag es keinem Menschen, was du gesehen hast, ohne vorher mit deinem Beichtvater gesprochen zu haben … Ich werde dir drei Geheimnisse anvertrauen. Das erste: Es wird viele Flutkatastrophen geben. Ich aber werde Lyon, meine geliebte Stadt, davor bewahren. Das ist schon das dritte Mal, dass ich sie vor dem Zorn meines Sohnes in Schutz genommen habe, aber es wird das letzte Mal sein, wenn sie sich nicht bekehrt … Es wird auch einen großen Krieg geben … Vom 8. Dezember an sollst du jeden Tag auf mich warten; ich werde zurückkommen und dir sagen, was du tun sollst…»

Ein paar Wochen später stiegen die Wasserpegel der Saône und Rhône in bedrohlicher Weise an. «Und während die Wassermassen der Rhône mit einer Gewalt anschwollen, dass die Stadt zweifelsohne in höchster Gefahr war, rutschte plötzlich ein Berg in den Fluss und hielt ihn in Schach…» Zur selben Zeit wurden im ganzen Land Flutkatastrophen gemeldet.

Anfang Dezember bat Anne-Marie, trotz ihrer Krankheit aus dem Krankenhaus entlassen zu werden, um bei Freunden zu wohnen. Die Deguerrys, die in der 26 rue Claude Bonnet wohnten, nahmen sie auf und stellten ihr eine Dachkammer zur Verfügung. Am 2. Januar 1883 erschien ihr, als sie gerade im Gebet war, die Muttergottes. «Sie sah mich an und sagte: "Ich bin verlassen" oder wie auch berichtet wird "Ich bin eine verlassene Mutter." Dann beruhigte sie Anne-Marie und sagte: «Mein Kind, ändere nichts an deinem Benehmen, denn wie du handelst, deine Einfachheit und dein ungekünsteltes Wesen gefallen mir sehr. Ich wünsche, dass in den Pfarreien und Klöstern Frankreichs folgende Novene gebetet wird:

> neun Vater Unser und neun Gegrüßet-seist-du-Maria
> und neunmal die Anrufung:
> Verlassene Mutter, bitte für uns;
> Mutter, verletzt von undankbaren Herzen,
> bitte für uns.

Dies sind die letzten Gebete, um die ich bitte, um meinen Sohn zu beschwichtigen…»

«Dann müsst ihre Medaillen anfertigen wie diese hier … ich möchte, dass alle meine Getreuen sie auf der Brust oder auf ihrer Kleidung tragen. Du wirst viel zu leiden haben, man wird dich sogar für geistesgestört erklären, aber der Gedanke daran, dass du mich bald wiedersehen wirst, sollte dich trösten und dir Kraft geben. Du wirst nicht allein sein in deinem Leiden, ich werde immer bei dir sein.»

Als Anne-Marie für ihren Beichtvater, der Zweifel geäußert hatte, um ein Zeichen bat, antwortete die Heilige Jungfrau: «Und wenn ich dich heilen würde?» Ihre Freunde und ihre Familie wie auch ihr Arzt, der ein schriftliches Attest ausstellte, konnten bestätigen, dass ihre schreckliche Krankheit in einem einzigen Augenblick verschwunden war.

Von da an erschien ihr Maria einige Male. Es war nicht die Schuld der Seherin, «wenn die Muttergottes unzufrieden war und mit Strenge sprach … Sie beklagte sich darüber, dass nichts ge-

La Croix Brisée sur le globe

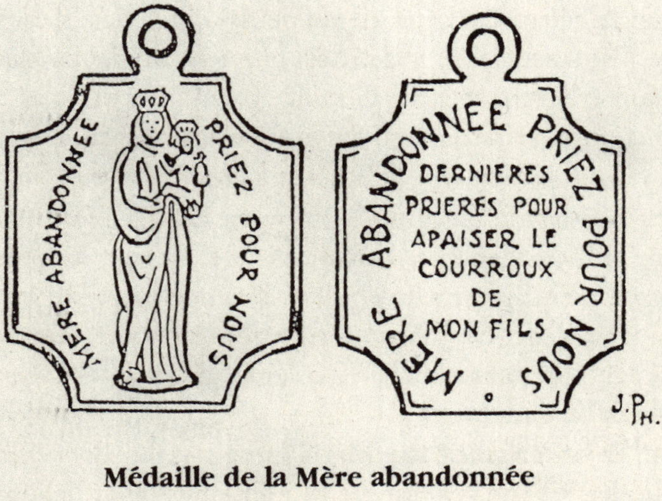

Médaille de la Mère abandonnée

schah, als sie zu Novenen und öffentlichem Gebet in den Kirchen aufgerufen hat. [Sie] hatte den Wunsch geäußert, dass Medaillen geprägt und getragen würden und auch [das] wurde nicht getan.»

Anne-Marie suchte zu erklären, dass die Menschen unwiderlegbare Beweise erwarteten. «Wie bitte? Habe ich nicht genug Beweise erbracht? Habe ich dich nicht geheilt? Habe ich Lyon nicht vor den drohenden Wassermassen gerettet?»

Anne-Maries Eltern erkrankten; ihre Tochter pflegte sie, bis sie starben. Die Kinder wurden von reichen oder großherzigen Freunden und Verwandten adoptiert. Anne-Marie durfte in ein Kloster eintreten und sie wählte die Schwestern vom Heiligsten Herzen in Grandris, Beaujolais. Am dritten und dreizehnten März des Jahres 1883 erschien ihr die Heilige Jungfrau und bat sie, für einige Zeit in die Welt zurückzukehren. «Denn ich möchte, dass du der verlassenen Mutter hilfst, dass sie geliebt und mehr verehrt wird, besonders unter diesem Namen der "verlassenen Mutter". Wenn die Zeit für dich kommen wird, dem guten Gott zu dienen, werde ich es dir sagen … es wird in der Gemeinschaft der Schwestern vom Heiligen Josef sein.»

Am 30. März — Anne-Marie arbeitete zu der Zeit als Näherin in Bellecour (Lyon) — fragte die Muttergottes sie: «Hat man die Novenen gehalten?» — «Ja, meine Mutter.» — «Hat man die Medaillen geprägt?» — «Nein, meine Mutter.» Und da Anne-Marie im Namen ihres Beichtvaters sprach, fügte sie hinzu: «Die kirchlichen Autoritäten können es nicht gestatten, dich öffentlich verehren zu lassen ohne ein weiteres Zeichen.» Die Heilige Jungfrau erwiderte: «Habe ich dich nicht geheilt? Habe ich mich nicht um deine Familie gekümmert? Habe ich euch nicht vor der Flut bewahrt? Ist das nicht genug für sie? Ich werde ihnen also eine weitere Gnade erweisen — die Kranken, die diese Medaille tragen, werden geheilt; die

Kranken werden nicht ohne wahre Reue sterben; die Familien, bei denen ein Bild der «verlassenen Mutter» verehrt wird, werden mit Segen überschüttet werden.»[15]

Am 22. April, als Anne-Marie vor der Dachkammer betete, wo sie geheilt worden war, sagte Maria zu ihr: «Du möchtest wissen, was das zerbrochene Kreuz bedeutet: Es ist ein Zeichen für die Eucharistie und für unsere Zeit.» Dann deutete sie auf den linken Arm des Kreuzes: «Das sind die Gräueltaten, die euer Erlöser erleidet in seinem Sakrament der Liebe. Das ist, was lauwarme und gleichgültige Seelen ihm zufügen. So sieht das Übel aus, das Böse ihm antun, wenn sie die Kreuze abschaffen … Zur Wiedergutmachung für diese große Gräueltat solltest du deinem Gebet hinzufügen: "Göttlicher Erlöser, während die Übeltäter dich in deinem Sakrament entweihen und deine Kreuze zerschlagen, erlaube ihm (den Sakrament), in meinem Herzen zu wachsen und gestatte es dem Teufel niemals, es mir auszureißen."»

Am 1. und 2. Mai sagte die Muttergottes: «Anne-Marie, ich werde dich bald alleine lassen. Aber ich werde immer bei dir bleiben … Hast du verstanden, warum ich dich nicht immer am selben Ort lassen wollte? … Um dir zu verstehen zu geben, dass ich nicht für dich, sondern für alle, und besonders für Lyon gekommen bin.» Dann reichte sie ihr das Jesuskind und Anne-Marie bemerkte auf seiner Schulter eine tiefe Wunde, voll von Blut … In einer späteren Offenbarung wurde dem Pfarrer von Ars mitgeteilt, dass genau diese Wunde in besonderer Weise verehrt werden solle.

Bei der letzten Erscheinung im Jahre 1883 versprach die Muttergottes Anne-Marie, dass sie sie in ihrer Sterbestunde wiedersehen würde.

Sobald Anne-Marie in ihr Kloster eingetreten war, wurde die Dachkammer, in der ihr die Heilige Jungfrau erschienen war, zu

15. Wie oft wiederholte Maria, ganz wie ihr Sohn es tat, die Worte: «Glaubt mir doch,… glaubt wenigstens aufgrund der Werke!» (Joh 14,11) Die vollbrachten Wunder waren sprechende Beweise. Ihnen zu misstrauen, bedeutete, an der Vorsehung zu zweifeln.

einer Pilgerstätte und blieb es bis zum Jahre 1888. Auf kirchliche Anordnung hin wurde der Ort dann geschlossen, da die Autoritäten irritiert waren durch Berichte über einen Mann, der sich dort äffisch und seltsam aufführte, der aber ganz offensichtlich von Sinnen war. Der Ort blieb fünfzig Jahre verschlossen.

Und was geschah mit den Medaillen, die der Muttergottes so am Herzen lagen? In den *Annales du surnaturel* vom 15. November 1884 lesen wir: «die Medaillen von … Lyon haben so gute Aufnahme in Italien und in Österreich gefunden, dass sie zu Hunderten und Tausenden verkauft wurden. In Frankreich wächst ihre Popularität von Tag zu Tag,» und so auch in Spanien, besonders seit Ausbruch der Cholera. Unter dem Signum «Wundertätige Medaille von Lyon» hat sie das Land dort vor der Plage geschützt. Diejenigen, die geheilt wurden, bestätigen, sie verdankten ihre Heilung der Tatsache, dass sie die Medaille für jedermann sichtbar getragen hätten.

Anne-Marie Coste trat in das Kloster der Schwestern vom Heiligen Josef ein, und der Erzbischof von Lyon hoffte, dass sie bald vergessen sein würde.

In Italien erschien eine Broschüre mit einer Erklärung zu dem Kreuz auf der Weltkugel, das in drei Teile zerbrochen ist, als Zeichen für die drei Weisen, «auf die Gott am meisten beleidigt wird, nämlich durch Blasphemie, die Verweltlichung der Feiertage und die Vernachlässigung der Kirchengebote».

In ihrem Kloster gab Schwester Maria von der Heiligsten Eucharistie, Anne-Maries Klostername, ihren Mitschwestern manche Gelegenheit zur Erbauung durch Wunder. Sie wurde krank und blieb für zwei Jahre bettlägerig; zum Transport war sie auf eine Tragbahre angewiesen. Im Jahre 1886 wurde sie jedoch ganz plötzlich während eines Gemeindegottesdienstes geheilt. Das war bereits ihre dritte Heilung. Sehr wenig weiß man über ihr Klosterleben. Die Politik des Totschweigens, vom Erzbischof angeordnet, wurde sorgfältig eingehalten. Trotzdem wird gesagt, sie habe gewusst, welche Seelen im Fegefeuer am meisten des Gebets bedurften, und dass sie unter den Quälereien des Teufels gelitten habe.

Ihr Leben in dieser Welt kam schließlich zu einem Ende nach immer wiederkehrenden, grausamen Leiden, die die Mutter Superior in keiner Weise zu lindern suchte. Im Gegenteil, als die Arme an unbeschreiblichen Nierenschmerzen litt, verbot sie der Kranken, sich in ihrem Stuhl zurückzulehnen, um den Schmerz erträglicher zu machen, so als müsste die Seherin Buße tun für ihre charismatische Vergangenheit. Anne-Marie starb in der Nacht vom 27. zum 28. April 1924 an Harnvergiftung. Nach ihrem Tod hat es zwei wunderbare Heilungen gegeben.

Welche Lehre können wir aus diesem heiligen Leben ziehen?

Am 5. November 1885 wandte sich der Theologe Abbé Olive in einem Schreiben an Papst Leo XIII. und beklagte sich darüber, dass den Bitten der Muttergottes von Lyon keine ernsthafte Beachtung geschenkt und keine Untersuchung angestellt worden sei. Die Haltung der kirchlichen Autoritäten war durchwegs negativ und kritisch. Sie betrachteten weder die wunderbaren Heilungen der Anne-Marie noch die Rettung vor der Flutkatastrophe noch den Schutz durch die Medaille während der Cholera-Gefahr als ausreichende Beweise für die Echtheit der Ereignisse. Die Gebetstreffen am Erscheinungsort in der rue Claude Bonnet dauerten sieben Jahre an, bevor sie endgültig verboten wurden.

Ein Vergleich zwischen Lourdes und Lyon erklärt manches. In Lourdes ist die staatliche Autorität eingeschritten und versuchte, den Zugang zu der Grotte von Massabielle zu verhindern. In Lyon war es der Bischof, der die Dachkammer zumauern und das gesamte Inventar verbrennen ließ: alles, Andachtsgegenstände, Ex-voto-Tafeln und auch ein Blumenbukett, auf dem die Füße der Muttergottes geruht haben sollen.

Etwas später erscheint die Muttergottes in Tilly-sur-Seulles in der Normandie (Diözese Bayeux) der Seherin Marie Martel. Am 8. Dezember 1900 beklagte sie sich, dass man sie verlassen habe. Und es war in Italien, in Schio (Diözese Vicenza), wo die Heilige Jungfrau bei einer Erscheinung Renato Baron gegenüber genau diese

Worte wiederholte, die sie in Lyon gesprochen hatte: «Ich bin die verlassene Mutter.»

In Lyon ist die negative Einstellung der Kirche mit dem Druck von politischer Seite in Zusammenhang zu bringen. Am 7. Juli 1881 war das große Kreuz, das auf dem Platz von Croix-Rousse stand, abgerissen worden, und zwar auf Anordnung von Monsieur Gailleton, dem Bürgermeister von Lyon. Ohne Zweifel hatten die kirchlichen Autoritäten Angst, sich für die Errichtung des «zerbrochenen Kreuzes der Erscheinungen» einzusetzen und damit der Politik des Rathauses entgegenzuarbeiten, das heißt: politische Angriffe und Verfolgungen zu riskieren.

Die Unterlassung einer angemessenen Reaktion wurde wahrscheinlich als ein Eingeständnis ihrer Hilflosigkeit interpretiert, denn die Entfernung von Kreuzen an öffentlichen Plätzen wurde jetzt in vollem Umfang durchgeführt.

Die Schlussfolgerung, die sich daraus ziehen lässt, ist wohl die, dass es sich bei Gamaliels Aussage, wenn ein Werk von Gott stammt, habe es mit Sicherheit Bestand, um eine dieser Halbwahrheiten handelt, die Zufallsfaktoren ausgeliefert ist. Im Falle der Apostelgeschichte war Gottes Werk von Erfolg gekrönt, weil die Apostel sich vom Hohen Rat nicht zum Schweigen bringen ließen. Im Falle von Lyon war Gottes Werk durch die Nachfolger der Apostel zum Scheitern verurteilt, die nicht den Mut ihrer Vorgänger besaßen. Gott braucht die Mitarbeit der Menschen.

So sollten die Ereignisse in Lyon betrachtet werden.[16]

---

16. Die Informationen, Bilddokumente und Zitate für dieses Kapitel haben wir dem Buch von Gilles Lameire entnommen, dem wir zu großem Dank verpflichtet sind: *La Croix brisée sur le Globe: Apparitions de la Sainte Vierge à Lyon* (Résiac, F-53150 Montsûrs, 1997). Geschichtsschreibung versucht, objektiv zu sein. Wenn sie in diesem speziellen Fall der Haltung der Ortskirche gegenüber kritisch und nicht objektiv zu sein scheint, so hat sie guten Grund dazu. Denn es gab keine offizielle Untersuchung und keine Dokumentation. Die Sache wurde vertuscht, als ob sie keiner ernsthaften Beachtung wert gewesen wäre.
In Tilly-sur-Seulles (1896-1906) war die Situation anders. Denn die Muttergottes wurde nicht nur von der Seherin Marie Martel (1872-1913), sondern von vielen anderen gesehen, in der Tat einige Male von einer ganzen Schulklasse kleiner

Mädchen und ihrer Lehrerinnen, die Ordensfrauen waren. Außerdem gab es viele spektakuläre Heilungen, Bekehrungen und Zeichen am Himmel, wie etwa eine Sonne, die sich drehte und verschiedene Farben annahm. Marie Martel selbst war eine Sühne-Seele und litt unsäglich. Während der Visionen fiel sie in Ekstase und ein Arzt, Dr. Paul Léonce-Briand, der ihr, die im enthobenen Zustand war, in die Pupillen sah, konnte darin die Muttergottes reflektiert sehen. Wenn alle anderen vom heftigen Regen durchweicht waren, blieb Marie trocken wie an einem Sonnentag. Der örtliche Klerus, ja selbst der Vatikan, Papst Leo XIII. und Papst Pius X., waren den Vorgängen positiv zugeneigt. Die einzige wirkliche Opposition kam vom Bischof von Bayeux, Mgr. Amette, der im französischen Kabinett die Stimmen der Freimaurer zu seiner Kandidatur als Erzbischof von Paris benötigte. Seinetwegen ist ein Erscheinungsort, der ein zweites Lourdes hätte werden können, heute nur von historischer Bedeutung. Aber nach den Prophezeiungen der Marie Martel wird die Zeit noch kommen, wo eine gewaltige Basilika in Tilly gebaut werden wird, so wie es ihr und den Nonnen und den kleinen Schulmädchen in einer Vision gezeigt worden war. Außerdem kann eine Seherin wie Marie Martel, die mit größter Genauigkeit den katastrophalen Ausbruch des Vulkans auf Martinique in der Karibik und den Beginn des Ersten Weltkriegs vorausgesagt hat, nicht als Mythomanin abgetan werden.

5

Beelzebub vicit

Beelzebub gewinnt die Schlacht

«Mithilfe von Beelzebub, dem Anführer der Dämonen, treibt er die Dämonen aus» (Lk 11,14-21). Lukas wird bei dieser Argumentation nicht wirklich richtig im Kontext zitiert, denn sonst müssten diejenigen, die sich auf ihn berufen, merken, dass sie den Standpunkt der Pharisäer vertreten. Bekehrungen, Wunder, geistige Früchte werden dem Teufel zugeschrieben, der Gutes benützt, um Böses zu bewirken. Ist Satan nicht am effektivsten, wenn er sich maskiert? Ist er nicht schlau genug, den guten Willen auf die Pfade des Verderbens zu führen? Es ist leicht, zu sagen: «Wenn die Früchte gut sind, ist der Baum gut.» Wie jede These, kann auch diese umgedreht werden: «Wenn der Baum schlecht ist, dann sind die Früchte schlecht, auch wenn sie zunächst gut zu sein scheinen.» So gesehen scheint es völlig gerechtfertigt, das Schlimmste zu vermuten, wenn man das Beste so leicht vortäuschen kann.

— Ein biblisches Zitat umzudrehen, ist allerdings eine riskante Sache. Niemand tut das öffentlich. Dagegen folgen viele implizit einer falschen Logik. Am besten, man zeigt ihnen, dass sie sich damit in der Gesellschaft von Martin Luther befinden, der auf folgende Weise argumentierte. Er behauptete in seiner Schrift «Von der Freiheit eines Christenmenschen», dass der «Baum» des Glaubens die Früchte der sogenannten «guten Werke» rechtfertige und nicht umgekehrt.[17] Diese Vorgehensweise hat man jedoch im Lauf der Geschichte als falsch erkannt. Aber wie oft ist diese Behauptung, dass das Gute die Folge von bösen Eingebungen sein könnte, Heiligen und Mystikern von mürrischen und schlecht beratenen Oberen vorgehalten worden! Und die Idee, dass Gutes — auf ungewöhnliche Weise entstanden — vom Teufel stammen müsse, wird oft benützt, um die guten Früchte, die man bei Scharen von Menschen an Erscheinungsorten beobachten kann, in Frage zu stellen.

Die Gefahr, dass der Teufel in Gestalt der Muttergottes, in blauem Schleier und mit frommer Miene erscheinen könnte, ist sehr gering und wird überschätzt. Und dass seine Täuschungsmanöver gar über Jahre erfolgreich sein könnten (ohne von den Gläubigen oder Sehern durchschaut zu werden), ist absurd. Es würde bedeuten, dass Jesus es duldet, seine Mutter öffentlich von Satan beleidigen zu lassen. Die verstorbene französische Mystikerin, Marthe Robin, versichert uns, dass Satan ganz gute Imitationen, selbst der Passion Christi, erstellen könne, «aber er kann Maria nicht imitieren. Er hat keine Macht über sie».[18]

Da dieses Thema, der Teufel als Verkörperung der Muttergottes und als Proteus aller Personifizierungen, und der Glaube an seine chamäleonartige Fähigkeit, Erscheinungsbilder zu wechseln, im Klerus wie beim Volk in exzessiver Weise für möglich gehalten werden, möchten wir hier ein für allemal damit aufräumen. Die Fähigkeit Satans zu täuschen, ist nicht unbegrenzt; Christus sagte zu Maria Valtorta: «Der Name Marias erfüllt den Teufel mit mehr Schrecken als mein eigener Name und mein Kreuz, das Echo von

---

17. Luther hatte offensichtlich manchmal seine Freude daran, die Bibel auf den Kopf zu stellen. Abbé Christiani sagt dazu: «Luther stellt die Formulierung Christi auf den Kopf: "Denn nach Luther sind es nicht die Früchte, nach denen der Baum beurteilt werden kann, sondern der Baum, nach dem die Früchte beurteilt werden (a)." Wenn die Botanik auf demselben Prinzip aufgebaut wäre, würden Pflanzen nicht nach ihren Blüten und Früchten klassifiziert werden, sondern nach ihren Stämmen und Wurzeln. (a) Aus dem Vorwort zu Pierre Chaunu's Buch über Luther: *Les grands écrits réformateurs* (Flammarion, Paris, 1992, S. 84, in seinem Kommentar zu *«Von der Freiheit eines Christenmenschen»*.)
18. Monique de Huertas: *La stigmatisée Marthe Robin* (Centurion, 1990, S. 219).

Yvonne-Aimée von Malestroit als junges Mädchen

Marias Namen reicht aus, um ihn in die Flucht zu schlagen.»[19] Exorzisten haben diese Erfahrung sehr wohl gemacht.

Uns wurde gesagt, dass Luzifer sich als Engel des Lichtes ausgeben kann, aber nicht als die Königin der Engel, unter deren Fuß er zertreten wird. In Emmitsburg, wo die Erscheinungen in der Kirche stattfanden, während die Seherin in der ersten Bankreihe kniete, ließ die Muttergottes die Skeptiker fragen, ob sie sich wirklich vorstellen könnten, dass ihr göttlicher Sohn, auf dem Altar in der Monstranz ausgesetzt, eine solch satanische Täuschung über viele Monate ertragen hätte.[20] In Heroldsbach (1949-1952) wurden die Seherkinder sofort misstrauisch und rannten vor der Erscheinung davon, als sie ihnen sagte, sie sollten nicht so viele Rosenkränze beten. «Aber wie wusstet ihr, dass es nicht die Muttergottes war?», fragte man sie. Und ihre Antwort lautete: «Sie hatte böse Augen.»

Dass Satan nicht zum Gebet aufrufen kann, ohne Gefahr zu laufen, seiner eigenen Sache zu schaden, sollte eigentlich klar sein. Wenn es Teil seiner Täuschungsstrategie wäre, auf Seiten der Erscheinungen zu kämpfen und für sie Siege davonzutragen, nur um sie auf diese Weise zu schlagen, so würde das bedeuten, dass sein «Reich in sich gespalten» ist (Mk 3,23). Aber dazu hat er nicht die Macht. Er kann das, was Gottes ist, nicht einfach benützen. Er kann nicht Paulus bekehren, um dadurch Petrus zu schaden.

Jesus besteht auf der Unverträglichkeit von Gut und Böse, die größer ist als die von Wasser und Feuer. Ein Feuerwehrmann weiß sehr wohl, dass Wasser entweder das Feuer löschen oder Feuer das Wasser zum Verdunsten bringen wird. Beide Elemente kämpfen um die Oberhand. Bei Gut und Böse verhält es sich wie mit Sein und Nicht-Sein, wo Nicht-Sein des Seins bedarf, um zu existieren. Und doch ist Nicht-Sein reine Verneinung. Als solches kann es mit dem Gegenteil keine Kompromisse schließen. Was ist die Negation

19. Maria Valtorta: *Les Cahiers de 1943* (Centro Editoriale Valtotriano, Isola del Liri, 2002, S. 78).

20. Video: *Unbridled Mercy* (Mercy Foundation, Mundelein, Ill).

der Negation? Es ist nichts. Trotz Hegel gibt es keinen dialektischen Prozess, mit dessen Hilfe durch die Verneinung der Bejahung eine Synthese entstehen könnte.

Das Heilige Evangelium beschreibt sehr wohl das Dilemma, in dem der Teufel sich befände, wenn er sich so verhalten würde, wie die Pharisäer es ihm unterstellen. «Mithilfe von Beelzebub, dem Anführer der Dämonen, treibt er die Dämonen aus» (Lk 11,15). Aber «wenn ein Reich in sich gespalten ist, kann es keinen Bestand haben. Wenn eine Familie in sich gespalten ist, kann sie keinen Bestand haben. Und wenn sich der Satan gegen sich selbst erhebt und mit sich selbst im Streit liegt, kann er keinen Bestand haben, sondern es ist um ihn geschehen» (Mk 3,22-26). Logisch betrachtet ist die Anklage der Schriftgelehrten und Pharisäer gegen Jesus absurd. Denn wie kann Satan Satan vertreiben?[21]

Dieser Trugschluss wird immer und immer wieder als schlagender Beweis gegen etwas, das von Gott kommt, ins Feld geführt, und zwar von denen, die sich weigern, die wahre Natur seines Eingreifens anzuerkennen. Es ist ein Standardargument gegen marianische Erscheinungen. Aber die Antwort liegt auf der Hand: Niemand kann «in das Haus eines starken Mannes einbrechen und ihm den Hausrat rauben, wenn er den Mann nicht vorher gefesselt hat; erst dann kann er sein Haus plündern» (Mk 3,27). Wenn die Erscheinungen der Muttergottes Bekehrungen, Heilungen, Gebete und Berufungen zur Folge haben, dann ist Satan gefesselt worden von jemand, der stärker ist als er. Es ist zwecklos und führt zu nichts, Horrorgeschichten wie die folgende zu erzählen:

---

21. Wie auch Margery Kempe im Jahre 1436 sich positiv zu den Erscheinungen der Julian of Norwich äußerte: «Wenn Gott ein Geschöpf heimsucht, welches Tränen der Reue weint,...[dann] können und müssen wir glauben, dass der Heilige Geist in seiner Seele wohnt. Kein böser Geist kann dieses Zeichen geben, von dem Hieronymus sagte, Tränen quälen den Teufel mehr als alle Pein der Hölle.» Wenn Reuetränen, wie der heilige Hieronymus versichert, für den Teufel unerträglicher sind «als die Qualen der Hölle», wie kann man dann glauben, dass er an Erscheinungen beteiligt sei, die ihm eine Niederlage nach der anderen bereiten? (Dom Roger Hudleston: *Revelation of divine Love*, London, Burns Oates, 1952, S. XXVIII.)

Skeptiker werden unweigerlich an die bekanntesten pseudo-übernatürlichen Ereignisse der Geschichte erinnern, die sich als satanisches Machwerk entpuppt haben. In Spanien täuschte — im 15. Jahrhundert — Magdalena vom Kreuz über Jahre hinweg Theologen und Fürsten mit ihren Visionen, Prophezeiungen, Levitationen und sich selbst zugefügten Stigmata. Sie war dreimal Äbtissin ihres Ordens und legte erst am Ende ihres Lebens ein Geständnis ab. Sie hatte einen Pakt mit dem Teufel geschlossen und der Exorzismus musste über sie ausgesprochen werden.[22] Aber wenn die Annalen teuflischen Blendwerks so leer sind, dass wir sechshundert Jahre Kirchengeschichte zurückblättern müssen, bis wir auf einen solchen Fall stoßen, muss die Erfolgsgeschichte Satans in diesem Bereich ziemlich bescheiden sein. Er erweist sich als viel besser darin, Menschen, die nicht auf der Hut sind, zu verführen, als Pseudo-Wunder zu vollbringen, die ihm nach kurzer Zeit zur Schande gereichen. Er bevorzugt es sicherlich, den guten Ruf derer zu zerstören, deren Demut ihn provoziert, als den Ehrgeiz machtsüchtiger Nonnen zu unterstützen. Wozu diese Mühe, einen Sünder als Heiligen erscheinen zu lassen, wenn das Gegenteil so viel leichter ist (nämlich einen Heiligen als Sünder)? Schwester Yvonne-Aimée de Malestroit zum Beispiel, die sehr früh in ihrem Leben Oberin ihres Ordens wurde, und unter deren Leitung es zahllose Berufungen und neue Ordensgründungen gab, wäre fast aus ihrer Position entfernt worden, und zwar von kirchlicher Seite, die davon überzeugt war, dass solche Erfolge nur mit diabolischer Unterstützung zustande gebracht werden könnten! Auf diese Weise wäre sie, die nach der Befreiung Frankreichs im 2. Weltkrieg die höchst dekorierte Frau des Landes war, beinahe von Priestern, die das Beelzebub-Argument gegen sie vorbrachten, daran gehindert worden, all das Gute, das sie tat, auszuführen. Schwester Yvonne-Aimée hatte ihre Auszeichnungen erhalten, weil sie Freiheitskämpfern durch ihren klugen und vom Himmel eingegebenen Rat das

22. Vgl. B. Groeschel: *A still small voice* (Ignatius Press, San Francisco, 1993, S. 45-46).

Leben gerettet hat. Solcher Art sind die Argumente, die eingesetzt werden, um die geistige und apostolische Effektivität von Erscheinungen zu verdunkeln. Die Ausrede ist immer dieselbe: Wenn Außergewöhnliches von Erfolg gekrönt wird, kann es seine Wurzeln nur im Bösen haben. Dieses Argument ad absurdum zu führen, ist leicht. Jesus tat es, als es die Pharisäer gegen ihn vorbrachten. Nie war seine Empörung größer, nie wies er einen Verdacht entschiedener zurück als dort, wo man ihm unterstellte, er würde unter dem Anschein des Guten Böses tun. Jene Kritiker heutiger Marienerscheinungen, hinter denen sie mit eben diesem Argument Betrug und dämonische Verkleidung vermuten, sollten sich dessen bewusst werden, welcher Gefahr sie sich aussetzen. Nehmen wir Medjugorje als Beispiel, von dem diejenigen, die dort waren, so glühend berichten, und von dem andere wiederum, die gewöhnlich keinen Fuß dorthin setzten, so verächtlich sprechen. Würde es, um Klarheit in diese Angelegenheit zu bringen, nicht ausreichen, die Tatsache zu erwähnen, dass es keinen zweiten Ort mit so vielen Berufungen zum Priestertum gibt?[23]

Kurz gesagt: Überall den Teufel zu sehen, ist genauso absurd, wie ihn nirgendwo zu bemerken. Den Teufel dort zu vermuten, wo man die Muttergottes finden kann, ist so beleidigend, wie ihn dort zu sehen, wo Christus Wunder wirkte. Wehe denen, die dem Teufel zuschreiben, was Mariens ist!

---

23. Wir wollen nicht behaupten, dass Früchte von Anfang an die einzigen Kriterien sind, um eine Erscheinung zu beurteilen, aber sie sind die objektivsten, denn für Untersuchungen sind sie am einleuchtendsten. Ohne Zweifel gibt es noch andere, nicht weniger wichtige Unterscheidungsmerkmale, auf die wir in Kapitel 22 zu sprechen kommen werden (Pecunia falsa expellit bonam), die allerdings von subjektiver Beurteilung abhängig und daher schwerer einzuschätzen sind.

6

«Deus non minatur»

Gott droht nicht

Unser Gott ist ein Gott der Liebe, des Erbarmens und der Vergebung. Man kann nicht leugnen, dass Gottes Propheten Israel und seinen Königen die schlimmsten Strafen für ihre öffentlichen und privaten Sünden angekündigt haben. Aber das war Jahwe, der Gott des Alten Bundes. Mit Jesus, dem Überbringer guter Botschaft, haben sich die Zeiten geändert. Er spricht keine ominöse Sprache. Er droht nicht mit bevorstehenden Katastrophen und will uns nicht mit Furcht an sich binden. Ein volles Jahrhundert lang wurden wir von himmlischer Seite mit Warnungen vor furchterregenden, eschatologischen Strafmaßnahmen überschüttet. Diese Vorgehensweise (betrachten wir sie unter dem Aspekt angewandter Psychologie) dient nicht gerade dazu, die Stimmung unter Christen zu verbessern. Man kann sich schwer vorstellen, dass der Himmel in solch eine Heraufbeschwörung künftiger Katastrophen verwickelt sein soll.

— Lassen Sie uns unterscheiden zwischen Strafen, die den Menschen gerechtermaßen als Sühne für begangene Sünden auferlegt werden und den Geißeln, die Gott in seiner Barmherzigkeit sendet, um die Sünder zu bekehren. Man braucht nicht besonders zu betonen, dass die Warnungen Marias die einer Mutter sind, die weiß, in welche Gefahren sich ihre Kinder durch ihr ständiges Übertreten der Gebote Gottes gebracht haben. Und wenn sie Katastrophen ankündigt, die über die Menschheit hereinbrechen werden, so scheinen sie an die Apokalypse zu erinnern oder an Abschnitte des Alten Testamentes. Ob damals oder heute, die Warnungen sind Ausdruck väterlicher Vorsorge: Es gibt nur einen Gott, den Gott der Barmherzigkeit.

In El Escorial kündigte Christus an, «dass viele Nationen vernichtet würden, darunter ein Teil Europas» (25. November 1982). Aber er weist die Beschuldigung zurück, dass die Seher Überbringer einer Drohbotschaft seien. «Wie können die Menschen sagen, weil Gott die Liebe ist, könne er keine Katastrophen zulassen? Sie sind es selbst, die die Katastrophen auf sich herabziehen, weil sie die Gnadengaben nicht annehmen» (11. Juni 1992).[24] Menschen schätzen die Folgen, wenn sie Gnaden zurückweisen, nicht richtig ein und sind erstaunt, welche Wirkung es hat, wenn sie nicht auf den göttlichen Anruf hören. Sünde ist das Saatgut für Katastrophen, nichts sonst. Auch wenn in dieser Welt Unschuldige für die Schuld der Sünder mehr zu bezahlen haben als die Sünder selbst, so gibt es darin doch so etwas wie ein Gesetz moralischer Immanenz.

Es gibt «Katastrophenträger», die Verwüstungen mit einer Anziehungskraft auf sich herunterziehen, die nicht geringer ist als die, mit der ein Lichtmast den Blitz anzieht. Wieso sollte Gott für ihr Unglück verantwortlich sein? Höchstens, dass er den «Bumerang-Effekt» zulässt, ähnlich wie immanente Gerechtigkeit es einem erlaubt, die Früchte seiner eigenen Saat zu ernten.[25] Zu dieser Frage äußerte sich Don Gobbi ganz klar: «Gott lässt Strafen zu, weil durch

---

24. Gabriel: *Premier récit authentique des apparitions de l'Escorial* (F.-X. Guibert, Paris, 1966, S. 310-311).
25. Dazu Maria Valtorta: (*Lezioni sull'epistola di Paolo ai Romani:* Centro Editoriale Valtortiano, Isola del Liri, 03036, Italien, S. 44): «Es bedarf keiner Katastrophen, … es genügt, dass Gott die Menschen verlässt, und schon fallen sie übereinander her und versetzen sich gegenseitig in Angst und Verzweiflung. Gottes Zorn, der wirkliche, unwandelbare Zorn Gottes, äußert sich nicht in Katastrophen, sondern darin, dass er die Menschen verlässt. Gott fühlt sich gezwungen, sich zurückzuziehen, und die Menschen sich selbst zu überlassen. Wenn Gottlosigkeit und Ungerechtigkeit 99% der Menschheit befallen hat, dann wird Gott die Menschheit nicht mit väterlichen Strafen zurechtweisen, sondern sie verlassen. Er wird sich zurückziehen…Er wird sie einander ausliefern. Bis zu dem Moment, in welchem — im Lichtstrahl seines Willens — er seinen Engeln befehlen wird, die sieben Siegel zu öffnen, die vier Trompeten zu blasen und den Adler der drei Katastrophen freizusetzen.»

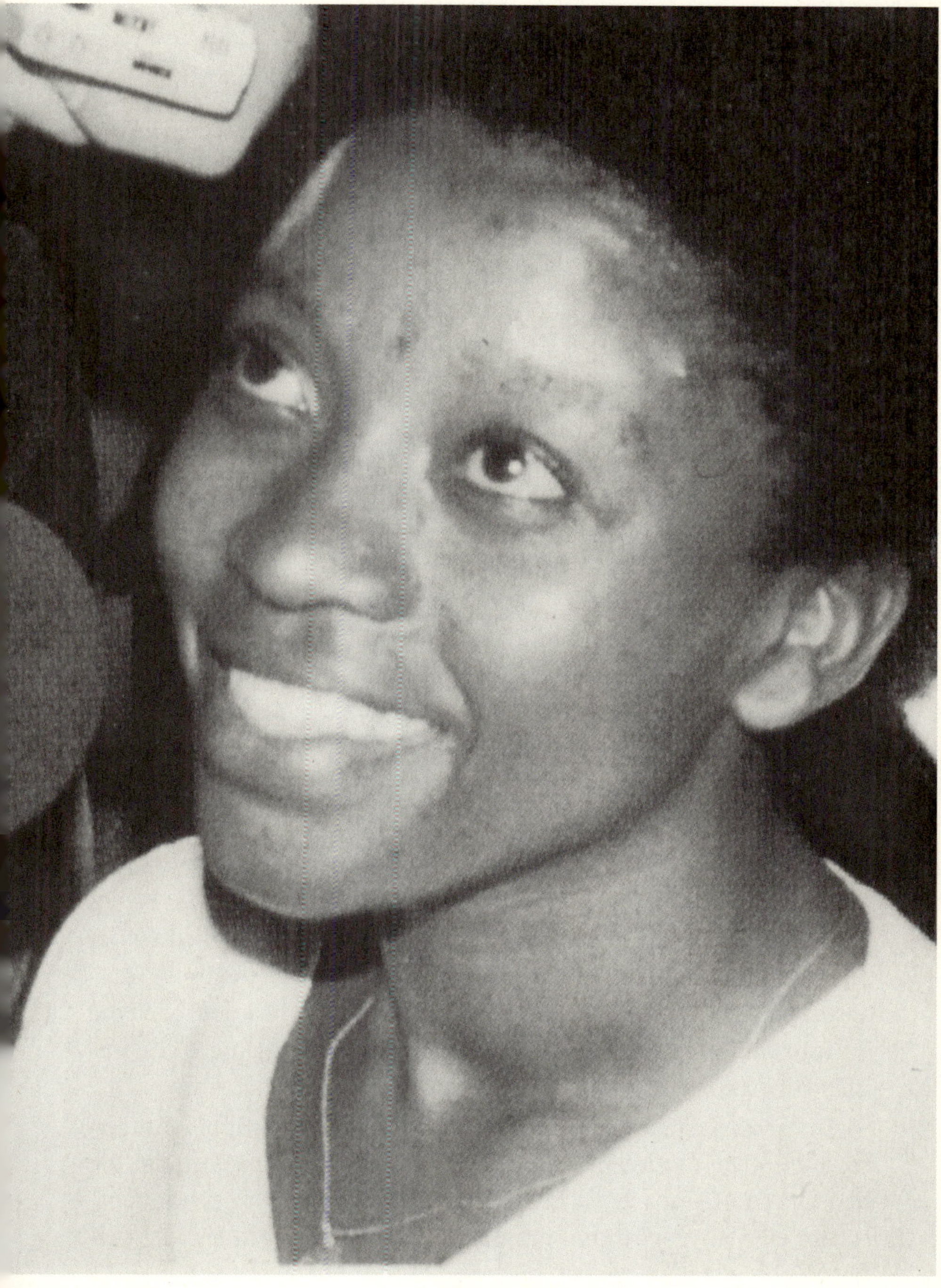

Alphonsine von Kibeho in Ekstase

sie die Menschen wieder den Weg zurück zu Gott finden könnten. Sie verstehen: Er erlaubt sie, um eines größeren Gutes willen. Aber die Menschheit schafft sich ihre Strafen mit eigener Hand.»

Welch größere Katastrophe könnte es geben als den Sturz eines Himmelskörpers auf unseren Planeten (Offb 8,10 oder 6,13)? Aber wie könnte das derzeitige Fehlverhalten der Menschen den Lauf eines Asteroiden beeinflussen, dessen Flugbahn von Anfang an so festgelegt ist, dass er nicht mit der Erde zusammenstößt? Die Gesetze der Schwerkraft sind präzise genug, um — was Masse und Geschwindigkeit betrifft — einen nur scheinbar zufälligen Zusammenprall von Anfang an zu ermitteln. In dieser Frage verbirgt sich das Kernproblem der Beziehung von Natur und übernatürlicher Bestimmung der Menschheit. Denn unser Geschlecht kann seine Berufung nicht umgehen, ohne sein Umfeld aus dem Gleichgewicht zu bringen, und das kann sogar den Lauf eines Meteors betreffen. Diese Solidarität der Materie mit den Plänen der Vorsehung zu leugnen, würde bedeuten, Offenbarung überhaupt in Frage zu stellen. Man scheint sich dessen nicht bewusst zu sein, dass sich Gesetzmäßigkeit ohne Einmischung von Gewalt der Gnade unterwirft. Umso mehr, als gesetzmäßige Notwendigkeit in der modernen Naturwissenschaft von dem Prinzip der Unbestimmbarkeit abgelöst wird, wogegen Einstein seine Einwände hatte, und wodurch Instabilität zugunsten des Unerwarteten eingeführt wurde. So als hätte Gott zwanzig Jahrhunderte gewartet, bis menschliche Wissenschaft bestätigen musste, dass sein Eingreifen nicht im Widerspruch zu überholten Gewissheiten steht. Dazu braucht er keine Erlaubnis. Dass er jedoch den richtigen Zeitpunkt wählt, sollte uns nicht überraschen.

An dieser Stelle möchten wir einige Auszüge aus Prophezeiungen für unsere Zeit zitieren. Am 19. Dezember 1981 übermittelte die Seherin Luz Amparo in El Escorial nahe Madrid folgende Botschaft: «Gott … wird die gesamte Menschheit züchtigen … in einer Weise, wie man es noch nie gesehen hat. Auf die Erde wird eine Dunkelheit fallen, die drei Tage und drei Nächte dauern wird.

Nichts wird erkennbar sein, die Luft wird tödlich und stinkend sein … Die Erde wird verwüstet werden.»[26] Später, am 11. Februar 1982 und am 23. Oktober 1983, folgten die Prophezeiungen: «… Das Strafgericht wird schlimmer sein als vierzig Erdbeben hintereinander … Es wird furchtbar, und keiner kann ihm entgehen … Himmelskörper werden die Erde treffen; sie werden den größten Teil der Menschheit vernichten. Der Himmelskörper Eros wird die gesamte Welt erhellen … Man wird glauben, die ganze Welt stünde in Flammen. Es wird nur ein paar Sekunden dauern … In dem Moment werden viele wünschen, sie seien gestorben … Es wird wie ein Feuerregen sein…»[27]

In Heroldsbach, im Norden Bayerns, war die Warnung am 13. November 1951 weniger deutlich. «Mein Arm wird bald fallen, um die Menschheit zu züchtigen.» Aber die Botschaft fand kein Gehör. «Unser Gott ist kein Drohgott», wurde zur vielgebrauchten Platitude in deutschen Predigten. Die Seherinnen von Heroldsbach wurden für vierzig Jahre exkommuniziert, weil sie sich weigerten, ihre Erscheinung für falsch zu erklären.[28] Am 11. Dezember 1982 sagte die Muttergottes in El Escorial sehr präzise, dass das Strafgericht

---

26. Siehe oben Nr. 24: Gabriel, S. 311.
27. *Le sourire de Marie* (Jan.-Feb. 2007, Montsûrs, S. 77-78).
28. An dieser Stelle soll nicht verschwiegen werden, was Padre Pio über diesen Erscheinungsort zu sagen hatte: «Und ihr Deutschen, was wollt ihr noch mehr, seid ihr immer noch nicht zufrieden? Die Muttergottes ist zu euch gekommen. Heroldsbach ist ein Ort der Gnade» (Antoinette Biganski: *Kurzbericht über die Erscheinungen auf dem hl. Berg in Heroldsbach,* 9. Oktober 1949-51. Oktober 1952, Schlossstr. 24, Heroldsbach, S. 34).
«Unser Gott ist kein drohender Gott.» Dieser Satz ist ein Standardsatz in deutschen Sonntagspredigten. Er ist vielleicht auch der Grund dafür, warum die Seherinnen exkommuniziert wurden. Vielleicht auch, weil sie sich weigerten, zu schwören, sie hätten die Muttergottes nicht gesehen. Der Himmel spricht aber ebenso deutlich in weit entlegenen Ländern. In Akita, Japan, erhielt Schwester Agnes am 13. Oktober 1973 von Unserer Lieben Frau folgenden Auftrag: «Ich möchte, dass du deinen Oberen folgendes mitteilst: Wie ich bereits angekündigt habe, wird der Vater, wenn die Menschheit nicht bereut und umkehrt, ein schreckliches Strafgericht über sie schicken…schlimmer als die Sintflut, wie es die Welt noch nie gesehen hat. Feuer wird vom Himmel fallen und einen großen Teil der Menschheit auslöschen, die Guten wie die Bösen, auch Priester und Gläubige werden nicht verschont. Die Überlebenden werden so verzweifelt sein, dass sie die Toten benei-

darin bestehen würde, dass «Himmelskörper auf die Erde fallen. Es wird so scheinen, als stünde die Welt in Flammen».[29]

Aber kann Furcht nicht zum Heil gereichen, wenn sie zur Reue führt?[30] Als in der Nacht vom 21. zum 22. Juni 1962, «der Nacht

---

den werden» (Ted & Maureen Flynn: *La Foudre de sa Justice*, Max Kol Communications, Mont-Royal, Quebec, 1993, S. 182).

29. Gabriel, siehe oben, S. 213.
30. Allerdings sollten wir nicht vergessen, dass Warnungen des Himmels meist an eine Bedingung geknüpft sind. In Naju, Korea, bittet die Muttergottes, dass man sich bekehrt und betet, um den Kelch, angefüllt mit Gottes Zorn, am Überfließen zu hindern (12. Juni 1997) (Jörg Müller: *Warum erscheint Maria so oft?* Mediatrix, St. Andrä-Wördern, 1999, S. 73).
Auch in Medjugorje sagt sie: «Ich werde meinen Sohn bitten, die Welt nicht zu strafen, aber ich flehe euch an, bekehrt euch! Ihr könnt euch nicht vorstellen, was geschehen wird, und wie der Himmlische Vater die Welt züchtigen wird. Daher kehrt um! (24. Juni 1983). Marijan Lubic: *La Vierge apparaît en Yougoslavie* (Medjugorje) (Ed. du Parvis, CH-1631, 1984 (?), S. 127).
Nach Ansicht mancher Theologen gibt es in der Beziehung zwischen Gott und den Menschen im Laufe der Geschichte zwei Epochen: die der Gerechtigkeit und die des Erbarmens. In der ersten Zeit wurde Strafe, in der zweiten Mitleid geschenkt. Während der ersten Epoche ließ Jahwe, gekränkt von den Schandtaten, seinem Zorn freien Lauf und schüttete ihn über die Städte der Heiden oder über das Haus Israel aus, das sich in Sünden verstrickt hatte. In der zweiten Epoche, der des Neuen Bundes, die durch das Kreuz besiegelt wurde, ließ Gott, weit entfernt von Zorn, trotz anhaltender Sündentaten, sein Mitleid auf die Sünder herab. Was aber könnte geschehen, wenn die Nationen, geboren unter dem Neuen Gesetz, getauft in dem Blut des Lammes und der frühen Märtyrer, sich im Laufe der Zeit von der Leitung der Kirche abwendeten und das Heidentum neu erfinden würden, unter dem Deckmantel von Ideologien? Könnte die heutige Menschheit, nachdem sie zu dem Auswurf von gestern zurückgekehrt ist, etwas Besseres erwarten als die «poenam gladii», die der Prophet Jeremia angekündigt hat: «Ja, so hat der Herr, der Gott Israels, zu mir gesprochen: Nimm diesen Becher voll Zornwein aus meiner Hand und gib ihn allen Völkern zu trinken, zu denen ich dich sende. Trinken sollen sie, taumeln und torkeln vor dem Schwert, das ich unter sie schicke...Sag zu ihnen: So spricht der Herr der Heere, der Gott Israels: Trinket, berauscht euch und speit, stürzt hin, und steht nicht mehr auf vor dem Schwert, das ich unter euch schicke...Trinken müsst ihr, denn seht, bei der Stadt, über der mein Name ausgerufen ist, beginne ich mit dem Unheil, und da wollt ihr ungestraft bleiben? Nein, ihr werdet nicht ungestraft bleiben; denn ich rufe das Schwert gegen alle Bewohner der Erde» (Jer 25,15-16; 27-29).
Wenn der «Sohn der Verheißung» sich wie ein Rebell aufführt und keine Reue zeigt, glaubt dann der «Adoptivsohn», er könne sich genauso benehmen? Die Apokalypse könnte ihn vom Gegenteil überzeugen: «Da schleuderte der Engel seine Sichel auf die Erde, erntete den Weinstock der Erde ab und warf die Trauben in die große Kelter des Zornes Gottes. Die Kelter wurde draußen vor der Stadt getreten, und

der Tränen», die Seher in Garabandal das bevorstehende Strafgericht schauten, hatten ihre Verzweiflungsschreie eine solche Wirkung auf die Dorfbewohner, dass alle bis auf einen in den darauffolgenden 24 Stunden zur Beichte gingen.

Am 2. Mai 1996 kündigte die Muttergottes von Emmitsburg an, dass die Zeit nahe sei, in der sich große Plagen und Zeichen **als Ausdruck göttlichen Erbarmens** manifestieren würden (Hervorhebung durch den Autor). Es wird der Eindruck entstehen, als nähmen sie kein Ende mehr. Zerstörung wird auf Zerstörung ohne Unterbrechung folgen. Sie werden auf einer natürlichen, menschlichen und geistigen Ebene stattfinden, und sie werden über die Erde ausgeschüttet werden, bis Gott in seinen Heiligtümern angebetet und sein Volk gereinigt sein wird.[31]

---

das Blut strömte aus der Kelter; es stieg an, bis an die Zügel der Pferde, eintausendsechshundert Stadien weit.» (Offb 14,19-20)
«Und dann hörte ich, wie eine laute Stimme aus dem Tempel den sieben Engeln zurief: Geht und gießt die sieben Schalen mit dem Zorn Gottes über die Erde!» (Offb 16,1) «Und es folgten Blitze, Stimmen und Donner, es entstand ein gewaltiges Erdbeben, wie noch keines gewesen war, seitdem es Menschen auf der Erde gibt... Gott hatte sich an Babylon, die Große, erinnert und reichte ihr den Becher mit Wein seines rächenden Zornes» (Offb 16,18-19). Angst und Schrecken werden so groß sein, dass die Menschen zu den Bergen sagen werden: Deckt uns zu! (Hos 10, 8) Aber vergebens, denn die Schrift sagt: «Alle Inseln verschwanden, und es gab keine Berge mehr.» (Offb 16,20)
So beschreibt die Bibel das Strafgericht, das über «Babylon» hereinbrechen wird, welches unsere eigene Welt ist, wenn sie nach denselben Abscheulichkeiten süchtig wird wie Baal. Hätte doch die Heilige Jungfrau nicht umsonst ihre Tränen vergossen, wie sie es zuerst im Jahre 1953 auf ihrem Bild in Syrakus getan hat. Seitdem hörte sie auch auf anderen Abbildungen nicht mehr auf zu weinen. Gibt es überhaupt ein schlimmeres Verbrechen als das, das der Westen unter der Schirmherrschaft der Vereinten Nationen als Gesetz eingebracht hat: Abtreibung als Recht, auf das jede Frau einen Anspruch hat? Das ungeborene Kind wird auf dem Altar des Lebensstandards geopfert. Es schreit, und niemand hört, nur der Himmel. Genau das ist «der stille Schrei», von dem Dr. Nathanson, ein ehemaliger Abtreibungsarzt, spricht.

31. *I am your Jesus of mercy* (Queenship Pub. Co., Goletta CA, S. 8). Maria Winowska hat in drei Zeilen zusammengefasst, worüber wir in unserem 6. Kapitel sprechen: «... Die Warnungen des Himmels sind nur spiegelverkehrte Versprechungen und Gott nimmt als letzten Ausweg seine Zuflucht zu ihnen, wenn alle Mahnungen wirkungslos geblieben sind.» (Père Branislaw Markiewicz: *Aux portes du Royaume*, Téqui, Paris, S. 237)

Warnungen dieser Art sollte man nicht zu leicht nehmen. In Kibého in Ruanda (1981-1985) schauten die jungen Seherinnen «Ströme von Blut». Dass sie unter unseren Augen inzwischen geflossen sind, wissen wir alle und auch, dass sie zwei Seher, nämlich Marie-Claire und Sagastacha, mit sich gerissen haben.[32]

Die Eskalation der angekündigten Strafgerichte entspricht einer ansteigenden Kurve von Verbrechen gegen die Menschheit, so wie die Wirkung der Ursache folgt. Wenn der Mensch dem Menschen zum Wolf wird — «homo homini lupus» —, kann er dann nicht mit einer immanenten Gerechtigkeit rechnen, durch die er bestraft werden wird? Im Namen des Proletariats starben 25 Millionen Menschen im Gulag; im Namen der Rassenreinheit wurden 6 Millionen in Nazi-Konzentrationslagern ausgelöscht; und im Namen von «reproductive rights» (Frauenrecht) werden auf legale Weise heute mehr Menschen getötet als die im Namen von Klasse und Rasse zusammengenommen. Dieser sprunghafte Anstieg von Opfern legt Zeugnis davon ab, wie die aufeinander folgenden Generationen sich mehr und mehr verhärten. Indem sie die Verbrechen ihrer Väter verurteilen, finden sie für ihr eigenes Verhalten, nämlich das Hinmetzeln einer Minderheit ihrer Wahl — in unserem Fall der Ungeborenen —, eine nicht weniger abnorme Rechtfertigung wie ihre Vorfahren. Aber «alle, die zum Schwert greifen, werden durch das Schwert umkommen» (Mt 26,52).

32. Die Muttergottes hatte angekündigt: «Viele Menschen in Ruanda hegen in ihren Herzen Böses, und wenn sie sich nicht für Gottes Liebe öffnen, werden in Ruanda Ströme von Blut fließen und selbst die, die überleben, werden für immer voll Trauer sein.» (Nach Immaculée Ilibagiza in: *Led by faith*, Hay House, Carlsbad, Ca. 2008, S. 27). Die Autorin, die das Massaker an ihrer Familie überlebte, sagt dazu: «Wenn Ruanda nur auf die Warnungen der Muttergottes von Kibého gehört hätte, wäre der Völkermord verhindert worden.» Darum geht es bei den Erscheinungen der Muttergottes in unserer Zeit: Das Überleben vieler hängt von unserer positiven Antwort auf ihre Bitten ab. Wenn wir ihre Ermahnungen beherzigen, können Katastrophen abgewandt werden. Medjugorje zum Beispiel, wo die Muttergottes 1981 erschien, wurde durch die Gebete der Scharen von Gläubigen vor den Gräueltaten des Bürgerkrieges bewahrt, der ein paar Jahre später Bosnien heimsuchte.

Die vier apokalyptischen Reiter von Albrecht Dürer (Offb 6,1-8)

Viele stellen die Notwendigkeit marianischer Erscheinungen unserer Zeit in Frage. Betrachten wir allerdings den Zustand unserer Welt, wie sollten wir da keinen Bedarf sehen? Die Menschheit wird in zunehmendem Maße gottlos, sowohl in ihrem Handeln als auch in ihren Ansichten. Wo es eine Not gibt, da gibt es auch Hilfe vom Himmel. Die Geschichte Israels im Alten Testament ist ein Beispiel für diese Tatsache. Wären wir noch mehr bereit, Hilfe anzunehmen und sie zu schätzen, würden wir sie noch reichlicher und großzügiger erhalten. Das ist der Inhalt unseres Glaubens. Weil Gott den Menschen nach seinem Bild und Gleichnis erschaffen hat, sorgt er sich um das ewige Heil seiner Geschöpfe. Zu dem italienischen Mystiker Don Ottavio wurde am 10. März 1978 gesagt: «All das Unglück auf Erden seit Erschaffung der Menschen bis zum Ende der Zeiten ist nichts im Vergleich zu einer einzigen Seele, die in die Verdammnis stürzt.» Das bedeutet: Eine einzige Seele, die verlorengeht, ist in den Augen Gottes ein schlimmeres Unglück als alle vorstellbaren Katastrophen. Daher werden alle Katastrophen der Erde in der einen «großen Not» zusammengefasst werden (vgl. Mt 24,21), die für das «Ende der Zeiten» vorhergesagt ist. «Denn es wird eine so große Not kommen, wie es noch nie eine gegeben hat, seit die Welt besteht, und wie es auch keine mehr geben wird» (Mt 24,21). Zweifellos hat die Muttergottes am 20. März 1960 in Kérizinen darauf Bezug genommen, als sie sagte: «Viele werden vor der Hölle gerettet werden durch das Entsetzen vor der Art des Todes, der sie erwartet.»[33] So betrachtet, sind Gottes Züchtigungen höchster Ausdruck seines Erbarmens, die «große Not» mehr als jede andere; in ihrer Folge dürfen wir für künftige Generationen auf das Überleben unseres Planeten hoffen, das durch das selbstmörderische Verhalten seiner Bewohner in höchster Gefahr ist. Der heilige Paulus scheint dieses schreckliche, einmalige, katastrophale Geschehen zu kommentieren, wenn er schreibt: «Jede Züchtigung scheint zwar

33. J.N.S.R.: Messages depuis le secret de Marie; 4. Sept. 2005 — 25. Febr. 2006, 5e fascicule (Résiac, Montsûrs, 2006, S. 77).

für den Augenblick nicht Freude zu bringen, sondern Schmerz; später aber schenkt sie denen, die durch diese Schule gegangen sind, als Frucht den Frieden und die Gerechtigkeit» (Hebr 12,11). So wird es den Seelen ergehen, die zur rechten Zeit aus ihrer Selbstzufriedenheit hinsichtlich ihrer Einstellung zur Sünde wachgerüttelt wurden, wie auch dem «kleinen Rest» der vorherbestimmt Überlebenden bei Gottes Heimsuchung in seiner barmherzigen Gerechtigkeit.

7

Malus suasor est timor

Furcht ist ein schlechter Ratgeber

Es ist die «Weisheit» unserer Zeit, dass sie die Tatsache einer Hölle verneint. Selbstverständlich ist für Katholiken der Ort ewiger Strafen ein definiertes Dogma. Aber er muss leer sein. Und wer, außer Satan, möchte dorthin, er, der sich diesen Ort als Zufluchtsort vor der göttlichen Liebe aus Bosheit geschaffen hat? Selbst wenn ein Mensch, den der heilige Johannes als «Anti-Christ» bezeichnet, sich ihm aus einer metaphysischen Allergie gegen das Gute heraus angeschlossen hat, so gibt es doch keinen tatsächlichen Beweis dafür, dass es an diesem düsteren Ort des Hasses viele Menschen gibt. Eine große Anzahl Verdammter würde unserer Vorstellung von einem Gott der Liebe, der will, dass alle gerettet werden, widersprechen. Außerdem hält der Pessimismus früherer Tage in Bezug auf die Verdammung vieler nicht mehr Schritt mit der modernen Theologie der Hoffnung. War es nicht Hans Urs von Balthasar, der darauf hinwies, dass die Hölle leer sein könnte? Und wenn es nicht so wäre, spekulierte Jacques Maritain, müsse die sogenannte ewige Vergeltung nicht ein unheilbarer Zustand sein.

Was immer der Fall sein mag, die «Kraft des positiven Denkens» hat die Hölle in den Bereich altersgrauer Mythen verbannt. Anders ausgedrückt: Wir möchten gerne glauben, dass das, was nicht sein soll, auch nicht sein kann. Zumindest ist die Leugnung der Hölle ein plausibler Ausweg. Je weniger wir aus Gehenna machen, desto mehr tritt der positive Aspekt unseres Glaubens in Erscheinung. Die Zeit, zu der Padre Pio als Novize an der Wand seiner Zelle noch die Mahnung lesen konnte: «Buße oder Hölle», ist vorbei. Der illustrierte Katechismus unserer Großeltern, in dem die Hölle als Flammenmeer, bevölkert von monströsen Dämonen, abgebildet war, hat ganze Generationen von ahnungslosen Kindern mit Schuldkomplexen gequält. Unter einem psychologischen Aspekt sind «neu-mittelalterliche» Argumente wirkungslos. Denken wir nur an Luther, der in der Theologie seiner Lehrer vergeblich nach einem «gnädigen Gott» suchte, und sich schließlich seine eigene Religion schuf, um seine Furcht vor der ewigen Verdammnis zu beruhigen.

— Luther, der Augustinus missdeutete und überzeugt war, dass man der Todsünde nicht entgehen könne, ersann eine Erlösungstheologie, die auf den ersten Blick ermutigender war als die, die er kritisierte. Aber war sie realistisch? Werde ich gerettet, weil ich glaube, dass ich gerettet werde? Das war Luthers Selbsthilfekonzept des Glaubens. Führen heutige Theologen wirklich mehr Seelen in den Himmel, indem sie die Hölle nicht erwähnen?

Der fundamentale Fehler der in diesem Kapitel aufgestellten Behauptung ist der, dass Christi eigene Lehre nicht in Erwägung gezogen wird. Niemanden kann man in diesem Bereich als kompetentere Autorität betrachten als Jesus. Und er erwähnt die Hölle mindestens halb so oft wie den Himmel. Und das mit gutem Grund, trotz absoluter Chancengleichheit. Auch wenn es keine zuverlässige Statistik gibt, verfügen wir über viele Fakten. Und wenn die vorliegenden Fakten nicht quantifiziert werden können, sind sie trotzdem sehr überzeugend. Denn was machen wir aus den Äußerungen, mit denen Christus selbst den Normalsterblichen konfrontiert, wenn er von dem «engen Pfad» oder dem «Nadelöhr» oder dem «steilen Weg» spricht? Tatsächlich gebraucht unser Heiland eine so deutliche Sprache, dass ihre theologische Auslegung etliche Häresien zur Folge hatte. Die lutherische als Gegengewicht zu den persönlichen Angstneurosen ihres Gründers, die calvinistische mit der willkürlichen Prädestination, die jansenistische mit ihrem Netz von Rigorismen. Wurde uns denn nicht gesagt: «Viele sind gerufen, aber nur wenige auserwählt?» (Mt 20,16; 7,14). «Dies ist ein Wort [Christi], das nicht nur ein Wort ist», sagte der heilige Augustinus, «sondern ein Donnerschlag, das die Schrift zweimal wiederholt, als wollte sie sicher sein, dass es nicht unbemerkt bliebe.» Der Weg zur Hölle ist leider mit so vielen guten Vorsätzen gepflastert, dass er Vertrauen erweckt.[34] Und doch «gibt es so viele, die dorthin gehen». «Aber das Tor, das zum Leben führt, ist eng, und der Weg dahin ist schmal, und nur wenige finden ihn» (Mt 7,13-14). Dank einiger günstiger Anordnungen scheint die Breite des Weges, der zum Himmel führt, dem eher begrenzten Verkehr, den er zu tragen hat, angepasst worden zu sein. Ist es nicht erstaunlich, dass Hans Urs von Balthasar genau in diesem Punkt die Lehre der Schrift als Herausforderung empfindet? Wenn wir weitere Informationen aus anderen Quellen sammeln möchten, dann sollten wir sie uns bei Mystikern einholen, die in diesen Fragen über ein Wissen aus erster Hand verfügen. Beginnen wir mit dem heiligen Benedikt Labre, der im 18. Jahrhundert, oder Anna-Maria Taigi, die im 19. Jahrhundert lebte. Sicher beschreiben sie die Situation, wie sie in der «Sünderstadt», dem Rom ihrer Tage, war. Anna-Maria antwortete auf die Frage nach dem Schicksal der Menschen, die an diesem Tag gestorben waren: «Ganz wenige sind zum Himmel geflogen, viele kamen in das Fegefeuer und diejenigen, die in die Hölle fielen, waren so zahlreich wie die Schneeflocken im Winter.» Benedikt Labre sah in einem mystischen Traum drei Prozessionen. «Die erste, in weißen Gewändern, war von begrenzter Länge, die zweite, in Rot gekleidet, erstreckte sich in zwei ziemlich langen Reihen, während die dritte in schwarzen Trauerkleidern kein Ende zu nehmen schien.» Nach Leonard von Saint-Maurice (St. Maurice) «ziehen sich die meisten erwachsenen Christen die Verdammnis zu».[35] Obwohl

34. Thomas Merton charakterisiert ihn (den Weg) als die « breite und laute Schnellstraße des Pragmatismus, der einen entlang seiner Blumenbänke zu den Toren der Verzweiflung führt». (*The Seven Story Mountain*, S. 219).

35. Für die Quellenangaben in diesem Abschnitt vgl. José Ricart Torrens: *Du nombre des élus* (Nouvelles éditions latines, Paris, 1965). Neuere Aussagen bestätigen

man über diese proportionalen Angaben diskutieren kann, weil sie nie von kirchlicher Seite in dieser Weise definiert wurden, so entsprechen sie doch der Ansicht von vielen Heiligen und Theologen, angefangen beim heiligen Hieronymus bis hin zum heiligen Thomas und zu Pater Sertillanges. Wir möchten unsere Leser, die nicht mit unserer Ansicht übereinstimmen, dazu auffordern, uns mit der Auflistung von Autoritäten entgegenzutreten, die entgegengesetzter Meinung sind, bei gleich guter Begründung. Offensichtlich kommen alle, sowohl die Apostel des Evangeliums als auch die Seher von Höllenvisionen, sobald sie beginnen, diese geheimnisvollen Realitäten zu quantifizieren, zu dem Schluss, niemals mehr eine Todsünde begehen zu wollen, ja sogar, niemals mehr «lauwarm zu leben». Ebensolcher Meinung sind so verschiedene Persönlichkeiten wie der heilige Chrysostomos, Alphonsus von Liguori oder Grignion de Montfort. Und wie können wir uns nicht an die kleinen Seher von Fatima mit ihrer Höllenvision erinnern, die ein endloses Feuermeer sahen, in dem menschliche Gestalten wie Funken in einer Feuersbrunst herumgewirbelt wurden?[36]

---

diejenigen von Mystikern der Vergangenheit, und sie sind umso bedeutsamer, als sie für unsere Zeit zutreffen, so zum Beispiel die von der Muttergottes aus Garabandal (23. Juni 1962): «Die Heilige Jungfrau sagte uns, dass die Welt sich in keiner Weise geändert hat...und wenige werden Gott schauen...» (Jaques Serre — Béatrice Caux: *Garabandal*, F.-X. de Guibert, Paris, 1996, S. 133). Als man sie am 4. Juni 1981 in El Escorial weinen sah, beharrte Maria mit Worten, die uns zu denken geben sollten, darauf, dass sie «möchte, dass alle ihre Kinder gerettet würden», oder wenigstens «ein Drittel» (Gabriel: *Premier récit authentique des apparitions de l'Escorial*, F.-X. de Guibert, Paris, 1996, S. 50). Wenn in unseren modernen Demokratien zwei Drittel der Bürger auf dem Weg zur Hölle sind, sollte es uns dann verwundern, dass von Politikern Gesetze eingebracht werden, welche die Todesphilosophie des Fürsten der Dunkelheit widerspiegeln?
Nach diesen düsteren Erwägungen können manche Leser Trost finden in den ermutigenderen Worten der Maria von Medjugorje: «Ganz wenige gehen direkt in den Himmel, viele gehen in die Hölle, die meisten ins Fegefeuer.» Die Frage jedoch, die unbeantwortet bleibt, ist die, ob sich diese Aussagen auf die gesamte Menschheit beziehen oder nur auf die unserer Tage...

36. Nach Schwester Lucia von Fatima sind beruhigende Worte zu diesem Thema nicht angebracht: «Viele Menschen, selbst fromme, sprechen nicht gern zu ihren Kindern über die Hölle, um sie nicht zu ängstigen. Aber Gott hat sich nicht gescheut, drei kleinen Kindern die Hölle zu zeigen, von denen eines (Jacinta) kaum sieben Jahre alt war.» Der Vorteil, den Bilder gegenüber Worten haben, ist der: Sie benötigen keine Interpretation. Sie überzeugen durch sich selbst. Sie sind einleuchtend und klar.

Wir sollten nicht vergessen, mit welchem Ernst Christus die heilige Theresa von Avila tadelte und es ihr zur Warnung sein ließ, dass sie vor ihrer Konversion wegen des oberflächlichen religiösen Lebens, das sie geführt hatte, auf dem Wege zur Verdammnis war, obwohl sie bis dahin nie eine Todsünde begangen hatte. Welch andere Schlussfolgerung sollten wir aus diesem Beispiel ziehen, wenn nicht die, dass ein mittelmäßiges christliches Leben kaum für das ewige Heil förderlich ist?

«Die Erde öffnete sich, und wir fanden uns sozusagen über der Hölle, wie wenn jemand auf einer Klippe über der See stünde…und wir sahen…ein Feuermeer. Und in dieses Feuer gestürzt sahen wir Dämonen und Seelen. Die Seelen waren wie durchsichtige Kohle, schwarz oder bronzefarben, mit einer menschlichen Gestalt. Sie schwammen in dieser Feuersbrunst, emporgetragen von den Flammen, die aus ihnen herausschlugen, mit Rauch und Staub. Wie Funken bei einem großen Brand fielen sie wieder zurück von allen Seiten, ohne Gewicht und ohne Gleichgewicht, mitten hinein in das Schreien und Stöhnen von Qual und Verzweiflung, das die Beobachter entsetzte und mit Furcht schüttelte. Die Teufel unterschieden sich von den Seelen durch ihre scheußliche, abstoßende Gestalt von furchterregenden unbekannten Tieren, schwarz wie glühende Kohle, aber durchsichtig.»
Lucia berichtet uns, dass sie im Anschluss an diese Vision die kleine Jacinta sehr nachdenklich sah und sie fragte: «Woran denkst du?» Jacinta antwortete: «An den bevorstehenden Krieg und an diese Menschen, die sterben und fast alle in die Hölle gehen werden.» Als die kleine Seherin bereits im Krankenhaus lag und die Gespräche und Überlegungen der atheistischen Ärzte mit anhörte, bemitleidete sie diese: «Arme Menschen! Sie wissen nicht, was sie erwartet.» (*La Contre-Réforme catholique au XXe siècle*: juin-juillet 2000, S. 13-15, 17.) Aufgrund dieser oben angeführten Texte können wir sagen: Die Tragödie unserer Zeit ist es, dass die Sünder sich ihres Zustandes nicht bewusst sind.
In Heroldsbach (1949-1952) beschrieben die Seher die Hölle in ähnlicher, aber nicht so plastischer Weise, mit «glühend heißen Flammen, ganz rot, hoch wie Häuser», und in diesem «Flammenmeer…abscheuliche Bestien», die der Teufel «herumjagte». (Franz Speckbacher: *Erscheinungen in Heroldsbach*, Mediatrix-Verlag, ST. Andrä Wördern, Österreich 1989, S. 149.) Hier, wie in Fatima, ließ der Himmel nur kleine Kinder die Hölle sehen, vielleicht, weil es keine kleinen Kinder in der Hölle gibt. Oder, um uns zu lehren, nur wenn wir wie die Kinder werden, können wir vor der Hölle gerettet werden.
Botschaften in unseren Tagen sind nicht ermutigender: «Immer mehr Seelen — Milliarden über Milliarden — stürzen in den Abgrund» (Botschaft vom Januar 1983 von Gabriel: *Premier récit des apparitions de l'Escorial*, F.-X. de Guibert, Paris, 1996, S. 302). Die Wahrheit des Evangeliums ist in Form von Proportionen ausgedrückt: «Wenige» sind die Seelen auf dem Pfad zum Heil, «viele», die den Weg in das Verderben gehen. Und das ist keine Hypothese, sondern Tatsache.
Könnten denn Seelen gerettet werden, wenn man sie auf diese schreckliche Realität, die sich hinter dieser Statistik verbirgt, aufmerksam machen würde? Die Madonna scheint offensichtlich dieser Meinung zu sein, denn das ist es, was sie tut.

Wenn unsere Chancen so liegen, müssten wir da nicht verzweifeln? Aber es gibt, Gott sei Dank, einen Glaubenssatz, der trotz dieser Chancenungleichheit Trost spendet und dem Kirchenlehrer, Mystiker und Heilige wie aus einem Munde zustimmen. Der heilige Alphons von Liguori hat es in dem Satz auf den Punkt gebracht: «Wenn du bis zu deinem Tode Maria wirklich verehrst, ist dein Heil dir gewiss.»[37]

Daher sollten sich Katholiken mit Maria nicht weniger in Sicherheit fühlen als Protestanten mit ihrer Theorie von der «Rettung durch den Glauben allein». Die «wiedergeborenen Christen», Methodisten oder Baptisten halten auch an diesem Glauben fest, ohne den es keine Rettung gibt, und der ihnen die Sicherheit ihrer Er-

---

Aber was hindert eigentlich Priester daran, in ihrer Sonntagspredigt das gleiche zu tun? Einer der Gründe muss wohl sein, dass sie einem Gott der unendlichen Liebe nicht die Schaffung eines solchen Ortes des Grauens zuschreiben möchten. Nicht nur strafen sie Dantes unsterbliche Verse Lügen: «Fecemi la divina Potestate,/La somma Sapienza, e'l primo Amore» («Ich bin geschaffen durch die Allmacht des Vaters, die höchste Weisheit des Sohnes und die ewige Liebe des Heiligen Geistes.»), sondern indem sie diese Verse wörtlich übersetzen, missverstehen sie das Wesen Gottes. Sie vergessen, dass nicht Gott die Hölle schuf, sondern Dämonen und Menschen von ihrer Art. Als die Hölle auf Erden in Auschwitz Gestalt annahm, von wem war sie denn erdacht, wenn nicht von Gottlosen? Und waren es nicht ebenso die ungläubigen Intellektuellen, die ein halbes Jahrhundert lang weltweit den Segen eines Regimes feierten, das den Gulag erfunden hat? Auf ähnliche Weise ist auch Gott nicht für die entsetzliche Realität des «Feuers, das niemals erlöscht» verantwortlich zu machen, von dem die Konzentrationslager nur ein antizipierendes Abbild sind.
Die Gerechtigkeit Gottes ist eine «Gerechtigkeit, die rettet». Die Gerechtigkeit des Teufels ist eine pervertierte. Hochwürden Amorth, der Exorzist von Rom, berichtet, dass der Teufel, dem er eines Tages befohlen hatte, eine besessene Seele zu verlassen und an den Ort zurückzukehren, den Gott für ihn bereitet hat, unter Heulen zur Antwort gab: «Du weißt gar nichts. Nicht er ist es, der die Hölle gemacht hat. **Wir haben sie selbst geschaffen.** Er hat nicht einmal an sie gedacht.» Satan weiß es am besten, dass das Böse allein verantwortlich ist für das Böse. (*Un exorciste raconte*: F.-X. de Guibert, Paris 1992, S. 29.)
An dieser Stelle möchten wir nicht versuchen, eine theologische Erklärung dafür zu finden, wie Gott, der alles sieht, der den Wellen des Meeres gebietet, der bestimmt, wann ein Sperling vom Dach fällt, seine ewige Gerechtigkeit walten lassen kann, ohne sich selbst dem Missbrauch teuflischer Macht auszuliefern.

37. zitiert von Michael Malone: *The Apostolic Digest* (Sacred Heart Press, Irving, 1987, S. 36). Nach den Aussagen der Muttergottes von El Escorial (12. Oktober 1982) beziehen sich diese ernsten Worte, dass der, «der nicht an Maria glaubt, nicht in das himmlische Königreich eintreten wird», nicht auf Andersgläubige guten Willens.

wählung bringt. Bei uns ist der Glaube eng an die Hoffnung gebunden, für die es keinen Ersatz gibt, was bedeutet, dass es auf unser Vertrauen auf Gott ankommt. Hoffnung verleiht den Verehrern der Muttergottes die Erwartung, nicht verloren zu gehen, wenn sie Zuflucht unter ihrem Mantel gesucht haben. Zahllose Episoden aus dem Leben vieler Heiliger beweisen diese Behauptung. Das außergewöhnlichste Beispiel hierfür, das wir kennen, ist vielleicht der Fall von Louise Grimet, einer jungen Freidenkerin. Ihr wurde vom Pfarrer von Ars prophezeit, dass sie im letzten Moment ihres Lebens gerettet würde, weil sie die Muttergottes verehrte. Jean-Marie Vianney wusste ohne Zweifel, dass diese Frau zur Zeit des Aufstandes der *Commune* in Paris die Gewehre laden würde für das Erschießungskommando, das den Erzbischof und zwölf weitere Priester exekutieren sollte. Sie duldete aber keine blasphemische Bemerkung gegen Maria von Seiten ihrer Parteigenossen und bekehrte sich in allerletzter Minute.[38]

Bei vielen Erscheinungen unserer Zeit sah man Maria weinen. Um wen weint sie wohl? Besonders um die Christen, die von schlechten Priestern in die Irre geführt werden: «Zahllose Priester, Bischöfe und Kardinäle sind auf dem Weg ins Verderben und ziehen viele Seelen mit sich.»[39] Aber genau in dem Augenblick, in dem Maria von den Gefahren spricht, die uns umgeben, bringt sie in ihrer Person die Mittel, um ihnen zu entfliehen. Zu einer Zeit, in der «besondere Zuwendung zu den Armen» als die erste Pflicht des Apostolats gesehen wird, scheint die grenzenlose Sorge des Himmels sich auf die verlorenen Schafe zu richten. Hier haben wir es wirklich mit der Not der Armen zu tun, nämlich derer, die arm sind an der eigentlichen Substanz geistigen Lebens, dem Stand der

38. An dieser Stelle möchten wir an die Worte erinnern, die Christus zu Maria Valtorta gesprochen hat: «Du weißt nicht, wie ein Urteilsspruch gemildert wird, wenn die Frau ihn beeinflusst» (*Il poema del Uomo Dio*, III, S. 471). Für mehr als einen Sünder wird Maria das tun, was sie im 17. Jahrhundert zur Rettung eines Freigeistes getan hat. Sie zog den Ärmel ihres Gewandes zurück und sagte ihm: «Um dich zu retten, habe ich meinen Arm bis hierhin in die Hölle getaucht.»

39. Jacques Serre — Béatrice Caux: *Garabandal* (F.X. de Guibert, Paris, 1996, S. 188).

Gnade. Leider gehören Bekehrungen dieser Art zu den Ausnahmefällen. Daher wurde uns Maria als letzter Zufluchtsort geschenkt, als Schutz für die Sünder, als Barke des Heils. Als ihre Kinder sollten wir ihre Aufforderung, die sie an Bernadette in Lourdes gerichtet hat, wörtlich nehmen, nämlich, «dass man in Prozessionen hierher kommen solle». Dies ist nur die erste von vielen ähnlichen Bitten, die die Heilige Jungfrau an anderen Erscheinungsorten geäußert hat, wohin wir eingeladen sind. Das Netz dieser Orte auf der Landkarte ist so eng, dass keiner sich damit entschuldigen kann, der Erscheinungsort läge zu weit entfernt: Ein providentielles Layout, so als hätte der Himmel im feindlichen Territorium vorgeschobene Wachposten aufgestellt: Eine spirituelle reconquista (Zurückeroberung), zu der wir persönlich eingeladen sind. Die Betonung liegt heute auf der Dringlichkeit der Lage, so als ob geistige Früchte jeder Art besonders denjenigen zugesichert werden, die sofort reagieren und den Pilgern der ersten Stunde sozusagen ein Vorteil eingeräumt würde. Dass man persönlich kommen sollte, versteht sich von selbst. Dass man versuchen sollte, Freunde und Verwandte mitzubringen, besonders diejenigen, die ihre religiösen Pflichten vernachlässigen, ist einleuchtend. Man sollte seine Einflussmöglichkeiten zugunsten von Maria geltend machen, denn sie ist die Mittlerin aller Gnaden und Botin des Himmels. Es ist eine Frage der Dankbarkeit, dass man, wenn Gebete erhört wurden, diese Gunst auch bekannt macht, zum Heil für andere. Außerdem sollten marianische Botschaften allen Menschen verkündet werden.

Das einmütige Zeugnis von Heiligen für die heilbringende Wirkung marianischer Frömmigkeit ist uns ein Unterpfand für ihre rettende Wirkung. «Keiner kann in den Himmel kommen außer durch Maria, wie durch ein Tor» (hl. Bonaventura). «Keine einzige Seele, die in ihrem Dienste wirklich ausharrte, wurde jemals verdammt» (hl. Grignion de Montfort). «Keiner, nicht einmal ein Sünder, der sich ihr geweiht hat, wird eine Beute der Hölle werden» (hl. Katharina von Siena). «Wenn ich Maria liebe, bin ich meines Heiles sicher und ich werde von Gott erhalten, was immer ich erbitte,» sagte der heilige John Berchmans;[40] und welche Seele, mag sie auch übersät sein von Sünden, wie das Firmament von Sternen, würde nicht im Tiefsten den Wunsch verspüren, sich einer solch unvergleichlichen Mutter anzuvertrauen? Wer Maria kennt, kennt den Himmel, und er will nichts anderes mehr.

Es wäre falsch, auf der Basis einer missverstandenen Analogie das gläubige Vertrauen auf Maria mit dem lutherischen Rechtfertigungsglauben gleichzusetzen. Im ersten Fall handelt es sich um das Vertrauen auf eine Person. Und was für eine Person! Die Mutter unseres Erlösers! Der zweite Fall basiert auf einer theologischen Lehre, die eine von Panikattacken heimgesuchte Seele als psychologisches Antidot zu ihren eigenen pathologischen Ängsten ersonnen hat.[41]

Die Seele, die sich in der Stunde ihres Todes unter den Schutz Mariens gestellt hat, erwacht im Himmel.[42]

Der Grund, das «Warum» für dieses außergewöhnliche Privileg, das den «Kindern Mariens» gewährt wird, ist einerseits erstaunlich, andererseits einleuchtend. Es ist erstaunlich, denn Maria ist ein Geschöpf und dennoch ist sie mit einem göttlichen Vorrecht ausgestattet. Wir wissen natürlich, dass Gott allein retten kann. Aber es ist

40. Siehe Michael Malone: *The Apostolic Digest* (Sacred Heart Press, Irving, 1987, S. 21-40).

41. Besonders als junger Mönch litt Luther unter solch furchtbaren Skrupeln, dass diese Anfälle von «terror, horror, pavor, timor, tremor» («Entsetzen, Schrecken, Angst, Furcht, Beklommenheit») beim Gedanken an die Gerechtigkeit Gottes ihn dazu brachten, eine selbstheilende Theologie zu ersinnen. Diese neue Lehre, die es in der Geschichte der Kirche bisher nicht gegeben hat, hatte den Vorteil, dass sie der Seele zusicherte, sie werde gerettet werden, wenn sie nur daran glaubte, dass sie gerettet werden würde, ohne die Verpflichtung, «gute Werke» erfüllen zu müssen. Hier handelt es sich um einen klaren Fall von Zirkelschluss. Panik ist der Vernunft nicht dienlich.

42. In Medjugorje hat keine der Seherinnen Angst vor dem Tod. Vicka sagt: «Sterben ist nichts. Es ist, als würde man von einem Raum eines Hauses in einen anderen gehen, oder noch besser, aus der Ecke eines Zimmers in eine andere.» Sie hatte den Himmel mit der Gospa gesehen.
Im Jahr 1986 sagte die Madonna zu Jelena: «Wenn du dein Vertrauen auf mich setzt, wirst du den Übergang von diesem Leben in das nächste gar nicht bemerken. Du wirst das Leben des Himmels auf Erden beginnen» (Sister Emmanuel: *Medjugorje, les années 90… Le triomphe du cœur*: Ed. des Béatitudes, Burtin, 1996, S. 219). Und was ist der Himmel auf Erden anderes, als Gottes Willen zu erfüllen?

einleuchtend, dass Gott die Gnaden des Heiles, die zur Rettung nötig sind, durch die Hände eines Geschöpfes verteilt. Ebenso wie Gott sich bei seiner Menschwerdung Marias bediente (er hätte sich seinen eigenen Leib einfach schaffen können), so bedient er sich ihrer, um seine Gnadengaben an uns weiterzureichen. Mit ihrem Fiat hat er begonnen, alles durch sie hindurch zu unserem Heil zu wirken. Denn das Herz des Menschen ist nur zu oft nicht auf Gott eingestellt. Für den Sünder ist es schwer, zu glauben, dass er bei dem, den er gekränkt hat, Gehör finden wird. Natürlich ist das falsch, und der Mangel an Glauben eines solchen Menschen zeigt, wie schwer er von Sünden belastet ist. So voreingenommen er auch sein mag gegenüber der unermesslichen Barmherzigkeit Gottes, so vermag er doch aus der Erinnerung an seine Kindheit eine zarte Neigung zu seiner Mutter Maria zu empfinden. Möge er sich doch an die Madonna wenden! Sie wird ihn, aufgrund seiner Reue, mit der unendlichen Güte versöhnen, an die zu glauben und auf die zu bauen er aufgegeben hatte. Sie wird ihm dabei helfen, den Teufel der Verzweiflung zu bekämpfen. In diesem Zustand der Verwahrlosung ist Maria seine letzte Zuflucht. Nach Maria Valtorta hat Christus im Augenblick seines Todes am Kreuz, was in der Schrift nicht berichtet wird, den Schrei der Verzweiflung mit einem letzten Wort ausgestoßen, nämlich: «Mutter.» Allerdings blieb ihm nur noch die Zeit, die erste Silbe auszusprechen. Indem er Maria anrief, ist er unser Vorbild.[43]

«Als der Hauptmann diesen geheimnisvollen Schrei hörte, schlug er sich an die Brust und sagte: «Dieser Mensch war wirklich Gottes Sohn.» [44]

---

43. «Mutter» oder «Mama» heißt auf Galiläisch-Aramäisch «Emma».
Diese Passage aus dem *Poema dell'Uomo-Dio* (IX) der Maria Valtorta könnte natürlich nur als fromme Interpretation betrachtet werden. Jedoch ihr Wahrheitsgehalt betrifft uns alle. Wenn es angemessen ist, dass der sterbende Sohn nach seiner Mutter ruft, um wie viel mehr sollten wir das gleiche in unserer letzten Stunde tun. Die Menschheit Christi wird in diesem Augenblick um so mehr offenbar, als er der Natur ihren Tribut zollt. Eine Statistik hat übrigens gezeigt, dass das letzte Wort sterbender britischer Soldaten im Ersten Weltkrieg mehr als jedes andere das Wort «Mutter» war.

44. Siehe François Mauriac: *Vie de Jésus* (Flammarion, Paris, S. 272)

Im Garten von Gethsemane hat der Menschensohn seinen Vater mit «Abba», Papa, angeredet. Mit dieser vertraulichen Anrede lehrt er uns, dass Vaterschaft das höchste Attribut Gottes ist, wie die Mutterschaft für Maria. Und das gilt nicht nur für Christus, sondern auch für uns.

8

De minimalismo

Gedanken zum Minimalismus

«Weniger ist mehr — oder: Gedanken zum Minimalismus.» Gibt es eine Grenze der Hypertrophie (der Übertreibung) der Mittel, um Menschen zu beeindrucken? Das ist eine Frage, die manchmal Priestern gestellt wird. Der Fragesteller ist sich dabei nicht bewusst, dass es gerade der Klerus ist, der unter Katholiken am wenigsten anfällig ist für das, was Ungläubige «Erscheinungs-Wahnsinn» nennen. Die Forderungen, die von Sehern an die Gutgläubigkeit der Menschen gestellt werden, scheinen maßlos und ohne Grenzen zu sein, wie etwa in Dozulé (Normandie: 1972-1978), wo Christus verlangte, ein 738 Meter hohes Kreuz aufzustellen, in Erinnerung an das Kreuz auf Golgatha, das 738 Meter über dem Meeresspiegel errichtet war …

Der volkstümliche Enthusiasmus, das «Happening», wie manche Kritiker es bezeichnen, die Überschwänglichkeit der Massen lassen marianische Erscheinungen billig werden. Zur gleichen Zeit, da die Kirchen Sonntag morgens zu zwei Dritteln leerstehen, nehmen Tausende von Menschen an «Begegnungen» teil, deren übernatürlicher Charakter nicht im Geringsten gesichert ist. Wenn das religiöse Interesse erst einmal durch Berichte über außergewöhnliche Ereignisse geweckt wurde, bewegen sich die Massen, die vor Neugierde fiebern. Dieses Phänomen, das man am besten als Massenhysterie bezeichnen könnte, lenkt die Gläubigen von traditionellen Andachtsübungen ab, bietet nur einen Ersatz für den wahren Glauben, und lässt den irritierten Klerus aus dem Gleichgewicht geraten. Was sind nur diese «Happenings», diese Stegreifimprovisationen aus dem dunklen Unbewussten, diese pseudo-charismatischen Vorfälle?

— Unsere Antwort ist die, dass eine Masse nur die Summe einzelner Individuen ist, von denen jedes Herr seiner selbst ist. Bei Erscheinungen gibt es keine Manipulation der Meinungen von Seiten irgendeiner Organisation. Jeder ist frei in seinem Handeln. Jeder, der kommt, hat einen Grund dafür, der eine, weil er fromm ist und überglücklich, auf den Ruf des Himmels oder auf das, was er als den Ruf des Himmels ansieht, eine Antwort zu geben; ein anderer ist wissbegierig und möchte herausfinden, was wirklich passiert; ein dritter kommt, weil er nichts Besseres zu tun hat, und hoffentlich noch ein anderer, ein Ungläubiger, der aber einen Freund oder Verwandten begleitet. Dann kann das Wunder des gemeinsamen Gebetes geschehen. «Wo zwei oder drei in meinem Namen versammelt sind, da bin ich mitten unter ihnen.»[45]

---

45. Es wäre tautologisch, zu sagen, dass heutige Erscheinungen vor allem eine Botschaft für die heutige Zeit darstellten. Der Pilger, der in das Heilige Land reist, tut es im Gedächtnis an Christus, der nach Fatima pilgert, um der Muttergottes Ehre zu erweisen. Wie aber war die Situation zur Zeit der drei kleinen Seher von Fatima? Der Ortspriester war empört über die Menschenmenge, die zur Cova da Iria zog, um sich «vor einem Busch zu verneigen», statt unseren Herrn im Tabernakel anzubeten. Jedes Ding hat seine Zeit. Diente das Bäumchen in der Cova nicht der Muttergottes als Fußschemel?
Diese Kritik des Priesters auf der Basis objektiver Wertmaßstäbe hat überhaupt keinen Realitätsbezug, in diesem Fall zum subjektiven Element. Und dieses subjektive Element ist so wichtig, dass ein Mystiker behauptet hat, dass ihm während der Woche ein inniges Gebet zu Hause größeren Gewinn brächte als das mechanische Mitfeiern einer Heiligen Messe. Wenn die Madonna nicht mehr erscheint, dann werden ihre Kinder die dringend notwendigen Gebete, die sie ihnen ans Herz gelegt hat, doppelt und dreifach vor dem Heiligsten Sakrament beten.
Gott sagt uns: «Gib mir dein Herz.» Wenn wir es Maria schenken, wird er sich darüber genauso freuen. Was zählt, ist die Qualität unseres Geschenkes.

9

«Charismatici sunt schismatici»

Charismatiker sind potentielle Schismatiker

Illuminismus (Erleuchtungsmetaphysik) stellte zu allen Zeiten eine Gefahr dar, der die Orthodoxie vernünftigerweise sehr misstrauisch gegenüberstand. Man kann der zunehmenden Großzügigkeit dem gegenüber wirklich nicht zustimmen.

— Hier handelt es sich um ein «a priori-Argument», das seine eigene, lange Geschichte des Missbrauchs in der Kirche vorzuweisen hat. Immer noch besteht eine übertriebene Furcht vor kirchenspaltenden Tendenzen, sooft Gruppen ohne kirchliche Zustimmung, Anwesenheit von Priestern oder hierarchische Leitung sich zusammentun. Die relative Freiheit zur Eigeninitiative, die die Kirche den Laien seit dem II. Vatikanischen Konzil zugesteht, hat den Argwohn der Überängstlichen nicht überwinden können, dass Gläubige, auf sich gestellt, eine leichte Beute des Aberglaubens, der religiösen Torheit und Opfer von Zeitströmungen werden könnten.

Die Problematik dieses Argumentes liegt darin, dass es genau die Situation begünstigt, die es vermeiden möchte. Der Ortsbischof verweigert seinen Besuch, weil er befürchtet, seine Anwesenheit könne einer Anerkennung gleichkommen. In manchen Fällen wird er nicht einmal einen Priester entsenden, der sich vor Ort ein Bild machen könnte, weil dessen Anwesenheit als implizite Anerkennung der übernatürlichen Ereignisse interpretiert werden könnte. Der Seher ist ohne geistige Führung, die Herde ohne Hirten. Erstaunlich ist allerdings, dass es unter solchen Bedingungen nicht öfter zu schismatischen Entwicklungen gekommen ist, die so oft als Argument gegen die Glaubwürdigkeit von Erscheinungen vorgebracht werden. Wenn nun in zunehmenden Maße, im Vergleich zu der Zeit vor dem II. Vatikanischen Konzil, Großzügigkeit praktiziert wird, ist es nicht etwa deshalb, weil Christus uns den Weg dazu gewiesen hat? Als die Apostel berichteten, dass ein Mensch guten Willens, der allerdings kein Jünger Jesu war, in dessen Namen Dämonen austrieb, gab der Herr dieser Initiative mit hohen Worten seine Zustimmung: «Hindert ihn nicht! Keiner, der in meinem Namen Wunder tut, kann so leicht schlecht von mir reden.» Die negative Einstellung der Apostel war kontraproduktiv. «Wer nicht für mich ist, der ist gegen mich» (Mk 9,39-40). «Wer nicht mit mir sammelt, der zerstreut» (Mt 12,30), sagt Christus an einer anderen Stelle, denn er billigt, was im Namen Gottes getan wird, ohne — allerdings nicht auf Kosten des Geistes — am Buchstaben zu hängen. Auch wenn die zuständigen Autoritäten nicht immer an Erscheinungen herumnörgeln, so schaffen sie es doch oft genug, zu beunruhigen, ja zu verunsichern. Noch häufiger aber ist ihre offenkundige Missbilligung der Bedeutung, die die Gläubigen diesen Erscheinungen beimessen.

Man scheint zu befürchten, dass Privatoffenbarungen über eine Zentrifugalkraft in Richtung Irrglauben verfügen. Es ist, als hätte man es mit einer Fälschung zu tun. Dem widerspricht Hochwürden Kaszowski: Er behauptet, je sorgfältiger man die Geschichte der Kirche studiert, desto mehr erkennt man, dass das Gegenteil der Fall ist. Wirklich erfolgreiche Häresien vergangener Jahrhunderte waren nicht das Ergebnis fehlgeleiteter mystischer Neigungen, sondern vielmehr intellektuelle Konstrukte geistreicher Theologen. Und es sind Intellektuelle, nicht Charismatiker, die heutzutage verantwortlich gemacht werden müssten für die Unordnung, die sich in Fragen von Glaube und Moral in der Kirche ausgebreitet hat. So war es auch im 16. Jahrhundert. Gelehrte wie Luther und Calvin leugneten die Realpräsenz, erklärten 5 von 7 Sakramenten für null und nichtig, erkannten die Autorität des Papstes nicht an und stellten in der Prädestinationslehre die menschliche Freiheit in Frage. Und wenn heute «Humanae vitae» den Widerstand von Theologen und Bischöfen erweckt, wenn an den theologischen Hochschulen das Evangelium «entmystifiziert» und die Volksfrömmigkeit in den Kirchen ausgerottet wird, die Sünde in den Augen der Gläubigen ihren Stachel verloren hat, beziehungsweise abgeschafft wurde, so ist das sicher nicht das Werk von Mystikern und Sehern. Matthäus, Markus, Lukas und Johannes sprechen oft genug von der Hölle, so auch die Muttergottes von Medjugorje, Manduria, Schio und anderen heutigen Erscheinungsorten. Wann haben Sie das letzte Mal in einer Predigt etwas von der Hölle gehört? Allgemeine und private Offenbarung sprechen von den gleichen übernatürlichen Realitäten, wobei die allgemeine Offenbarung die Essenz enthält, während die private eine Wiederholung zu gegebener Zeit darstellt. Beide entspringen derselben Quelle, nämlich dem Heiligen Geist. «Es gibt verschiedene Gnadengaben, aber nur den einen Geist. Es gibt verschiedene Dienste, aber nur den einen Herrn. Es gibt verschiedene Kräfte, die wirken, aber nur den einen Gott: Er bewirkt alles in allem» (1. Kor 12,4-7). Eine Privatoffenbarung ist wie eine Sonntagspredigt über das Evangelium, eine Auslegung dessen, was schon gesagt wurde, ein In-Erinnerung-Rufen von Glaubensinhalten und eine Aufforderung, danach zu leben.

Wenn Gott in der Vergangenheit gesprochen hat, heißt das, er sollte in der Gegenwart nicht mehr mit uns reden? Es ist ein und dieselbe Stimme und auch dieselbe Lehre. Sollte eine Botschaft deswegen falsch sein, weil sie nicht die gleiche Autorität wie das Evangelium besitzt? Sie ist von besonderem aktuellem Nutzen und providentieller Notwendigkeit.[46]

---

46. Diese Notwendigkeit wird umso verständlicher, wenn man die zunehmende Anzahl von Anhängern der charismatischen- und der Pfingstbewegung bedenkt: Es gibt derzeit 589 Millionen. Doppelt so viele wie alle anderen protestantischen Glaubensrichtungen zusammen genommen. In Südamerika verbreiten sich diese Sekten auf Kosten der katholischen Kirche. Wenn sie so erfolgreich sind, dann wohl

daher, weil sie die Antwort auf ein Bedürfnis darstellen. Die Menschen dürsten nach dem wahrhaft Übernatürlichen. Wenn sie den Eindruck haben, sie könnten dies nicht in ihrer eigenen Kirche finden, suchen sie anderswo und glauben, Übernatürliches in Gestalt emotionaler Erfüllung zu finden. Wenn Maria erscheint, gibt es das Übernatürliche, nicht nur für die Seher, sondern auch für die Anwesenden. Es gibt kein Ersatzelement.

Daher bedauert ein so objektiver Beobachter wie René Laurentin, dass Erscheinungen derzeit dank der Arbeit und Routine bischöflicher Kommissionen der Vergessenheit anheim gegeben werden. Wie im Fall von Lyon-Croix-Rousse war dies definitiv; im Falle von Montichiari und Balestrino nur vorübergehend. Dadurch aber hängt ein unheilvoller Schatten von Missbilligung über ansonsten durchaus «glaubwürdigen» Erscheinungen wie etwa in Phoenix, Arizona, oder Emmitsburg, Pennsylvania. «Auf Nummer-Sicher gehen» scheint die Devise dieser Kommissionen zu sein. Eine lobenswerte Haltung. Sie resultiert allerdings oft, wie Pater Laurentin sagt, aus einer Verwechslung von Wunderbarem mit Spirituellem. Das häufig gebrauchte: *non patet de supernaturalitate* legt einen dunklen Bann sowohl auf die Ereignisse, die Erscheinungen wie auch auf die Seher. Unverdientermaßen, nach Meinung von Pater Laurentin, wenn die Wirkung der Erscheinungen zu einer spirituellen Erneuerung und Vertiefung des geistigen Lebens geführt haben. Sollte man in solchen Fällen die Ermahnungen Jesu missachten: «An ihren Früchten werdet ihr sie erkennen» (Mt 7,16)? Was in sich selbst als gute Botschaft betrachtet werden kann, als eine nutzbringende und bewundernswerte, wird in die «äußerste Finsternis» verbannt. Warum einen geistigen Prozess bestrafen, indem man ihm einen üblen Namen gibt? Lassen Sie uns hoffen, dass die von Pater Laurentin getroffene Unterscheidung nicht nur ein toter Buchstabe für künftige Zeiten bleibt. Eigentlich sollte sie das nicht, denn Kardinal Ratzinger kannte sie, wie wir in Kapitel 43 dieses Buches ausführlich dargelegt und auf der Umschlagseite erwähnt haben. (Zu diesem Thema vgl. den Artikel «Heurts et malheurs des voyants» in *Chrétiens magazine*, 15. März 2003, Caumont-sur Durance, S. 18-19, den wir in diesem Paragraphen zusammengefasst haben.)

Siehe Pater Kaszowskis Artikel: «Warum erhalten wir Privatoffenbarungen, wenn wir bereits die ganze Offenbarung durch Christus erhalten haben?» (Das wahre Leben in Gott, 91336 Heroldsbach, Deutschland, Januar 2001, S. 32-33.)

10

Dona Dei

Gottes Geschenke

Gottes Geschenke an die Menschen sind bereits so groß, dass Erscheinungsorte von zweifelhafter Gültigkeit nichts hinzufügen könnten, was von Nutzen wäre.

— Man sollte Gottes Großzügigkeit nicht in Frage stellen, indem man ihr eigenmächtig Grenzen setzt. Christus zeigte, als er noch auf Erden wandelte, dass man in seiner Gegenwart Wunder erbitten konnte, solange man nur echten Glaubens war. Sollte er denn weniger erbarmungsvoll sein, wenn seine Mutter in ihrer herausragenden Stellung als Mutter der Kirche und als seine Botschafterin zu uns kommt? In Heroldsbach (Deutschland, 1949-1952) zum Beispiel regnete die Gnade Bekehrungen auf die Menge herab, die gekommen war, um Zeuge von den ungewöhnlichen Ereignissen zu sein. Das sind die kostbarsten Wunder, die Maria bei ihrem Erscheinen begleiten. In San Damiano (Italien, 1961-1981) oder in Medjugorje (Bosnien, 1981-20…) sind Heilungen von unheilbaren Erkrankungen weitere handgreifliche Beweise ihrer Hilfe. In El Escorial (Spanien, 1980-2002), überhäufte sie die Pilger mit geistigen Gunsterweisen. Hier, als Beispiel, was man «das große Versprechen von El Escorial» nannte (3. Dezember 1983):

> «All diejenigen, die jeden Tag den ganzen Rosenkranz beten, das Heiligste Sakrament besuchen, am ersten Samstag des

> Monats zur Beichte und Kommunion gehen, werden sich der Qualen des Fegefeuers, die sie verdienen, bewusst sein, ohne dass sie durch sie hindurch müssen und werden direkt in den Himmel kommen.»[47]

Viele andere Garantien werden gegeben. Tausch wird angeboten: ein Gramm Mitarbeit für ein Pfund Gold.

> «Ich werde nicht erlauben, dass einer, der den Rosenkranz betet, verdammt wird» (7. Oktober 1985).[48]

In El Escorial gab es nicht weniger als zehn Versprechungen vom Himmel, von welchen das letzte folgendermaßen lautet:

«Ich verspreche euch, meine Kinder, dass alle, die hierher kommen, in den Tagen der Dunkelheit beschützt sein werden (6. Juni 1998). Die Muttergottes wird ihre Kinder unter ihren Mantel nehmen.»

Unter all den Orten, an denen Maria in jüngster Zeit erschien, ist El Escorial wahrscheinlich derjenige, wo sie den Pilgern am großzügigsten Rettung und Heil versprochen hat. Es ist erfreulich, dass in diesem besonderen Fall die verantwortlichen, kirchlichen Autoritäten positiv eingestellt waren.

Glücklich sind wir, die wir solche Zusicherungen erhalten haben, denn wir wurden auch vorgewarnt: «Das Strafgericht, das über die Erde kommen wird, wird aus Feuer bestehen, das durch den Sturz eines Himmelskörpers ausgelöst werden wird. Diejenigen, die sich im Stande der Gnade befinden, werden in keiner Weise davon betroffen werden. Sie werden wie in einem Zustand der Verzückung sein.»[49]

Es scheint passend, an dieser Stelle aus der Geheimen Offenbarung zu zitieren (16,8-9): «Der vierte Engel goss eine Schale über die Sonne. Da wurde ihr Macht gegeben, mit ihrem Feuer die Men-

---

47. Gabriel: *Premier récit des apparitions de l'Escorial*, F.-X. de Guibert, Paris, 1996, S. 324).
48. ebd. S. 329.
49. Zitat von Jean Christophe in: *Chrétiens magazine*, Februar 2003, S. 16 u. 20. Bezüglich der Fragen zum bevorstehenden Strafgericht vgl. Kapitel 14 «De ratione divina».

schen zu verbrennen. Und die Menschen verbrannten in der großen Hitze. Dennoch verfluchten sie den Namen Gottes, der die Macht über diese Plagen hat. Sie bekehrten sich nicht dazu, ihm die Ehre zu geben.» Selig werden die sein, die in jenen Tagen Gott die «Ehre erweisen» werden. Bei den Gerechten wird der Lobpreis Gottes nicht aufhören, auch nicht in tiefster Bedrängnis, wie bei den drei Jünglingen im Feuerofen, die die Flammen verschonten (Dan 3).

11

Sive rationalismus, sive superstitio

Rationalismus oder Aberglaube

Welches dieser beiden Extreme ist das schlimmere? Beide sind das Produkt unechter Erscheinungen. Der Rationalist, der das Übernatürliche im Namen der Logik, des gesunden Menschenverstandes oder der Wissenschaft leugnet, wird in seiner negativen Haltung bestätigt, wenn er von unbestätigten wunderbaren Ereignissen hört. Aberglaube andererseits wächst auf dem Zuchtbeet von Privatoffenbarungen dubioser Herkunft. Zwischen diesen beiden Extremen versucht die kirchliche Ortsbehörde, eine Absicherung in Form eines sicheren Kompromisses zu finden, indem sie erklärt: *«Non patet de supernaturalitate.»* (Die Übernatürlichkeit der Ereignisse ist nicht nachgewiesen.)

— Welchen Glauben können wir Erscheinungen schenken? Offensichtlich sollte man weder in die Falle des Rationalismus noch die des Aberglaubens stürzen.

Rationalisten stehen dem Übernatürlichen misstrauisch gegenüber. Sie fürchten sich davor. Sie ignorieren es lieber. «Ja, Christus hat wohl Wunder vollbracht. Aber das war in alten Zeiten.»

Auf der anderen Seite gibt es die Abergläubischen, die das Übernatürliche lieben; aber sie neigen dazu, sich seiner engstirnig und eigenmächtig bedienen zu wollen durch gewisse Praktiken, nach denen sie süchtig sind.

Das hindert weder die einen noch die anderen daran, treue Gläubige zu sein. Aber für ihren Glauben ist das Übernatürliche, wenn es ad extra in Erscheinung tritt, eine ernste Prüfung: ein Stolperstein für die Ersteren, ein Abgleiten ins Irrationale für die Letztgenannten. Angesichts dieser doppelten Gefahr flüchten sich die kirchlichen Autoritäten, auf der Basis ihrer Erfahrungen aus der Vergangenheit, in den Negativismus (ablehnende Grundhaltung). Daher erklären sie so viele Erscheinungen für zweifelhaft und falsch.

Gläubige Rationalisten leugnen nicht die Echtheit von Wundern, Träumen oder Visionen in den Evangelien. Aber außerhalb der Schrift akzeptieren sie prinzipiell nichts Neues, besonders wenn es jüngeren Datums und unkonventionell ist. Zeitliche und örtliche Nähe scheint bei Wundern inakzeptabel zu sein.

Im Gegensatz dazu sind abergläubische Seelen so verliebt in Wunder, dass sie ständig neue entdecken und auf sie mit Begeisterung und Hingabe reagieren.

In einer Diskussion sind Rationalisten im Vorteil, denn sie sind methodisch und genießen die Gunst der Medien. Im Vergleich zu ihnen scheinen abergläubische Seelen in der Überzahl zu sein. Dieser Eindruck kann jedoch nur deshalb entstehen, weil die öffentliche Meinung sie mit den treuen Anhängern Christi in einen Topf wirft.

Die wahren Jünger Christi sollten weder mit den einen noch mit den anderen verwechselt werden. Was sie von beiden unterscheidet, ist die Beschaffenheit ihres Gebetes. Frömmigkeit ist die einzige adäquate Antwort auf eine übernatürliche Manifestation. Wenn das Übernatürliche nahe ist, gebührt es sich, dankbar zu sein. Der Geist der Kindschaft wird erweckt, wenn Christus oder die Muttergottes erscheinen. Das erste, was kleine Kinder lernen müssen, ist, «Danke» zu sagen. Die Tugend, die man in Medjugorje, Schio oder Manduria lernen kann, ist die, die am meisten vernachlässigt und doch am notwendigsten ist, nämlich die der Dankbarkeit. Wie kann man wissen, ob eine Gebetshaltung aufrichtig ist? Wenn sie zum Lob Gottes drängt. Der Pilger, der seinen Dank zum Himmel emporsteigen lässt, hat bereits auf Erden damit begonnen, zu tun, was ihn die ganze Ewigkeit hindurch beschäftigen wird. Und er richtet seine Gebete an die Helferin in hoffnungslosen Lagen. Gibt es für ihn einen besseren Grund, den Rosenkranz zu beten, als die Nähe derer, an die er seine Gebete richtet? Das ist eine Gnade, die man nicht einfach zurückweisen sollte.

Diese Überlegungen sollen dazu beitragen, die Vorurteile des Rationalisten und die Vorlieben des Abergläubischen angesichts marianischer Erscheinungen zu verdeutlichen. Rationalisten weigern sich, an etwas zu glauben, was ihre intellektuelle Selbstzufriedenheit stört, und sie hindern lauwarme Seelen daran, das Feuer ihres Glaubens wieder anzuzünden, während Abergläubische, besonders bei Pilgerreisen, einen neuen Schauplatz für Wunder finden und dabei für Gruppendynamik sehr anfällig sind.

In jedem Fall ist eine Pilgerreise nicht nur für die geistig Gesunden, sondern auch für die Kranken gut und das schließt *per definitionem* die Abergläubischen mit ein. Christus saß vor allem mit Sündern zu Tisch. Jeder Sünder ist ein Naaman, der in das kalte Wasser des Jordans taucht. Wenn er auf Maria hört, wie der Syrer auf den Propheten, so wird er neu geboren…

12

Oeconomia salutis

Der Heilsplan Gottes

Wunder haben — sowohl bei den Propheten des Alten Testamentes, als auch bei Christus und seinen Aposteln — als Beweis für die Authentizität der Offenbarung gedient. Gott hat damit sein Siegel auf eine Lehre gedrückt, die ewig dauern wird. Sicher können Wunder unter anderen Umständen stattfinden, wie sie es in Fatima getan haben. Aber das ist die Ausnahme. Scheint da nicht eine Art von Prinzip, ähnlich der Subsidiarität, dahinter zu stecken? Ein Prinzip, demzufolge Gott nur auf minimalistische Weise direkt eingreift? Da Gott die Welt regiert, was ganz sicher ist, und die Geschichte sich nach Gottes Vorsehung entfaltet, warum sollten dann die Naturgesetze nicht bisweilen aufgehoben werden? Wunder sollten sich nicht aufs Geratewohl ereignen. In seiner Allmacht unterwirft sich Gott sozusagen genau den Notwendigkeiten, die er selbst geschaffen hat. Was für eine bewundernswerte und vernünftige Ökonomie! Gott beugt sich vor der Kontingenz, die er leicht aufheben könnte, und verzichtet darauf, seine Allmacht offen auszuüben, damit wir mehr seinem Wort als seinen Wundern glauben.

— Diese «Ökonomie des Heils» wird hier als die Grenze für Gottes sichtbare Machtausübung angerufen. Wir können Gottes Entscheidung, wann, wo und wie oft er direkt eingreift, nicht verstehen. Jesus sagt über die Schriftgelehrten und Pharisäer: Hätte ich diese

Zeichen und Wunder nicht vollbracht, wären sie ohne Sünde (siehe Joh 15,22 und 24). Was für den einen Gnade bedeutet, ist für den anderen Gericht. Ist das Wort: «Die Welt der Sünde überführen» nicht mehr zeitgemäß? Gott ist der Menschen nicht überdrüssig. Er gibt nicht auf. Und die Mittel, die ihm zur Verfügung stehen, die Herzen der Menschen zu erreichen, sind unermesslich. Wäre es nicht erstaunlich, wenn wir uns das Recht anmaßen würden, Gottes Barmherzigkeit Grenzen zuzuweisen? «Für Gott ist es verboten, an diesem Ort Wunder zu wirken», schrieb der Verfasser eines Pamphlets im 18. Jahrhundert bezüglich der jansenistischen Charismatiker von Saint-Médard. Manche Theologen scheinen zu glauben, dass dieser Satz weiterhin auch anderswo angewandt werden sollte. Darauf geben wir keine Antwort. Wenn die Apostel prophetisch, im Ton der Dringlichkeit, eschatologische Ereignisse ankündigten, die für ihre Zeit nicht zutrafen, könnten wir da nicht annehmen, dass sie für unsere eigene Zeit gesprochen waren? Wenn wir belehrt werden wollen, lassen Sie uns die Apokalypse lesen, und wir werden sehen, dass göttliches Eingreifen außerhalb der Grenzen, die ihm unser Verstand setzen möchte, für unsere Zeit vorgesehen zu sein scheint.[50]

Alles hängt mit allem zusammen. Denn alles hängt mit Gott zusammen. Jedoch der Mensch zieht es vor, zu vergessen, dass der Himmel mit der Erde in Verbindung steht, und dass er mit Mitteln eingreifen kann, die der Notwendigkeit am besten angepasst sind. Aber wen geht das etwas an? Augenblicklich scheint die Meinung zu herrschen, dass es Wichtigeres gibt, als den Inhalt von Botschaften aus dem Jenseits zu untersuchen. Sogar Ludwig XIV. reagierte im 17. Jahrhundert nicht auf die Bitte einer unbekannten Nonne

---

50. Paulus schreibt in seinem 2. Brief an Timotheus: «Das sollst du wissen: In den letzten Tagen werden schwere Zeiten anbrechen. Die Menschen werden selbstsüchtig sein, habgierig, prahlerisch, überheblich, bösartig, ungehorsam gegen die Eltern, undankbar, ohne Ehrfurcht, lieblos, unversöhnlich, verleumderisch, unbeherrscht, rücksichtslos, roh, heimtückisch, verwegen, hochmütig, mehr dem Vergnügen als Gott zugewandt. Den Schein der Frömmigkeit werden sie wahren, doch die Kraft der Frömmigkeit werden sie verleugnen. Wende dich von diesen Menschen ab» (2. Tim 3,1-5).

aus Paray-le-Monial, die ihm den Sieg versprach, wenn er das Heiligste Herz Jesu als Emblem auf sein Banner setzen würde.

Auf ähnliche Weise empfing ein Souverän, dessen Unbesonnenheit mehr in die Öffentlichkeit drang als die des Sonnenkönigs, eine Botschaft der Muttergottes, mit der Bitte einem größeren Verbrechen als dem des Ehebruchs ein Ende zu setzen (nämlich dem der Abtreibung). Im Frühjahr des Jahres 1994 diktierte die Madonna Gianna Talone-Sullivan in Emmitsburg einen Brief an Präsident Clinton und versicherte ihr, er würde den Adressaten erreichen, «aber sie sagte nicht, wie».

«Ungefähr einen Monat später, am 5. Juli, stand Gianna in ihrer Küche», als ihre Schwester hereinstürmte und ihr sagte, dass Präsident Clinton beim 18. Loch des Golfplatzes spielte, der genau an das Haus der Sullivans angrenzte. Gianna schnappte sich den Brief, stürmte durch die Hintertüre … und rannte auf den Präsidenten zu, ohne von seinen Bodyguards daran gehindert zu werden. (Was für Zufälle!) Als er das 18. Loch gespielt hatte, rief sie: «Mr. President!» Er kam zu ihr herüber, sie reichte ihm die Hand und sagte: «Ich bin Dr. Sullivan, Gott segne Sie.» Dann gab sie ihm den Brief.

Verblüfft antwortete der Präsident: «Gut, Dr. Sullivan, ich danke Ihnen sehr», und steckte den Brief in seine Tasche.

Im Wesentlichen lautete der Inhalt des Briefes folgendermaßen: «Es gibt kein Land in der Geschichte der Schöpfung, dem gegenüber Gott sich großzügiger erwiesen hätte als den Vereinigten Staaten. Sie sind der Führer der freien Welt, und als solcher müssen Sie das Leben in all seinen Stadien schützen.»[51]

Einen Staatenlenker zu finden, der weniger bereit gewesen wäre, einem so gearteten Wunsch des Himmels nachzukommen, wäre wahrscheinlich schwierig gewesen. Aber die Muttergottes ist nicht weniger besorgt um die Seele eines Präsidenten als um das Überleben ungeborener Kinder.

---

51. Siehe Dom Forker: *Our Lady of Emmitsburg*, Queenship Publishing Co. Goleta, CA 2000, S. 96-97, und Videos, in Emmitsburg erstellt.

Zweiter Teil[1]

Ein Erscheinungsort ist ein Hospital für gescheiterte Leben. Ganz genauso wie Padre Pio, der Gute Samariter, ein Krankenhaus in San Giovanni Rotondo baute, hat die Muttergottes, über die ganze Erde verstreut, Spitäler für die Seelen errichtet, wo das Sakrament der Buße — das sonst so vernachlässigte — wiederbelebt wird.

(1) Inzwischen sollte der Leser mit der Vorgehensweise vertraut sein, der ich in jedem Kapitel gefolgt bin: zuerst kommt der Widerspruch, dann — durch einen fett gedruckten Balken markiert meine Widerlegung.

13

Regina prophetarum

Königin der Propheten

Maria verdient diesen Titel in zweifacher Weise: erstens, weil in ihr die Prophezeiungen erfüllt wurden, und zweitens, weil sie in ihrem «Magnifikat» selbst prophezeite. Als Mutter Christi herrscht sie auch über all diejenigen, die das Kommen ihres Sohnes angekündigt haben. Die selbsternannten Propheten unserer Tage können kaum das Recht in Anspruch nehmen, sie sprächen in ihrem Namen, denn es fehlt ihnen die Autorität kirchlich anerkannter Offenbarungen und die Aura biblischer Texte. Außerdem sind sie so zahlreich und ihre Vorhersagen so uneinheitlich und gegensätzlich, dass sie Verwirrung stiften und mit ihren Ankündigungen bevorstehender Katastrophen die Gläubigen entmutigen und eine gedrückte Stimmung verbreiten. Selbst so herausragende Gestalten wie Mélanie von La Salette und Don Bosco haben Fehler in der Datierung gemacht. Mélanie, als sie das Kommen des Antichrists für das Ende des 19. Jahrhunderts voraussagte, und Don Bosco, als er in seine Kirche, Maria Auxiliatrix, das Jahr 1998 einmeißeln wollte. Melanie meinte es sicherlich gut und Don Bosco konnte glücklicherweise daran gehindert werden, seine Absicht auszuführen. Auch erwies sich das Jahr 1998 nicht als so ereignisreich, wie Don Bosco es erwartet hatte.[52] Die Seher von Garabandal verloren

52. Es ist natürlich immer möglich, dass die vorhergesagten Jahreszahlen eine größere Bedeutsamkeit besitzen, als wir es in dem Moment wahrhaben. Wir könnten nach

jede Glaubwürdigkeit, als sich die eschatologischen Ereignisse, deren Eintreffen sie für die Zeit vor dem Jahr 2000 vorhergesagt hatten, nicht einstellten.

— Es stimmt natürlich, dass Zeitangaben in Prophezeiungen nicht zuverlässig sind. Die Aussagen können sich außerdem von einem Seher zum nächsten widersprechen. Aber es wäre ein Fehler, sie ebenso wörtlich zu interpretieren wie Jonas, der bestürzt war, als Ninive nicht zerstört wurde. Er wusste nicht, dass die Stadt, die er in Schutt und Asche gesehen hatte, das Ninive der Sünde und nicht das Ninive der Reue war.

Prophezeiungen sind nicht «Geschichte vor der Geschichte», wie Laurentin es so brillant formulierte.[53] Denn es ist unmöglich, sich an die Zukunft zu erinnern, als wäre sie Vergangenheit und als wäre es uns gestattet, noch einmal zu erleben, was wir bereits wissen. Prophezeiungen sind lediglich eine Andeutung dessen, was passieren könnte oder passieren wird. Aber welche dieser Möglichkeiten trifft auf eine gegebene Situation zu? Vieles hängt von der Antwort des Menschen ab. Die menschliche Freiheit spielt dabei eine wichtige Rolle. Gott lässt nicht einmal die Engel an seiner Sicht künftiger Ereignisse teilhaben. Er hebt lediglich für den Bruchteil einer Sekunde den Schleier, der unsere Zukunft bedeckt, als würde das genügen für eine Warnung, aber nicht für ein Wissen, wie man es von vergangenen Ereignissen hat.

Wir müssen diese Dualität respektieren, dass ein Großteil künftiger Ereignisse unveränderlich wie der Polarstern feststeht, während ein noch größerer Teil von der Freiheit des Menschen abhängig zu sein scheint. Gerade im Hinblick auf die menschliche Freiheit

---

Pater Oddi die ersten zweitausend Jahre Christentum in drei Perioden einteilen: 1-666 die Periode der Evangelisierung, 667-1336 die der Glaubensblüte, 1337-1998 die des Glaubensverfalls. Aus dieser Perspektive heraus könnte das Jahr 1998 die Achse der großen Krise in der Kirche sein und der Zeit marianischer Erscheinungen, die die Erneuerung der Kirche wie eine neue Morgenröte heraufführen.

53. René Laurentin, Michel Corteville: *Découverte du secret de La Salette* (Fayard, Paris, 2002, S. 144).

sind Prophezeiungen von großer Hilfe und von großem Nutzen und sie sind notwendig. Erwägen wir die Ankündigung Lucias in Fatima, dass ein Zeichen am Himmel den Beginn des 2. Weltkrieges signalisieren würde. Mit diesem Zeichen in Form eines ungewöhnlichen Nordlichtes (aurora borealis) besiegelte der Himmel im Jahre 1938 seinen Wunsch, Russland dem Heiligsten Herzen Mariens zu weihen. Nicht alle Prophezeiungen sind von solch großer Bedeutung, dass sie den Lauf der Geschichte verändern können. Viele jedoch dienen als Glaubensbeweis. In Garabandal (1961-1965) sagten die kleinen Mädchen das Konzil und die spätere Reise Papst Pauls VI. nach Israel voraus. In Amsterdam kündigte Ida Peederman die Schaffung des Staates Israel und die Landung des Menschen auf dem Mond an. In Kibého (1981-1985), Ruanda, sahen die Kinder Ströme von Blut. Glücklich die Pilger, die diese Prophezeiungen hörten, eine Lehre daraus zogen und ihr Leben änderten, bevor der Völkermord einsetzte, der auch zwei Seher verschlang. Tröstlicher waren die Worte, die Maria an Julia, die Seherin von Naju, Süd-Korea, am 26. November 1989 richtete: «Dank Gebeten und Opfern werden sich viele Seelen bekehren; dadurch wird es zum Weltfrieden kommen. Die Grenzen im Norden Deutschlands werden verschwinden … Den Stacheldraht zwischen Nord- und Süd-Korea wird es nicht mehr geben.»[54] Was inzwischen eingetroffen ist, verleiht dem, was sich bisher noch nicht ereignet hat, das Gewicht der Wahrscheinlichkeit.

Neben Heilungen, Bekehrungen und der Neubelebung überkommener Gebetspraktiken sind kurzfristige Voraussagen auch Zeichen, die marianische Erscheinungen beglaubigen. Sie verleihen aber auch Langzeit-Prophezeiungen mehr Glaubwürdigkeit, Prophezeiungen, wie sie die Pilger von Garabandal, El Escorial und Manduria sehr gut kennen. Deren eschatologischer Charakter ist ganz offensichtlich, obwohl Maria nicht das «Ende der Zeit» an-

54. Jörg Müller: *Warum erscheint Maria so oft?* Mediatrix, Sankt Andrä-Wördern, 1999, S. 55.

kündigt, sondern das biblische «Ende der Zeiten», in Anspielung auf die Apokalypse (Offb 12,14) und den Propheten Daniel (12,7): «eine Zeit und zwei Zeiten und eine halbe Zeit.» Nach Maria Valtorta sind die in Frage kommenden Zeiten die beiden vergangenen zweitausend Jahre der Christenheit.

Chronologie ist nicht das einzige Problem. Denn was prophezeit wurde, könnte in einem übertragenen Sinn gemeint sein. Johanna von Orléans, erdrückt von der Härte ihrer Gefangenschaft, interpretierte das Versprechen des Himmels: «Du wirst bald befreit sein» wörtlich. Im Augenblick ihrer Hinrichtung verstand sie jedoch, wovon sie befreit werden sollte. Dann aber hatte sie einen so klaren Verstand und Heroismus, dass sie ausrufen konnte: «Meine Stimmen haben mich nicht getäuscht.» Wer außer Maria, hätte bei der Verkündigung die Worte des Engels richtig verstanden und sie nicht auf ein weltliches Königreich bezogen? Diese Botschaft bezog sich nicht wörtlich auf die direkte Zukunft und die Zeit, die ihr Sohn auf Erden verbringen sollte:

«Er wird groß sein ... Gott, der Herr, wird ihm den Thron seines Vaters David geben. Er wird über das Haus Jakobs in Ewigkeit herrschen ...» (Lk 1,32-33).

Wir wissen, dass der so versprochene «Thron» der des Kreuzes sein würde (und sein ewiger Königsthron an der Seite des Vaters). Und wir erinnern uns, dass sein Triumph über die Welt damit beginnen würde, sich einer Hinrichtung zu unterwerfen, die für Sklaven vorbehalten war. Jesus trat seine Herrschaft genau dann an, als sie für alle Zeiten kompromittiert zu sein schien. «Mein Reich ist nicht von dieser Welt», sagt Christus vor Pilatus. Auf Erden beginnt seine Königsherrschaft mit der Dornenkrönung. Die Chronologie stimmt nicht, aber die Prophezeiung hat sich erfüllt, in scheinbarem Gegensatz zu dem, was verkündet war.

Sind wir also nicht so schnell mit unseren Zweifeln an dem Wahrheitsgehalt mancher Prophezeiungen, denn es könnte sein, dass sie sich bereits erfüllt haben unter den Augen, die durch Vorurteile verblendet waren.

Wenn ein Heide wie Platon in seiner Schrift über den Staat vorhersehen konnte, dass «der perfekt Gerechte» der Mensch sein würde, den der Pöbel «kreuzigen» möchte, so sollte uns diese implizite Prophezeiung anlässlich des Todes von Sokrates zu denken geben. Über unsere Welt wurde als Folge der Erbsünde ein Konflikt zwischen «Sein» und «Schein» verhängt, der in Zeiten von Krisen blutig gelöst wird. Wie weit sind wir doch, die wir nicht Platons Genie besitzen, davon entfernt, Ereignisse, die wir erleben, richtig einzuschätzen! Eine wichtige Wahrheit, deren Bedeutung erst später enthüllt wird, kann unter Umständen nur mit Hilfe eines besonderen Charismas verstanden werden, das zu exklusiv ist, um richtig eingeschätzt zu werden. Daher finden falsche Propheten Gehör, während wahre, wie Luz Amparo aus El Escorial, von Ungläubigen angegriffen oder wie Mamma Rosa aus San Damiano von Seiten ihres eigenen Bischofs mit Verachtung gestraft werden. Wir sollten nicht bestürzt sein, wenn der Himmel durch den Mund von Kindern zu uns spricht, deren Sprache wir nicht immer verstehen. Teilen wir nicht wenigstens in gewissen Bereichen die aktuellen Sinnestäuschungen? Je größer der Heilige, desto leichter wird sein Handeln missdeutet, und das besonders von gut gesinnten Menschen.[55] Je authentischer die Erscheinung, desto mehr wird ihr Feindseligkeit entgegengebracht. Das Schlimmste jedoch, was ihr widerfahren kann, ist wahrscheinlich die Indifferenz von Gelehrten.

Im Buch Amos finden wir bei den Anklagen gegen die Oberschicht Israels folgenden Satz: «Nichts tut Gott, der Herr, ohne dass er seinen Knechten, den Propheten, zuvor seinen Ratschluss offenbart hat» (3,7). Der heilige Paulus hat den Propheten eine besondere Würde verliehen, die wir, trotz der Worte Amos', in die Reihen der minderwertigeren Arbeiter im Weinberg des Herrn verweisen. Wir sollten ihnen nicht den Rang absprechen, den der Himmel ihnen verliehen hat. Denn wir sind ihnen zu Dank verpflichtet, weil sie

---

55. So wie Jesus zu seinen Jüngern sagte: «Wenn sie mich verfolgt haben, werden sie auch euch verfolgen» (Joh 15,20)

dazu erwählt wurden, uns Gnadengaben zu übermitteln. «So hat Gott in der Kirche die einen als Apostel eingesetzt, die anderen als Propheten, die dritten als Lehrer; ferner verlieh er die Kraft, Wunder zu tun, sodann die Gaben, Krankheiten zu heilen, zu helfen, zu leiten, endlich die verschiedenen Arten von Zungenrede» (1 Kor 12,28).[56] Nach heutigen Gepflogenheiten scheint das «Amt der Verwaltung» alle anderen Ämter in den Schatten gestellt zu haben. Wäre es nur nicht so, dass «Lehrer», die heutigen Theologen, die diesen Namen oft nicht verdienen, und die der heilige Paulus an dritter Stelle nennt, Gehör fänden. Mit ihren Modernismen haben sie Verwirrung und Aufsplitterung unter den Klerus und die Laien gebracht. Die Propheten dagegen, die in der Rangliste des heiligen Paulus den zweiten Platz einnehmen (*vor* den Gelehrten bzw. Theologen), werden völlig übergangen, eine Vorgehensweise, die im Widerspruch zum II. Vatikanischen Konzil steht, das ausdrücklich charismatische Gaben und ihre Träger protegiert. Leider werden charismatische Erleuchtungen oft als Täuschungen eingestuft, und das von theologischen Experten, die in den Medien eine Stimme besitzen und gehört werden. Die Folge davon ist, dass die Lampe, «die das ganze Haus erleuchten» sollte, «unter den Scheffel gestellt» wird (Mt 5,15), unter den Scheffel des Desinteresses, des Sarkasmus und der Verachtung.

Hat Christus uns nicht selbst gesagt, wie wir uns echten Sehern gegenüber verhalten sollten? «Wer einen Propheten aufnimmt, weil es ein Prophet ist, wird den Lohn eines Propheten erhalten» (Mt 10,41). So wird uns ein Privileg zugesichert, das fest an eine übernatürliche Gnadengabe geknüpft ist, die wir selbst nicht besitzen. Papst Johannes Paul II. wünscht in seiner Enzyklika *«Tertio mille-*

---

56. Für den heiligen Paulus ist diese Aussage, die er hier macht, so wichtig, dass er sie in Epheser 4,11-12 wiederholt. Und er erklärt, dass die Zuweisung von Aufgaben in dieser Rangordnung den Gnadengaben oder Charismen entsprechen, die den «Aposteln», «Propheten», «Evangelisten», «Hirten» und «Lehrern», wie sie es bedürfen, gewährt werden. So sind diese «Heiligen» entsprechend gerüstet für ihre Aufgaben, die für das Heil der Kirche notwendig sind. Im Epheserbrief stellt Paulus bei der Auflistung der fünf Amtsträger der Kirche die Lehrer an die letzte Stelle, als erachte er sie — Jahre nach dem ersten Korintherbrief — für geringere Arbeiter im Weinberg des Herrn.

nio anno» (1994), dass wir diese Gabe der Prophezeiung in der Kirche besonders als «Mittel zur Neu-Evangelisierung» anerkennen.[57] Wehe denen, die sich weigern, die Boten des Großen Königs zu empfangen! Die Einladung zur Hochzeit seines Sohnes wird an andere ergehen als an die, die er zuerst erwählt hatte.

Maria Valtorta, mit einer erstaunlichen Einsicht in das Misstrauen, das ihrem prophetischen Werk einmal entgegengebracht werden würde, ging so weit, Saul, den Verfolger der Kirche, mit den «Gelehrten», wie sie sie euphemistisch nannte, zu vergleichen.

> «Diejenigen, die heute die kleinen Stimmen derer, die im Namen Gottes reden, zum Schweigen bringen wollen, sollten sorgfältig über die [an Paul gerichteten] Worte meditieren: "Warum verfolgst du mich?" Sie sollten sich bewusst werden, dass sie das "Wort" verfolgen und bei diesem Gedanken zittern.»

> «Gott ist es, der in (seinen) Werkzeugen lebt. Er lebt dort nicht auf gewöhnliche, sondern auf außergewöhnliche Weise. Der Mensch ist nur der Schleier, hinter dem sich der Heilige der Heiligen verbirgt.»

So kann derjenige eine außergewöhnliche Berufung erfahren, der, was Alter, Erfahrung und Wissen betrifft, am wenigsten dazu geeignet zu sein scheint. Er wird sich vor eine Aufgabe gestellt sehen, für die er offensichtlich nicht geschaffen ist. So wurde etwa Johanna von Orléans vom Himmel erwählt, ein Heer anzuführen: «…Ein kleiner Knabe kann sie hüten», sagt Jesaja (6,6), in Anspielung auf die Völker. Wie wir bereits bei Amos gesehen haben, offenbart Gott den Propheten seinen Willen. Deswegen, fügt Maria Valtorta hinzu, ist es gefährlich zu bestreiten, dass das Wort durch diese «kleinen Stimmen» spricht. Und die das tun, «die neuen Rabbiner», ebnen,

57. Zitiert bei Dudley Plunkett: *Heaven wants to be heard* (Fowler Wright Books, Leominster, 1997, S. 138). Ich würde sagen, die Gaben, von denen der Papst spricht, sind in unserem Fall die Charismen des Apostolats, die von Maria bei ihren Erscheinungen direkt geweckt werden.

ohne es zu wissen, dem Feind, «der sich anschickt, Gott in seinen Plänen, in seiner Kirche, im Glauben zu verfolgen», die Wege.[58]

Die Prophetengabe beinhaltet nicht nur die Kenntnis von dem, was dem Menschen verborgen ist, zum Beispiel die Zukunft, sondern auch das Wissen von verborgenen Gedanken der Mitmenschen oder auch von Geheimnissen der Vergangenheit. Wenn der Pfarrer von Ars oder Padre Pio im Gewissen ihrer Beichtkinder wie in einem offenen Buch lesen konnten, so waren sie darin genauso prophetisch, wie wenn sie kommende Ereignisse voraussagten. Viele der von uns erwähnten Seher hatten zeitweise die übernatürliche Gabe, in die Seele von Menschen blicken zu können, denen sie vorher nie begegnet waren.

Benedikt XVI. hatte bereits als Kardinal Ratzinger eine offene Haltung Prophezeiungen gegenüber: «Es ist wichtig, in Betracht zu ziehen, dass die Prophetengabe im biblischen Sinn nicht Voraussage der Zukunft bedeutet, sondern die Auslegung des Willens Gottes für die Gegenwart und damit ein Hinweis auf den geraden Weg für die Zukunft ist. Einer, der die Zukunft voraussagt, befriedigt die Neugierde des Verstandes, der die Zukunft entschleiern möchte. Der Prophet dagegen reagiert auf die Blindheit des Willens und des Verstandes und lenkt alles Licht auf Gottes Willen, was dessen Forderungen oder Mitteilungen für die Gegenwart betreffen. So gesehen, ist die Vorhersage der Zukunft von sekundärer Bedeutung. Wichtig ist die Aktualisierung der einmaligen Offenbarung,

---

58. *Leçons sur l'Epître de Saint Paul aux Romains* (Centro editoriale Valtortiano, Isola del Liri, 1999, S. 41-48). Maria Valtorta urteilt in ihren Kommentaren sehr streng über sie und vergleicht sie mit den Chaldäern, welche im «Hause Gottes» Feuer gelegt haben, oder mit den zerstörerischen Römern, die «die unstoffliche Wesenheit» angegriffen haben, die nach Meinung der Juden den Tempel...erfüllte.» Wissenschaft kann zum Instrument werden gegen all das, was gut ist. Denn, so sagt Maria Valtorta: «Reichtum an Wissen ist selten Quelle des Heiles.»
Sie wendet das Sprichwort: «Es ist schwierig für den, der einen Schatz angesammelt hat, nicht bestohlen zu werden» auf diejenigen an, welche Pascal «demi-savant» (Möchtegern-Wissenschaftler) genannt hat. Falsch angewandte Kompetenz wird damit einem Raub aus diabolischer Gier gleichgestellt.

die mich zutiefst betrifft: Das prophetische Wort ist eine Warnung oder ein Trost oder beides in einem.»[59]

Der Prophet Elija, der niemals starb, bleibt das lebende Symbol für ein Charisma, für das er bekannt ist, nämlich für das der ewig andauernden Gegenwart unter den Menschen.[60]

Was Ratzinger besonders betonte, war der Hinweis darauf, wie der heutige Mensch aus den Prophezeiungen unserer Tage Nutzen ziehen könnte. Aber wie kann er aus etwas Nutzen ziehen, was noch nicht stattgefunden hat? Und doch kann er es, wie wir gezeigt haben. Ein weiterer Gewinn, der aus den Prophezeiungen früherer Tage erwachsen kann, ist das, was sie an Relevanz für unsere Zeit enthalten. So wies Christus darauf hin, dass er sich anschicke, zu seinem Vater zurückzukehren: «Jetzt schon habe ich es euch gesagt, bevor es geschieht, damit ihr, wenn es geschieht, zum Glauben kommt» (Joh 13,29). Der übernatürliche Charakter einer Ankündigung wird dadurch bestätigt, dass sie Wirklichkeit wird. Glaube erwächst den Menschen «guten Willens», wenn sie mit einem Wunder konfrontiert werden, das nicht geringer ist als die Heilung der Blinden oder der Lahmen oder die Auferweckung der Toten.

Die Griechen mit ihrer deterministischen Weltanschauung glaubten, dass die Geschichte sich nach einem strengen Schema alle 6000 Jahre wiederhole. In ähnlicher Weise gibt es einen Kreislauf von Prophezeiungen, so dass — nach Blaise Pascal — das Alte Testament das Neue voraussagt *(l'Ancien Testament est la figure du Nouveau)*. Im Alten Testament finden wir Ankündigungen von unmittelbar bevorstehenden Ereignissen, die für die damalige Zeit — zum Beispiel die des Jesaja — von ebenso großer Bedeutung waren, wie für unsere heutige eschatologische. So können sich auch Pro-

59. *Comprendre le sens du message de Fatima. Commentaire théologique*…Documentaire catholique vom 16. Juli 2000, S. 687-683, (in *Chrétiens Magazine*, 15. April 2007, S. 26).

60. Wie unentbehrlich Prophezeiungen zur Führung des Volkes Gottes sind, wird uns in den Sprichwörtern gesagt (29,18): «Ohne prophetische Offenbarung verwildert das Volk.»

phezeiungen unserer Tage auf die nächste wie auf die weitere Zukunft beziehen. Als Bestätigung dafür können wir das «Magnifikat» der Muttergottes anführen, das sich aus biblischen Zitaten zusammensetzt, wie es für die Kirchenväter bereits klar war. Oder wir können die Prophezeiungen von La Salette zitieren, die Zeile für Zeile mit dem Text von Jesaja korrespondieren (Jes 24,1-6).

JESAJA	LA SALETTE
«Seht her! Der Herr verheert und verwüstet die Erde, er verändert ihr Gesicht und zerstreut ihre Bewohner.	«Wenn mein Volk sich nicht fügen will, bin ich gezwungen, die Hand meines Sohnes loszulassen... Gott wird in einer beispiellosen Weise zuschlagen. Wehe den Bewohnern der Erde!
Dann geht es dem Laien wie dem Priester, dem Knecht wie dem Herrn, der Magd wie der Herrin, dem Käufer wie dem Verkäufer...	Wehe den Priestern und Gottgeweihten... Gott wird seinem Zorn freien Lauf lassen, und keiner wird so vielen Plagen auf einmal entgehen können.
Verheert wird die Erde, verheert, geplündert wird sie, geplündert.	Es wird einen allgemeinen Krieg geben. Die Menschen werden sich gegenseitig töten und sich in ihren eigenen Häusern massakrieren.
Ja, der Herr hat es gesagt.	Sie müssen damit rechnen, den Becher, gefüllt mit Gottes Zorn, trinken zu müssen.
Die Erde welkt, sie verwelkt, die Welt zerfällt, sie verwelkt, Himmel und Erde zerfallen.	All das, was Menschen säen, werden die Tiere fressen. Jeder will seinem Nächsten überlegen sein. Weltliche und religiöse Autoritäten werden abgeschafft; jede Ordnung und jedes Recht werden zertrampelt.
Die Erde ist entweiht durch ihre Bewohner; denn sie haben die Weisungen übertreten, die Gesetze verletzt, den ewigen Bund gebrochen.	Wenn die Ernte verdirbt, so ist das eure Schuld. Die Sünden der Menschen sind dafür verantwortlich, für all das Unheil, das die Erde befällt.
Darum wird ein Fluch die Erde zerfressen, ihre Bewohner haben sich schuldig gemacht. Darum schwinden die Bewohner der Erde dahin, nur wenige Menschen werden übrig gelassen.»	Gott wird die Menschen verlassen...und er wird serienweise Plagen schicken. Die Menschheit steht am Vorabend schrecklicher Katastrophen. Die Erde wird wie eine Wüste sein.»[61]

61. Zitiert aus *Le sourire de Marie* (F-53150, Montsûrs, April 2007, S. 46-47). Jesaja, aus: *Die Bibel*. Einheitsübersetzung der Heiligen Schrift, Katholische Bibelanstalt

In gleicher Weise wiederholen sich die großen Ereignisse aus dem Leben Jesu im Leben seiner Braut, der Kirche. Eines dieser Ereignisse, das sich gerade heute zu wiederholen scheint, ist, wie die Botschaft des Evangeliums von den Wortführern der modernen Gesellschaft hinterfragt wird, und zwar zur selben Zeit, zu der paradoxerweise der Papst bei seinem Erscheinen und seinen Reisen eine begeisterte Aufnahme findet, die an den Einzug Jesu in Jerusalem am Abend vor seinem Leiden erinnert. Diese Parallele ist vielsagend und bedeutungsvoll für die Kirche; denn was kommen wird, wird für sie so dramatisch werden, wie es die damaligen Ereignisse für ihren Herrn und Meister waren. Dass auf die Passion gleich die Auferstehung folgen wird, gibt uns Grund zur Hoffnung auf den Triumph der Kirche in dieser Zeit vor ihrer endgültigen Vollendung in der Ewigkeit.

GmbH, Stuttgart, 1980.

14

De ratione divina

Gottes Pläne

Gottes Pläne sind unerforschlich. Wer kann sie ergründen? Für uns ist die Zukunft ungewiss. Saul wurde von Samuels Geist getadelt, als er die Hexen von Endor befragte. Die Voraussagen, die in Medjugorje, Garabandal, El Escorial und anderswo wie Wahrheiten des Evangeliums weitergegeben werden, können vielleicht die Fragen der Pilger beantworten, aber sie verbreiten Furcht, und die ist das glatte Gegenteil von innerem Frieden und Vertrauen auf die Barmherzigkeit Gottes. Was sollen wir von den drohenden «Warnungen» halten, die uns das volle Ausmaß unserer Sündhaftigkeit offenbaren sollen? Oder von dem «wunderbaren Zeichen», das Russland bekehren soll, oder dem Strafgericht, das die Erde entvölkern wird? Außerdem widerspricht der Glaube an solcherlei Vorankündigungen dem Geiste der Einfachheit, den die kleine heilige Theresa von Lisieux als den «kleinen Weg» vorgelebt hat. Vollkommenheit wohnt nicht in Enthüllungen, die die Unsicherheiten der Zukunft vertreiben, sondern im Vertrauen auf Gottes Wohlwollen. Die Geheimnisse, die die Zukunft verhüllen, können nicht aufgelöst werden. Welchen Nutzen sollte es bringen zu wissen, was morgen passiert? Jeder Tag hat seine eigene Plage.

— Wer würde diesen oben ausgeführten Weisheiten widersprechen? Es ist wahr, dass die Demut die «kleinen Seelen» vor Neugierde bewahrt. Das lässt sich aber kaum auf den selbstgefälligen Sünder übertragen, ob es sich nun dabei um einen unverbesserlichen oder um einen Gelegenheitssünder handelt. Er würde sicherlich aus seiner Selbstzufriedenheit aufgerüttelt werden, wenn er die Apokalypse lesen würde. Haben die Apostel nicht vor den entsetzlichen Folgen gewarnt, mit denen die Gläubigen zu rechnen hätten, die durch ihr lauwarmes Engagement für Christus die Dynamik der Bekehrung unter den Heiden schwächten? Und die Apostel kündigten die bevorstehende Wiederkunft des Menschensohnes an. Wiederholt die Muttergottes nicht diese Voraussagen mit einer Dringlichkeit, die sie in den frühen Jahrhunderten einfach noch nicht haben konnten? Hier nun, nach übereinstimmenden Quellen, die eschatologische Lehre der Muttergottes für unsere heutige Zeit.[62]

Wenn Überstürzung unklug ist, dann ist Zaudern unangebracht. Prophezeiungen erweisen sich durch ihre Erfüllung als wahr. Wenn sie sich Schritt für Schritt erfüllen, kann ihre schrittweise Erfüllung

---

62. «Bedenkt und versteht, meine Kinder, dass ihr in apokalyptischen Zeiten lebt ...» (aus den öffentlichen Botschaften der Muttergottes an Juan Antonio und José Luis, die Seher von Maracaibo, Venezuela, am 16. März 1993).
Das Unverständnis, auf das marianische Botschaften treffen, erklärt sich wohl auch aus der Tatsache, dass diejenigen, die nicht an die Echtheit kontemporärer marianischer Erscheinungen glauben, gewöhnlich davon überzeugt sind, dass sie nicht in eschatologischen Zeiten leben. Das ist bedauerlich, denn ihre Blindheit — wenn nicht ihr Lebenswandel, auf den wir uns hier nicht beziehen wollen — könnte am besten mit folgender Bibelstelle erklärt werden: «Und wie es zur Zeit des Noach war, so wird es auch in den Tagen des Menschensohnes sein. Die Menschen aßen und tranken und heirateten bis zu dem Tag, an dem Noach in die Arche ging; dann kam die Flut und vernichtete alle. Und es wird ebenso sein, wie es zur Zeit des Lot war: Sie aßen und tranken, kauften und verkauften, pflanzten und bauten. Aber an dem Tag, als Lot Sodom verließ, regnete es Feuer und Schwefel vom Himmel, und alle kamen um. Ebenso wird es an dem Tag sein, an dem sich der Menschensohn offenbart» (Lk 17,26-30). Der optimistische Konformismus, wie man ihn unter vielen Gläubigen findet, sollte nicht verwechselt werden mit der geistigen Blindheit von Sündern, deren ganzes Streben darauf gerichtet zu sein scheint, wieder ins Heidentum zurückzufallen. Ihr Unverstand führt dazu, dass sie in zunehmendem Maß die Fundamente unserer westlichen Welt zerstören und Verbote aufheben, die auf dem Naturgesetz beruhen, wie zum Beispiel das Verbot, ungeborenes Leben zu töten, oder Kranke und Alte zu eliminieren, das Verbot des Ehebruchs und sexuellen Missbrauchs. Die Folgen dieser Leugnung traditioneller ethischer Werte haben zu Abtreibung, Euthanasie, Scheidung und Sodomie geführt und zu einer Philosophie, die in völligem Widerspruch zur objektiven Wahrheit steht. Zur Norm wird, was politisch korrekt ist.

«Eine Frau, mit der Sonne bekleidet; der Mond war unter ihren Füßen und ein Kranz von 12 Sternen auf ihrem Haupt» (Offb 12,1), Stich: Albrecht Dürer

als schrittweiser Beweis betrachtet werden. Die Muttergottes von Amsterdam (1945-1951) kündigte ihrer Seherin Ida Peederman, einer Sekretärin, 11 Jahre zuvor die Einberufung eines Konzils an, 22 Jahre davor, dass der Mensch auf dem Mond landen würde, und 40 Jahre zuvor den Fall der Mauer, die Deutschland teilte. Als sich die erste Vorhersage im Jahre 1962 erfüllte, hätte man dies dann als Beweis für diabolisches Vorherwissen interpretieren sollen, statt für ein Zeichen übernatürlichen Eingreifens? Jedenfalls musste man bis 2001 warten, bis die Erscheinungen in Amsterdam anerkannt wurden. Prophezeiungen zu interpretieren ist weder eine Wissenschaft noch ein Beruf. Ist die Ratifizierung durch Fakten ein Beweis für deren Authentizität oder nicht? Was den Bischof von Amsterdam im Jahre 2001 überzeugte, waren die Früchte der Bekehrung, die er beobachten konnte.

Was nun die Zukunft der Menschheit betrifft, so stellen die Prüfungen und Zeichen, verursacht durch die Sünden der Menschen, eine Art von «Vorwarnung» dar. Es könnte sein, dass die erste der sieben Schalen mit Gottes Zorn schon auf die Erde geschüttet wurde (Offb 16,1-2). Was ist denn AIDS anderes als die übelriechende und schmerzhafte Eiterbeule der Menschen, die das Zeichen des Tieres auf der Stirne tragen und es verehren?[63]

---

63. Es ist wohlbekannt, dass im Westen AIDS ursprünglich mit Homosexualität und Drogenmissbrauch in Verbindung gebracht wurde. Deswegen sind es diejenigen, deren «Bauch» ihr Gott ist *(venter deus est)*, von denen man sagen kann, sie trügen das Geschwür als Zeichen des Tieres. Wie gewöhnlich schlägt die Strafe, die dem Verbrechen folgt, blindlings zu, und Unschuldige müssen unter Ansteckung durch Geburt oder Transfusion leiden. Dass das Heilmittel in Abstinenz und nicht in dem Gebrauch von Kondomen zu finden ist, beweist die Tatsache, dass afrikanische Länder mit dem höchsten Bevölkerungsanteil an Katholiken die wenigsten AIDS-Opfer zu verzeichnen haben.
Furchteinflößender als das eben erwähnte Geschwür ist das, was der Himmel bereithält, um den Kindermord im Mutterleib zu bestrafen. Und das verdientermaßen. Wenn Homosexualität eine Sünde ist, die zum Himmel schreit, dann ist die Ermordung dieser Unschuldigen der kürzeste Weg zur Hölle. Abtreibung wird von Gott als direkter Angriff auf die Mutterschaft Gottes verstanden. Wir sollten die Warnung, die Maria uns durch die Seherin Agatha Molki zukommen ließ, nicht aus den Augen verlieren: «Dies ist das letzte Mal, dass ich die Menschen auffordere, von Abtreibung abzulassen. Wenn sie das nicht tun, werden sie erkranken

Als nächstes wird die «Warnung» kommen, und sie wird diesen Namen als geheimnisvolles «kosmisches Ereignis, das die ganze Welt erschüttern wird», verdienen, das viele Menschen dazu bringen wird, «vor Furcht zu sterben». Die Warnung wird darin bestehen, «Gottes Licht auf das Gewissen und das Herz» der Menschen zu werfen: In einer klaren Offenbarung wird er «all das Böse, das er getan, und all das Gute, das er unterlassen hat», erkennen. Durch ihre furchteinflößende Präsenz einerseits und ihre wunderbare innere Wirkung andererseits werden die Menschen in ihr einen «Aufruf zur Ordnung» direkt von Gott erkennen;[64] einen Aufruf, der uns aus unserer gewohnten geistigen Selbstzufriedenheit aufwecken und uns an unsere eigene persönliche Verantwortung erinnern wird.

Als Kontrapunkt wird weniger als ein Jahr später das «große Wunder» geschehen, in der Tat das größte Wunder, «das Jesus je für diese Welt vollbracht hat. Es wird unmöglich sein, zu bezweifeln,

---

und Geschwüre in ihren Körpern bekommen» (Valkensward, Niederlande, 17. April 1999. Siehe: *Stella Maris*: März 2002, S. 10: «Erscheinungen unserer Lieben Frau aller Völker...»).

64. Es soll sich ein Jahr vor dem «Großen Wunder» ereignen (Jaques Serre — Béatrice Caux: *Garabandal*, F.X. de Guibert, Paris, 1996, S. 67). Diese Warnung, die in den 60er-Jahren in Garabandal ergangen war, wurde auch an anderen Erscheinungsorten verkündet, zum Beispiel in El Escorial, Spanien. Zu Amparo Cuevas sagte die Muttergottes am 4. Dezember 1982: «Bald, meine Tochter, wird es eine Warnung geben. Es soll eine Warnung für die ganze Menschheit sein» (Gabriel: *Premier récit authentique des apparitions de l'Escorial*, F.-X. de Guibert, Paris, 1996, S. 317). Die gleiche Prophezeiung gab es in Venezuela am 11. Dezember 1996: «Ein Tag, in nicht zu langer Zeit, wird kommen, da Gott der Welt ein gewaltiges Zeichen geben wird, durch das die Herzen bewegt werden, wenn sie die Gnade Gottes demütig annehmen (Xavier Reyes-Ayral: Un message d'amour; Résiac, Montsûrs, 1997, S. 143).
Von Gianna Talone aus Emmitsburg (USA) hören wir die gleiche Ankündigung. Gemäß ihrer Aussage wird uns die Warnung die Möglichkeit geben, den Zustand unserer Seele zu verbessern, die so erleuchtet wird, dass sie entweder «Ja» oder «Nein» zu Gott sagen kann. Da wir unsere Seele sehen werden, werden wir auch die Möglichkeit haben, unser Leben zu verändern oder auch nicht. Barmherzigkeit kennt nur zwei Extreme, sie kennt kein Mittelding (Dom Forker: *Our Lady of Emmitsburg*, Queenship Publishing Co. Goleta, Kalifornien, 2000, S. 144). Es wird ein Einsenken der Wahrheit Gottes in die Seele jedes einzelnen Menschen geben ... jedermann wird wissen, dass Gott existiert und wird die Möglichkeit zur Umkehr erhalten (Video: *Unbridled mercy*: The Mercy Foundation, Mundelein, Illinois).

dass es von Gott stammt und zum Heil aller Menschen bestimmt ist. Ein Zeichen wird für immer bleiben [zum Beweis dafür], dass dieses Wunder stattgefunden hat … Das Zeichen wird von solcher Art sein, dass es gefilmt und im Fernsehen gezeigt werden kann.»[65] Das ist die Botschaft an Conchita in Garabandal, Oktober 1961, die die Muttergottes später auch den anderen Seherinnen verkündete. Eine ähnliche Ankündigung, aber in weniger deutlichen Worten, gab es auch in Medjugorje, wo «ein Zeichen» an dem Ort der ersten Erscheinung, nämlich auf dem Podbro-Berg, stehenbleiben soll.[66] In beiden Fällen werden wir «kurz vorher informiert werden», acht Tage zuvor durch Conchita für Garabandal,[67] zehn Tage zuvor für Medjugorje.[68]

---

65. F. Sanchez.Ventura y Pascal: *La Vierge est-elle apparue à Garabandal?* (Nouvelles Editions Latines, Paris, 1966, S. 220).
66. Dudley-Plunkett: *Heaven wants to be heard* (Fowler Wright Books, Leominster Herefordshire, 1997, S. 112).
Siehe auch *Manduria* von Christian Parmantier und André Castella (Edition Parvis, Hauteville/Schweiz, 1999, S. 144). Hier findet sich folgender Dialog zwischen Maria und der Seherin Debora:
«**Maria**: Meine Tochter, mache es den Dienern Gottes bekannt, dass die Zeit für das Große Zeichen am Himmel sich rapide nähert.
Debora: Welches Zeichen, meine Liebe Frau?
Maria: Es wird ein Zeichen sein, entscheidend für die Bekehrung Russlands. Es wird gewaltig und furchterregend sein für die, die ihr Vertrauen nicht auf Gott setzen. Es wird ein beglückendes Zeichen sein für die, die ihre Hoffnung auf die Liebe Gottes gesetzt haben, während sie alle möglichen Demütigungen ertragen mussten. In dem Moment werden viele von Krankheiten geheilt werden.»
Offensichtlich wollte die Muttergottes darauf aufmerksam machen, dass das «Große Wunder», das in Garabandal angekündigt wurde, das Zeichen war, das zur Bekehrung Russlands führen würde. Sonst hätte sie sich wohl auf die «Warnung» bezogen. Andererseits könnte das in Venezuela angekündigte «Zeichen» richtiger auf das «Große Wunder» bezogen werden. Wichtig ist nicht unser perfektes Verstehen der Vorsehung, sondern deren übernatürliche Wirksamkeit.
67. Was Garabandal betrifft, so muss bemerkt werden, dass die angekündigte Verzögerung nicht in Betracht gezogen wurde: 1970 bestätigten Conchita und Marie-Luise die kommenden Ereignisse: «Im Jahre 2000 wird sich alles ereignet haben» (siehe oben: *Garabandal*, S. 158). Man kann daher erwarten, dass nach «einer allgemeinen Unzufriedenheit es nur noch wenige Menschen im Dorf geben wird, die Zeugen des großen Wunders werden» (S. 156).
68. Menschen guten Willens sollten sich nicht beunruhigen: Es sollte ihnen nur klar sein, was geschieht. Im Johannes-Evangelium verwendet Christus das Wort «Zeichen», wenn er von Wundern spricht. Die Muttergottes, die Adoptivmutter des

Wenn die Menschen sich nicht ändern, wird das Ereignis eintreten, das so viele Propheten angekündigt haben, dass es den Rahmen sprengen würde, sie alle beim Namen zu nennen, nämlich: «Die drei Tage der Dunkelheit», eine Katastrophe, hervorgerufen durch den Sturz eines Himmelskörpers oder mehrerer Asteroiden, der möglicherweise die Erdachse verschieben wird. Dies könnten, wie Matthäus sie beschreibt, die «Tage der Bedrängnis» sein «wie es noch nie [welche] gegeben hat, seit die Welt besteht, und wie es auch keine mehr geben wird» (Mt 24,21). Diese Reminiszenz an Daniel (Dan 12,1) bezieht sich nicht auf das Ende der Welt, schreibt der Evangelist, denn «wenn jene Zeit nicht verkürzt würde, dann würde kein Mensch gerettet; doch um der Auserwählten willen wird jene Zeit verkürzt werden» (24,22).[69]

Johannes, verwendet denselben Ausdruck, um zu beschreiben, in welcher Weise wir gewarnt werden: «Unsere Liebe Frau hat uns gesagt», verkündet Juan-Antonio Gil, einer der Seher von Venezuela, «dass es überall auf der Welt Zeichen geben wird; Zeichen, die bereits angekündigt wurden, und die überall dort in Erscheinung treten werden, wo Unsere Liebe Frau jemals im Lauf der Geschichte wirklich erschienen ist. Die Welt wird genau wissen, dass diese Zeichen und Warnungen von Gott kommen, jedoch werden viele sie angreifen, um sie ins Lächerliche zu ziehen und werden versuchen, Gründe zu finden — einen verrückter als den anderen —, um diese wirklich außergewöhnlichen Ereignisse zu erklären» (Xavier Reyes-Aral: *Un Message d'Amour*, Résiac, Montsûrs, 1997, S. 144).

Es scheint, als ob die Skeptiker, konfrontiert mit der himmlischen Barmherzigkeit — was marianische Erscheinungen wirklich sind —, bereits in schlechte Gewohnheiten fallen, die schließlich ihren Fall bewirken werden. Sie würden dann aufgrund ihres anhaltenden Unglaubens die Früchte ihrer Verstocktheit ernten. Wenn die Brüder des reichen Mannes im Lukas-Evangelium nicht «durch einen, der von den Toten auferstanden ist» überzeugt werden konnten sich zu bekehren, könnten dann die heutigen Eiferer, die nicht auf die Heilige Jungfrau hören, die mächtige Sprache kosmischer Warnungen wohl verstehen?

69. Siehe auch Mk 13, 19-20. In den Kapiteln 6,41 und 42 dieses Buches kann man auch noch ergänzende biblische Zitate und Referenzen zu dem Szenario einer umsichtigen Trennung des Guten vom Bösen finden, und zwar durch einen Engel mithilfe von Katastrophen, die zeitlich weit vor dem Jüngsten Gericht angesiedelt sind. Wenn ich den Ausdruck «umsichtig» benütze, dann tue ich das im Hinblick auf die Menschen, die die «drei Tage Dunkelheit» überleben werden, denn die Prüfungen werden Gute wie Böse ohne Unterschied treffen.

Hier möchte ich einen Teil der Offenbarungen zitieren, die die Muttergottes am 15. Februar 1993 Debora von Manduria (Süditalien) verkündet hat:

«Meine kleine Tochter, ich habe in Fatima gesagt, dass die Welt, wenn sie sich nicht bekehrt, von einer großen Katastrophe heimgesucht werden wird, nicht jetzt,

Im Lichte der Tatsache, dass 20% der biblischen Texte eschatologischen Inhalts sind, ist der Himmel nicht nur besorgt um das Schicksal jedes einzelnen Individuums, sondern auch um das der gesamten Menschheit. Da die Bibel für alle Zeiten und alle Orte gültig ist, sollten ihre Prioritäten auch unsere sein. Statistiken sprechen eine klare Sprache. Was für Gott ein Thema ist, sollte es auch für uns sein. Und Sonntagspredigten sollten die Dringlichkeit der gegenwärtigen Situation widerspiegeln. Gott hat von Ewigkeit her dieses Thema bestimmt, auch wenn es heute in der kirchlichen Praxis gewöhnlich vernachlässigt wird, und zwar mit Hilfe der wirk-

---

aber in der zweiten Hälfte des 20. Jahrhunderts. Ich hatte diese Strafe schon in La Salette angekündigt ... Für die Kirche sind die harten Zeiten der Prüfungen und Verwirrungen, die ich vorausgesagt habe, eingetroffen. Kardinäle erheben sich gegen Kardinäle, Bischöfe gegen Bischöfe, und Satan läuft bereits in ihrer Mitte herum... Keiner erwartet den Sohn Gottes, aber du sage es allen, dass er zurückkommen wird wie ein Dieb in der Nacht. Feuer und Rauch werden gewaltig vom Himmel fallen, Seen werden verdunsten, überall wird es Überflutungen geben, und ein größerer und verheerenderer Krieg wird stattfinden als je zuvor, wenn die Menschen so bleiben, wie sie jetzt sind. Viele Erwachsene und Kinder werden verschwinden, und die, die überleben, werden diejenigen beneiden, die schon tot sind, und denen dieser Anblick erspart bleiben wird.
Das Aussehen der Erde wird Tod, Not, Zerstörung und Krieg sein. Die Zeit der Zeiten kommt zu einem Ende...
Dieses Mal, wenn der Mensch plant, die ganze Erde zu zerstören, wird Gott ihn aus dem Universum verschwinden lassen, nicht durch Wasser, dem Symbol der Reinigung, sondern durch Feuer, dem Symbol der Gerechtigkeit.
Wenn die Erde braun wird, soll das ein Zeichen für die Ankunft meines Sohnes und seiner Engel sein, und die neue Erde wird von neuem beginnen, gestaltet von all denen, die jetzt für den Triumph meines Unbefleckten Herzens arbeiten, und die die Katastrophen überleben» (Christian Parmantier-André Castella: *Manduria* (Edition Parvis, Hauteville/Schweiz, 1999, S. 111-12).
«Bald...werden die Himmelskörper das Licht der Sonne erlöschen» (ebd.: S. 121, 13. Mai 1993).
In El Escorial spricht Maria genauso deutliche Worte: «Der Tag des Schöpfers wird furchtbar...Die Engel erzittern, wenn sie an diesen Tag denken» (2. Dezember 1989, siehe Gabriel: *Premier récit authentique des apparitions de l'Escorial:* F.-X. de Guibert, Paris, 1996, S. 332).
Unter diesen Umständen ist die Reaktion der Engel verständlich, denn sie kennen die Schriften. Die Propheten wollten nicht metaphorisch verstanden werden:
Zef 1, 15: «Ein Tag des Zorns ist jener Tag, ein Tag der Not und der Bedrängnis.»
Am. 5, 20: «Ja, Finsternis ist der Tag des Herrn, nicht Licht, ohne Helligkeit ist er und dunkel.»

samsten Methode, nämlich der der Unterlassung. Planetarische Katastrophen zu beschwören (die uns hoffentlich nicht bedrohen), scheint die Sensibilität unserer Zeitgenossen zu verletzen und erweist sich nicht als geeignet für ein Apostolat, das auf Dialog aufgebaut ist. Wenn die Propheten des Alten Testamentes nur widerwillige Hörer fanden, weil sie Überbringer schlechter Botschaften waren, so sind heute die Prediger der Grund dafür, warum keine Sünder bekehrt werden. Rosenwasser hat nicht den bitteren Geschmack der Realität. Der gewöhnliche Christ fühlt, dass er betrogen wird, wenn ihm das Leben nach dem Tod nicht in seiner Realität vor Augen geführt wird. Das gegenwärtige Leben, das für ihn wichtig ist, scheint beschnitten zu sein, wenn es nicht zu einem jenseitigen führt, das genauso wichtig ist. Der Mensch verlangt danach, mit einer nicht-hypothetischen Alternative von Belohnung oder Bestrafung konfrontiert zu werden, von ewigem Glück oder ewiger Verzweiflung. Er ist sich dessen bewusst, dass es keine Rettung ohne Risiko gibt. Simone Weil drückt es folgendermaßen aus: «Risiko ist eine wesentliche Notwendigkeit für die Seele … Risiko ist eine Gefahr, die zu einer sorgfältig überlegten Antwort führt.» Wenn «aufgrund präziser Verpflichtungen der Mensch gezwungen wird, dem Risiko ins Auge zu schauen, so konstituiert dies für ihn den höchstmöglichen Anreiz».[70] Dieses Argument ist das Herzstück der marianischen Botschaften heute, und daher spricht es von der Hölle und denjenigen Katastrophen, die ein unheilvolles Vorspiel für den eingefleischten Sünder sind.[71]

---

70. *Œuvres* (Quarto Gallimard, Paris, 1999, S. 1047-48).

71. Hier einige Zitate aus den Prophezeiungen des Alten Testamentes, die auf Situationen zuzutreffen scheinen, die wir beschwören:
Joel 2,10-11: «Die Erde zittert vor ihnen, der Himmel erbebt; Sonne und Mond verfinstern sich, die Sterne halten ihr Licht zurück. Und der Herr lässt vor seinem Heer seine Stimme dröhnen; sein Heer ist gewaltig, mächtig ist der Vollstrecker seines Befehls. Ja, groß ist der Tag des Herrn und voll Schrecken. Wer kann ihn ertragen?»
Jer 25,30-31: «Aus der Höhe herab donnert der Herr, von seiner heiligen Wohnung her lässt er seine Stimme erschallen. Mächtig donnert er über seiner Flur und ruft wie die Keltertreter. Zu allen Erdbewohnern dringt der Schall, ja, bis ans Ende der

Die oben erwähnten Warnungen sind umso notwendiger, da der Sieg des Anti-Christen heranrückt. Wie können wir das kurze Interregnum des Bösen im Verhältnis zu den Warnungen und dem großen Wunder ansehen, wenn nicht als Folge von deren relativer Unwirksamkeit und als Zeichen für die Verstocktheit der Welt? Was nun die «große Not» betrifft, sollte sie nicht zur Niederlage des «Sohnes des Verderbens» führen, dieses Abgesandten höllischer Mächte, und den Sturz derer vollenden, die ihm zu ihrem ewigen Leid fleißig gedient haben?[72]

Lassen Sie uns nicht sagen: «Diese drei Dinge "Warnung", "Zeichen" und "Große Not" sind nicht für heute, sondern für morgen.» Wie Vorwarnungen von Katastrophen sich erfüllen, dafür ist der Fall von Jerusalem in mehr als einer Weise beispielhaft.

> «Mit scharfem Schwert wird man sie erschlagen, als Gefangene wird man sie in alle Länder verschleppen, und Jerusalem wird von den Heiden zertreten werden, bis die Zeiten der Heiden sich erfüllen» (Lk 21,24).

«Die Zeiten der Heiden», die zweitausend Jahre, in denen das Evangelium verkündet wurde, gehen zu Ende. Die Heiden verwerfen, nach einem Millenium christlichen Eifers, aktiv die Botschaft

---

Erde; denn der Herr hat einen Rechtsstreit mit den Völkern: Er hält Gericht über alle Sterblichen und liefert die Schuldigen dem Schwert aus — Spruch des Herrn.» Wie schon gesagt, «das Gericht über die Völker» scheint sich anzubahnen. In Fatima wurde angekündigt, dass manche Länder verschwinden würden; nach den Botschaften von El Escorial werden einige europäische Länder darunter sein.
Bei den Erscheinungen in Venezuela warnte die Muttergottes, dass die Reinigung der letzten Zeit schlimmer sein würde als die Sintflut:...Feuer wird vom Himmel fallen...Große Katastrophen werden auf Erden geschehen, zur See und im Universum» (siehe oben: *Message d'Amour*, S. 140).

72. Bezieht sich Psalm 2 vielleicht auf unsere Zeit?
«Warum toben die Völker, warum machen die Nationen vergebliche Pläne?
Die Könige der Erde stehen auf, die Großen haben sich verbündet gegen den Herrn und seinen Gesalbten...
Doch er, der im Himmel thront, lacht, der Herr verspottet sie.
Dann aber spricht er zu ihnen im Zorn, in seinem Grimm wird er sie erschrecken...
...Er sprach zu mir: «Mein Sohn bist du...
Du wirst sie zerschlagen mit eiserner Keule, wie Krüge aus Ton wirst du sie zertrümmern.»

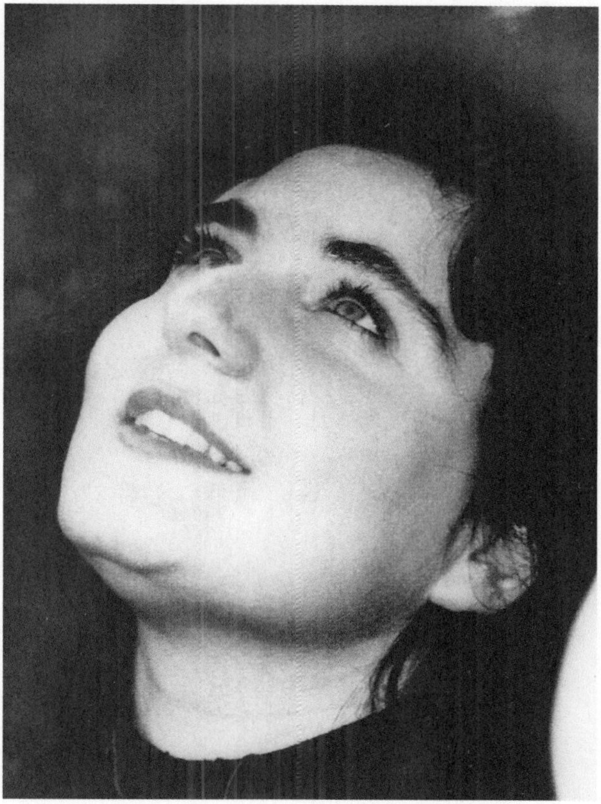

Debora von Manduria in Ekstase

des Evangeliums, ungefähr so wie die Menge, nachdem sie Christus begeistert empfangen hatte, danach in Gleichgültigkeit fiel. Europa, der erste Kontinent, dem der christliche Glaube gebracht wurde, hat sich gerade selbst eine säkulare Verfassung gegeben, bei der jede Erwähnung eines gemeinsamen, christlichen Erbes fehlt. Dieser kollektive Abfall scheint ein indirekter zu sein; offensichtlich vollzieht er sich unbemerkt, aber er wird nicht unbeachtet von Himmel und Erde vonstatten gehen:

> «Es werden Zeichen sichtbar werden an Sonne, Mond und Sternen, und auf der Erde werden die Völker bestürzt und ratlos sein über das Toben und Donnern des Meeres» (Lk 21,25).

15

Tempus Antechristi

Die Zeit des Antichrists

«Meine Kinder, es ist die letzte Stunde», schreibt der heilige Johannes in seinem ersten Brief. «Ihr habt gehört, dass der Antichrist kommt, und jetzt sind viele Antichriste gekommen. Daran erkennen wir, dass es die letzte Stunde ist» (2,18). «Der Jünger, den Jesus liebte», scheint den Antichristen zu relativieren, indem er seine Vorläufer vervielfacht, während er ihn selbst um das Jahr 100 erwartet. Das sollte uns dazu bewegen, den marianischen Pseudo-Prophezeiungen mit Skepsis zu begegnen, welche den «Sohn des Verderbens» (2 Thess 2,3), obwohl er noch verborgen ist, für nicht weniger lebendig halten, als dich und mich, und die ankünden, dass «das Ende der Zeiten» direkt bevorsteht.

— Jedoch, dies ist derselbe Johannes, der zu Beginn der Kirchengeschichte Ausschau hält nach der neuen Morgendämmerung, und der in seiner Apokalypse den Anti-Christ einführt als «das Tier» mit «zwei Hörnern wie ein Lamm», der «wie ein Drache» redete (13,11). Diese symbolische Figur bezieht sich nicht auf eine Abstraktion. Es ist erstaunlich, dass Tamisier schreibt, es handle sich lediglich um «die Verführung auf intellektueller und religiöser Ebene, im Dienste belästigender Kräfte».[73] Nennt Johannes denn

73. In seinem Kommentar zu Offb 13,11: *Apocalypse* (coll. Harmonies bibliques, Ed. Nouvelles images, Lombreuil, Loiret, 1964).

nicht in seinem ersten Brief das zweite Tier[74] einen «Lügner … der leugnet, dass Jesus der Christus ist?» und nennt er nicht denjenigen den «Antichrist: wer den Vater und den Sohn leugnet?» (1 Joh 2,22) Der heilige Paulus wiederum beschreibt den Aufstieg dieses «Sohn[es] des Verderbens», der sich allem widersetzen wird, allem, «was Gott oder Heiligtum» heißt oder angebetet wird. Denn in seinem maßlosen Stolz wird der «Sohn des Verderbens» so weit gehen, «dass er sich sogar in den Tempel Gottes setzt und sich als Gott ausgibt» (2 Thess 2,4). Anders ausgedrückt: Dieses Vertauschen ist die Folge metaphysischer Ablehnung, und dann wird es zu dem kommen, was Matthäus als den «unheilvollen Gräuel» (24,15) bezeichnet: Das lebende Idol auf dem Thron im Tempel als Reinkarnation des Göttlichen.[75]

Diese rituelle Krönung der «Apostasie» ist nicht nur eine prophetische Spekulation, sondern eher ein sich entfaltender Prozess.[76]

---

74. Allerdings gibt er ihm in seinen Briefen nicht diesen Namen.
75. In Emmitsburg hat Maria Gianna Talone Sullivan im vierten Geheimnis, das sie in einem Brief an den Papst weitergeleitet hat, gesagt, dass der götzendienerische Kult mit der Abschaffung der Eucharistischen Anbetung und schließlich dem Verbot der öffentlichen Feier der Heiligen Messe zusammenfallen werden. (Video: *Unbridled Mercy*: The Mercy Foundation, Mundelein, Ill).
76. «Denn zuerst muss der Abfall von Gott kommen», sagt der hl. Paulus (2 Thess 2,3). «Der Widersacher ist das Geschöpf der Apostasie», schreibt Paul Bouchard. Und er zeigt sich in der «Ablehnung des Glaubens an Jesus Christus» von Seiten der evangelisierten Völker. Es ist die notwendige und unheilbare Voraussetzung eines Standes der Dinge, über den die Engel bereits weinen, der bedingungslose Volksentscheid zugunsten dessen, der die Ablehnung Gottes verkörpern wird, und die Antwort auf das dringende Gesuch, das die verdorbene Menschheit an Satan richtet: «Da nos regem» (Gib uns einen König). (Siehe: *Le règne de Dieu sur la terre!*: Spirimédia/Parvis, Chertsey, Québec, 1994, S. 58.)
«Die Apostasie der Kirche ist greifbar, meine Kindchen…» Das sind die Worte der Heiligen Jungfrau, gerichtet an Gianna Talone-Sullivan, Emmitsburg, USA, 24. August 1995 *(I am your Jesus of Mercy*: Queenship Pub. Co., Goleta, Kalifornien, 1996, S. 145). Worauf spielt Maria an, wenn nicht auf die «Selbstzerstörung» der Kirche, von der Papst Paul VI. gesprochen hat? Oder beschreibt sie eine Situation der Kirche im 4. Jahrhundert, als die Hälfte der Bischöfe den Arianismus annahm? Wenn wir von den Ergebnissen und nicht von den Absichten her ein Urteil abgeben wollten: Gab es nicht im Anschluss an das II. Vatikanische Konzil Maßnahmen, im versteckten Widerstand zu ihm, die nicht anders hätten sein müssen, wenn man sie absichtlich gewählt hätte, um die Kirche zu zerstören? Viele, dem Namen nach Katholiken, nehmen sich die Freiheit, in Fragen von Glaube und Moral selbst

«Denn die geheime Macht der Gesetzwidrigkeit ist schon am Werk» (2 Thess 2,7). In der Heiligen Schrift finden wir bestätigt, was die Muttergottes bei ihren zahllosen Erscheinungen in unserer Zeit sagt. Zum Beispiel in Macaraibo, Venezuela, wo Maria auf die Frage: «Lebt der Antichrist bereits, und wird er in nächster Zeit auftreten?» zur Antwort gibt: «Ja, er lebt heute schon.»[77] Auf gleiche Weise erklärte sie Amparo Cuevas in El Escorial: «Der Antichrist ist in meiner Kirche zu finden. Er ist unter ihnen [sic!]. Er hat sich noch nicht geoffenbart.»[78] Unordnung und Verwirrung, die eine solche

---

zu entscheiden, und unsere Liturgie nimmt sich an der des Protestantismus ein Vorbild.

Vergleiche auch, was Kardinal Woityla beim Eucharistischen Kongress in Philadelphia im Jahre 1976 sagte: «Wir stehen kurz vor der endgültigen Konfrontation von Evangelium und Gegen-Evangelium, von Kirche und Antichrist, und das ist eine Herausforderung, der sich die gesamte Gemeinschaft der Gläubigen stellen muss.» (Zitiert von Dudley Plunkett: *Heaven wants to be heard*: Gracewing, Leominster, Herefordshire, 1997, S. 87).

Der beunruhigendste Aspekt dieses religiösen Desinteresses, gegen das der Papst uns mobilisieren möchte, ist die Tatsache, dass es sich vor allem unter der jungen Generation ausgebreitet hat. In England zum Beispiel hören 89% der Schüler an katholischen Schulen damit auf ihren Glauben zu praktizieren, sobald sie selbst darüber entscheiden können. Auf der anderen Seite ist es auch die Jugend, die sich bereit zeigte, auf den Anruf von Johannes Paul II. zu antworten, wann immer er zu ihr sprach.

77. Xavier Reyes-Ayral: *Un message d'Amour*: (Résiac, Montsûrs, 1997, S. 223).

78. 12. August 1982. siehe Gabriel: *Premier récit authentique des apparitions de l'Escorial*: (F.-X. de Guibert, Paris, 1996, S. 296). Am 2. Oktober 1981 : «Satan hat seinen Weg in die Kirche gefunden» (ebd. S. 309). Und am 5. März 1994: «Seid auf der Hut, meine Kinder, die Zeit des Antichrists ist gekommen…Er verursacht in der Welt schwere Verwüstung» (*L'Escorial, messages* 1992-1998: Association *Vierges des Douleurs*, F-64170 Artix, 1999, S. 137). An dieser Stelle möchten wir noch bemerken, dass der Anti-Christ trotz seiner Beziehung zu ihm nicht Satan, sondern nur Mensch ist.

Die Meinungen zur Promiskuität des Antichrists gehen auseinander. Desmond A. Birch, ein Experte in eschatologischen Fragen, stellt in seinem Buch *Trial, Tribulation & Triumph* (Queenship Pub. Co., Santa Barbara, CA, 1996) folgende Behauptung auf: Wenn Daten ungewiss sind, so folgen doch vorhergesehene Ereignisse einer bestimmten Ordnung, die respektiert werden muss. So wird gemäß den Aussagen der Propheten dem Kommen des Antichrist so viel Unruhe und Aufruhr vorausgehen, dass deren Beendigung ein temporäres Erlöschen der Zeit für mehr als eine Generation nötig macht.

Jedoch stammen Prophezeiungen über die Ereignisse in der Endzeit aus vielen Quellen (viele von ihnen spirituellen Ursprungs) und sind so komplex, dass sie sich

Überlegenheit des bösen Geistes über die Menschheit vorbereiten, haben sich bereits in den Herzen niedergelassen und verdunkeln den Verstand. Marias angewandte Psychologie besteht darin, dass sie die bedrohlichen Ereignisse ankündigt und uns hilft, sie zu überwinden.

Damit das Reich des Antichristen errichtet werden kann, sind fast kosmische Veränderungen nötig: Entfernungen müssen abgeschafft und Verbindungen augenblicklich werden. Das große Hindernis, auf das die Vorläufer des «Sohnes des Verderbens» gestoßen sind, war die Schwierigkeit, Zeit und Raum zu überwinden. Hitler, der 1933 an die Macht kam, wissend, dass er nur ein Leben hatte, um die Hegemonie zu erreichen, überstürzte den Lauf der Ereignisse, von denen er nicht hoffen konnte, sie im Laufe einer Generation zu meistern. Stalin, geduldiger und methodischer, verpasste den Zeitpunkt für Fortschritt und Moderne, den Amerika, indem es das Atom meisterte und den Computer entdeckte, nicht verstreichen ließ. Der Antichrist muss nur noch mithilfe Satans den Sieg

---

einer Interpretation in genauer chronologischer Ordnung entziehen. Wir haben hier lediglich die Botschaften Marias von Erscheinungsorten unserer Zeit wiedergegeben, die sich — wenn auch inoffiziell — durch so viele übernatürliche «Zeichen» selbst beglaubigt haben, dass man sie nicht einfach übersehen kann. Nach Desmond A. Birch ist der Antichrist der letztmögliche Versuch des Teufels, die Kirche zu zerstören, und seine letzte Möglichkeit, das Gute zu besiegen.

Aus unserer Sicht der Dinge (vgl. Kapitel 42 und 43) wird Satan, sobald «die tausend Jahre vergangen sind», noch einen Angriff starten, «um die Völker an den vier Ecken der Erde, den Gog und den Magog, zu verführen» auf «dem Lager der Heiligen und Gottes geliebte[r] Stadt» (Offb 20,8-9), und zwar am Abend vor dem Letzten Gericht.

Nach Birch sind diese «tausend Jahre» überflüssig, denn sie sind ein Relikt des Millenarismus, von dem sich die Theologie, zumindest in ihrer offiziellen Auslegung, schon in den Tagen des heiligen Augustinus getrennt hat.

Wie so immer, Satan ist schon im gesellschaftlichen Bereich und in der Entwicklung augenblicklicher Geschehnisse am Werk, und das in einer Weise, die zu deutlich, ausdrücklich und augenfällig für uns ist, um sie zu leugnen. Er hat direkten elektronischen Zugang in jedes Haus, und das Fernsehen setzt die meisten Menschen seinen Schmeicheleien aus. Durch Internet kann er das Weltbild und Verhalten der Jugend beeinflussen. Und das um so mehr, als das Digitalsystem die gesamte Welt miteinander vernetzt. Wenn Information Macht erlangt und den Verstand des Menschen manipuliert, dann ist der «Big Brother» der Fiktion Realität geworden.

«Ein anderes Tier stieg aus der Erde herauf. Es hatte zwei Hörner wie ein Lamm, aber es redete wie ein Drache» (Offb 13,11), Stich: Albrecht Dürer (Ausschnitt)

über diese Welt erringen, indem er die technischen Errungenschaften einsetzt, mit deren Hilfe ihm grenzenlose Möglichkeiten zur Verfügung stehen. Er wird in einem überhöhten Tempo leben, und er wird Erfolg ernten, den die Größenwahnsinnigen von gestern wie um Haaresbreite verpasst haben; denn Daniel und Johannes, die beiden Propheten, gewähren ihm eine Herrschaft von dreieinhalb Jahren. Und noch gerissener, wird er durch Überzeugung triumphieren und nicht, wie ehemals, mit Terror, der durch geographische Grenzen eingeschränkt war, und seine Worte werden bis an die Grenzen der Erde dringen. Unzählige wird er verführen, die an den Gebrauch der Medien gewöhnt sind, und seine Lügen werden für Wahrheit gehalten werden. Durch die Überlegenheit seiner Welt wird er die Welt Gottes scheinbar überwinden.[79] Aber auf dem Gipfel seiner Macht wird er vom Erzengel Michael zu Boden geschlagen werden. In der Zwischenzeit wird die Heilige Messe ab-

---

79. «Diejenigen, die in den letzten Zeiten leben werden, sind in großer Gefahr, verdammt zu werden, denn der Antichrist wird, um die Menschen zu verwirren, dreimal besser sprechen als mein göttlicher Sohn.» Das sagte Maria zu Benoîte Rencurel (1647-1780) in Laus in den Französischen Alpen. Es ist jedoch nicht klar, ob sie die wirklichen Worte Jesu meinte oder — was wahrscheinlicher ist — die, wie sie in den Schriften von ungeschulten Zeugen aufgezeichnet sind, die nichts als ihr Gedächtnis hatten, auf das sie sich stützen konnten, und deren Stil sicher nicht gleichrangig mit dem Sprachstil Christi war (siehe Louis Pain: *La Bergère du Laus*, Résiac, Montsûrs, 1988, S. 231).
Ein anderer Grund, warum die Menschheit ihr Schicksal dem «Tier» anvertrauen wird (wie es von Johannes beschrieben ist), ist die Tatsache, dass Englisch eine Universalsprache geworden ist. Denn Worte, die von Gott in den Tagen des Turmbaus zu Babel gesprochen wurden, als «alle Menschen ... die gleiche Sprache [hatten]» (Gen 11,1), passen genau auf unsere Zeit: «Er sprach: Seht nur, *ein* Volk sind sie, und *eine* Sprache haben sie alle. Und das ist erst der Anfang ihres Tuns. Jetzt wird ihnen nichts mehr unerreichbar sein, was sie sich auch vornehmen» (Gen 11,6). Und was anderes ist das, was die Menschen bereits zu tun begonnen haben, und zwar in zunehmendem Maße, und was in den Augen Gottes ein ungeheures Vergehen ist, nämlich der Mord an ungeborenen Kindern. Denn in diesem Wahnsinn, losgelöst von allen Einschränkungen, die Glaube, Menschenverstand oder Moral vorgeben, führt die Gesellschaft Krieg gegen sich selbst. Der Menschheit scheint es nicht bewusst zu sein, dass der nächste logische Schritt auf den Untergang zu, ihre eigene totale Auslöschung als eine Form universaler Rebellion gegen Gott, den Schöpfer allen Seins, sein würde. Dass der Allmächtige eingreifen wird, ehe unser kollektiver Wahnsinn diesen Punkt erreicht hat, ist Thema der Apokalypse.

geschafft oder wenigstens beinahe abgeschafft werden, und das wird «der Gräuel der Verwüstung» (Dan 8,13) sein, von dem Daniel spricht.

Der Antichrist wird über eine Macht verfügen, die grenzenlos zu sein scheint, im Vergleich zu der Macht derer, die der heilige Johannes als Antichriste bezeichnet (1 Joh 2,18). Er wird mehr die Macht von Engeln als von Menschen besitzen, sodass jede Entscheidung seines Willens eine sofortige Auswirkung über die gesamte Erdoberfläche haben wird. Ein Blitz wird nicht schneller sein. Seine Macht wird absolut erscheinen, denn ihre Ausübung wird keine materiellen Grenzen kennen. Obwohl er sich als Person an irgendeinem Ort aufhalten wird, wie jeder andere Mensch, so wird er doch mit Hilfe moderner Technik oder der Kraft, die Satan ihm verleiht, zugleich aus der Ferne handeln und eingreifen, womit er, wenigstens auf planetarischer Ebene, den Eindruck von Omnipotenz erweckt. Sein Prestige wird einen Bann über die Menschen werfen, ausgenommen die «kleine Herde», die im Evangelium erwähnt wird. Ich glaube, man kann sagen, dass sich keiner seiner Gewalt entziehen kann, außer dem, der sich der Muttergottes geweiht hat.

Sie hat uns vor dem Kommen dieses Werkzeugs des Teufels gewarnt. In Emmitsburg beschreibt sie die vorbereitenden Maßnahmen für seine herannahende Herrschaft. Er hat bereits begonnen, die Gesellschaft nach seiner Fasson zu modellieren. «In Zukunft läuft alles darauf hinaus, das Währungssystem umzustellen. Sei auf der Hut vor einer bargeldlosen Gesellschaft, die sich auf der ganzen Welt entwickeln wird, und der Macht, die deine Freiheit manipulieren und schließlich einschränken wird.»[80] Werden fiduziarische Operationen, reduziert auf den Gebrauch von Bank- und Kreditkarten, uns unweigerlich an das Tier binden, wenn der Antichrist erst einmal zur Macht gekommen ist? Denn «Die Kleinen und die

80. Botschaft vom 9. Mai 1996: *I am your Jesus of Mercy*, Band VI, S. 6 (Queenship Pub. Co., Goleta, CA, 1999).

Großen, die Reichen und die Armen, die Freien und die Sklaven, alle zwang es, auf ihrer rechten Hand oder ihrer Stirn ein Kennzeichen anzubringen. Kaufen oder verkaufen konnte nur, wer das Kennzeichen trug: den Namen des Tieres oder die Zahl seines Namens» (Offb 13,16-17). Wenn die Zahl des Antichrist 666 ist, dann ist das nach dem hebräischen Alphabet bereits der Fall mit dem www des Internet: ein Zufall vielleicht, aber ein bedeutungsvoller!

16

Arcus caelestis

Der Regenbogen

Mariologie hat ihren Platz in der Theologie. Wir wissen, welche Rolle sie in ihrer Entwicklung bei Kirchenlehrern wie Bernhard, Bonaventura oder Grignion de Montfort spielte. In diesem Bereich sind Trend und Mode fehl am Platz. Aus diesem Grund sollten charismatische Autoren unserer Tage, wie Maria Valtorta, nicht unter diese Mariologen der Vergangenheit eingereiht werden.

— Ganz im Gegenteil, der Beitrag einer Seele, erleuchtet von einer höheren Wissenschaft als der, wie man sie in Büchern finden kann, sollte nicht unterschätzt werden. Es ist sicher, dass Maria Valtorta, trotz ihres literarischen Talents, von sich aus die Schätze mariologischer Lehre, wie sie in ihrem Werk zu finden sind, nicht ersonnen hat.[81]

In Gen 9,13-15, heißt es:

> «Meinen Bogen setze ich in die Wolken; er soll das Bundeszeichen sein zwischen mir und der Erde.

---

81. Schätze, die für ein unvoreingenommenes Herz verständlich sind, unter ihnen auch das des Geistlichen, Gabriel Roschini. Für ihn gibt es keinen «anderen marianischen Text, nicht einmal die Summe all der Texte, die [er] gelesen und studiert hat, [der] im Stand wäre, [ihm] von Maria, dem Meisterwerk Gottes, eine Vorstellung zu geben, die so klar, so zwingend, vollständig, einleuchtend, faszinierend, gleichzeitig einfach und vollendet ist» *(La Vierge Marie dans l'œuvre de Maria Valtorta*: Ed. Kolbe, Montreal, 1983, S.7).

> Balle ich Wolken über der Erde zusammen und erscheint der Bogen in den Wolken,
> dann gedenke ich des Bundes, der besteht zwischen mir und euch und allen Lebewesen, allen Wesen aus Fleisch.»

Bei Maria Valtorta:[82]

> «Regenbogen: Zeichen des Friedens. Regenbogen: Brücke zwischen Himmel und Erde.
> Maria, friedenbringende Brücke zwischen Himmel und Erde, sie ist die Vielgeliebte, die durch ihre Anwesenheit Vergebung für die Sünder erwirkt.»

Maria Valtorta geht so weit, zu sagen, dass zur Zeit der ersten Verirrungen der Menschheit es der Gedanke an Maria war, obwohl noch nicht geboren, der Gott dazu bewegte, die «Wolken des unausweichlichen Strafgerichtes» zu verscheuchen und «der Menschheit, die auf ihre Erlösung wartet, noch einmal Aufschub zu gewähren». Umso mehr wird es jetzt Maria in eigener Person sein, die der Menschheit, welche nicht weniger sündenbeladen ist als zur Zeit der Sintflut, beisteht. In der Tat ist die «Stunde Marias genau unsere Stunde».

> «Die Arche Noahs rettete nicht alle Menschen, nur die, die vor Gottes Angesicht gerecht befunden wurden. So ist es in dieser Stunde, in der Stunde, die genau in diesem Moment beginnt … Wenn die Wolken sich verdunkeln, wird es der Arche Gottes nicht gelingen, alle Menschen zu retten … Denn viele haben nicht den Willen, sich selbst zu retten. Sie wollen nicht mithilfe der Arche Gottes gerettet werden.»[83]

Nach der Sintflut wurde der Regenbogen nur von den Gerechten, die gerettet worden waren, gesehen. Zur gegenwärtigen Stunde, aufgrund Gottes unermesslicher Barmherzigkeit, wird der Re-

---

82. Maria Valtorta, *Leçons sur l'Épître de Saint Paul aux Romains* (Centro editoriale Valtortiano, Isola del Liri, 1999, S. 103-104).
83. Wer ist dieser Regenbogen der Rettung für unsere Zeit, wenn nicht Maria? Sie ist die geistige Arche, durch die wir gerettet werden, wenn wir sie verehren. Textstellen bei Lukas (17,26-30) und Matthäus (24,37-39) beschreiben, wie unvorbereitet der sorglose und sinnliche Mensch sich selbst finden wird, dessen Augen erdverhaftet und dessen Herz getränkt ist von Vergnügen.

genbogen, das Zeichen des Friedens, nämlich Maria, auch von vielen Nicht-Gerechten gesehen. Ihre Stimme, ihr Duft, ihre Wunder werden von Gerechten und Sündern erkannt werden. Glücklich die Sünder, über die der Zorn Gottes dank des «Regenbogens Gottes» nicht hereinbrechen wird, und die sich der Gerechtigkeit und dem Glauben an Jesus zuwenden werden, in dem Heil und Rettung ist.»

Mir scheint, dass in diesen Zitaten aus den Schriften von Maria Valtorta unsere These, die wir in diesem Buch über Marienerscheinungen in unserer Zeit vertreten, perfekt gerechtfertigt und zusammengefasst ist.[84]

---

84. Maria Valtorta: *Leçons sur l'Epître de Saint Paul aux Romains* (Centro editoriale Valtortiano, Isola del Lire, 1999, S. 103-104).

17

Ut non intellegant

Damit sie nicht verstehen

«Es muss zwar Anstoß geben (Anstoß, wie es in der Vulgata noch heißt, und nicht nur «Verführung», wie in der neuen Einheitsübersetzung); doch wehe dem Menschen, der sie verschuldet» (Mt 18,7). Denn es ist ein Skandal, wenn Seher, deren charismatische Trancen Massen in Aufregung und Bewegung setzen, dadurch die verantwortungsbewussteren Elemente der Christenheit verwirren.

— Es passt an dieser Stelle nicht, zu wiederholen, warum die Echtheit marianischer Erscheinungen so vielen ausgezeichneten Denkern zweifelhaft und ungewiss erscheint. Die Gründe, auf die sie sich stützen, um ihrem Zweifel Ausdruck zu verleihen, sind noch zahlreicher als die Kapitel dieses Buches…

Bereits zu seiner Zeit hat der Herr gezeigt, dass er nicht unempfindlich war gegenüber dem Widerstand, den manche seiner Jünger seinen Unterweisungen entgegenbrachten. Er war enttäuscht, da sie prinzipielle Einwände gegen Zeichen, Wunder und andere übernatürliche Mitteilungen hatten. Er antwortete ihnen, wenn man so sagen darf, liebenswürdig. Denen aber, die es ablehnten, aufmerksam zu sein und mit gutem Willen zu lauschen, schenkte er kein Verständnis. Er ließ ihre Taubheit zu: Er tastete ihre Freiheit nicht an; er «führte die Schlechten in die Irre» und bestätigte sie sozusagen in ihrem Irrtum.

Das könnte als eine gezielte Verteilung der Erleuchtung von seiner Seite interpretiert werden. Den Aposteln wurde gesagt: «Gebt das Heilige nicht den Hunden» (Mt 7,6).[85] Das ist die Vorgehensweise

---

85. Und «werft eure Perlen nicht den Schweinen vor». Dies ist mehr als ein Rat; die frühen Christen sahen darin einen ausdrücklichen Befehl. Sie offenbarten den Heiden nicht die wahre Natur des Opfers der Heiligen Messe, selbst auf die Gefahr hin, dass man sie der Abscheulichkeiten verdächtigte. Das war der Grund für das Gerücht, sie würden das Fleisch von Säuglingen essen. Sogar Konvertiten durften nur dem Anfang der Heiligen Messe beiwohnen. Skandale, durch falsche Vermutungen und Rückschlüsse verursacht, schienen ihnen akzeptabler zu sein, als den Schleier zu heben, der das Heiligste verhüllte.
Hat nicht Christus selbst den Abfall vieler seiner Anhänger provoziert, als er ihnen sagte, dass sie sein Fleisch essen und sein Blut trinken sollten? Hätte er nicht ausdrücklich hinzufügen können, dass dies nicht wörtlich zu verstehen sei? Hätte er nicht auf diese Weise seine Zuhörer beruhigen können, wenn er auf ihre Einwände: «Wie kann er uns sein Fleisch zu essen geben?» (Joh 6,52) mit Erklärungen geantwortet hätte. Aber das wäre auf Kosten der Wahrheit des sakramentalen Geheimnisses gegangen. Die Botschaft war von so hohem Rang, dass sie geglaubt werden musste, auch wenn man sie nicht verstehen konnte. Gottes Vorgehensweise ist folgende: Ein Geheimnis wird angeboten; derjenige, der es nicht annimmt, schließt sich selbst von weiteren Anweisungen aus; derjenige, der bereit ist, es anzunehmen, wird belohnt, wie der Glaube des Petrus bei der Transfiguration. Das zeigt auch, dass Christus die letzte Offenbarung seiner Worte, die im ersten Moment schockierend oder geheimnisvoll waren, zurückhielt für die Treuesten der Treuen. Das war eine Schwierigkeit, die überwunden werden musste. Eine Diskriminierung fand statt, ein Aussortieren — «Vater unser, ... führe uns nicht in Versuchung» (a).
Wie konnte der König der Barmherzigkeit ein paar auf Kosten der anderen so privilegieren? Hat er die volle Härte seines Gesetzes auf diejenigen angewandt, die ausgeschlossen waren?
Oder hat er nicht vielmehr aus Barmherzigkeit gehandelt? Ein Merkmal seiner Huld, die er den Menschen auch noch inmitten ihrer Sünden entgegenbringt? Undankbarkeit zu belohnen würde Mediokrität in ihrer Gleichgültigkeit Werten gegenüber bestätigen. Die größten Geschenke sind die, die sehr wahrscheinlich missbraucht werden. Und welch größere Verschwendung, als die von verschmähten Gaben des Geistes! Gottes Vorsehung bestimmt, mit welcher Strenge im kommenden Gericht über die geurteilt wird, die durch ihre eigene Schuld nicht mehr erlöst werden können. Er gewährt diesen «ethischen Nyktalopen» (Nachtmenschen) nicht das Licht, das sie noch mehr verblenden würde.
«Aber, wenn sie nicht sehen können,...hätte man ihnen nicht die Augen öffnen sollen?» Das wäre notwendig gewesen, wäre ihre Blindheit ungewollt, wie die der Blinden. Aber sie war vorsätzlich und durch ihre eigene Wahl. Sie sahen Christus Dämonen austreiben und sagten: «Mithilfe des Anführers der Dämonen treibt er die Dämonen aus» (Mk 3,22). Sie beurteilten die Taten Jesu als etwas anderes als das, wozu sie für sie zum Sehen und Hören gemacht waren. «Daher werde ich sie der Gunst berauben und ich werde sie weiterhin daran hindern zu sehen

Christi, wenn er den Aposteln erklärt: «Euch ist das Geheimnis des Reiches Gottes anvertraut; denen aber, die draußen sind, wird alles in Gleichnissen gesagt ... Denn "sehen sollen sie, sehen, aber nicht erkennen; hören sollen sie, hören, aber nicht verstehen"» (Mk 4,11-12; Lk 8,10; Mt 13,11-14). Simone Weil sagt es in ihrem Notizbuch noch knapper: «Wenn das Übernatürliche sich auf ein Wesen herablässt, das nicht genug Liebe besitzt, um es zu empfangen, verwandelt es sich in Böses.» Es ist daher eine Tat der Barmherzigkeit, die Gnade nicht an jemand zu verschenken, der keinen Nutzen daraus ziehen wird. Die Gleichnisse unseres Herrn erregen unsere Aufmerksam-

---

und zu hören, denn sie machen nur in solcher Weise Gebrauch davon, dass sie auf sich selbst ein strengeres Gericht herabziehen» (Johannes Chrysostomos — siehe *Magnificat*: 35832 Betton, Juli 2002, S. 164). Lassen Sie uns voll Staunen den indirekten Weg betrachten, auf dem Jesus seine Jünger zu einem tieferen Glauben und einem besseren Verständnis für seine Botschaft führt. Selbst wenn er etwas missbilligt, tut er dies auf indirekte Weise. So scheint er bei Joh 6, 65 mit Trauer zu beobachten: «... es gibt unter euch einige, die nicht glauben ... Deshalb habe ich zu euch gesagt: "Niemand kann zu mir kommen, wenn es ihm nicht vom Vater gegeben ist."» Diese Belehrung, die sich hier auf die göttliche Natur Christi bezieht, konnte seine Hörer nur verblüffen und hatte die Wirkung, die er nur zu wohl voraussah: ein Verhärten der Herzen und das Abfallen vieler seiner Anhänger. Daraufhin wandte sich Jesus an seine Jünger und fragte sie: «Wollt auch ihr weg gehen?» Oder nach der Übersetzung des syrischen Bischofs Philoxenes von Mabboug: «Wenn ihr weggehen wollt, so tut es» (siehe *Magnificat*, April 2008, Paris, S. 156). Aber der kleine Rest bleibt standhaft, und Petrus spricht für alle, wenn er sagt: «Herr, zu wem sollen wir gehen? Du hast Worte des ewigen Lebens. Wir sind zum Glauben gekommen und haben erkannt: Du bist der Heilige Gottes.» Petrus, der sich für einen kurzen Moment mit dem Geheimnis der Heiligsten Dreifaltigkeit konfrontiert sah, das er nicht begreifen konnte, antwortete mit einem Glaubensakt, der ihm vom Vater gegeben war. Sein impliziter Glaube an das Geheimnis der Eucharistie führte ihn zum Glauben an die Heiligste Dreifaltigkeit.

(a) Ist diese Fassung des Vaterungers, welche offensichtlich immer im Gebrauch war, mehrdeutig? Kann man diesen Satz aussprechen ohne inneren Vorbehalt, wo wir doch alle wissen, dass Gott nicht in Versuchung führt? Er stellt der menschlichen Schwachheit keine Falle, die, wenn sie zu Fall kommt, lediglich der Versuchung der Welt, der Schwäche des Fleisches oder den Täuschungen des Teufels nachgibt. «Führe uns nicht in Versuchung», wörtlich genommen würde das bedeuten, der ewige Gott könnte in irgendeiner Weise das Übel in unserem Leben fördern wollen. Wäre es nicht der Wahrheit näher, zu sagen: «Lass uns nicht in Versuchung fallen»? Das zumindest ist, was Abbé Carmignac vorschlägt entsprechend der ursprünglichen Bedeutung im Hebräischen und Aramäischen, wobei es sich bei dieser Redewendung um eine permissive Form des Verbs handelt.

keit durch ihren Zauber; den Zuhörern allerdings, die mit Vorurteilen belastet sind, erscheinen sie rätselhaft. Zeichen können nur etwas bedeuten, wenn sie mit dem Herzen verstanden werden, so wie Wunder nur denen gewährt werden, die daraus Nutzen ziehen. Was als Hilfe gedacht war, kann zum Hindernis werden. «Weh dir, Chorazin! Weh dir, Betsaida» (Mt 11,21)! Diesen Städten, die unverzeihlich verhärtet waren, war es «nicht gegeben» … «die Geheimnisse des Himmelreichs zu erkennen» (Mt 13,11). Durch einen geheimnisvollen Tausch jedoch wird die Hartherzigkeit, die dem einen zum Schaden gereichen wird, dem anderen zum Heil. In den Gleichnissen von den Talenten wird gesagt: «Wer hat, dem wird gegeben werden; wer aber nicht hat, dem wird auch noch weggenommen, was er hat» (Lk 19,26; Mt 25,29) und dem gegeben werden, der bereits etwas hat. So wird nach einem Muster, das in dieser Welt nur allzu bekannt ist, der Reiche reicher gemacht, indem man den Armen ärmer macht. «Dura lex!» Jedoch ist dieses Prinzip, das in der sozialen Gesellschaft ungerecht ist, in der geistigen Sphäre richtig. Die Verarmung eines Menschen, die ein Ausdruck sozialer Unordnung ist, wenn sie zur Bereicherung anderer beiträgt, ist das spiegelverkehrte Abbild des großen Elends der Sünder, deren eigenes gutes Kapital dazu geführt hat, dass sie um den Gewinn gebracht wurden, der nicht von dieser Welt ist. Der ursprüngliche Schatz, den sie verachtet haben, wird durch eine Art von Verteilungsnetz dem Schatz von Verdiensten hinzugefügt, den die Gerechten bereits angesammelt haben. Himmlische Aufteilung schenkt ihnen diese unerwartete Zunahme. «Denn wo dein Schatz ist, da ist auch dein Herz» (Mt 6,21). In «reichem, vollem, gehäuften, überfließenden Maß» (Lk 6,38) wird dem Armen im Geiste noch in den übervollen Schoß geschüttet, und dies ist sozusagen ein ungewolltes Almosen des reichen Mannes an Lazarus. Das ist die Lehre der Mystikerin Luisa Piccarreta, die im folgenden Text erklärt, auf welche Weise der Herr von seinen Geschöpfen Ehre und Ruhm erhält, die ihm gebühren:

«Was die einen Geschöpfe unterlassen mir zu geben, nehme ich von anderen, indem ich meine Gnadengaben verdopple. Da ich den letzteren die Gnade schenke, die die anderen zurückweisen, erhalte ich von ihnen doppelte Liebe und doppelten Ruhm. Manchen Geschöpfen gebe ich die Gnade, die ich sonst auf zehn verteilen würde, anderen die Gnade für hundert und wieder anderen die Gnade für tausend, entsprechend ihrer Bereitschaft, diese Gnaden anzunehmen. Manchmal gebe ich einem Geschöpf die Gnaden, die für eine ganze Stadt bestimmt waren oder eine Provinz oder sogar für ein ganzes Königreich. Dann lieben sie mich und geben mir den Ruhm, den ich von zehn oder hundert oder tausend hätte empfangen sollen. Auf diese Weise ist der Ruhm, der mir von Seiten der Schöpfung gebührt, erfüllt.»[86]

Auf diese Weise lenken diejenigen, die Unrecht tun, die kostbaren Gaben des Himmels, die sonst verschwendet worden wären, auf die Mitgeschöpfe, die es mehr verdienen. Es gibt eine weise Ökonomie in übernatürlichen Angelegenheiten, deren sich der Mensch kaum bewusst zu sein scheint.

Gott erwartet von seinen Geschöpfen, die er mit Freiheit ausgestattet hat, dass sie zu seinem Ruhm beitragen. Tun sie das nicht, so schickt er ihnen seine Propheten, um sie zur Ordnung zu rufen, wie wir das im Alten Testament gesehen haben.[87] Jetzt, da das Wort

---

86. Luisa Piccarreta: *When the Divine Will reigns in Souls: Book of Heaven* (The Luisa Piccarreta Center of the Divine Will, Jacksonville, Florida, 1995, S. 102).
Siehe auch *Mon enfant, Locutions de Jésus à un jeune pécheur* (Ed. du Parvis, CH-1648 Hauteville/Schweiz, 1999, S. 46) : «Wenn das Geschenk der Liebe, der Gnade, der Gemeinschaft von einem Volk verschmäht wird, oder von einem Teil der Erwählten, gebe ich es anderen Seelen und einem anderen Volk. Statt der Erstgeladenen (Mt 22,1-4) lade ich den Einarmigen, den Lahmen und den Blinden ein. Den Sturz der einen verwandle ich durch meine Liebe in die Rettung von anderen.»

87. Hat man sich schon einmal nach der Bedeutung des göttlichen Eingreifens in Angelegenheiten von Männern gefragt, als der Himmel lediglich eine Schäferin schickte, um das Kommando über die französische Armee zu übernehmen? Von welcher Bedeutung war es letztlich, ob die Engländer blieben oder abzogen, zu einer Zeit, wo Grenzen durch die Laune einer arrangierten, fürstlichen Hochzeit ins Fließen gerieten?

Fleisch wurde, ist es seine Mutter, die er als Botschafterin zu uns schickt. Sie warnt uns davor, dass er unsere Gleichgültigkeit satt hat und dass er entschlossen ist, ihr ein Ende zu bereiten, sogar mit der «Sintflut von Feuer», wie es bei Marie des Vallées aus dem 17. Jahrhundert heißt. Um die Bekehrung der apokalyptischen Stadt Babylon zu bewirken, hat er beschlossen, die weltlichen Idole dieser Hurenstadt zu zerstören, die es nicht verdient hat, zu überleben. Seine eigene Stadt jedoch wird er auf den Ruinen jener Kultur erstehen lassen. Und diese neue Stadt wird die geistigen Gaben genießen, die von Babylon verschmäht wurden. Auf diese Weise wird es dort eine Umverteilung von höheren Werten geben, nicht nur unter Individuen, sondern auch unter verschiedenen Gesellschaften. Nach diesem letztgenannten Maßstab könnte eine Nation bemerken, dass sie im Vergleich zu ihren Nachbarn privilegiert ist, so wie eine Generation im Vergleich zu der vorhergehenden, deren Versagen sie nicht wiederholt. So wie die Kirche die Nachfolgerin der Synagoge wurde, die Heiden sich aber aufnahmebereiter erwiesen als die meisten Juden und ihnen vorgezogen wurden, so wird die Christenheit von morgen die Voraussagen der Bibel erfüllen, wo die heutigen Christen durch ihren weitverbreiteten Abfall vom Glauben versagt zu haben scheinen. Das zumindest ist nach den

---

Johanna von Orléans zeigt uns mit ihrem Leben und ihrem kurzen Erfolg, dass Unschuld der beste Stratege ist, in welcher Situation auch immer, und Gnade stärker ist als jede schlachtbereite Armee.

Es gefällt dem Himmel, einen Krieg zu verkürzen, wenn ein vollkommen reines Wesen als Sühneopfer für das Böse in der Welt dient. Es wird berichtet, dass Yvonne-Aimée de Malestroit ein Blitzableiter für Gottes Zorn wurde, der bereit war, durch Verlängerung des 2. Weltkrieges die Welt untergehen zu lassen.

Esther, Daniel, Judith sind große Gestalten, jede in ihrer eigenen Weise Vorläufer der großen christlichen Mystiker und deren Rolle, die sie nach Gottes Vorsehung spielen sollten.

Wie der Prophet unter dem Alten Gesetz, so dient der Heilige unter dem Neuen als Angelpunkt der Geschichte.

Der kleine, demütige Seher erfüllt seine prophetische Aufgabe, die, entsprechend der Situation, seiner großen spirituellen Würde entspricht (so wie die kleinen Hirten von Fatima) oder die seine offensichtliche Unzulänglichkeit ausgleicht (wie das mit dem kleinen wunderbaren Maximin von La Salette der Fall war).

Prophezeiungen der Luisa Piccarreta, oder noch wichtiger, nach den Worten der Muttergottes, zu erwarten, die als Folge eines weltweiten Strafgerichtes den Triumph der Heiligsten Eucharistie und ihres Unbefleckten Herzens ankündigt.

Denn in der Tat ist nach den Worten des Evangeliums unser Jahrhundert bereits verurteilt: «… nach dem Maß, mit dem ihr messt und zuteilt, wird euch zugeteilt werden» (Mt 7,2; Lk 6,38). Denn unsere Zeit ist «pervers» und «ehebrecherisch»: «pervers», weil sie sich weigert, die Gabe des Lebens zu teilen, «ehebrecherisch», weil sie sich von Gott abgewandt hat.[88] Was ist das Maß, mit dem die nächste Generation gemessen werden wird? Nicht mit dem «reichen, vollen, gehäuften, überfließenden Maß», von dem Lukas schreibt (6, 38), sondern mit dem Maß des nicht weitergegebenen Lebens, das in seinen Ursprüngen verurteilt, zerstört und in seiner Entstehung unterbrochen wird. Abtreibung hat die Alterspyramide fast auf den Kopf gestellt, und das ist ein Selbstmordversuch der gesamten Gesellschaft, der einen Angriff auf die Zukunft darstellt und zu einem Ende ohne Morgen führen wird. Aber die Vorsehung droht, diesen Plan zu übertreffen, denn die Spreu wird von den Engeln Gottes vom Weizen getrennt werden. Was die einen bestärkt, wird andere schockieren. Der Anblick der kleinen Mädchen, die mit nackten Händen in Heroldsbach nach «einer sprudelnden Quelle der Gnaden», wie die Muttergottes es nannte, gruben, störte kritische Geister. Das Loch, das allmählich die Größe eines Beckens annahm, obgleich ohne Wasser, war eine Herausforderung wegen seiner geheimnisvollen Symbolik. Die einen verstanden die

88. Ehebruch besteht in diesem Fall in der Vereinigung «des menschlichen Verstandes… mit dem Feind Gottes». Aus dieser Verbindung erwuchs dieser «Bastard», der «moderne Mensch», der nach Maria Valtorta «ein Monster» ist. Wie könnte es anders sein? «Die Vernunft des Stolzen ist Produkt des Wahnsinns.» Wenn «für den Ewigen Gott ein stolzer Geist wie ein Altar ist, der bereits in Besitz genommen wurde», so deswegen, weil «ein anderes Wesen sich dort bereits ausdrückt, mit der rauen Stimme der Begierde.» Dieses unverblümt sprechende Wesen ist offensichtlich der Drache, dessen Herrschaft die Nacht heraufführt (vgl. Maria Valtorta: *Leçons sur l'Epître de Saint Paul aux Romains*: Centro editoriale Valtortiano, Isola del Liri, 1999, S. 83-84).

Belehrung ganz und gar nicht. Für andere bedeutete sie den Aufruf zur Buße. An jedem Erscheinungsort bindet der Himmel seine Aussagen an ein materielles Objekt, auch wenn das die Erwartungen so mancher enttäuscht. In Manduria verlangte Maria, dass man sich mit der feuchten Erde aus einem Bassin bekreuzigen sollte, so dass man durch diese Reinigungsgeste «wichtige Gnaden» erlange. In San Damiano ist es das Wasser, das die Pilger in großen Behältern sammeln und das in den Zeiten der «großen Not» von Nutzen sein wird. Welch ungewöhnliche Kraft wird da den Objekten zugeschrieben! Es erinnert an Jesus, wie er einen Blinden mit der Erde vom Wegrand heilte, vermischt mit seinem Speichel. Mögen sich die Augen unserer Seele öffnen für die Wirklichkeiten, die nicht von dieser Welt sind, mithilfe von Elementen der Erde, die sich für Übernatürliches als hilfreich erweisen.

18

Via parvula

Der kleine Weg

Seitdem die hl. Thérèse von Lisieux für ihren «kleinen Weg» zur Kirchenlehrerin ernannt wurde, sollten wir uns vor allem hüten, was ausergewöhnlich erscheint. Außerdem hat das II. Vatikanische Konzil einen allgemeinen Aufruf zur Heiligkeit erlassen, und das ist für die meisten von uns der gewöhnliche Weg versteckter Tugenden, zu dem augenfällige Wunder nicht gehören. Daher sollten wir Wunder nicht als selbstverständlich betrachten oder nach ihnen Ausschau halten. Hat nicht unser Herr selbst gesagt: «Diese böse und treulose Generation fordert ein Zeichen» (Mt 12,39)? Die Evangelien zeigen uns oft, wie Christus zögert, ein Wunder zu vollbringen und den Geheilten befiehlt, ihre Heilung geheim zu halten. Die Heilige Eucharistie ist das Wunder und ist gemacht, um dem Auge verborgen zu bleiben (Zitat aus dem Brief eines Kritikers unserer These).

— Wenn Christus wollte, dass seine wunderbaren Heilungen verborgen bleiben sollten, dann nicht deshalb, weil er seine Gnadengaben unter einen «Scheffel» stellte, sondern um die begeisterte Menge daran zu hindern, ihn zum weltlichen König zu machen. Warum führt man das Beispiel der kleinen hl. Thérèse gegen Erscheinungen ins Feld, wo es doch gerade das wunderbare «Lächeln der Madonna» war, das ihre geistige Entwicklung auslöste? Die verborgenen Ströme unsichtbarer Gnade sind sicherlich von größerer Bedeutung als irgendein sichtbares Wunder, wie wir es bei dem Gespräch Jesu mit der Samariterin sehen können. Aber es war die charismatische Gabe des Herrn, in den Seelen zu lesen, die die Sünderin empfänglich für seine Botschaft machte.

Wenn der Erzbischof von Wien sagt, eine beachtliche Anzahl seiner Seminaristen habe ihre Berufung in Medjugorje erhalten, sollten wir diese Tatsache nicht als Zufall abtun.

Die Mission mancher Mystiker, die sich einer wunderbaren Vertrautheit mit Christus erfreuen durften, bestand darin, «das Geheimnis des Königs» verborgen zu halten. Die Berufung anderer wiederum war es, «ein lebendiges, auserwähltes Zeugnis für übernatürliche Realitäten» zu sein.[89] Diese letztzitierten Worte richtete die hl. Thérèse vom Kinde Jesus in einer Vision an die stigmatisierte Therese Neumann. Zu keiner Zeit gab es in der Geschichte der Kirche einen Mangel — und schon gar nicht in heutiger Zeit — an so leuchtenden Gestalten wie Marthe Robin, Marie-Yvonne de Malestroit oder Padre Pio, Persönlichkeiten, offensichtlich ausgestattet mit der Gabe, Sünder zu bekehren.

Zweifellos gibt es bei Katholiken — wohl meist unbewusst — ein Vorurteil gegenüber dem Übernatürlichen, wenn es die Gestalt von Wundern annimmt. Was vom Himmel als Gunsterweis gedacht war, betrachtet man als Gefahr. Im Falle von Fatima, das wir aus heutiger Sicht als den unproblematischsten Erscheinungsort des 20. Jahrhunderts betrachten, mussten die Gläubigen dreizehn Jahre lang warten, bis die portugiesische Hierarchie — offensichtlich auf Druck von Rom — ihre Anerkennung aussprach. Wenn die Pilger warten, bis Maria nicht mehr erscheint,[90] so befinden sie

---

89. Albert Paul Schimberg: *The story of Therese Neumann* (Roger A. McCaffrey Pub., Ridgefield (USA), 1947, S. 22).
90. Ich kenne nur einen Fall, wo der übernatürliche Charakter von Erscheinungen bestätigt wurde, solange sie noch stattfanden, nämlich Cua in Venezuela. Die Anerkennung von Amsterdam, Montichiari, l'Ile-Bouchard, Balestrino und Kibeho zog sich 20 bis 57 Jahre hin. Nach der Erklärung, die erstaunlichen Ereignisse seien nicht übernatürlichen Ursprungs — was man als Vorsichtsmaßnahme interpretie-

sich in derselben Situation wie Gäste, die, zu einem Fest geladen, sich erst einfinden, nachdem die Dame des Hauses sich zurückgezogen hat. Die Erfahrung zeigt, dass mit Beginn der Erscheinungen mehr Gnadengaben gewährt werden als später, und dass es anfangs mehr Bekehrungen und Heilungen gibt. Die Botschaft des Himmels in diesem Punkt ist klar: Die Aktualität der Erscheinungen soll respektiert werden. Warum es besser wissen wollen als die göttliche Vorsehung? Warum der himmlischen Großzügigkeit mit kleinlicher Rechnerei antworten?

Aber heutzutage grassiert der Rationalismus und führt zu Misstrauen dem gegenüber, was nicht mithilfe naturwissenschaftlicher Gesetze erklärt werden kann. Wenn Zeichen und Wunder von Christus als Beweis für den göttlichen Ursprung seiner Mission gebraucht wurden, warum sollten sie dann nicht genauso als Beweis für die Echtheit von Privatoffenbarungen dienen? Unser Herr verwies oft genug mit Nachdruck auf die zwingende Natur der Wunder, die seine Mission beglaubigten. Dasselbe Zusammenspiel von übernatürlicher Evidenz und himmlischem Auftrag kann man heute beobachten, wenn Maria erscheint. Ersteres (nämlich die übernatürliche Evidenz) sollte nicht für unwichtig erachtet werden, noch sollte Letzteres (nämlich der himmlische Auftrag) außer Acht gelassen werden.

ren kann —, gab der Bischof oder sein Nachfolger, überwältigt vom Gewicht der Evidenz, den Wünschen der Muttergottes nach, auch wenn — wie im Falle von Amsterdam — lange Zeit der Verdacht bestand, nicht sie, sondern der Teufel sei am Werk.

19

De more pharisaico

Pharisäismus

Bei heutigen Erscheinungen gibt es von Seiten des Himmels eine gewisse Härte des Tones in den Botschaften an die Sünder, zum Beispiel in Garabandal oder El Escorial, die kaum im Verhältnis zu stehen scheint zu den Verfehlungen der Sünder, besonders wenn man die gewohnte Milde Christi vor Augen hat. Seine Zornausbrüche richten sich in den Evangelien lediglich gegen die Pharisäer.

— Die Anprangerung des Pharisäertums nimmt im Evangelium so viel Raum ein, dass es nahe liegt, in dieser scheinheiligen Verzerrung eine permanente Versuchung zu sehen. Jesus, der das «Herz der Menschen kannte», hat seine Kritik nicht auf ein nur für seine eigene Zeit typisches Fehlverhalten beschränkt. Er hat sie, im schlimmsten Fall, auf die Sünde gegen den Heiligen Geist bezogen. Nie zeigt sich Christus empörter, als wenn er angeklagt wird, Dämonen im Namen von Beelzebub auszutreiben. Denn diese Behauptung richtet sich gegen das Wesen Gottes. Sie ist ein metaphysisches Verbrechen, das den fundamentalen Unterschied zwischen Gut und Böse missachtet.

Scheinheiligkeit versteckt Stolz unter dem Mantel von Religiosität. Die Pharisäer lasteten den Schwachen minutiöse Vorschriften auf, für die die Mächtigen Klauseln fanden, um ihnen zu entrinnen. Zu ihnen sagte Christus: «Ihr selbst geht nicht [in das Himmelreich] hinein; aber ihr lasst auch die nicht hinein, die hineingehen wollen» (Mt 23,13).

Abgesehen von der Doppelzüngigkeit der Niederträchtigen gibt es bei den Schwachen Wortklaubereien. Ein Lauwarmer rechtfertigt seine Mittelmäßigkeit mit Augenmaß. Man sollte jedoch keine Steine werfen auf die, deren Tugend nur minimalen Anforderungen standhält. «But for the grace of God, there go I», lautet ein englisches Sprichwort (Ohne die Gnade Gottes wäre ich wahrscheinlich einer von ihnen). Wir können nicht annehmen, dass wir besser wären, und es gibt so manchen Widerstand gegen eine gute Tat zu überwinden, der mehr Ignoranz als bösem Willen entspringt. Wie oft haben Ordensobere in guter Absicht einen Berufenen an der Ausübung seines «Charismas» gehindert! Nicht jede Blindheit ist selbst verschuldet. Dagegen hatte es Christus, als er das «perverse und ehebrecherische Geschlecht» verdammte, das sich seinem Ruf nach Bekehrung widersetzte, wirklich mit einer Feindschaft gegen das Übernatürliche zu tun.

Der Mensch jedoch ist nicht berechtigt, über seinen Nächsten zu urteilen, erstens weil er nicht in dessen Seele lesen kann, und zweitens, weil er selbst ein Sünder ist, der der Erlösung bedarf.

Der Himmel aber ist nicht an diese Begrenzung gebunden. Im 17. Jahrhundert warnte Maria die Schäferin von Laus, eine Seherin, ihren Bischof aufzusuchen, der sie zu sich bestellt hatte. Der Bischof hätte sie eingesperrt, woran sie sicherlich gestorben wäre. Heute wissen wir, dass er ein Jansenist war.

Ebenso gibt es derzeit Erscheinungen, besonders jene mit eschatologischen Aussagen, deren Botschaften an die Adresse eingefleischter Gegner von äußerster Strenge sind.

In El Escorial zum Beispiel, wo Christus ein Stück Land für einen sakralen Bereich wünschte, das ihm die sogenannten «praktizierenden Christen» verweigerten, erinnerte er diese Taufscheinchristen daran, dass er «der Herr über [ihr] Leben und [ihren] Besitz sei». Am strengsten jedoch ist er mit Politikern, die sich ihm aus Prinzip widersetzen. Sie warnt er schonungslos davor, dass sie am Tage des Letzten Gerichtes, weil sie «ihrem Glauben abgeschworen haben», die unversöhnlichen Worte hören werden: «Hinweg mit euch, ihr gehört nicht zu meiner Familie.»[91]

In anderen Fällen erfolgt die Verdammnis indirekt, und Menschen werden klassenweise angesprochen, weniger aufgrund ihrer Unempfänglichkeit himmlischen Botschaften gegenüber sondern aufgrund ihrer spirituellen Mängel. Daher auch der beunruhigende Satz, der in Garabandal ausgesprochen wurde: «Viele Priester, Bischöfe und Kardinäle befinden sich auf dem Weg ins Verderben und ziehen viele Seelen mit sich.» An den Portalen gotischer oder romanischer Kathedralen ist diese in Stein gemeißelte Idee bereits thematisiert. Dort sehen wir Päpste, Bischöfe und andere Würdenträger in der ahnungslosen Schar derer, die von Teufeln in den Rachen der Hölle getrieben werden. Was dieses Szenario für unsere Zeit noch aktueller werden lässt, ist die Rolle, die modernistische Exegeten und Theologen angesichts des allgemeinen Glaubensverlustes und Sittenverfalls spielen. Hören wir auf die Worte der Muttergottes, die sie zu Mélanie Calvat in La Salette gesprochen hat:

> «Die Priester, die Diener meines Sohnes, sind durch ihr schlechtes Leben, durch ihren Mangel an Respekt und Frömmigkeit bei der Feier der Heiligen Geheimnisse, durch ihre Liebe zu Geld, Ehre und Vergnügen, zur Kloake der Unreinheit geworden … Wehe den Priestern und geweihten Personen, die durch ihre Treulosigkeit und ihr unmoralisches Leben meinen Sohn aufs neue kreuzigen! Die Sünden der gottgeweihten Personen schreien zum Himmel, es gibt niemanden mehr, der um Gnade und Vergebung für das Volk bitten könnte, und der würdig wäre, das makellose Opferlamm Gott dem Allmächtigen für die Welt aufzuopfern.»[92]

---

91. *El Escorial: Messages 1992-1998*: Association *Vierge des Douleurs du Pré-Neuf de l'Escorial*, F-64170 Artix, 1999, S. 61-62

92. Zitiert von Ted und Maureen Flynn: *La foudre de sa justice* (Communications Ictus, Mont-Royal, Québec, 1993, S. 109). Das immerwährende Missverständnis für übernatürliche Gaben von Seiten der Institutionen zeigte sich einmal mehr in La Salette wie auch an vielen anderen Orten. Das Hauptanliegen des Bischofs,

Diese Anklage scheint heute noch aktueller zu sein als damals in La Salette, zumindest wenn wir Luz Amparo von El Escorial glauben, zu der der Herr sagte:

«Wehe euren Hirten, die das Evangelium verstümmeln und den Menschen nicht die Wahrheit verkünden, die darin zu finden ist ... Viele von euch sind Staatsdiener und nicht Hirten der Herde Christi: ihr habt ein Amt in dieser Welt ...»[93]

Diese Rüge bezieht sich auf zwei Fehler. Erstens: Verkürzung, indem man einen wesentlichen Teil der Botschaft des Evangeliums auslässt, zweitens: Demoralisierung, indem man viele Gläubige entmutigt, Gutes zu tun.

Weiterhin lautet seine Botschaft:

«Predigt das Evangelium nicht nach eurem eigenen, persönlichen Belieben, meine Kinder, predigt das Evangelium so, wie es ist ... Verkündet den Gott der Liebe und des Erbarmens, aber lasst nicht den Gott der Gerechtigkeit weg, den Richter der Lebenden und Toten! Wie verschweigt ihr vor den Menschen das Wort "Hölle", meine Kinder!» ... «Meine

---

sobald Rom mit Wohlwollen reagiert hatte, war, Mélanie und Maximin daran zu hindern, sich zu dieser Angelegenheit zu äußern. Bischof Ginouilhac wählte für sich als Motto den Satz eines falschen Mystikers, den er um Rat gefragt hatte: «Die Mission der Seher ist vorbei, die der Kirche beginnt.» Dieser Satz scheint seinen Stempel im Unterbewussten vieler autokratischer Prälaten hinterlassen zu haben und zeigt, wie unerwünscht das Eindringen des Wunderbaren in ihre Diözese für sie ist. In La Salette führte es dazu, dass man sowohl den prophetischen als auch den eschatologischen Inhalt der Botschaft des Himmels zu vertuschen suchte, und dass man sich nicht um die Schaffung einer neuen Kongregation bemühte, nämlich der «Apostel der Letzten Tage», die Maria angeordnet hatte.

93. Was heißt der Ausdruck «Staatsdiener» («Funktionär», im Original) in seiner missbilligenden Bedeutung anderes, als dass dieses Attribut auf jeden zutrifft, der das Ziel seines Berufes den Vorteilen opfert, die er persönlich daraus gewinnen kann. Wenn die Funktion auf Kosten ihrer Finalität ausgeübt wird, wenn sie nicht mehr das Ziel hat, dem Nächsten zu dienen, oder wenn der Kleriker, obwohl von Christus dafür bestellt, sich nicht mehr um das Heil der Seelen bemüht, sondern um seine eigene Karriere, dann ist dieser Ehrgeiz für einen Kleriker besonders unpassend. Padre Pio, mit seiner liebenswerten Offenheit, versetzte einem Kleriker, der sich in alles einmischen wollte und darauf aus war, dem Apostolat des Heiligen eigenmächtige und einschränkende Regeln aufzulegen, einen Seitenhieb, indem er sagte: «Er leidet an «Kardinalitis» (dem Ehrgeiz, Kardinal zu werden).

Kinder, der Mensch kann sich aus Liebe und aus Furcht retten.» (Lk 1,50; 2 Kor 7,1; Apg 14,7; 15,4).[94]

«Welcher Verrat, meine Kinder! Die, die nicht gegen mich sind, sind für mich. Wie könnt ihr etwas gegen sie haben? Ihr bevorzugt diese Pharisäer, die viel Lärm machen, aber wenig tun...»[95]

---

94. Die Furcht, die den Sünder angesichts des gerechten Urteils Gottes überfällt, ist der Heilsweg für die Schwachen. Und wer kann behaupten, dass er nicht schwach sei, wenigstens in mancher Hinsicht. Genau wie Mark Twain es mit entwaffnender Ironie ausdrückte: «Unter all den Abschreckungsmitteln vor Versuchung, ist das sicherste die Feigheit» (bei Joseph Sobran: «Finding Evil», *The Wanderer*, 24. Mai 2001, S. 6). Von solcher Art «ist das Elend des Menschen», hat Pascal gesagt, dass «Eigenliebe» gewöhnlich sein einziges Leitprinzip ist. Zumindest kann es Objektivität im aufgeklärten Eigeninteresse geben ...
Risiko kann ein Ansporn zum Guten sein. Der Gegensatz von Gut und Böse bringt die Konfrontation von Belohnung und Strafe mit sich. Es gibt ein immanentes Element in der Moral, welches den Ausgang des Verhaltens bestimmt. Der Ausgang ist beides, ungewiss und gewiss, da er von der freien Entscheidung bestimmt wird. Die Ewigkeit der Glückseligkeit auf der einen Seite, und auf der anderen Seite ein Zustand, so unerträglich, dass die verdammte Seele nach Agrippa d'Aubigné an einem «unlöschbaren Durst nach einem unmöglichen Tod» leidet.
Es wird gesagt, dass der Priester «ein anderer Christus» sei. Er muss also dem Beispiel Jesu folgen und verkünden, ob es nun passend oder unpassend (opportun oder inopportun) ist. Er muss gegen den Zeitgeist sprechen und nicht so tun, als teile er die vorherrschende Meinung, unter dem Vorwand, er bereite damit der Verkündigung des Evangeliums ein Sprungbrett. Aber was sagt die Schrift? Sie spricht von der Hölle, und dass es das einzige Unglück sei, so zu handeln, dass man dort hineinkommt. Die Frage, «Was kommt danach?», sollte nicht einfach übergangen werden. Christus hat viel von der Hölle gesprochen. Deswegen sollte in Sonntagspredigten an beides erinnert und nicht das eine auf Kosten des anderen übergangen werden. Hölle allein bedeutet Verzweiflung, Himmel allein Illusion.
Don Boscos bevorzugte erzieherische Strategie bestand darin, den Buben seine eigenen Träume zu erzählen. Da er viel träumte und seine nächtlichen Visionen oft einen übernatürlichen Charakter besaßen, brachte er sie reichlich zum Einsatz. Seine Traumerzählungen waren unterhaltsam und erbauend. Aber so überraschend die Handlung oder phantastisch der Schauplatz war, die Spannung, die sie gewöhnlich erzeugten, betraf immer die einzige Alternative: Himmel oder Hölle. Trotz der Gleichförmigkeit dieses zugrundeliegenden Musters waren seine Berichte von seiner jungen Zuhörerschaft hoch geschätzt.
95. «Verschweigt nicht unangenehme Wahrheiten», scheint Christus den Verkündern zu sagen, «geht das Risiko ein zu missfallen.» Oder, um es mit seinen eigenen Worten auszudrücken: «Es beunruhigt euch nicht, dass die Guten von den Schlechten verdorben werden könnten, solange eure Kirchen voll sind, sogar dann, wenn die Gläubigen Gott, ihren Schöpfer, nicht mehr lieben. Euer Fehler ist es, dass ihr einen Christus verkündet, der Mensch ist und nicht einen Christus, der Gott ist» (s. o.: El Escorial...S. 191-198). Bei seiner Kreuzigung zeigte Gott die Tragweite

«Ach, diese Priester, die die guten Früchte nicht von den guten Bäumen nehmen.»[96]

Die Muttergottes sagt, sie komme lediglich, «um die Menschen an das Evangelium zu erinnern, das schon geschrieben ist, und bittet, dass es so verkündet wird, wie es ist, und dass es in die Tat umgesetzt wird, ohne es zu verstümmeln oder zu beschneiden»[97]

---

dessen, was auf dem Spiel stand. Ewigkeit allein ist der Maßstab für die Kluft zwischen Gut und Böse, und sie allein kann zeigen, wie absolut der Gegensatz von Gnade und Sünde ist.

Im Jahre 1942 kritisierte Simone Weil bereits den Säkularismus, der später einen Teil des Klerus verderben sollte: «Die Irrtümer unserer Zeit sind die des Christentums, das seiner übernatürlichen Komponente beraubt ist» (*Cahiers* III, Paris, Plon, S. 136).

Wir alle haben von Priestern gehört, die sich weigerten, vor heutigen, liberalen Maßstäben ihren Kotau zu machen und dafür die Missbilligung ihrer Gemeinde geerntet haben. Weil sie das Evangelium verkündigten, wurden sie manchmal sogar dispensiert, während andere, mehr auf den Zeitgeist eingestimmt, sich der Gunst der Medien und eines «vollen Hauses» am Sonntag erfreuen konnten, aber die Forderungen Christi übergingen.

Ein junger Priester unseres Bekanntenkreises, der für seinen liturgischen Eifer und seine Frömmigkeit bekannt war, mit einer neuen Pastorenstelle beauftragt, fand bei seiner Ankunft Gemeindemitglieder auf den Treppen des Pfarrhauses liegend, um ihn daran zu hindern, seine neue Stelle anzutreten. Man verdächtigte ihn, ein Anti-Vatikan-II-Fanatiker zu sein. Das Problem wurde zugunsten der aufmüpfigen Gläubigen entschieden.

96. Vergleiche oben: *L'Escorial*...: S. 194-198. In der Bibel gibt uns Christus zwei Maßstäbe zur Unterscheidung der Geister bei übernatürlichen Ereignissen in die Hand. Erstens: Haben wir es mit Menschen guten Willens zu tun? Zweitens: Was sind die geistigen Früchte? Wenn wir diese beiden Aspekte, den subjektiven und den objektiven, bei einer Erscheinung im Auge behalten, können wir ihre Echtheit und spirituelle Bedeutung abschätzen.

    Es sollte uns klar sein, dass Christus uns zeigt, wie wir dabei vorgehen sollten. Er sagt uns, wir sollen großherzig sein. Er reduziert auf das Wesentliche, was wir nur zu oft beliebig verkomplizieren.

    Orte, geheiligt durch marianische Erscheinungen, sind Stätten, wo gebetet wird, wo Bekehrungen stattfinden, wo Krüppel geheilt werden und wo Friede nicht nur ein Wort, sondern eine innere Realität ist. Das Misstrauen, das den Ereignissen entgegengebracht wird, die der Ursprung solcher Geschenke des Himmels sind, ist unverständlich und scheint unverzeihlich.

97. ebd., *El Escorial*...: S. 194. Die Verwünschungen der Apokalypse, auf die hier hingewiesen wird (22,18-19), beziehen sich auch auf die «Expurgatores» des Evangeliums: «Ich bezeuge jedem, der die prophetischen Worte dieses Buches hört: Wer etwas hinzufügt, dem wird Gott Plagen zufügen, von denen in diesem Buch geschrieben steht. Und wer etwas wegnimmt von den prophetischen Worten dieses Buches, dem wird Gott seinen Anteil am Baum des Lebens und an der Heiligen

Zuerst gab es die Unterlassungssünden, als man nicht mehr von der Hölle sprach, und dann einen Mangel an Scharfblick, als man die guten Früchte missachtete, weil man der falschen Weisheit dieser Welt Zugeständnisse machte. All dies geschah im Namen eines anti-spirituellen Pragmatismus, dem jede Bürokratie huldigt, bedauerlicherweise auch immer wieder der in der Kirche.

Das mag die «fast verzweifelte Leidenschaftlichkeit» erklären, wie François Mauriac sich ausdrückt, mit welcher sich Christus in der Bibel gegen die Pharisäer wendet, mit Geschützen von Schmähungen, würdig der Propheten des Alten Testamentes. «Es kam daher, dass er, der alles wusste, auch wusste, dass der Pharisäer, wie er selbst, eine unsterbliche Entität ist.»[98]

Was üblich ist, ist beruhigend. Im Namen der Konvention gab es im Laufe der Zeit viel Missbrauch. Wie oft haben altvertraute Gewohnheiten eine Verbesserung verhindert, zumal sogar in den Naturwissenschaften Tradition die höchste Autorität wurde. In der Medizin hielt man den Aderlass für ein Heilmittel, obwohl er oft fatale Folgen hatte. In der Kunst haben Klischees oft das Neue unmöglich gemacht. Und selbst die Religion blieb nicht verschont, denn das Prinzip der Autorität trug den Sieg über das authentische Charisma davon. In all diesen Bereichen menschlichen Bemühens widersetzt sich professionelle Gewohnheit, dieser verknöcherte Widerstand gegen Inspiration und Veränderung, im Namen gestriger Praxis den Chancen heutiger Zeit. Auch die Blutbäder der Religionskriege waren Produkte von Indoktrination. Solcher Art war auch der schändliche Konformismus der Priester des Alten Testamentes, deren Amt darin bestand, Rinder, Schafe und Tauben zu opfern. Als sie es für nötig und angebracht hielten, schickten sie ein Lamm ohne Fehl und Tadel in den Tod, genau an dem Tag des rituellen Opfers

---

Stadt wegnehmen, von denen in diesem Buch geschrieben steht.» Wer immer aus der Heiligen Schrift Elemente entfernt, die er für irritierend hält, eine gängige, modernistische Vorgehensweise, läuft Gefahr, sich die oben beschriebene Strafe zuzuziehen.

98. *Mémoires intérieurs* (Paris, Flammarion, 1959, S. 119).

des Passah-Lammes. Konnte man sie entschuldigen, wie Christus es tat, «weil sie nicht wussten, was sie taten»? Dieser Fall, der extremste der ganzen Menschheitsgeschichte, zeigt, wie die wiederholte Erfüllung einer Aufgabe den Blick für das eigentliche Ziel verdunkeln kann. Wenn Kleriker zu treuen Dienern des Staates werden, dann folgt die falsche Leidenschaft des Fanatismus dem Sog des Konformismus, und das Wort wird bald den Geist besiegen.

20

Post hoc, ergo propter hoc

Danach, also deswegen

Kritiker des II. Vatikanischen Konzils benützen den Ausdruck «nach-konziliare Kirche», um die Lage zu beschreiben, die sich durch Nachlässigkeit und Erneuerungen seit 1965 in kirchlichen Einrichtungen ausgebreitet hat. Diese negative Meinung, die in gewissen klerikalen Kreisen weit verbreitet ist, scheint durch pessimistische Aussagen der Muttergottes zum heutigen Zustand der Kirche bestätigt zu werden. In Emmitsburg zum Beispiel sagte Maria am 24. August 1995 zu Gianna Talone-Sullivan, dass «die Apostasie der Kirche nahe bevorstehe ...»[99] In Venezuela vertraute sie Juan-Antonio Gil an, dass der Anti-Christ «heute am Leben sei» und zu Amparo Cuevas sagte sie am 2. Oktober 1981 in El Escorial: «Satan hat seinen Weg in die Kirche gefunden.»[100]

Was soll man mit diesen Aussagen anfangen? Dienen sie dazu, unseren institutionalisierten, aber dennoch göttlich eingesetzten Kirchen zu vertrauen? Bringen sie nicht vielmehr den äußerst lobenswerten Versuch der Erneuerung nach dem II. Vatikanischen Konzil in schlechten Ruf? — Zumindest wäre das die logische Schlussfolgerung aus diesen Aussagen. Sie scheinen vom gleichen

99. *I am your Jesus of Mercy* (Queenship Pub. Co., Goleta, Kalifornien, 1996, S. 145).
100. Xavier Reyes-Ayral: *Un message d'amour* (Résiac, Montsûrs, S. 223). Und: *El Escorial, messages 1992-1998* (Assoc. Vierge des Douleurs, F-64170 Artix, 1999, S. 137).

Geist zu sein wie der Artikel von Kenneth C. Jones in der Zeitschrift «Latin Mass» (Herbstausgabe 2003), worin er den «Mythos entzaubert, demzufolge das Konzil nicht die Krise in der Kirche verursacht habe; der post-hoc-propter-hoc-Einspruch.» Wenn die Kirche krank ist, sagt er, so deswegen, weil die Ärzte, die sie während des Konzils betreuten, irregeleitet waren.

— Dem Nennwert nach schein Kenneth C. Jones' Argument ziemlich überzeugend zu sein. Ist das Konzil (1962-1965) etwa nicht verantwortlich für den Verfall von Glauben und Moral, der ihm auf dem Fuß folgte? Ist es etwa nicht der «Geist des II. Vatikanischen Konzils», der stets angerufen wird, um die fragwürdigsten «Verbesserungen» in Liturgie, Katechese, Ethik und Seelsorge zu entschuldigen?

Die Muttergottes würde dem nicht zustimmen, denn in Garabandal sprach sie begeistert vom Konzil, das sie angekündigt hatte. Dermott J. Mullan verlangt in seinem wohldokumentierten Artikel *The Catholic Hiroshima* in *The New Oxford Review* vom September 2001 (S. 22-28), dass Zeitangaben, wenn man sich schon auf sie beruft, genau sein müssen. Der bemerkbare religiöse Niedergang, was Kirchenbesuch und religiöse Praxis betrifft, der mit Zahlen dokumentiert werden kann, fällt nicht mit den Jahren 1965 oder 1966 zusammen, sondern mit dem Jahr 1968. Was hatte das Jahr 1968 so Besonderes an sich, dass es zum Wendepunkt in der Geschichte wurde? Es war das Jahr, in dem Papst Paul VI. seine Enzyklika «Humanae vitae» veröffentlichte, welche die Erwartungen der klerikalen Avantgarde erschütterte. Bis dahin bezeugen alle zur Verfügung stehenden Daten die anhaltende Dynamik des Erhalts und der Ausbreitung des Reiches Gottes, sei es im Bereich von Berufungen, Bekehrungen (150 000 in den USA pro Jahr) oder Besuch der Sonntagsmesse. Wenn man die Zahlen aus dem Jahre 1967 mit denen von 1970 vergleicht, bemerkt man einen entgegengesetzten Trend, und die Berufungen von Priestern, Mönchen und Ordensfrauen erleben in diesen drei Jahren einen Rückgang von 2,8 bis

10%. Was dagegen die Eheannullierungen betrifft, so stieg ihre Zahl um ca. 9000%. Wir wissen heute, dass es in den 90er-Jahren etwa 40 000 Eheannullierungen pro Jahr gab, im Vergleich zu 333 im Jahre 1968.

1968 war das *annus horribilis*. Diesen besonderen Ruf verdankt es dem Klerus, der sich öffentlich der umstrittenen Enzyklika widersetzte. In Amerika stimmte nicht weniger als die Hälfte der Theologen gegen das Dokument, während es in Deutschland eine Gruppe gab, die behauptete, im Namen der Bischöfe, ja sogar der Bischofskonferenz zu sprechen und in der *Königsteiner Erklärung* deklarierte, dass *Humanae vitae* für die Gläubigen nicht verpflichtend sei. Diese scheinbar autoritative Verkündigung brachte so viel Verwirrung in diese Angelegenheit, dass die dogmatische Oberhoheit des Heiligen Stuhls in den Augen der Gläubigen in Frage gestellt wurde. Scheinbar hat das Naturrecht aufgehört, der unumstößliche Maßstab der Moral zu sein. Der Durchschnitts-Christ schloss aus dieser geschickt publizierten klerikalen Obstruktion, dass sein individuelles Gewissen in Fragen von sexueller Moral sein eigener Richter sei. Es gab auch vorher unter Katholiken viele, die die Pille benützten, aber die meisten fühlten sich unwohl, verwirrt und unglücklich über diese Praxis, die der Tradition so widersprach. Als aber viele Priester den liberalen Theologen zustimmten, konnte man einen hörbaren Seufzer der Erleichterung aus den Reihen verheirateter Paare hören. Es war, als wäre sexuelle Freizügigkeit jenseits aller Diskussion und jeden Zweifels gerechtfertigt worden, so als gäbe es «ein Recht auf Ungestörtheit» für intime Fragen, welches Partner im Sexualbereich davon befreite, vor Gott Rechenschaft abzulegen für ihre Weigerung, Kinder zu haben. Auf diese Weise maßten sich, um dem bewussten Sündigen zu entgehen, die «Pillenbenutzer» den Status jenes Sünders an, der sich seiner Sündhaftigkeit nicht bewusst ist. Wenn man eine Sache für das Gegenteil von dem hält, was sie wirklich ist, so ist sie so falsch, dass es kaum eine Möglichkeit zur Korrektur gibt.

Johannes Paul II. sagte einmal, dass generell «die Sünde dieses Jahrhunderts der Verlust des Bewusstseins für die Sünde» sei, was auf diese Situation genau zutrifft. Ein stillgestelltes Gewissen würde von jetzt an einem schlechten vorgezogen werden.

1968 ist das Jahr der Wende. Die meisten Katholiken der westlichen Länder verfielen der Häresie, ohne sich dessen bewusst zu sein. Sie hatten sich das protestantische Prinzip der freien Problemlösung zu eigen gemacht. Hier liegt ein verderblicher Trugschluss vor. Die Kleriker, die den Anstoß zu dieser Einstellung gaben, haben sie offensichtlich schon geraume Zeit gehegt, und ihre offene Nein-Stimme gegen den Papst beruhte auf einer seit langem vorgefassten Meinung. In vielen amerikanischen sogenannten «katholischen» Universitäten ist Modernismus der gängige Trend. Aber in den Angelegenheiten der Menschen gibt es Gezeiten, Ebbe und Flut; die Modernisten nahmen erst dann kein Blatt mehr vor den Mund, als sie einen passenden Moment gefunden hatten, um ihrem Vorurteil Ausdruck zu verleihen. Die Zahl der Priester und Ordensleute, die ihre Unzufriedenheit mit der Kirche durch Ausstieg aus ihrem Amt oder Austritt aus der Kirche bezeugten, findet zahlenmäßig unter den Laien eine Parallele in dem Anstieg der Eheannullierungen. Paradoxerweise konzentriert sich diese Meinungsverschiedenheit in beiden Milieus auf die «Pille», obwohl sie eigentlich ausschließlich für den Laien von Interesse ist, da sie ihm eine Praxis ermöglicht, die gegen die Weitergabe von Leben gerichtet ist. Wenn man die Kleriker nach dem Grund für ihre Opposition gegen den Heiligen Vater fragte, so antworteten sie gewöhnlich, dass sie vom Geist des Mitgefühls geleitet würden, für den Familienvater, diesem «Abenteurer des 20. Jahrhunderts» (Charles Péguy), aber besonders für die Frauen, die mit wiederholten Schwangerschaften belastet würden. Hinter der Qualität dieses Motivs versteckt sich eine Ablenkung von der Finalität der Sexualität. Es gibt eine lange Tradition von Augustinus bis hin zu den Mystikern wie Katherina Emmerich und Maria Valtorta, derzufolge die Ursünde in einem geheimnisvollen, tierähnlichen Missbrauch von

Adams und Evas hohem Stand der Ehe bestand. Was nun unsere Zeitgenossen betrifft, so weicht ihr Sexualverhalten weit von dem jener Kreaturen ab, in denen die Wissenschaft gerne unsere Vorfahren sieht. Diese Idolatrie des *cuius deus venter est* («dessen Gott der Bauch ist») hat eine neue Variante entdeckt. Sie ist die Bestätigung — als ob sie nötig wäre! — eines alten Sprichwortes, dass Lust mehr Seelen in die Hölle führt, als jede andere Verirrung.

Wie wir alle wissen, war 1968 auch das Jahr, in dem weltweit die Studenten randalierten. In Frankreich begann alles damit — typisch für Frankreich —, dass Studenten freien Zugang zu den Heimen von Studentinnen forderten. In Deutschland waren die ersten Forderungen mehr sozialpolitischer Natur. In den Vereinigten Staaten wurde mehr Beteiligung an akademischen Entscheidungen verlangt. Überall jedoch wurden traditionelle Werte in Frage gestellt. In der Gesellschaft rüttelte die Jugend an dem Prinzip der Autorität, was die Älteren auf religiöse Angelegenheiten übertrugen. Unzufriedenheit im religiösen Bereich hat sicher viele Gründe. Aber sie wurde zunächst ausgelöst durch sexuelle Forderungen. Apostasie versteckte sich zuerst in der Angleichung an den Zeitgeist, und Katholiken gerieten dadurch in eine säkularisierte Weltanschauung, der der Klerus nur zu oft nach dem Mund redete. Traditionelle wertorientierte Moral wurde von Situationsethik in Verruf gebracht.

Wie Bossuet beobachtete, gibt es keine größere Traurigkeit, als in perfekter Übereinstimmung mit seinen eigenen Sünden zu leben. Und noch einmal Francois Mauriac: «Heute weiß der, der verloren ist nicht, dass er verloren ist.»[101] Die verkommene Seele hat «die Schwelle des Todes» überschritten, ohne es zu bemerken. Das ist ein doppeltes Problem für den Sünder. Die erste Schuld besteht in der Verdrehung der Moral, eine gezielte Verdrehung, die zunächst

101. *Ce que je crois* (Grasset, Paris, 1962, S. 25). Dostojewski, der sich mit schlimmeren Fällen als sexueller Laxheit beschäftigte, sagte es schonungsloser : «Es gibt keinen unglücklicheren Verbrecher als den, der sich nicht mehr als Verbrecher betrachtet. Er ist ein Tier, ein Biest» (*Tagebuch eines Schriftstellers*, «Das Milieu», Braziller; N.Y., 1954, S. 16).

kaum Konsequenzen nach sich zu ziehen scheint, aber dennoch eine entscheidende Verwirrung darstellt, denn sie bricht mit einer heiligen Tradition, die alle christlichen Kirchen bis zum Jahre 1930 respektiert haben. In diesem Jahr erkannte die anglikanische Kirche auf der Lambeth-Konferenz Empfängnisverhütung, die schon längst von vielen praktiziert wurde, «aus vertretbaren Gründen» an. Die anderen protestantischen Kirchen folgten bald. Während noch um 1900 keine einzige von ihnen, auch nicht die orthodoxen Kirchen oder die Juden, gebilligt hätten, was die Bibel verbot, war die Situation 50 Jahre später genau umgekehrt. Rom provozierte geradezu Bestürzung. Katholiken dieser Zeit wussten, dass sie nicht gehorchten, wenn sie nicht gehorchten. Dann allerdings, in Folge des inneren Abfalls von 1968, gaben sie es auf zu glauben, dass sie etwas Falsches taten und fügten ihrer ethischen Überschreitung eine dogmatische hinzu. Die Reben, zumindest in den westlichen Ländern, blieben nicht mehr am Weinstock (Joh 15,4). Die katholische Kirche erlitt denselben qualitativen und quantitativen Niedergang wie die protestantischen Kirchen. In Deutschland, wo Apostasie eine offizielle Angelegenheit ist, weil sie Steuervorteile mit sich bringt, treten jährlich 150 000 Lutheraner offiziell aus ihrer Kirche aus, was die Folge haben könnte, dass die protestantische Kirche statistisch gesehen in weniger als zwei Jahrhunderten ausgestorben wäre. Da unter Katholiken sexuelle Freizügigkeit später in Erscheinung trat, ist die Verdrossenheit geringer und es verlassen «nur» 120 000 Gläubige die Kirche, um das gleiche Ergebnis später zu erzielen. «Wird jedoch der Menschensohn, wenn er kommt, auf der Erde (noch) Glauben vorfinden?» (Lk 18,8).

Nach Charles Péguy ist es ein Privileg, seinen Sünden einen Namen geben zu können, das Heiden nicht genießen. Sind unsere heutigen Christen so tief gesunken, dass sie nach der moralischen Verdorbenheit der dekadenten Römer streben und nach «der Unordnung aller Sinne» (Rimbaud), die an geistige Verwirrung grenzt? In der Tat ist es nichts anderes, aber es wird nicht als solches erkannt werden, solange die gegenwärtige Maxime der «moralischen Befreiung» hochgehalten wird.

Lassen wir dem Teufel Gerechtigkeit widerfahren, und lassen Sie uns die Geschichte im Hinblick auf gewisse statistische Zufälle nicht neu schreiben. Was falsch war mit dem II. Vatikanischen Konzil, war nicht, dass es Anlass zu Freizügigkeit in «Liturgie, Katechese, Ethik oder pastoraler Sorge» gab. Weit entfernt davon! Was nicht stimmte, war, dass seine Entscheidungen von den eigenen Leuten nicht ausgeführt wurden. Bereits im Jahre 1970 erklärte Kardinal Bengsch: «Die Glaubwürdigkeit der Kirche ist ernsthaft in Gefahr, wenn vier Jahre nach Ende des Konzils diejenigen Bischöfe, die daran teilgenommen haben, jetzt unter dem Druck der öffentlichen Meinung nicht mehr zu ihren eigenen Entscheidungen stehen.[102]

---

102. *Information aus Kirche und Welt*, Augsburg, Advent 2002, S. 5, Zitat aus *Der Fels* (II, 1970). Was «nach-konziliar» ist, ist dann schlecht, wenn es «anti-konziliar» ist, was leider oft der Fall ist, aber nicht, weil es «konziliar» ist. Was die Verwirrung noch vergrößert, ist die Tatsache, dass diejenigen, die es verdienen, «anti-konziliar» genannt zu werden, genau diejenigen sind, die in Anspruch nehmen, «konziliar» zu sein, das heißt, «treu dem Geist des Konzils». Andererseits stehen die «Gegner», die behaupten, «anti-konziliar» zu sein, oft dem Geist des Konzils näher als die, die das Attribut «konziliar» für sich beanspruchen. Die Verwirrung ist eine dreifache, weil Begriffe, je nach Standpunkt, verschiedene Bedeutungen erhalten.
Ob man das Konzil kritisiert wegen der Entwicklungen, die es genommen hat, für die es aber nicht verantwortlich ist, oder ob man es als Vorwand zur Einführung von Erneuerungen benützt, von denen keine Rede war, so vergisst man dabei: Es ist das Konzil, und zwar das Konzil allein, das für sich in Anspruch nehmen kann, von der speziellen Eingebung des Heiligen Geistes inspiriert worden zu sein. Manche werden einwenden, dass es primär ein pastorales, und nicht ein dogmatisches Konzil war, und es sich daher für die pastoralen Entscheidungen nicht auf Unfehlbarkeit berufen könne, die ihm ja nur in Fragen des Glaubens zugesichert ist; in diesem Bereich habe es lediglich wiederholt, was bereits gesagt worden war. Welcher Natur auch immer die Eingebungen des Himmels waren, das Konzil verdankt sie seinem speziellen Status als Gesamtheit der Bischöfe in Einheit mit dem Papst.
Meiner Meinung nach ist die bemerkenswerteste Leistung des II. Vatikanischen Konzils, von der allerdings am wenigsten Notiz genommen wurde, vielleicht die, dass es die Bedeutung und Notwendigkeit von Charismen besonders betonte. Man kann in unseren Tagen, wo die Menschen en masse die Kirche verlassen, das Aufbrechen von Charismen in der kleinen Herde in einem Ausmaß bemerken, wie man es nur in der jungen Kirche gefunden hat. Dieser Weitblick des Konzils entspringt seinem (wie ich es nennen möchte) prophetischen Charakter, der sich zum Wohl der Kirche in unseren prä-eschatologischen Zeiten äußert. Denn eines

Wie aber könnte sich die «öffentliche Meinung» der übernatürlichen Hilfe des Heiligen Geistes erfreuen? Öffentliche Meinung ist eine reine Frage von Übereinstimmung; sie ist nicht ein Gedanke, kein geistiger Vorgang, der den Namen «Meinung» verdient. Nach Simone Weil, der Philosophin und Mystikerin, ist Denken ein strikt individueller Vorgang. Es gibt keinen kollektiven Gedanken.[103] Daher ist öffentliche Meinung falsch, selbst wenn sie zufälligerweise recht hat. Denn «Meinung … ist der Teufel», von dem man weiß, dass «er von Anfang an log.»[104] Sein Rufname ist Zeitgeist, dieser durch und durch weltliche Geist, der so oft fälschlicherweise «Geist des Konzils» genannt wurde. Ist nicht Platons «Großes Tier», nämlich die Gesellschaft, reduziert auf ihren metaphorischen Archetyp, immer in Konflikt mit der Wahrheit? Denn ihre Überzeugungen werden bestimmt von Selbstinteresse, Selbsttäuschung und Selbstvergötterung, sodass, was politisch korrekt ist, bald die Realität verdunkelt.[105] Die Stärke der katholischen Kirche besteht darin, dass ihre maßgeblichen Aussagen, mit Ausnahme des Konzils, das aber als eine Stimme spricht, nicht von vielen stammen, sondern von dem Einen, dem seit Petrus Erwählten, der in Christi Namen spricht.

Außerdem ist es sehr beruhigend zu beobachten, dass die Muttergottes, wann immer sie bei ihren heutigen Erscheinungen vom

---

ist nicht zu übersehen: es gibt eine Überfülle marianischer Erscheinungen stigmatisierter Personen, zahllose religiöse Bilder, die Tränen weinen, Zeichen am Himmel, gnadenhafte Zeichen, die von Menschen guten Willens wahrgenommen werden können. Als wollte der Himmel die Welt auf die Wiederkunft Christi vorbereiten, auf das Kommen seines Reiches und die Erfüllung seines Willens.

103. Interessant an diesem Paradoxon ist, dass für Simone Weil *adaequatio mentis ad rem* (die Angleichung des Geistes an das Objekt) nicht genügt. Sie muss begleitet werden von der *adaequatio mentis ad deum* (von der Angleichung des Geistes an Gott), ein analoger Prozess, wo durch das übernatürliche Licht Gottes die Realität verstanden werden kann, wie sie in Wahrheit ist.

104. *La connaissance surnaturelle* (Gallimard, Paris, S. 272). Simone Weils strenge Kritik an der öffentlichen Meinung schließt mit ein: Wenn ein Kollektiv aus gruppendynamischen Gründen einer Meinung ist, so ist seine Übereinstimmung mit der Wahrheit mehr Produkt des Zufalls als Erkennen der Wahrheit.

105. *La source grecque* (Gallimar, Paris, S. 91).

Verfall des Glaubens und der Sitten spricht, diese traurige Tatsache niemals mit dem II. Vatikanischen Konzil in Zusammenhang bringt. Ganz im Gegenteil! In Garabandal (1961-1963) sagte sie, dass das «große Wunder» [das sie ankündigte] und das Konzil, das sie voraussagte, dazu dienen würden, die Welt zu bekehren.[106]

---

106. *Humanae vitae* ruht auf den Fundamenten der Tradition und so auch ihre theologischen Argumente, die heute noch genauso wie 1968 gelten. Inzwischen muss man pragmatische Faktoren in Betracht ziehen, die es verdienen erwähnt zu werden, da sie den prophetischen Charakter des Charismas der Unfehlbarkeit des Papstes unterstreichen, auch wenn er von diesen Faktoren keinen Gebrauch macht, sondern sich im Rahmen seines *magisterium ordinarium* bewegt. Ethik ändert sich nicht, Wissenschaft tut es. Seit 1968 haben medizinische Untersuchungen ergeben, dass die Pille bei 7% der Frauen, die sie benützen, eine abtreibende Wirkung hat. Auf diese Weise begeht die Frau, die die Pille einnimmt, nicht nur die Sünde des Missbrauchs ihrer Sexualität, sondern begeht — zumindest dann und wann — eine Abtreibung, ein Verbrechen. Zudem hat sich inzwischen eine schlimme Begleiterscheinung der Pille manifestiert. Denn die Natur leidet als Ganze unter der Störung jedes einzelnen ihrer Elemente. Wenn biologisch nicht abbaubares Östrogen mit dem Urin Hunderter Millionen von Frauen ausgeschieden wird, so dringt dieses rein chemische Makromolekül in das Grundwasser und in die Flüsse, und landet schließlich in den Meeren. Auch wenn diese Chemikalie in minimalsten prozentualen Anteilen in den riesigen Wassermengen auftritt, so hat sie doch ihre Wirkung auf die lebenden Organismen, die sie aufnehmen. Es fehlt nicht an Beweisen. In Folge zunehmender Unfruchtbarkeit männlicher Tiere nimmt zum Beispiel die Zahl der Eisbären und Pinguine ab. Fische verweiblichen. Was werden die Folgen des massiven Einsatzes weiblicher Hormone bei der Aufzucht von Rindern sein? Obwohl beabsichtigt ist, dass diese Hormone ausgeschieden werden, bevor man die Tiere schlachtet, so werden diese synthetischen Hormone nichtsdestoweniger in der Natur mit weitreichenden Konsequenzen freigesetzt.
Schulmediziner stehen der heilenden Wirkung homöopathischer Mittel gewöhnlich skeptisch gegenüber. Wie immer dem sein mag — Partikel von Medikamenten, zu klein, um überhaupt gemessen oder wahrgenommen zu werden, könnten trotz alledem auf Lebewesen eine Wirkung ausüben, die diese nie erwartet oder vermutet haben. So hat man etwa bei Männern, die in pharmazeutischen Firmen an der Produktion der Pille mitarbeiten, ein Anschwellen der Brüste und eine zunehmende Neigung zur Homosexualität feststellen können. Man musste diese Arbeiter durch Frauen ersetzen. Wenn also Männer und männliche Tiere verschiedener Gattungen von den Spurenelementen eines Produktes Schaden erleiden, die in seinem Umfeld freigesetzt werden, sollten Wissenschaftler Notiz davon nehmen. Diese Umweltverschmutzung könnte auch die Zunahme homosexuellen Verhaltens erklären. Sexuelle Inversion ist nicht notwendigerweise angeboren. Im Verlauf der vergangenen vierzig Jahre hat die Unfruchtbarkeit bei Männern zugenommen: laut Statistik hat die Spermata-Auszählung in Paris einen Rückgang von 40% ergeben. Ungewollte Unfruchtbarkeit ist ein Fluch, der

heute doppelt so viele Paare trifft wie es zuvor der Fall war. Der Lebensstil der Pillenbenutzer beschränkt die Freiheit vieler.
Chemikalien, die entwickelt wurden, um Frauen vorübergehend unfruchtbar zu machen, führen bei Männern zu permanenter Unfruchtbarkeit.
Wenn diejenigen, die mit dem Schwerte leben, mit dem Schwerte umkommen, so kann man übertragen auf die Menschheit sagen: Die Völker, welche von solchen unnatürlichen Praktiken abhängig sind, werden bald nicht mehr im Stande sein, sich selbst zu reproduzieren.
Man muss wohl kaum erwähnen, dass in der hitzigen Debatte zur Umweltverschmutzung die oben erwähnten Fakten augenscheinlich völlig übersehen werden. Die Pille ist nicht im Blickfeld wie es der Schurke, der Umweltverschmutzer, ist. Die Menschheit auszulöschen scheint von wenig Bedeutung zu sein, da der Prozess ein progressiver ist. Die Ausrottung des Eisbären dagegen bereitet größere Sorgen!

21
De sanationibus
Wunderbare Heilungen

Es wird gesagt: Wo Maria erscheint, geschehen Wunder.

Aber Heilungen, die die medizinische Wissenschaft verblüffen, können nicht ohne weitere Erwägung als Beweis für den übernatürlichen Ursprung einer Erscheinung in Betracht gezogen werden.

Sie bedeuten zu viel und zu wenig.

«Zu viel»: denn oft wünschen Menschen, die an die Echtheit heutiger Erscheinungen glauben, allein in diesen Heilungen Gründe für die Rechtfertigung ihres Glaubens an diese Erscheinungen zu finden.

«Zu wenig»: denn theologische Überlegungen sind für den klärenden Prozess wichtiger, und wunderbare Heilungen allein können nicht für entscheidend erachtet werden.

— Ohne in die bisherige Debatte einzugreifen: die Realität der Phänomene steht fest. In Medjugorje zum Beispiel und in Garabandal, San Damiano, Manduria und Bétania — um nur einige zu nennen — wird von Heilungen und Bekehrungen berichtet. Heilungen sind dabei oft der ausschlaggebende Grund für Bekehrungen, sowohl für diejenigen, die geheilt wurden, als auch für die, die Zeugen waren. Priester, die Konvertiten in der Beichte erleben, sind privilegierte Zeugen dieser Wunder, können aber über ihre Erfahrung nicht sprechen, höchstens im allgemeinen. Heilungen können der Öffentlichkeit kundgemacht werden, und der Geheilte scheut sich gewöhnlich nicht, darüber zu berichten. Für eine Echtheitserklärung jedoch müssen diese Wunder von einer medizinischen Kommission — ähnlich der in Lourdes — untersucht werden. Es ist ihr unwiderlegbarer Charakter und ihre Anzahl (falls sie überhaupt protokolliert wurden), die sie als Argument für die Echtheit der Erscheinungen dienlich macht. Leider geschieht es nicht oft, dass das Material für eine solch peinlich genaue und erschöpfende Untersuchung ausreichet. Für den gewöhnlichen Sünder ist es beruhigend zu wissen, dass er sich an einem Ort befindet, wo der Himmel sichtbar und mit erbarmender Freigebigkeit eingreift.[107]

Generell kann gesagt werden: Wenn die Muttergottes heute erscheint, werden Kranke geheilt und Tote finden zurück zum Leben, wenn wir eine Bekehrung als Auferstehung von den Toten bezeichnen dürfen. Aber lassen Sie uns nicht vergessen, dass die Kirche allein mit Autorität in diesen Fragen entscheiden kann und die Verantwortung dafür trägt.

Das erstaunlichste Wunder geschah vielleicht in Vaddiakadu in Indien, wo ein frühgeborenes Baby, das bei seiner Geburt verstorben war, wieder zum Leben kam, nachdem es bereits sechs Monate in der Erde gelegen hatte. Dieses Wunder war von dem Seher

---

107. In Medjugorje zum Beispiel berichtet Pater Laurentin von der spontanen Heilung zweier schwerer Fälle fortgeschrittener Sklerose im Jahre 1991: Es handelte sich um zwei Amerikanerinnen, die geheilt wurden, nämlich Myriam Bergeron und Virginia Rose (vergleiche Pater René Laurentins erstes Buch über Medjugorje).
In dem Buch *L'enfant caché de Medjugorje* von Schwester Emmanuel Maillard finden wir die Geschichte von Veronica Knox aus Südafrika. Sie hatte ihr Augenlicht im Jahre 1977 verloren. Im Jahre 1999 erschien ihr Christus in einer Vision und zeigte ihr einen Ort, in dem es eine Kirche mit zwei spitzen Türmen gab: «Medjugorje! Dort werde ich dir das Licht schenken ...» Sie hatte niemals zuvor von diesem Ort gehört, aber sie fuhr zusammen mit ihrem Mann hin. Am dritten Tag traf sie die Seherin Vicka, die trotz der Menschenmengen direkt auf sie zulief und ihre Augen berührte. Veronica erhielt ihr Augenlicht zurück (Ed. des Béatitudes, Nouan-le-Fuselier, Kap. 2).
Ein Ort, der besonders bemerkenswert ist für seine Heilungen, ist der Fels von Scoglio (nahe Placania und Caulania im Westen Kalabriens). Dort hatte der Seher Fratel Cosimo zwischen 1968 und 1992 Botschaften von der Muttergottes erhalten und im Oktober 2002 eine wunderbare Quelle entdeckt.

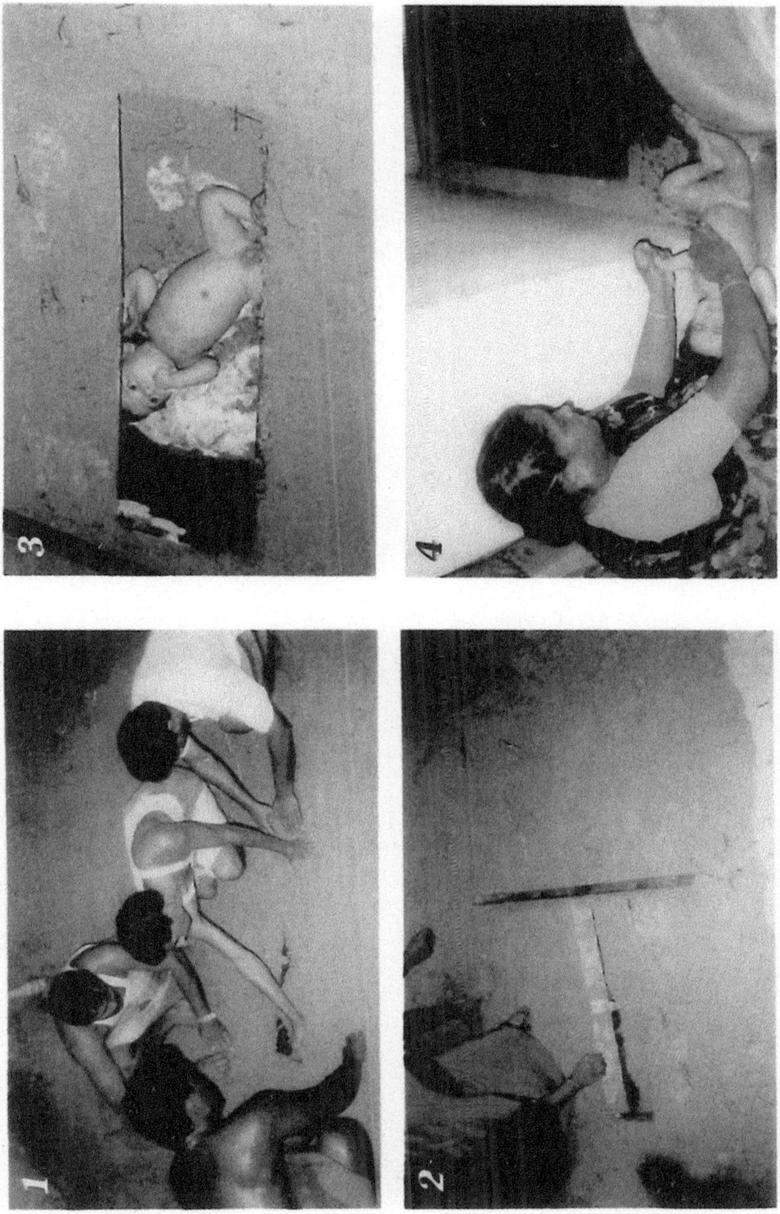

Das Baby, das sechs Monate nach seinem Tod in Vaddiakadu lebend in seinem Sarg wiedergefunden wurde.

Maryammal vorausgesagt worden. Am 1. Juni 1991 wurde in Gegenwart von sechzig Personen mit einer Spitzhacke ein Loch in den harten Boden geschlagen: Der kleine Sarg erschien, der Deckel wurde entfernt, und das Kind lebte! Dieser Vorgang ist auf zwei Videos festgehalten. Auf den Bildern scheint das Baby größer zu sein als bei seiner Geburt. Heute besucht das Kind eine Schule und ist ein lebhafter Schüler.[108]

108. Pater René Laurentin untersuchte das Ereignis eine Woche, nachdem es geschehen war (siehe *Chrétiens magazine*, 15. März 2003, S. 14-17).

22

Pecunia falsa expellit bonam

Falschgeld schadet dem Ruf echten Goldes

Wie kann man Gerüchten glauben, die Jungfrau sei hier oder dort erschienen, wenn man weiß, zu welchen Abweichungen von Disziplin und Lehre es kommen kann? Denken wir an Palma de Troya in Spanien oder den Seher «Little Pebble» in Australien, um nur zwei bedauerliche Fälle zu erwähnen. Zurückhaltung ist sicherer als Engagement! Wer möchte schon vom Vater der Lüge an der Nase herumgeführt werden?

— Ohne Zweifel ist die menschliche Natur so schwach, dass die anfängliche Echtheit von Erfahrungen weder die Seher noch ihre Anhänger vor späterem Irrtum schützen. Deswegen sollte man Charismen jedweder Art, wenn sie von offensichtlichen Irrtümern begleitet werden, nicht trauen. Und da der Laie nicht weiß, wie er die Spreu vom Weizen trennen soll, kann man ihm als Faustregel empfehlen, er möge das objektive und das subjektive Element prüfen. Das objektive Element ist der gute Glaube des Sehers. Der Laie ist kein Experte und ist auch nicht dazu berufen, ein definitives Urteil zu fällen. Er soll Vorsicht walten lassen in seinem Bestreben nach geistigem Wachstum, wie es derzeit Pilger in San Damiano, El Escorial, Medjugorje, Schio und ähnlichen Orten tun und so Nahrung für ihre Seele finden.

Was ich damit sagen möchte, ist folgendes: Zu seiner eigenen Erbauung mag der Laie von der größeren Freiheit profitieren, die ihm seit dem II. Vatikanischen Konzil in Fragen persönlicher Frömmigkeit gewährt wird. Diese Freiheit erlaubt uns aber nicht, die Anweisungen des Bischofs zu missachten. Beim heiligen Paulus finden wir im ersten Korintherbrief (12,28) eine höchst interessante Aussage: «So hat Gott in der Kirche die einen als Apostel eingesetzt, die anderen als Propheten, die dritten als Lehrer.» Dass Bischöfe den ersten Platz einnehmen, wird wohl keinen Katholiken überraschen.

Die Kirche in ihrer Weisheit hat objektive Kriterien erstellt, mit deren Hilfe der Laie — auch vor einer kirchlichen Entscheidung — außerordentliche Phänomene abschätzen und dadurch nicht in die Irre gehen kann. Beginnen wir mit den positiven Kriterien:

1. Das erste Kriterium beschäftigt sich mit den persönlichen Qualitäten des Sehers bzw. der Seherin, ihrer Rechtschaffenheit und Ehrlichkeit, ihrer psychologischen Ausgeglichenheit, ihrer Lauterkeit.

2. Die Fakten müssen einer rationalen Untersuchung standhalten und die Botschaften mit den Dogmen und der traditionellen Morallehre übereinstimmen.

3. Die geistigen Früchte müssen sich ständig vermehren; es sollte eine gesunde Spiritualität des Gebetes und des Kultes herrschen; außerdem gehören dazu Bekehrungen, geistiger Fortschritt und Erbauung bei den Anwesenden.

Negative Kriterien:

1. Dogmatische Fehler und Irrtümer; d.h. in den Botschaften wird etwas gesagt, was nicht mit der Lehre der Kirche übereinstimmt,

2. ein systematischer Angriff auf kirchliche Institutionen,

persönlicher Profit — als Motiv,

3. unmoralisches Leben des Sehers oder der Seherin zur Zeit der Erscheinungen,

4. psychologische Unordnung der Seher oder neurotische Tendenzen.[109]

Diese Regeln, basierend auf gesundem Menschenverstand, Erfahrung und Tradition sind wohlbekannt. Wenn sie jedoch angewandt werden, können die daraus gezogenen Schlussfolgerungen von Person zu Person verschieden ausfallen. Manchmal gewinnen nicht-relevante Erwägungen Bedeutung und Einfluss. Mit unserem Bestreben nach «Erneuerung» und «Modernität» werden wir heutzutage oft abgelenkt und daran gehindert, uns auf das Wesentliche zu konzentrieren. Unter «wesentlich» verstehen wir die Zeichen des Himmels. «Sobald ihr im Westen Wolken aufsteigen seht, sagt ihr: es gibt Regen. Und es kommt so. Und wenn der Südwind weht, dann sagt ihr: es wird heiß. Und es tritt ein. Ihr Heuchler! Das Aussehen der Erde und des Himmels könnt ihr deuten. Warum könnt ihr dann die Zeichen der Zeit nicht deuten?» (Lk 12,54-56; Mt 16,2-3). Wenn sich die Welt zum Besseren verändert haben sollte, dann dank der Sorge der Vorsehung um die kleine Herde, den winzigen Rest der treuen Anhänger des Petrus, an den sich die große Masse derer, die nur dem Namen nach noch

---

109. Siehe «Les Cahiers d'Edifa»: *Miracles, apparitions: Que croire? Qui croire* (Hors série: Famille chrétienne, Paris, 1997).
Bei jüngeren Erscheinungen, wie bei denen der Vergangenheit, waren es übrigens meist Mystikerinnen, die eine Botschaft erhielten. Das Gegenteil war bei den Propheten des Alten Testamentes der Fall.
Erwägt man diese Kriterien des reinen Menschenverstandes, so ist man überrascht zu sehen, wie viele Leichtgläubige auf Seher hereinfallen, deren Ziel die persönliche Bereicherung ist. Es sollte eigentlich klar sein, dass echte Seher völlig uninteressiert an materiellen Gütern und uneigennützig sind.
Nichts verführt mehr zu falschen Erscheinungen als folgende Situationen: Labile und beeinflussbare Personen können durch die Berichte von übernatürlichen Ereignissen leicht dazu verleitet werden zu glauben, ihnen würden ähnliche Gnadengaben vom Himmel gewährt werden. Oder es handelt sich um Übeltäter, die in ihren Betrügereien eine Quelle des Profits oder eine Befriedigung ihrer Eitelkeit finden. Der schlimmste von allen ist natürlich der Teufel, der versucht, die Gläubigen in die Irre zu führen, der Verwirrung stiftet und die öffentliche Aufmerksamkeit von echten Erscheinungen ablenkt. In Lourdes zum Beispiel und in der nächsten Umgebung wurde von unzähligen Pseudo-Erscheinungen berichtet, gleich nachdem die authentischen von Bernadette zu einem Ende gekommen waren.

Christen sind, anhängen sollte. Wenn sich der Lauf der Dinge zum Schlechteren wendet, dann aufgrund des gewaltigen Ausmaßes, den Glaubensabfall und Zerstörung der Moral angenommen haben, und der Leugnung des Naturgesetzes, worin «Modernität» sich heute ausdrückt.

Padre Pio soll folgende Aussage gemacht haben: «Echten Erscheinungen wird man nicht glauben, falsche Erscheinungen dagegen werden ihre Anhänger finden.» Der, der in das Gewissen der Menschen schauen konnte, und die Gabe besaß, Täuschungen zu erkennen, empfing die Seher von Garabandal mit großer Wärme. Seine pessimistische Einschätzung menschlicher Leichtgläubigkeit ließ mich das Schlimmste befürchten, als Medjugorje solch große Menschenmengen an sich zog. Aber der Teufel ist nicht der Überbringer guter Botschaften, auch wenn er sich als Pilger verkleiden würde. Und er führt auch die Sünder nicht zurück zur Kirche und bewegt sie nicht dazu, die Gebote zu befolgen. Ebenso wie es die Moral verbietet, Böses zu tun um eines guten Zweckes willen, so ist der Teufel durch seine eigene Subversion von Werten gebunden und kann nichts Gutes tun, selbst nicht um eines schlechten Zieles willen. Was wirklich gut ist, gehört einer übernatürlichen Ordnung an, nach der er nicht einmal streben kann. Gnade an sich entzieht sich seiner Kenntnis: eine höchst demütigende Einschränkung! Sein Reich ist begrenzt von Verboten, die er selbst geschaffen hat. Jedoch kennen wir urteilsschwache Personen[110], die davon überzeugt sind, dass er, der von Weihwasser in die Flucht gejagt werden kann, dafür verantwortlich ist, dass man in Medjugorje die wunderbarste Wiederkehr individueller Beichte seit 40 Jahren verzeichnet.[111] Hat der Teufel es nicht vielmehr mit großem Erfolg in Ame-

---

110. Wie die Brüder Michel de la Sainte Trinité und Augustin du Saint Sauveur; in: *Medjugorje en toute vérité selon le discernement des esprits* (La Contre-Réforme catholique, 1991, 520 Seiten) oder Joachim Bouflet: Medjugorje ou la fabrication du surnaturel (Paris, Ed. Salvador, 1999).

111. Die Fähigkeit und Möglichkeit des Teufels, sich als Muttergottes auszugeben, ist durch seine eigenen immanenten Mängel eingeschränkt. Folgende Episode hat sich in Cossarino ereignet, wo angeblich von 1953 bis 1968 Erscheinungen

rika und anderswo geschafft, dass routinemäßig die Absolution ohne vorhergehende Beichte erteilt wird?

Können wir denn wirklich glauben, dass er, nur um Verwirrung zu stiften, an einem Ort das Evangelium der Buße verkündet, während er anderswo das Gegenteil tut? Man traut ihm einen Machiavellismus proportional zu seiner Falschheit zu. Falls er jedoch der Ausbreitung des Gottesreiches dienen sollte, so geschieht das gemäß dem Paradoxon, dass alles, was geschieht, zur Rettung der Erwählten dient.

---

stattgefunden haben sollen, vor denen der Bischof übrigens gewarnt hat: «Fünf junge Frauen, die der Katholischen Aktion angehörten [begaben sich] eines Tages [dorthin], um herauszufinden, was sich wirklich ereignete. Sie hatten Weihwasser mitgebracht, von dem sie diskret ein paar Tropfen in Richtung von etwas sprengten, was ein paar tränenfreudige Kinder für die Muttergottes hielten. Was dann geschah, war fast unerträglich. Die armen Kinder stießen schreckliche Schreie aus, fielen mit Verrenkungen zu Boden und suchten vergebens zu fliehen. Als sie wieder zu sich kamen, erklärten sie, dass genau in dem Moment, da die Frauen das Weihwasser sprengten — eine Tat, die sie selbst nicht wahrgenommen hatten —, sich das Aussehen von Maria, die sie in Gestalt der Muttergottes von Lourdes gesehen hatten, in ein scheußliches, bedrohliches, brüllendes Monster verwandelte, umgeben von Flammen und von Krämpfen geschüttelt» (Joachim Boufflet: *Encyclopédie des phénomènes extraordinaires dans la vie mystique*, T.I: Le jardin des livres, Paris, 2001, S. 225-226).
Allerdings bleibt die Frage bestehen, ob Weihwasser immer so wirksam ist wie in diesem Fall.
Sollten solche Misserfolge den Teufel nicht daran hindern, sich für Maria auszugeben? Welchen Gewinn erwartet er sich davon? Einen doppelten: erstens betrügt er die Menschen, eine seiner chronischen Gewohnheiten, zweitens verbreitet er unter Gläubigen und Priestern diesen Keim von Skeptizismus, der sie, wenigstens manchmal, daran hindern wird, echten Erscheinungen Glauben zu schenken. Für seine Verkleidungs- und Verstellungskunst muss man ihm zwar eine Erfolgsrate zugestehen, die er nicht verdient, worin er wirklich erfolgreich ist, das ist das Verbreiten von falschen Gerüchten. In der Tat erreichte er mit dieser Methode sehr viel, als er nach den echten Erscheinungen von Beauraing und Banneux in vermehrter Form an verschiedenen Orten falsche Erscheinungen auftreten ließ. Dadurch bewirkte er, dass, durch diese Geschehnisse verwirrt, die kirchlichen Autoritäten überreagierten. Und es führte dazu, dass, solange Kardinal Ottaviani in Rom zuständig war, Erscheinungen mit Misstrauen begegnet wurde. Erst das II. Vatikanische Konzil konnte diese generelle Einstellung zu Erscheinungen im Heiligen Offizium korrigieren. Diese Verbesserung geschah sicher zum Leidwesen des Teufels, der sich freut, wenn er Propheten verachtet, verlacht und zur Seite gestellt sieht.

23

Principatus rationis

Der Primat der Vernunft

Der Primat der Vernunft ist ein Argument, das in folgender Weise formuliert werden könnte: «Glaube bezieht sich auf das, was von der Kirche als Glaubensgut definiert wurde. Privatoffenbarungen gehören jedoch nicht dazu. Daher müssen sie den Regeln des Verstandes unterstellt werden.» Das bedeutet: es gibt Dinge, die wir glauben, weil sie uns offiziell geoffenbart wurden und Teil unseres Glaubensgutes sind und andere, mit denen wir uns mit freiem Forschergeist beschäftigen können. Sollten Privatoffenbarungen in der Tat nicht hinterfragt werden? Denn sie sind unter Umständen nicht nur zweifelhaft, sondern von solcher Natur, dass man sie geradezu in Frage stellen muss. Wir scheinen verpflichtet zu sein, sie mit Argwohn zu betrachten. Diese spezielle Einstellung in einer moralischen Verpflichtung mag manchen verdienstvoll, anderen weit hergeholt erscheinen. Was auch immer, es gibt Grund genug, aus den eben angedeuteten Erwägungen Neuheiten jeder Art im geistigen Bereich a priori abzulehnen. So ist die übernatürliche Kategorie von Wundern allein auf das Urteil von Laien angewiesen. Das ist nicht die Antwort auf eine momentane Modeerscheinung. Scharfsinnig geworden durch die Irrtümer der Vergangenheit, werden unerklärliche Geschehnisse geleugnet, weil sie mit einem doppelten Handicap belastet sind, nämlich dem, kontemporär und störend zu sein. Routine beruhigt, Vernunft verabscheut, was unerklärbar ist. Denn das, was außerhalb der Vernunft liegt, scheint ebenso falsch wie das, was außerhalb der Logik liegt.

— Wir sollten uns allerdings daran erinnern, dass Vernunft ihre Grenzen hat. Pascal spricht von «la raison imbécile» (von der dummen Vernunft), wenn er den Eindruck hatte, sie beanspruche widerrechtlich Autorität im Konflikt mit einer theologischen Tugend. Denn der Glaube, durch den wir leben, kann nicht beschränkt werden auf das, was man das lebensnotwendige Minimum unseres Heils nennen könnte. Er gilt auch, mit Klugheit verbunden, in dem Bereich sekundärer Ursachen, die uns zu Andachtsübungen anleiten. Das Urteil eines weisen und erfahrenen geistlichen Beraters kann für die Vernunft im guten Fall Nahrung bedeuten, ebenso wie Wallfahrten und eben zuallererst die Marienerscheinungen. Hier geht es um die Zuneigung des Kindes zu seiner Mutter! Maria mit der ihr gemäßen Andacht zu verehren, macht Freude, und wird im Himmel geschätzt werden, wenn sie auf Erden gehorsam praktiziert wird.

In vielen von uns ist ein Buchhalter am Werk, der keine Notiz nehmen möchte von Zahlen, die sich auf nicht nachweisbare Daten beziehen. Denn seine Kompetenz ist beschränkt auf Wissen und er sucht im Modernismus ein Korrektiv für spekulative Theologie. Er sucht einen notwendigen Zusammenhang zwischen der Subversion des Mysteriums und dem bedingungslosen Fortschrittsglauben. Gemäß seinem irrigen religiösen Empfinden wäre es eine Form von Aberglauben, Modernismus der Tradition zu opfern. Unsere Fähigkeit, über die unergründlichen Pläne Gottes zu staunen, sollte unsere Ehrfurcht vor dem, was groß und unerwartet ist, wachsen lassen. Weit davon entfernt, Ereignisse zu kritisieren, weil sie geheimnisvoll sind, sollten wir mit Freude begrüßen, was auch immer an Überraschungen der Himmel für uns bereitet hat. Nichts ist trostreicher als zu bedenken, dass die Muttergottes die Initiative ergreift, wie sie es auf der Hochzeit zu Kana getan hat. Ihrem heutigen Erscheinen verdanken wir diesen Wein, der unsere Seelen stärkt, den wir zu unserem Heil benötigen, nachdem wir unsere eigenen Vorräte verbraucht haben.

24

De Maria numquam satis

Die Größe Mariens kann niemals genug gepriesen werden

Diese Worte des heiligen Bernhard könnte man so verstehen, dass alles, was wir sind und haben, ihrer Herrschaft unterstellt wird. Pater Kentenich hatte dies mit seiner Schönstatt-Bewegung geplant. Aber es gab Kritiker, die fanden, er ginge damit zu weit, und indem er Maria zu viel Ehre schenkte, würde er Gottes Souveränität relativieren. Aus diesem Grund musste Pater Kentenich vierzehn Jahre nach Amerika ins Exil.

— «De Maria numquam satis» sollten niemals leere Worte sein. Sie schließen die «sklavische Abhängigkeit von Maria» des Grignion de Montfort oder des Maximilian Kolbe genauso ein wie das «Totus tuus» von Johannes Paul II. Deren Leben zeigt die außergewöhnliche geistige Wirkung dieser kindlichen Unterwerfung unter Maria. Bei einer so guten Mutter können wir des «überfließenden Maßes», von dem das Evangelium spricht, sicher sein. Die Gnaden, die sie verteilt, werden nur durch unseren Mangel an Kooperation begrenzt. Die Rolle, die sie als Königin der «Apostel der letzten Tage» spielt, ist die von Grignion de Montfort erwähnte. Die Heilige Eucharistie und die Muttergottes sind die beiden Säulen, nach der Vision des heiligen Don Bosco, an denen das Schiff Petri festgemacht sein wird, um die stürmischen Zeiten der Kirche zu bestehen.

Was kann die Größe Mariens beschreiben? Vielleicht die Tatsache, dass sie in ihrem Leben den Tugenden den ersten Platz eingeräumt hat, die wirklich göttlich genannt werden können, nämlich der Dankbarkeit und Demut.

Dankbarkeit, denn Gott wird den Erwählten im Himmel danken für den guten Gebrauch, den sie von seinen Gaben gemacht haben und es ihm damit ermöglichen, ihnen seine Liebe zu erweisen. So sagt er doch, er werde «sich gürten … und sie … bedienen» (Lk 12,37).

Demut deshalb, weil das Wort, [als es] Fleisch wurde, sich dem Urteil der Menschen, ja sogar der Kreuzigung und dem Tod unterwarf und die Beschmutzung seines Bildes in den Augen seiner Anhänger akzeptierte *(sum vermis et non homo)*.[112]

In der Nachahmung dieser Tugenden ist Maria ein Vorbild. Sie akzeptierte es, als Josef von Gott noch nicht aufgeklärt war, für etwas gehalten zu werden, was sie nicht war, in antizipierter Übereinstimmung mit der Erniedrigung ihres Sohnes.[113] Das Gegenteil von dem, was man erwartet, findet sich manchmal auf der Seite des Guten, aber von einer geheimnisvollen, weil übernatürlichen Qualität.

Maria hat verstanden, dass eine Mutter sich ihrem Kind, sogar ihrem ungeborenen Kind gegenüber in dem Zustand der Unterlegenheit befindet. Denn jede Mutterschaft entspricht einer Bestimmung, die das Selbst überschreitet. Ihr Sohn wird von den Bösen abgelehnt werden, während sie, die Mutter in Nazareth, von dem gerechtesten aller Männer verstoßen werden soll.[114] Ihr Schweigen

---

112. «Ich aber bin ein Wurm und kein Mensch» (Ps 22,7).
113. Dieses Schweigen ist ein Mysterium, das zu den «Geheimnissen des Königs» gehört. Unter den zehn Ebenen der Demut ist die höchste die von Christus, der es hinnahm, als Verbrecher der niedrigsten Ordnung zu sterben; oder die von Maria, die als Braut einwilligte, in den Augen ihres Bräutigams ihren guten Ruf zu verlieren. Die logische Konsequenz daraus wäre Josefs Weigerung gewesen, «sie in sein Haus aufzunehmen», und für Maria die permanente Schande in den Augen einer ziemlich puritanischen Gesellschaft.
114. Nach Maria Valtorta war die Prüfung so hart, dass Josef innerhalb weniger Tage ergraute. Dieser Patriarch — nach der Heilsökonomie des Alten Bundes — ist nichtsdestoweniger «der größte Heilige des Neuen Bundes» — mit Ausnahme von Maria natürlich.

erinnert an das ihres Sohnes vor Pilatus: «Antwortest du nicht?» Sie sagt nichts, was Josef ihre Situation erklären könnte.

Wenn sie spricht, dann nur, um Gott zu verherrlichen. Ihr ganzes Leben ist das des Dankens. Alles, was wir von ihr hören, ist ein *«fiat»*, ein *«magnificat»*, ein *«fili, quid fecisti nobis sic»* und ein *«facite, quod dixerit»*.[115] Und das ist alles.

Ja, «der Mächtige hat Großes an [ihr] getan», denn er hat ihr die Nachahmung der verborgenen Tugenden ihres Sohnes gestattet und die intimste Teilnahme an seiner Erniedrigung.

Dafür hat Gott sie über alle Geschöpfe erhöht.

Und so erfüllt sie im Himmel ihre Aufgabe, die ihr auf Erden anvertraut worden war. Sie war die erste, die von der Ankunft des Messias gehört hatte, und jetzt ist sie die Botin seiner Wiederkunft. Sie spielt für uns die gleiche Rolle, die der Erzengel Gabriel für sie hatte: Sie verkündet die Morgenröte einer neuen Zeit.

Sie verdient unser «fiat», unsere perfekte Offenheit der Botschaft gegenüber, die sie verkündet: Den Geist der Dienstbereitschaft, wie sie ihn besessen hat, vor Tausenden von Jahren in einem kleinen Ort in Galiläa…

115. «Kind, wie konntest du uns das antun?» (Lk. 2,48) und «Was er euch sagt, das tut!» (Joh. 2,5).

25

De gloria Mariae

Marias Herrlichkeit

Die Herrlichkeit Marias ist offensichtlich ein Widerschein der Herrlichkeit Gottes. Und doch gibt es viele Christen, die befürchten, ihr Ruhm könnte von dem «unum necessarium» ablenken. Lassen Sie uns nicht unnötigerweise mit den Tugenden eines Geschöpfes, das wir so in Ehren halten, prahlen. Die Muttergottes erscheint in unseren Tagen an vielen Orten und greift in den Lauf der Geschichte ein. Gott kann zweifelsohne als Boten schicken, wen er möchte, wenn er die Gnade einer privaten Offenbarung schenkt. Jedoch sollte man diesen Erscheinungen keine so große Bedeutung beimessen, sonst könnten Protestanten den Eindruck gewinnen, wir würden einerseits Gott kränken und andererseits den ökumenischen Dialog gefährden.

— Solche Überlegungen sind in Deutschland weit verbreitet … Selbst wenn sie gegen die Absichten des Himmels verstoßen, wie das in Fatima und an anderen Orten geschehen war. «Am Ende wird mein Unbeflecktes Herz triumphieren», sagt Maria, die weiß, dass sie gesandt wurde, um Taten zu vollbringen, die die Herzen von Menschen und Engeln mit Erstaunen erfüllen werden. Gott hat für seinen Sohn eine Mutter erwählt, aber das genügte ihm nicht. Er wollte, dass sie auf sichtbare, klare, erkennbare Weise zur Erfüllung seines ewigen Planes beiträgt. Das ist es, was wir in den

Botschaften von Lourdes und Fatima lesen und erkennen können. Die Geschichte dieser Welt, historisch betrachtet, bestehend aus «Lärm und Wut» (Hamlet), hat als letzte Bestimmung «den Ruhm Marias» zu offenbaren, wenigstens auf indirektem Weg. Wir wissen bereits, dass ihre Herrlichkeit Gottes Herrlichkeit reflektiert, wie ein Spiegel die Sonne. Aufgrund des spirituellen Niedergangs der Menschen unserer Tage wenden wir uns ihr als unserer letzten Zuflucht und Hoffnung, zu. Die speziellen Eigenschaften, die ihr Sohn ihr gewährt hat, treten dabei in den Vordergrund: Für die Sünder, ist sie die Spenderin der Gnaden, die Mittlerin unseres Heiles. Die historischen Dramen, die wir durchleben müssen, sind eine Gelegenheit, diese Wahrheit des Evangeliums zu entdecken. Unser Jahrhundert, von Satan mehr verdorben als jedes vorhergehende, möchte gerne den Konsequenzen der fatalen Entscheidungen, die es getroffen hat, entfliehen. Aus dieser Zwickmühle wird es keinen Ausweg für die Menschen geben, bis sie erkennen, dass sie der Gemeinschaft der Heiligen, deren Königin Maria ist, zu Dank verpflichtet sind. Solange diese Wahrheit nicht angenommen wird, befinden wir uns wirklich in Gefahr. Einmal erkannt jedoch, wird sie zum Werkzeug unserer Rettung. Denn das Unbefleckte Herz Mariens ist der Weg, der zum Herzen Jesu führt.

«Aber warum soll der Weg zu Gott so kompliziert gemacht werden?», könnte ein frommer Mensch fragen.

Natürlich weiß Gott um jeden, der sich nach ihm sehnt. Aber wenn er wünscht, bei der Rettung der Seelen seiner Mutter Ehre zu erweisen, gemäß dem Prinzip der geistigen Subsidiarität, wie sie die katholische Kirche lehrt, so wären wir schlecht beraten, ohne Maria auskommen zu wollen. «Zu Jesus durch Maria.» Das ist unsere Chance. Lassen Sie uns dafür dankbar sein.

26

Deus absconditus sive de absentia Dei

Der verborgene Gott oder die Abwesenheit Gottes

Gott scheint sich von seiner Schöpfung, die er ins Leben gerufen hat, zurückgezogen zu haben. Wo war er während des Zweiten Weltkrieges, als Hitler die Nachkommen Abrahams auslöschte? Haben die Söhne der Verheißung alles Recht auf Hilfe verloren? Einige Rabbiner haben in Folge des Holocaust eine Theologie des Schweigens Gottes entwickelt. Sie haben den Wunsch geäußert, dass die katholischen Kirche als Antwort auf dieses Schweigen Gottes nicht die Heilige Messe an der Stelle feiern möge, wo das Martyrium so vieler Juden stattgefunden hat.

So fragwürdig dieser implizite Vorwurf an Gottes Barmherzigkeit ist, dieses totale Übel zuzulassen, so hat er doch eine metaphorische Äquivalenz in der Spiritualität des «verborgenen Gottes». Nachdem Gott sich ein für allemal Moses gezeigt und durch die Propheten gesprochen hat, bevor er in Jesus Christus Fleisch annahm, gibt es keinen Grund zu weiteren Mitteilungen seinerseits an die breite Öffentlichkeit. Glaube verschafft uns Zugang zum Ewigen Leben, und zwar genau deswegen, weil er keine Bestätigung in dieser Welt erhält. Wissenschaft beruht auf Evidenz. Auf welche Weise könnte Wissen durch persönliche Erfahrung den Weg zum Heil erschließen?

— Die Unzulänglichkeit dieser Deutung des Schweigens Gottes besteht darin, dass sie die Kontingenz nicht in Betracht zieht. Hier geht es um eine übernatürliche Perspektive und um die Reinheit des Glaubens. Beides ist von essentieller Bedeutung, und das Leben wird beides auf die Probe stellen, im Extremfall geschah das bei dem Massaker an den Juden durch Hitler. Es gibt Situationen, in denen der Schrei Christi am Kreuz hallt: «Mein Gott, mein Gott, warum hast du mich verlassen?» Aber der Holocaust und Golgotha sind geheimnisvolle Geschehnisse, die man als zu exklusiv und als eine zu privilegierte Kränkung unserer Sterblichkeit bezeichnen könnte, um eine Wiederholung zu rechtfertigen. «Deine Jünger aber essen und trinken» (Lk 5,33). «Warum fasten deine Jünger nicht, während die Jünger des Johannes … fasten?» (Mk 2,18). Das ist der Vorwurf, den die Schriftgelehrten und Pharisäer an Jesus richten, und er antwortet ihnen: «Solange der Bräutigam bei ihnen ist, können sie nicht fasten. Es werden aber Tage kommen, da wird ihnen der Bräutigam genommen sein; an jenem Tag werden sie fasten» (Mk 2,19.20).

Die vermeintliche Abwesenheit Gottes ist das *unerträgliche Gefühl* der Abwesenheit Gottes zu Zeiten von Prüfungen. «Ein Unschuldiger, der leidet, verbreitet über dem Übel das Licht des Heils. Er ist das sichtbare Abbild des unschuldigen Gottes» (Simone Weil).[116] Zu Zeiten der Hochzeitsfeier schont der Herr seine Jünger und kredenzt ihnen den Wein seiner Anwesenheit.

Im Wissen um die Plagen, welche die Menschheit befallen werden, sendet er uns seine Mutter als Botschafterin, die Muttergottes von Kana, die sich um die Nöte der Gäste kümmert. Wir sind Kinder unseres Glaubens; wir sehen das Licht der Erscheinungen, das sich in den Augen der Seher widerspiegelt. «Ich glaube, Herr, hilf meinem Unglauben.» Solcher Art ist die theologische Tugend des Glaubens, die durch kontingentes Eingreifen gestärkt wird.

---

116. Simone Weil: *Œuvres complètes* VI 2 (Paris, Gallimard, 1997, S.333).

Eitel ist die Theologie der Abwesenheit Gottes zu Zeiten, da wir eingeladen werden, zu Tisch zu sitzen, um Mahl zu halten. Die Zeit wird früh genug kommen, wo die Erinnerung an das, was war, unser Trost sein wird. Wir werden die nötige Kraft gesammelt haben für unsere Reise durch die Wüste, die uns erwartet, wenn wir am wenigsten damit rechnen. Wohlüberlegt sind Gottes Pläne, nach denen er Freud' und Leid verteilt. Mit der Hilfe, die wir dazu benötigen, wird er uns zuvorkommen.

27

Mater et magistra

Maria, Mutter und Lehrmeisterin

«Die Kirche als Mutter und Lehrerin»: Wie es im Titel dieser Enzyklika bereits ausgedrückt wird, ist unsere Kirche die mütterliche Lehrerin, die uns mit ihrer Katechese unterweist, ihren Aussagen ermahnt und ihren Sakramenten heiligt. Sie ist die Hüterin der Wahrheit, die ihr von Christus anvertraut wurde. Sie genügt, mit ihr fehlt uns nichts. Wir brauchen keine weitere Lehre außerhalb des traditionellen kirchlichen Rahmens. Wenn wir also über Botschaften der Muttergottes lesen, die uns von Sehern übermittelt werden, so müssen wir feststellen, dass sie sich eine Funktion zuschreiben, die ihnen offiziell nie übertragen wurde. Selbst wenn sie es verneinen, so predigen sie, unterweisen sie, machen Prophezeiungen, als wären sie dazu beauftragt worden. Sie rufen zur Buße auf, sie tadeln irriges Benehmen und sagen die Zukunft voraus. Sollten wir auf diese Stimmen hören, die aus der Wildnis kommen, wie von einem neuen Johannes dem Täufer? Selbst Johannes XXIII., dem ein Seher einmal eine Nachricht des Himmels übermittelte, bemerkte, dass der Himmel nach Belieben über mehr direkte Wege der Verständigung verfüge!

— Dieser scheinbar bedenkenswerte Einwand wurde oft erhoben. Die ihn für maßgeblich halten, vergessen jedoch, was die Kirche den Charismen ihrer Kinder verdankt. Katharina von Siena wagte es, den Papst zu ermahnen, gemäß den Erwartungen Gottes zu leben. Lucia von Fatima verlangte die Weihe Russlands an das Unbefleckte Herz Mariens. Das II. Vatikanische Konzil betonte mehr als jedes andere vorhergehende die Rolle, die Laien spielen sollten, wann immer ihre unersetzlichen Charismen die traditionellen Aufgaben der Kirche vervollständigten. Denn wenn das Salz seine Kraft verliert, wie kann sie wiedergewonnen werden? Es scheint, dass der Klerus heutzutage von der Glaubenskrise, mit der die Gläubigen konfrontiert werden, nicht ausgenommen ist. Sei es nun in Fragen der religiösen Erziehung, der Predigten oder der Verwaltung der Sakramente —, überall finden wir Abweichungen von den Regeln und der Tradition. Nicht-orthodoxe Bücher gelangen in die Hände von ahnungslosen Kindern; Predigten werden gehalten mit mehr soziologischem als biblischem Inhalt. Predigten, in denen die Hölle mehr als nur implizit verneint wird. Sakramente werden gespendet ohne Beachtung gewisser Anstandsregeln, ohne Lizenzen oder Rechtskraft, zum Beispiel bei der Annullierung von Ehen oder bei der kollektiven Absolution, die routinemäßig erteilt wird. Theologie begibt sich nur zu oft in den Irrgarten spekulativer Philosophie, als ob die Rätsel der Natur helfen könnten, die Geheimnisse des Glaubens zu lösen. Was die Liturgie betrifft, so ist man so leichtfertig erfinderisch, dass man jeder Laune und Mode folgt, ohne die Konsequenzen zu bedenken, nämlich die Destabilisierung der Frömmigkeit und die Relativierung der Dogmen. Wäre das Absicht gewesen, so hätte man keinen besseren Weg zur Unterstützung des Evolutionsprogramms finden können, um den noch «glimmenden Docht» zu ersticken. Böswillige Veränderungen gefährden Überzeugungen. Wie Pascal bemerkte, so sind «für das gewöhnliche Volk Glaube und Bräuche dasselbe.»[117]

---

117. Siehe Pascal: *Pensées* (Brunschvicg 245, 250, 252, 325). Hier kann man lesen, dass Glaube, wenn er nicht durch Bräuche gepflegt wird, bald erlöschen wird; eine eindeutige Aussage. Glaube ist etwas Geistiges, aber er kann nicht überleben, wenn der Körper nicht mit entsprechenden Gesten seine Überzeugung zum Ausdruck bringt, die den Menschen als Ganzes umfasst. Tugend ist ein *Habitus* — Einmal destabilisiert, verliert er seine wesentliche Unterstützung. Christliches Dogma drückt sich von altersher im Ritus aus. Einrichtungen werden durch Brauchtum erhalten. Wenn Bräuche beliebig verändert werden, verliert das

Verändert man die Bräuche, so verliert Religion ihre Wirkung bei den Gläubigen. Verwirrt durch das äußere Erscheinungsbild, erhalten die Menschen den Eindruck, man habe sie um die wesentlichen Dinge betrogen. Und dann schwören sie prompt dem ab, was ihnen

---

ganze Gefühl der Zugehörigkeit, auf dem es ruhte, seinen Einfluss auf die Seele. Für Pascal gibt es «drei Wege zum Glauben: Vernunft, Gewohnheit und göttliche Inspiration» (Pensées, Ed. Brunschvicg Nr. 245), und es ist beruhigend, dass göttliche Inspiration an den Orten marianischer Erscheinungen gleichfalls zu finden ist. An keinem anderen Erscheinungsort hat Maria ihre Rolle als «Mater et magistra» so gänzlich erfüllt wie in San Nicholas in Argentinien (1983-1990). Dort hat sie durch den Mund ihrer Seherin Gladys Herminia Quriga de Motta nicht nur die traditionelle Lehre in Ethik und Dogmatik verkündet, sondern sie auch mit umfassenden Hinweisen auf das Alte und Neue Testament unterstützt, genau so wie es ein Kirchenlehrer getan hätte.

Die dramatische Folge der Entwurzelung von Bräuchen, die durch die Tradition geheiligt waren, ist die: einmal zerstört, können sie nicht wieder eingeführt werden, es sei denn durch ein Wunder, das fast so groß wie eine Auferstehung von den Toten sein müsste.

Sollen wir uns ein Beispiel an der Weisheit unserer Hindu-Freunde nehmen? Sie praktizieren Yoga als Weg zur Erleuchtung. Sie haben erkannt, dass die richtige Körperhaltung wesentlich ist für das Ziel, das sie verfolgen. Es gibt keinen rein geistigen Weg zur Erleuchtung. Welch ungereimte Elemente wir auch finden mögen auf ihrem Weg ins Nirwana, ihr Bemühen, den Körper zu trainieren, um der Seele Freiheit zu verschaffen, führt zu greifbaren Ergebnissen. Wir im Westen dagegen haben das Knien als Ausdruck der Anbetung oder beim Empfang der Heiligen Eucharistie abgeschafft, haben den Leib des Herrn mit unseren ungeweihten Händen berührt, haben die Hand unseres Nachbarn gehalten, anstatt sie in gemeinsamen Gesten des Flehens zu erheben… (a) Wir haben die elementare Regel verletzt, dass das, was wir mit unserem Körper machen, seine Auswirkung haben wird auf das, was wir denken. Das Körperliche verhält sich zum Geistigen wie der Strebepfeiler zum Gewölbe einer gotischen Kirche. Entfernen Sie einen anmutigen Halbbogen aus Stein, und das Gebäude wird in sich zusammenstürzen. Hätte die englische Monarchie so lange überleben können ohne die Unterstützung ritualisierten Pomps? Wenn wir unseren Glauben hochschätzen, lassen Sie uns nicht protestantisch werden in unserer Liturgie!

(a) Es ist wahr, dass diese Erneuerungen, die zunächst aus einer «initiative de la base» — einer Basisbewegung — entstanden, von der Kirche gebilligt und schließlich offiziell praktiziert wurden. Die Erfahrung zeigt jedoch, dass sie nicht zu einer Vermehrung von Frömmigkeit oder dem Besuch der Heiligen Messe führten, wie man es erwartet hatte. Es ist bemerkenswert, wann immer in Garabandal, El Escorial oder Medjugorje den Sehern von Engeln die Heilige Kommunion gereicht wurde, so war das immer in Übereinstimmung mit der traditionellen und nicht der heutigen liturgischen Praxis. Die Unterweisungen des Himmels haben impliziten Charakter, aber sie drücken die gleiche Meinung aus wie Papst Benedikt XVI., wenn er sich zur berechtigten Bewahrung der Riten der Vergangenheit äußert.

nicht länger Sicherheit gewährt. Genau in dem Moment, wo die geistige Verwirrung ihren Höhepunkt erreicht hat, ist «ein Geschrei … in Rama zu hören … Rachel plorans filios suos… quia non sunt… quia non sunt» (Jer 31,15).[118] Genau in dem Moment also, da die Kirche ihrer Kinder durch Spaltung, Verlust und Abfall beraubt ist, hat ihre Klage den Himmel erreicht. Wie in den Tagen der Knechtschaft in Ägypten oder Babylon schickt er die Botin als letzte Zuflucht für die verirrten Schafe. Es ist Tatsache, dass die Gnade überfließt, wo die Sünde zunimmt, denn *«ubi Maria, ibi Spiritus Sanctus.»* Von daher erklärt sich der Auftrag an die Seher, die Aufgabe der Lehrer zu übernehmen, die ihre Pflicht nur zu oft vernachlässigen. Von daher erklären sich die Botschaften, das immerwährende, wiederholte Belehren, das Entfachen der Glaubensflamme, der Aufruf zu Reue und Buße. Dank dieser Erscheinungsorte und ihrer Botschaften ist eine charismatische Bewegung entstanden (nicht durch Nachahmung der pfingstlich-charismatischen Bewegung der Protestanten). Und selbst auf indifferente Beobachter, ja Ungläubige, hat die spezifische Frömmigkeit dieser Orte einen Einfluss. Was wird an diesen Erscheinungsorten gelehrt, wenn nicht die Wahrheit, die nur zu oft nicht mehr in Sonntagspredigten verkündigt wird? Zum Beispiel, dass die Hölle der Lohn für die Sünde und dass Beichte vonnöten ist; dass Glauben nur rettet, wenn er in seiner vollen Unversehrtheit gelehrt wird, und dass es keine Dispens vom Gehorsam gegenüber dem Papst oder den Geboten der Kirche oder den daraus folgenden Geboten der Moral gibt. Das ist die Wahrheit, die gelehrt wird. Ganz besonders aber wurde eine Warnung vor den Ansprüchen der Welt ausgesprochen, die bereits gezeichnet ist von dem Herannahen der Geißeln, wie sie von Daniel und der Apokalypse angekündigt wurden: eine Eschatologie, die zur Bekehrung führt, eine Erinnerung an den Wein des Zornes. Einen solchen Tonfall hat es seit La Salette nicht mehr gegeben — und wer hat ihm damals Aufmerksamkeit geschenkt? — Oder seit

118. «Rahel weint um ihre Kinder, … denn sie sind dahin» (Jer 31,15).

dem hl. Paulus, der, wie wir wissen, ein Ereignis erwartet hat, das noch weit in der Zukunft lag. Wie auch immer, die Muttergottes kompensiert, gemäß der übernatürlichen Anwendung des Prinzips der Subsidiarität, die Mängel des Klerus, die wir nur zu oft in den Katechesen und Predigten erleben und lehrt das Evangelium der Bekehrung. Gottes Eingreifen ist bereits in der Wahl seiner Seher bemerkenswert. Man könnte sie aufgrund ihrer kindlichen Unerfahrenheit oder ihres Mangels an religiösem Wissen oder ihrer lauwarmen Religiosität als durchschnittlich bezeichnen, hätten sie nicht durch Gottes Berufung eine Auszeichnung erfahren. Nichts kann Gott zum Innehalten bringen, nur das rebellische menschliche Herz. Nicht die Seher sollten kritisiert werden, sondern das mangelnde Interesse an den Botschaften, die sie überbringen, verdient Tadel. Mit wem sollen wir dieses Geschlecht vergleichen, wenn nicht mit den Kindern der Parabel, die nicht zu den Flöten tanzen, noch sich nach dem Wunsch ihrer Spielgefährten an die Brust schlagen wollen? (Mt 11,16-17). Genauso wie die Juden zur Zeit Jesu Gründe fanden, sich den Plänen Gottes zu widersetzen,[119] so fangen auch wir nicht den Ball beim ersten Wurf und sind nicht bereit, uns auf Gottes Barmherzigkeit einzulassen, zu der Maria uns einlädt. Die Hilfe, die sie uns in unserer geistigen Notlage zu unserem Heil anbietet, könnte uns zum Schaden gereichen. Der strengste Tadel, den Christus den rebellischen Städten Chorazin, Betsaida und Kapharnaum machte, war: Wenn Sodom ähnliche Zeichen und Wunder erlebt hätte, dann «hätte [es] Bestand bis in unsere Tage gehabt!» (Mt 11,20-24). Wie im Falle von Sodom, dessen Sünde in der Umkehrung von Werten bestand, haben wir vor nicht allzu langer Zeit per Gesetzgebung einen ähnlichen Umsturz der Moral herbeigeführt.

---

119. Vgl. M.J. Lagrange: *Synopse des quatre évangiles* (Gabalda, Paris, 1960, S.81).

28

Episcopus magister fidelium

Der Bischof, Lehrer der Gläubigen

Nur der Bischof ist fähig, übernatürliche Ereignisse in seiner Diözese zu beurteilen. Er allein hat die Autorität zu entscheiden. Daher sollten die Gläubigen nicht nur gehorsam seinen Urteilsspruch anerkennen, sondern sollten warten, bis er erteilt ist, bevor sie zu einem Erscheinungsort pilgern.

— Logik kann sich selbst zerstören. Dieses oben angeführte Argument, wörtlich genommen, würde den Gläubigen de facto den Besuch eines Erscheinungsortes verbieten. Der Seher wäre mit seinen Visionen allein gelassen — eine absurde Situation —, denn wir sprechen hier nicht von Mitteilungen des Himmels, die für den Seher allein bestimmt sind. Wie die Erfahrung zeigt, glaubt der Bischof in mehr als neun von zehn Fällen, wenigstens anfangs, nicht an die Echtheit einer Erscheinung,[120] oder er erklärt, dass der

120. Von 1928 bis 1975 sind nicht weniger als 232 marianische Erscheinungen, oder als solche betrachtete, registriert worden. Deren übernatürlicher Charakter ist von dem Bischof der entsprechenden Diözese nur in 6 Fällen anerkannt worden. Denn er allein ist zuständig, dies zu tun. Für 95,7% der Erscheinungen lautet der Urteilsspruch: nicht authentisch oder nicht erwiesen authentisch, selbst wenn man dem Erscheinungsort den Status einer Gebetsstätte zuerkannt hat. (a) Vgl. Dr. Anton Ziegenaus: «Nicht neue Inhalte, sondern Hinweis auf übersehene Glaubenswahrheiten», (*Der Fels*, Juli-August 1999, S. 198). In diesem Bereich nimmt Deutschland eine Sonderstellung ein, denn es ist das einzige katholische Land (30% Katholiken), in dem seit 200 Jahren keine neue Marienerscheinung von offizieller Seite anerkannt wurde. Das ist bedauerlich, denn bei vielen Erscheinun-

übernatürliche Charakter einer Erscheinung nicht erwiesen oder, in wenigen Fällen, dass sie nicht übernatürlichen Ursprungs sei. Und wenn er oder sein Nachfolger ihre anfänglich negative Einstellung überwunden haben, sind die Erscheinungen schon lange zu einem Ende gekommen. Manchmal verstreicht in der Tat ein halbes Jahrhundert, wie es in Amsterdam der Fall war, bis es zu einer Anerkennung kommt. Das geschah, weil der Bischof, als würde er einen «Advocatus diaboli» konsultieren, alle vorstellbaren Einwände in Erwägung zog.[121] Wenn man die «guten Früchte» des Gebetes nicht in die Überlegungen mit einbezieht, Bekehrungen oder Heilungen, die sich dank der Gebete und Devotionen der Gläubigen ereignen, dann fehlt das objektive Element für die Begründung der Authentizität. Gläubige daran zu hindern, zu Erscheinungsorten zu eilen, ist, wie manche behaupten, ein wirksames Mittel, um den Himmel zu neutralisieren. Sicher respektiert der Himmel die Privilegien der Hierarchie, die ja von ihm eingesetzt ist. Umso bedauerlicher sind die Maßnahmen gegen die zu erwartenden geistigen Wohltaten, welche professionellen Vorurteilen oder den lähmenden Skrupeln eines sensiblen Gewissens entsprungen sein könnten. Catherine Labouré erklärte, nachdem sie von dem «Ich bin die Unbefleckte Empfängnis» in Lourdes gehört hatte, dass die Erscheinungen in der Rue du Bac früher stattgefunden hätten, wenn ihre direkten Vorgesetzten diesen Erscheinungen gegenüber nicht eine so negative Haltung eingenommen hätten. Ihre Aussage bezog sich

---

gen genügten die Maßstäbe für eine Anerkennung, welche gewöhnlich von der Kirche in anderen Ländern angewandt werden ... Ist es vielleicht deshalb, weil die Katholiken in diesem Land dem Einfluss Luthers ausgesetzt sind?

(a) Bis 1999 traf eine Prozentzahl von 97,5% zu. Heute könnte sie näher an 95% liegen, da Kibeho in Ruanda, Balestrino und Montechiari, l'Ile-Bouchard in Frankreich und Amsterdam in Holland inzwischen von offizieller Seite als Erscheinugsorte anerkannt wurden.

121. Nach Benedikt J. Groeschel ist es für offizielle kirchliche Stellen in der Tat eine schlechte Nachricht, wenn sie erfahren, dass die Muttergottes irgendwo erschienen sei. Diejenigen, deren Amt sie mit größeren Schwierigkeiten konfrontiert, als sie meistern können, verdienen wirklich unser Mitgefühl. (Vgl.: *A still small voice: A practical guide on reported revelations*: Ignatius Press, San Francisco, 1993?, S. 112).

wohl vor allem auf die Weigerung der Hierarchie, das große Kreuz zu errichten, worum der Himmel gebeten hatte. Der traditionelle Satz *«vox populi vox Dei»*, der in früheren Zeiten zur Kanonisierung von Heiligen und zur Errichtung von Pilgerstätten führte, hat nichts von seiner ursprünglichen Vertrauenswürdigkeit verloren, noch haben die jüngst formulierten Regeln zur Unterscheidung der Geister ihn außer Kraft gesetzt.[122]

«Lassen Sie uns noch einmal den spektakulären Fall von Fatima ins Gedächtnis rufen, wo viele Jahre nach den Erscheinungen der Kardinal von Lissabon seinen Priestern unter Androhung von Strafen verbot, es zu erwähnen. Oder bedenken wir die mangelnde Fähigkeit der Unterscheidung von Seiten seines Nachfolgers, der gestand, dass er als Bischof nicht an die Echtheit der berichteten Ereignisse geglaubt hatte.»[123]

Die Frage ist die: soll hier ein Geist des Misstrauens die Oberhand gewinnen? Nichts besitzt eine größere missionarische Wirkung als Erscheinungsorte, vor allem wegen der Wunder, die ihre Echtheit beweisen. Als Johannes der Täufer seine Jünger sandte, um die wahre Identität des Messias zu erforschen, erhielt er die Antwort: «Geht und berichtet Johannes, was ihr gesehen und gehört habt: Blinde sehen wieder, Lahme gehen und Aussätzige wer-

---

122. *«Vox populi vox Dei»* (Volkes Stimme ist Gottes Stimme). Wenn dieses Motto wörtlich genommen würde, stünden viele marianische Erscheinungen in heutiger Zeit außerhalb jeder Diskussion. In Medjugorje zum Beispiel gab es «am 24. und 25. Juni 1983 zum zweiten Jahrestag der Erscheinungen, ein Drittel mehr Pilger als im Jahr zuvor, d.h. eine Schar, die auf 150000 geschätzt wurde» (s. Marijan Ljubic: *La Vierge Marie apparaît en Yougoslavie* (Medjugorje) (Ed. du Parvis, 1648 Hauteville/Schweiz, 1984, S. 127).
Die Kirche respektiert die Freiheit der Kinder Gottes. Obwohl der Bischof von El Escorial zum Beispiel von dem Seher verlangte, nicht mehr persönlich am Erscheinungsort anwesend zu sein, erlaubte er dennoch den Gläubigen, dorthin zu pilgern. «Die Hierarchie kann dem Laien nicht verbieten, nach Prado Nuevo zu kommen», gibt Luis Gutierrez, der bischöfliche Vikar für Rechtsbereiche, ohne weiteres zu. «Niemand kann [Gläubige] daran hindern zu beten, wo und wann [sie wollen].» S. Gabriel: *Premier récit authentique des apparitions de l'Escorial* (F.-X. de Guibert, Paris, 1996, S. 99).

123. José Luis de Urrutia S. J.: *Le temps qui vient selon les prophéties* (F.-X. de Guibert, Paris, 1997, S. 49-50).

den rein; Taube hören, Tote stehen auf, und den Armen wird das Evangelium verkündet» (Lk 7,22). Seit Lourdes und vielen Erscheinungsorten hat die Muttergottes durch Wunder, die ihre Anwesenheit begleiten, das getan, wovon Christus gesprochen hatte. Sowohl von Jesus als auch von Maria ist zu sagen: «Selig ist, wer an mir keinen Anstoß nimmt» (Lk 7,23).

Um die Menschen zu bekehren, hatte Christus mehr als Worte: «Glaubt mir doch …, wenn nicht, glaubt wenigstens aufgrund der Werke!» (Joh 14,11). Heute spricht die Muttergottes in ähnlicher Weise: «Wenn ihr nicht glaubt, dass die Botschaften, die ich übermittle, von Gott stammen, so glaubt wenigstens aufgrund der sie begleitenden Wunder.» Bei Johannes dem Täufer haben wir gesehen, welche Werke das sind, die auch die Widerwilligen überzeugen sollten. Sind die Wunder, die Maria vollbringt, anderer Art? Bekehrungen sind von größtem Gewicht. Aber Heilungen sind nicht weniger bemerkenswert. Naturphänomene wie das Tanzen der Sonne erinnern aufgrund ihres unerklärlichen Charakters an die Wunder, die die Jünger und die Menge der Menschen zur Zeit Jesu überzeugt haben: Wasser, das in Wein verwandelt und Brot, das tausendfach vermehrt wurde.

Jeder Mensch ist — oder sollte — in seinem eigenen Aufgabenbereich kompetent sein. Damit er dabei nicht in eine engstirnige Sicht der Dinge verfällt, braucht er übernatürliche Hilfe. Niemand ist sicher vor seiner «zweiten Natur», die über seine «wahre Natur» die Oberhand gewinnen und seine eigentlichen Pläne vereiteln kann. Gewohnheit ist beschränkend, und Bräuche können zu Vorurteilen führen, umso mehr, wenn sie in der Schule gelehrt wurden. Selbst Priester, mag ihre Berufung noch so klar sein, können den Grenzen ihrer menschlichen Natur nicht entfliehen. Sie wurden, sozusagen durch ihr Amt, gegen verwirrte Mystiker, abwegige Frömmigkeitsübungen und hysterische Trends geimpft. Sie können oft genug feststellen, dass die echten Münzen seltener sind als die unechten. Als Folge davon werden sie eher skeptisch sein, wo weniger intellektuelle Gläubige aufnahmebereiter sind. «Errare humanum est» (Irren ist menschlich). Das bedeutet allerdings nicht, dass nicht eine gewisse Überwachung angebracht ist. Ich habe diese lange Erörterung über berufliche Fehler und Schwächen nicht begonnen, um echte Autorität in der Ausübung ihres Amtes herabzusetzen. Denn wenn wir das gottgegebene Recht der Apostel und ihrer Nachfolger anfechten, sind wir verloren.

29

In absentia nostra

In unserer Abwesenheit

«Was in unserer Abwesenheit geschieht, kann unser besseres Wissen nicht beeinflussen. Unser Ziel ist Objektivität. Und es gibt keinen besseren Weg, um sich seine Unparteilichkeit zu bewahren, als sich der direkten, persönlichen Erfahrung nicht auszusetzen. Wer sich Ereignissen nicht aussetzt, wird auch nicht von ihnen überwältigt.»

— Auch wenn verantwortungsbewusste Amtspersonen sich nicht genauso ausdrücken, so könnten solche Erwägungen doch ihre Abwesenheit von marianischen Erscheinungsorten erklären. So sieht es zumindest René Laurentin, der bekannte französische Mariologe. Aber ist es nicht gerade das Fernbleiben derer, die zu entscheiden haben, was eine objektive Bewertung verhindert? Was würden wir dazu sagen, wenn ein Musikkritiker die Konzerte, die er bespricht, nicht besucht? Kein Museumsdirektor würde ein Urteil über ein Gemälde abgeben, das er nicht gesehen hat. Es gibt viele Kriterien für das Verständnis von Schönheit, aber sie alle setzen den persönlichen Kontakt und persönliche Wahrnehmung voraus. Dies gilt auch für Wunder und Erscheinungen. Der Bischof von Civitavecchia glaubte den Berichten, dass die Statue der Muttergottes Blutränen weinte, so lange nicht, bis er es mit seinen eigenen Augen und in seinem eigenen Hause sah. Warum werden nicht die gleichen Regeln wie bei Gericht angewandt, wo der Augenzeugenbericht von entscheidender Bedeutung ist? Wenn Phänomene Naturgesetze außer Kraft setzen, zieht man leider oft Vermutungen der Evidenz vor. Wenn religiöse Autoritäten bei den Erscheinungen fehlen, hat die Muttergottes es schwer, das *«a priori»* abstrakter Überlegungen zu widerlegen. Ein Wunder kann beobachtet werden. Ohne Beobachtung gibt es kein experimentelles Wissen. Kann man in unserem naturwissenschaftlichen Zeitalter, wo nur Messbares von Bedeutung ist, wirklich auf Informationen aus erster Hand verzichten? In Medjugorje zum Beispiel bestätigen die Messungen der Gehirnfunktionen an den Sehern während ihrer Visionen die außergewöhnliche Natur ihrer Wahrnehmungen. Wenn Gott eine wissenschaftliche Messung zulässt, sollten wir uns dann diesen Fakten verschließen? Wenn der Himmel sein Eingreifen durch Zeichen bekundet, wie etwa mit der Sonne in Ostina, dem Rosenduft — mitten im Winter — in Schio, der Drehung des Kreuzes um seine eigene Achse auf der benachbarten Bergspitze bei Medjugorje, sollten diese Berichte unzähliger Augenzeugen die Hirten nicht bewegen, mit eigenen Augen zu sehen, was für die Herde schon längst offenkundig ist? Der beste Beweis ist der, den reuige Sünder mit ihrer Beichte erbringen. Pater Dietrich von Stockhausen, der sich zwei Jahre in Medjugorje aufgehalten hat, bestätigt dies: «Wenn man hier zwei Stunden Beichte gehört hat, weiß man, dass hier ein Ort von Wundern ist.»

Und wie bedauerlich ist es dann, wenn eine Kommission berufen wird, die über die Echtheit von Erscheinungen entscheiden soll, bestehend aus Spezialisten aller möglichen Fachbereiche, nur nicht dem zu untersuchenden. Es scheint schon die Regel zu sein, dass sie sich aus bischöflichen Vikaren, Alt- und Neutestamentlern zusammensetzt, nur nicht aus Experten für Mystik und Spiritualität. Tatsache ist: Es gibt sehr wenige Theologen, die sich auf wissenschaftlicher Ebene mit Mystik beschäftigt haben. René Laurentin bemerkt dazu treffend: «Erscheinungen sind das Gebiet, das in der Theologie am wenigsten studiert wird, das den meisten Verwirrungen und provisorischen Versuchen ausgesetzt wird und wo es am schwierigsten ist, zu einer Einsicht zu gelangen.»[124]

Ob es sich um Heroldsbach, Medjugorje oder Garabandal handelt —, die Meinungen sind geteilt. Und das ist verständlich. Von Bedeutung ist jedoch, dass die Anhänger Zeugen von dem waren, was sie «überzeugte», während die Skeptiker Ereignisse leugnen, die sie nicht in Augenschein genommen haben. Wenn schon ein Apostel nicht glauben konnte, was er nicht gesehen hat, ist es dann erstaunlich, dass es so viele zweifelnde Thomase gibt unter denen, die bei marianischen Erscheinungen nicht anwesend waren?

---

124. *Stella Maris*, Schweiz, September 2002, S. 12.

30

Lex ecclesiae

Das Kirchenrecht

Jeder Bischof hat die höchste Stellung in der Gerichtsbarkeit seiner Diözese. Alles was er sagt, trägt das Gewicht des ihm von Gott übertragenen Amtes. Wer sind wir Laien, dass wir in Frage stellen und uns beschweren, wenn er die Echtheit von Erscheinungen, an die wir so gerne glauben möchten, nicht anerkennt?

— Diese Autorität wird nicht hinterfragt. Trotzdem zeigt die Geschichte, dass das, was ein Bischof entschieden hat, sein Nachfolger wieder ändern kann. Ob die Opposition vom Bischof selbst, vom niederen Klerus oder von den Laien kommt, es sollte keiner von ihnen glauben, dass seine Kritik ohne persönliche Konsequenzen bliebe. Wenn Erscheinungen echt sind, dann kann die Entscheidung derer, die Schritte unternehmen, um die Absichten des Himmels zu vereiteln, unvorhersehbare und erschreckende Konsequenzen haben. Es steht uns nicht zu, einen Zusammenhang von Ursache und Wirkung zwischen den offiziellen Widerständen gegenüber marianischen Erscheinungen und dem frühen Tod der Verantwortlichen herzustellen. Wir können Vermutungen anstellen über etwas, was reiner Zufall sein könnte, auch wenn manche der Meinung sind, dass das was nicht bewiesen werden kann, nicht gedruckt und gesagt werden sollte. Weil gewisse Tatsachen Grund zum Nachdenken geben, sollte es dem Historiker erlaubt sein, sie zu erwähnen, während es dem Leser überlassen bleibt, sich sein eigenes Urteil zu bilden. Lassen Sie uns also unsere Aufmerksamkeit auf einen Unfall richten, der dem Bischof von Puchol Montis von Santander widerfuhr. Auf einer schlechten Wegstrecke stürzte sein Auto, zwei Monate, nachdem er erklärt hatte, dass weder die Erscheinungen noch die Botschaften von Garabandal echt seien, in einen Abgrund. Er selbst hatte das Auto gesteuert, sein Wagen überschlug sich etliche Male, seine Hände wurden zerquetscht, sein Chauffeur an seiner Seite blieb unverletzt, während er sofort starb. Das geschah am 8. Mai, dem Fest des heiligen Michael (von Monte Gargano), des Erzengels, der die Reihe von Erscheinungen in Garabandal eröffnet hatte. Francisco-Sanchez-Ventura y Pascual, der leidenschaftlich engagierte Apostel von Garabandal, zog daraus den Schluss, «es sei nicht zufällig, wenn im Bistum Santander, von dem die negativen Erklärungen ausgingen, sechs Titular- und Auxiliarbischöfe bzw. apostolische Delegierte im Zeitraum von acht Jahren einer dem anderen [in den Tod] folgte ... Was nun den Pfarrer betraf, der jede Art von Gottesdienst in der Kapelle von Garabandal verboten hatte, die dem Erzengel Michael geweiht war, so starb auch er ganz plötzlich am 1. Mai, einem Marienfesttag.»[125]

Nicht weniger erstaunlich war das Ableben des Bischofs von Piacenza im ersten Jahr seiner Ernennung zum Kardinal von Bologna. Seine Feindseligkeiten San Damiano gegenüber waren Beobachtern übertrieben und unangepasst erschienen. Noch dramatischer war der tödliche Herzinfarkt des Bischofs von Oria, in dessen Territorium Manduria liegt, am Sonntagmorgen des 14. Dezember 1997. An diesem Tag ließ er in allen Kirchen seiner Diözese einen Hirtenbrief verlesen, in dem er Deboras Visionen als diabolisches Machwerk verurteilte. Mit demselben Eindruck einer geheimnisvollen, aber unmöglich zu beweisenden Vergeltung, erinnern sich die Pilger von San Damiano an den Absturz des Militärpiloten, unmittelbar nachdem er den Erscheinungsort ohne Unterbrechung umkreist und mit seinem dröhnenden Lärm belästigt hatte. Ge-

125. Anna-Maria Turi: *Pourqoui le Vierge apparaît aujourd'hui* (Paris, 1988, S. 240-241).

nauso charakteristisch war die unheilbare Krankheit des Gemeindepfarrers, der sich streitbar den Ereignissen von El Escorial widersetzte. Auf seinem Krankenbett erkannte er die Hand, die ihn für seinen Unglauben schlug, den er bitter bereute, «sich selbst mit Saul auf dem Weg nach Damaskus» vergleichend. Dieses Zeugnis hat ein besonderes Gewicht, denn es stammt von einem Betroffenen.[126] Auch das folgende Geschehen ist nicht weniger erstaunlich. In Heroldsbach wurde ein Seminarist aus einer anderen Diözese fotografiert, wie er von der Pfarrkirche von Heroldsbach den Anschlag entfernte, auf dem den Pilgern der Besuch des benachbarten Erscheinungsortes verboten wurde. Er wurde zu seinem Bischof zitiert, um getadelt zu werden. «Aber Exzellenz, nach den Dekreten Pauls VI. kann man den Gläubigen nicht verbieten, zu beten, wo sie wollen.» Indem er all seinen Mut zusammennahm, fragte er, warum Heroldsbach nicht zur *«Gebetsstätte»* ernannt würde. «Nur über meine Leiche» war die Antwort. Diese Aussage sollte sich als prophetisch erweisen, als der pensionierte Bischof 25 Jahre später, am 18. Januar 1998 am Morgen zwischen 8 und 9 Uhr starb, eine Stunde, bevor sein Nachfolger Heroldsbach zur Gebetsstätte ernannte. Der Bischof schien mit seinem eigenen Tod die Echtheit der Erscheinungen zu bestätigen, die er während seines Lebens nicht anerkennen wollte.[127]

---

126. *L'Escorial, messages 1992-1998* (Association Vierge des Douleurs du pré-neuf de l'Escorial, F-64170 Artix, 1999, S. 343).

127. So Pater Dietrich von Stockhausen, der Leiter der Gebetsstätte von Heroldsbach. In der Vergangenheit hat der Himmel mangelnde Mitarbeit von Seiten des Klerus und kirchlicher Behörden oft bestraft und auf diese Weise im Lauf der Geschichte die Warnung Gamaliels an den Sanhedrin veranschaulicht: «Wenn dieses … Werk von Gott [stammt], … werdet ihr noch als Kämpfer gegen Gott dastehen» (Apg 5,38). Um diesen Punkt zu beleuchten, spricht Pierre Liogier d'Hardhuy in seinem Buch *Voici la fin des temps* (Résiac, Montsûrs, 1995, S. 143-144) über den dramatischen Tod von «Monseigneur Fava und Monseigneur Ginouilhac, die Bischöfe von Grenoble, und von Monseigneur Darbois, dem Bischof von Paris, der Mélanie und Maximin von La Salette verfolgt hatte. All diese Bischöfe haben in Opposition zur höchsten Autorität von Papst Pius IX. und Leo XXIII. gehandelt. Gott hat immer das letzte Wort.» Auch die drei Richter, die Johanna von Orléans zum Tod auf dem Scheiterhaufen verurteilt haben, erreichte die göttliche Ge-

Das tragischste Ereignis jedoch erinnert an die Knaben im Alten Testament, die von Bären zerrissen wurden, als sie sich über den Propheten Elija lustig machten (2 Kön 2,23-24). Eine ähnliche Vergeltung erwartete fünf junge Mädchen, die sich öffentlich über Luz Amparo von El Escorial und ihre Visionen lustig machten und sie beleidigten. Sie kamen prompt bei einem Autounfall ums Leben. Ihre Seelen, von denen vier auf dem Weg zur Hölle waren, erschienen der Seherin und beklagten ihr Los. Die fünfte Seele, tödlich verwundet, freute sich, dass ihr genug Zeit zur Reue geschenkt worden war.[128] Wenn solche Ereignisse von offizieller Seite nicht als reiner Zufall abgetan würden, könnte es zu anderen, mit Eifer und nicht mit Widerwillen gefassten Entscheidungen kommen. Stattdessen stützt man sich auf statistische Wahrscheinlichkeiten. So scheint im Falle von Unsicherheit eine negative Erklärung angepasster als eine positive. Das Diktat der Vernunft ist zunächst von größerem Gewicht als die Evidenz. Ein «non constat de supernaturalitate» (der übernatürliche Charakter dieser Ereignisse ist nicht erwiesen) wird als Erklärung herausgegeben und dient als Ersatz für «time will tell» — die Zeit wird es bringen. Aber genau diese Zeit kann sich über fünfzig Jahre hinziehen, wie das in Amsterdam der Fall war. Wenn jedoch die Bibel unsere Quelle der Inspiration ist, dann ist folgendes Ereignis für uns von Bedeutung: Als Johannes der Täufer seine Jünger zu ihrem eigenen Gewinn zu Christus schickte, um zu forschen, ob er der Messias sei, erhielten sie die Antwort: «Geht und berichtet Johannes, was ihr gesehen und gehört habt. Blinde sehen wieder, Lahme gehen und Aussätzige werden rein; Taube hören, Tote stehen auf und den Armen wird das Evangelium verkündet. Selig ist, wer an mir keinen Anstoß nimmt» (Lk 7,22-23). Anstoß zu nehmen an Werken der Barmherzigkeit, weil sie nicht in unseren Rahmen passen, ist eine merkwürdige und unangemessene Einstellung.

---

rechtigkeit, wie sie es verdienten: Bischof Cauchon starb plötzlich, als er gerade rasiert wurde, die Leiche von d'Estivet fand man in einer Kloake und Nicolas Midy starb, vom Aussatz befallen, in einem Haus für Leprakranke.»

128. S. o.: L'Escorial …: S. 61-62.

Dritter Teil

Lassen Sie uns eine kleine Pause einlegen und hinter die Kulissen schauen. Die Bühnenarbeiter sind in Aktion. Wie in einem mittelalterlichen Mysterienspiel erwartet man, dass die Muttergottes, unsere dea ex machina, jeden Moment in den Verlauf der bewegten Ereignisse eingreift und die Dinge in Ordnung bringt. Engel mit bebenden Flügeln schweben im Hintergrund und warten auf ihren Befehl. Ministranten, als Pagen verkleidet, sorgen für Unsicherheit und lesen ihre Rolle von einem Stück Papier ab, während der Teufel hinter den Requisiten herumschleicht und der Regisseur herumwuselt. Der Hauptakteur inmitten von all dem Prunk jedoch ist der Pedant, der die fieberhafte Erwartung dämpft, indem er, bevor der Vorhang sich hebt, den Zuschauern, erklärt, was passieren wird.

Nachdem er sein Sagen hatte, kann die richtige Geschichte sich entfalten, die für die Zuschauer so erstaunlich und neu ist, als wäre ein *happy end* nicht zu erwarten gewesen.

Auf ihre naive Art und Weise haben diese mittelalterlichen Mysterienspiele vom unglaublichen Eingreifen der Muttergottes berichtet. Wir hätten weniger Fiktion den Tatsachen vorgezogen. Aber Legenden sind auf ihre eigene, mythologische Weise wahr, und ihre Beliebtheit und ihr Erfolg zeigen, dass sie Empfindungen der Volksseele zum Ausdruck brachten. So wurden etwa im Falle des «Jedermann» (von Hugo von Hofmannsthal) Sünder, deren unerbaulicher Lebenslauf sich auf den Stufen von Kathedralen entfaltet, gerettet, auch wenn sie es kaum zu verdienen schienen. Denn Gottes Barmherzigkeit können keine Grenzen gesetzt werden. Und das haben, was diese Historienspiele religiösen Inhalts mit den marianischen Erscheinungen unserer Tage gemeinsam.[129]

129. Das Mittelalter verstand das Dilemma des Sünders voll und ganz: Wie kommt man auf dem leichtesten Weg in den Himmel? Und das Mysterienspiel gab die Anwort. Weil es sowohl erbauen als auch unterhalten musste, machte es die notwendigen Zugeständnisse an das «Showbusiness», und die Spannung war atemberaubend, denn die Alternative war klar: Hölle oder Paradies. Der Teufel hatte seine beste Zeit auf der Bühne, wenn er so dick auftrug, dass ihn sogar ein zweitrangiger Schauspieler dafür kritisieren konnte. Der Tod war ein unwillkommener Besucher und wurde im richtigen Moment auf seinen Platz verwiesen.

31

In dubio

Im Zweifelsfalle: Vorsicht!

Im Zweifelsfall: Zurückhaltung! Nur zu oft reagiert der «gesunde Menschenverstand» mit Slogans dieser Art auf Berichte von marianischen Erscheinungen unserer Zeit. Sich nicht auf diese Erscheinungen einzulassen, scheint verdienstvoll zu sein. Wenn wir die Bibel um Rat fragen, so finden wir «Wenn dann jemand zu euch sagt: Seht, hier ist der Messias! oder: da ist er! So glaubt es nicht!» (Mt 24,23; Mk 13,21-22). Wurden wir nicht davor gewarnt, dass «mancher falsche Messias und mancher falsche Prophet auftreten … und große Zeichen und Wunder tun [wird], um, wenn möglich, auch die Auserwählten irrezuführen?» (Mt 24,24). Gibt es irgendwelche ernstzunehmende Gründe, warum sich diese Worte Jesu nicht genauso auf marianische Erscheinungen beziehen sollten? Täuschungen sind eine ständige Gefahr. Außerdem ist es die erste Pflicht eines Christenmenschen, sich nicht auf etwas einzulassen, was zu Parteienbildung und dem Entstehen von Sekten führen könnte.

— Trotzdem sind Toleranz und Geistesoffenheit Tugenden. Die Apostel waren sich dessen nicht bewusst, als sie versuchten, einen Exorzisten, der nicht zur Jüngerschar gehörte, daran zu hindern, im Namen Jesu Dämonen auszutreiben. Aber ihr Meister erklärte ihnen, dass sie sich da täuschten: «Keiner, der in meinem Namen Wunder tut, kann so leicht schlecht von mir reden. Denn wer nicht gegen uns ist, der ist für uns» (Mk 9,34-40). Oder wie es bei Lukas steht: «Denn wer nicht gegen euch ist, der ist für euch» (Lk 9,49-50). Diese Kommentare sind auch heute noch relevant. Die Muttergottes wählt ihre Seher nach Kriterien, die nicht immer einsichtig sind. Sie lässt ihre Botschaften von Wundern, Bekehrungen und Heilungen begleiten, die wir nicht unter dem Vorwand minimalisieren sollten, «die Übernatürlichkeit der Fakten [sei] nicht erwiesen.» Mit dieser Formel will die kirchliche Autorität, die sich ihrer Verantwortung voll bewusst ist, übereilte Entscheidungen und verfrühte Festlegungen verhindern.[130] Aber dieser Standard-Satz besagt nicht, dass die Seher falschen Glaubens seien oder dass die Botschaften erfunden wären oder die Bekehrungen und Heilungen nicht stattgefunden hätten. Denn die Liebe, statt misstrauisch zu

---

130. «Der übernatürliche Charakter des Ereignisses ist nicht erwiesen.» Diese Formel, die gegenwärtig von Bischöfen oder ihren Kommissionen gebraucht wird, ist Ausdruck einer vernünftigen Entscheidung. Die Meinung eines Bischofs kann in der Regel nicht sofort die der Gläubigen sein. Für ihn gilt es, Zeit zu gewinnen, um dem Druck und der Nähe des Ereignisses zu entgehen. Dadurch bleibt die Hierarchie unbeeinflusst von dem, was die Gläubigen überzeugen konnte. Sie wurde nicht von den Zeichen und Wundern berührt, weil sie sie nicht erlebt hat. So gibt es eine Dichotomie (Zweiteilung), die wie eine Wand zwischen diesen beiden Welten steht: auf der einen Seite die persönliche Erfahrung der einen, auf der anderen Seite die verwässerten Berichte für die, die ferngeblieben sind. Dass Fronten entstehen zwischen denen, die mit ihren eigenen Augen gesehen haben und denen, die ein Urteil fällen auf der Basis von mehr oder weniger voreingenommenen Informationen, ist unvermeidlich.
Es ist wahr, nach dem Kirchenrecht kann ein Bischof, sobald er Zeuge eines Wunders wurde, dieses Wunder, an das zu glauben er gerade begonnen hat, nicht mehr für echt erklären. Denn kein Mensch kann zur gleichen Zeit Kläger und Richter sein. Er muss dann seine Rolle als Vorsitzender oder Mitglied der Kommission aufgeben, die dazu eingesetzt wurde, über die Authentizität des Geschehens zu entscheiden. Sicher ist diese Bestimmung der Grund dafür, dass er einem Erscheinungsort fernbleibt. Er weiß, falls er persönlich Zeuge einer Manifestation des Himmels werden sollte (wie etwa im Falle des Bischofs von Civitavecchia, der die Muttergottes-Statue mit eigenen Augen Blut weinen sah), würde er für diesen Fall seine Entscheidungsvollmacht verlieren. Rechtsprechung erlaubt kein persönliches Engagement bis zu einem Grad, wo es gegen den gesunden Menschenverstand zu verstoßen scheint. Natürlich sind Gesetze dazu gemacht, dass man sie beachtet. Auf lange Sicht gesehen garantiert der Respekt die Objektivität des Gesetzes (vgl. René Laurentin «Civitavecchia, onze ans plus tard» in *Chrétiens magazine*, 15. März 2007, S. 11).

sein, «glaubt alles [und] hofft alles» (1 Kor 13,7). Sie traut denjenigen, die im Namen Christi Dämonen austreiben. Es gibt viele Bücher und Artikel von Autoren, die die Echtheit heutiger Marienerscheinungen mithilfe isolierter Lappalien zu widerlegen versuchen. Im Namen dessen, was man «das Prinzip des Wesentlichen» nennen könnte, wischen sie mit ihrem unlogischen Denken eine ganze Serie von Daten vom Tisch, deren Konvergenz ausreichen könnte, die übernatürliche Natur eines zu untersuchenden Ereignisses zu beweisen. Das nennt man auch «das Kind mit dem Bade ausschütten». Die meisten Gläubigen haben nicht das nötige Fachwissen, um die Fakten zu ordnen und zu analysieren, wie Theologen das können. Die jedoch leiden manchmal an einer Kurzsichtigkeit, die sie daran hindert, das Gesamtbild zu erfassen. Der erste entscheidende Punkt für eine vernünftige Beurteilung jedoch steht jedem zur Verfügung, und er besteht darin, sich zu fragen: Gibt es Konversionen? In unserer Zeit, mit ihrem weit verbreiteten Glaubensverlust, in einem Land wie Deutschland mit 200 000 Kirchenaustritten pro Jahr sollten alle Gegenbewegungen in Richtung Glaubenszuwachs mit Begeisterung begrüßt werden. Das lässt Medjugorje so anziehend für den Beobachter werden, trotz des Konfliktes zwischen dem Bischof und den verantwortlichen Franziskanern. Im Gegensatz dazu war der Fall Heroldsbach (1949-1952) das deprimierendste Beispiel für das Verschleiern des Wesentlichen, nämlich der Bekehrung vieler Sünder. Wie kann man es verstehen, dass die Seher von Heroldsbach unter der Strafe der Exkommunikation gezwungen werden sollten, ihre Aussagen zu widerrufen? Es gereicht ihnen zur Ehre, dass sie sich weigerten, das zu tun. Es gereichte ihnen aber auch zum Nachteil, weil sie viele Jahre von den Sakramenten ausgeschlossen waren, bis die Strafe schließlich aufgehoben wurde. Und das geschah an einem Ort, wo Priester von morgens bis abends im Beichtstuhl beschäftigt waren, und berichteten, dass sie dabei die bewegendsten Momente ihres Lebens erfahren durften. Ein Gemeindepriester sagte, wäre er nicht durch das Beichtgeheimnis gebunden, wäre Heroldsbach schon längst anerkannt, so groß war die Zahl der Bekehrungen.[131]

Und wenn der Teufel ein Einsiedler würde, würden wir uns dann durch sein Erscheinen täuschen lassen? — Was hier von Interesse ist, sind nicht die List und Tücken des Teufels, sondern die Früchte, die die Muttergottes in die Scheune bringt. Der Teufel ist natürlich ein ausgezeichneter Schauspieler, Regisseur, Produzent und Direktor. Er ist auch ein vorzüglicher Lehrer, er kann alles lehren, inklusive Theologie. Er weiß alles, nur nicht das Wesentliche. Auf der anderen Seite kann man die Schule übernatürlicher Liebe in Manduria (Kalabrien) finden, wo eine junge Frau, den Anweisungen der Muttergottes folgend, ohne spezielle Kompetenzen lehrt, erbaut und Sünder zurück zu Gott führt. Im Wesentlichen verkündet sie nichts Neues, sondern nur das Evangelium. Sie spricht auch von der Hölle als einer realen Möglichkeit, und von der Beichte als einem Tor zum Himmel.[132] Wurde dieses Sakrament nicht schon zu oft ins Museum für historische Kuriositäten verwiesen? Es hat zwei Jahrhunderte in der lutherischen Kirche überlebt, bevor es beinah in Vergessenheit geriet; in der Tat war es Luther sehr teuer. Im 20. Jahrhundert wurde es in der katholischen Kirche als veraltet angesehen und in weniger als 30 Jahren fast abgeschafft. In vielen Ländern, besonders in Deutschland, gehen weniger als 5% der Rechtgläubigen zur heiligen Beichte.[133]

---

131. Christel Altgott: *Heroldsbach* (Christel Altgott, Mönchengladbach, 1979, S. 24).
132. Zumindest war das so, bis der Bischof vor Kurzem von der Visionärin verlangte, beim Besuch der Muttergottes nicht mehr in der Öffentlichkeit anwesend zu sein.
133. Was ist die Lehre, die man damals aus den Erscheinungen in Heroldsbach hätte ziehen können? Unsere Liebe Frau rief vor allem zu einem Gebetskreuzzug auf, um der Ausbreitung des Kommunismus entgegenzuwirken. Erstaunlicherweise fiel der Ausdruck «Kreuzzug» nicht — vielleicht wegen seiner kriegerischen Konnotation. Doch es war der Gipfel des Kalten Krieges, als die Muttergottes die Menschen flehentlich bat, sich auf das Beten des Rosenkranzes zu besinnen und unter Tränen den Himmel um Hilfe zu bitten, denn der Krieg in Korea braute sich gerade zusammen. Mit dem Segen der Alliierten hatte der «Rote Drache» bereits einen Teil der östlichen Länder und ein Drittel von Deutschland verschlungen, wie es in Fatima angekündigt worden war. Für diese Gefahr wollte uns die

32

«Distinguo»

Man muss unterscheiden

Aussagen von Sehern und anwesenden Zeugen über Erscheinungen sollten nicht für bare Münze genommen werden. Die Suggestionskraft in einer Gruppe ist so stark, dass sie die Objektivität beeinflussen kann. Was gesagt wurde oder was stattgefunden hat, muss unbeeinflusst vom unmittelbaren emotionalen Reaktionen gründlich untersucht werden. Und das kann besser von

Muttergottes die Augen öffnen. Heroldsbach erinnert mit seinen Botschaften und Wundern — wie etwa dem der Sonne, die sich am Himmel drehte, was von zehntausend Menschen beobachtet wurde — an Fatima.
Historisch betrachtet bleibt Heroldsbach aus negativen Gründen von Bedeutung wegen der Strafmaßnahmen, die damals gegen die Seher ergriffen wurden. Wenn wir diese Entscheidungen erwähnen, dann deshalb, weil in ihnen in extremer Weise der Gegensatz zum Ausdruck kommt zwischen den Erfahrungen derer, die unmittelbar betroffen waren und den «a-priori»-Entscheidungen, die «in abstracto» getroffen wurden. Man kann es nur bedauern, dass der Bischof, konfrontiert mit Ereignissen, welche damals Zehntausende von Gläubigen mobilisierten, es ablehnte, persönlich zu erscheinen, um sich von der Glaubwürdigkeit der Berichte ein eigenes Bild zu machen, zu einer Zeit, da der lokale Klerus einmütig hinter den Erscheinungen stand.
Die Ironie des Geschehens in Heroldsbach zeigt sich noch mehr in dem Kontrast zwischen anfänglicher Verurteilung und heutiger Anerkennung. Heroldsbach zu befürworten war Grund genug, exkommuniziert zu werden. Heute, initiiert durch Johannes Paul II., als Kardinal Ratzinger noch der Glaubenskongregation vorstand, wurde es zum Zentrum der Neu-Evangelisierung Deutschlands und Europas erklärt. Etwas zurückhaltender sieht der derzeitige Bischof von Bamberg in ihm ein geistliches Zentrum für die Neu-Evangelisierung seiner Diözese.

einem, der nicht unmittelbar dabei war, in der Abgeschiedenheit eines ruhigen Büros, geschehen.

— Was hier implizit zum Ausdruck kommt, ist die Idee, dass eine analytische Annäherung schnell die wahre Natur solcher Erfahrungen klarlegen wird. Wenn das Ganze geheimnisvoll ist, werden es die einzelnen Teile weniger sein. Das «distinguo» wird so die wirksamste Waffe in der Kontroverse zum Thema Erscheinungen. Gewisse Merkmale vorheriger, anerkannter übernatürlicher Ereignisse werden zur Norm, auch wenn sie lediglich akzidentiell waren. Diese Vorgehensweise kann verheerende Folgen haben. So wäre Pater Gemelli zum Beispiel, der nur zu bekannt ist für seine Kritik an dem stigmatisierten Padre Pio, von der Echtheit der Charismen des Heiligen überzeugt gewesen, wenn die Stigmata von Padre Pio mit dem äußeren Erscheinungsbild derer des Heiligen Franziskus — den Berichten nach — übereingestimmt hätten. In seiner wissenschaftlichen Gelehrsamkeit war er vom Gegenteil überzeugt, und damit war in seinen Augen der Fall abgeschlossen. Seine Schlussfolgerung war umso unbegründeter, als sein Zusammentreffen mit Padre Pio äußerst flüchtig war. Ebenso standen die Kritiker in Heroldsbach (1949-1952) und in San Damiano (1961-1981) den Erscheinungen skeptisch gegenüber, weil die Seher nicht wie die heilige Bernadette Soubirous in Lourdes ekstatisch waren. Dagegen kann man anführen, dass der ekstatische Zustand der Seher von Garabandal (1961-1965) oder Medjugorje (1981-200...), der nicht angezweifelt werden kann, dem Bischof nicht als Beweis für das *satisfecit* ausreichte. Da in diesen beiden letztgenannten Fällen noch andere Faktoren eine Rolle spielten, die Schwierigkeiten verursachten, gibt es keinen Weg, um den Streit beizulegen. In Garabandal zogen die vier Seherinnen, als wären sie von Amnesie befallen, eine nach der anderen ihre Zeugenaussagen (aus den Jahren 1962 und 1966) zurück. Das geschah jedoch in Übereinstimmung mit den Ankündigungen der Muttergottes, die das vorausgesagt hatte. In Medjugorje säte ein Konflikt in Fragen der Jurisdiktion zwischen den Franziskanern und dem Bischof von Mostar Zwietracht, die ihre Auswirkung auf die Authentizitätsfrage hat. Annulliert das Eintreffen einer Prophezeiung die Zurücknahme einer Zeugenaussage, wenn sie vorausgesagt wurde? Es war prophezeit worden, dass dieser Widerruf sowohl die Glaubenskrise unserer Zeit als auch die Areligiosität von morgen symbolisieren würde. Warum sollte die einfache Frage nach kirchenrechtlicher Zuständigkeit, wie im Falle von Medjugorje, den Himmel in seinem Eingreifen wie einen Mitschuldigen kompromittieren? Die Unterscheidungen, welche getroffen werden müssen, gemäß der Vielfalt der Umstände, reichen nicht aus, um die Schwierigkeiten aus dem Weg zu räumen, die für uns arme Sterbliche durch göttliches Eingreifen verursacht werden.

Es ist, als gäbe es eine perfekte Symmetrie zwischen den Gründen, zu glauben und den Motiven, zu zweifeln. Das Gewicht, wodurch die Schale sich mehr zu der einen als zur anderen Seite neigt, ist unser eigenes Herz. Die Frage wird je nach unseren eigenen Prioritäten entschieden. Diese Wahl ist entscheidend: *«Amor meus, pondus meus.»* («Meine Liebe ist das, was mich an sich zieht.»). Glücklich der Mensch, dessen Neigungen mit dem Willen Gottes übereinstimmen. Denn von Gott kommt der erste Anstoß, auf den man jederzeit mit «Nein» reagieren kann. Dies erinnert an die Protestanten der ersten Stunde, die glaubten, sie würden den bestmöglichen Gebrauch von ihrer Freiheit machen, indem sie unter den Sakramenten und Dogmen eine Auswahl trafen… Ohne einen ganz so schwerwiegenden Fehler zu begehen, erfreuen sich die Gegner von Erscheinungen, die Bekehrungen und Heilungen im Gefolge haben, des traurigen Privilegs, im Namen von abstrakten Prinzipien ein übernatürliches Ereignis in den Bann gelegt zu haben. Es scheint ihnen nie an Argumenten zu fehlen. Und dieses «distinguo» ist ein furchteinflößendes Instrument. Es gibt viele Wege, den Glauben zu «entmystifizieren». Und eine der wirksamsten Methoden, auch im Bereich der Mystik, ist der Dekonstruktivismus.

Auch ist hier eine Analogie zwischen dem Glauben an die zentralen Geheimnisse unserer Religion und dem Glauben an derzeitige Wunder zu erkennen. «Wie kann er uns sein Fleisch zu essen geben?» (Joh 6,52), murrten die Juden, als Jesus ankündigte, er würde sein Fleisch als Nahrung für das Leben der Welt hingeben. Das Wörtlichnehmen war schon immer eine Art geistiger Verzerrung der Wirklichkeit und eine große Versuchung.

> Aber «Christus ist geduldig und voller Barmherzigkeit», schrieb Cyril von Alexandria. «Weit entfernt davon, sich mit dem Unglauben engstirniger Geister zu streiten, bietet er ihnen das lebensspendende Wissen vom Geheimnis [der Eucharistie] an … [Und wenn] er nicht erklärt, wie er ihnen … sein Fleisch zur Speise geben wird …, zeigt er ihnen zu ihrem eigenen Heil das Gute, das aus dieser Nahrung erwächst. Indem er in ihnen die Sehnsucht erweckt, in ewiger Freude zu leben, lehrt er sie zu glauben. [Denn wenn einer] geglaubt hat, folgt ganz natürlicherweise daraus, dass er auch verstehen kann.» Genau wie der Prophet Jesaja sagt: «Wenn ihr nicht glaubt, werdet ihr nicht verstehen» (7,9).[134]
>
> Erst mussten sie im Glauben verwurzelt sein und danach mit Verstand erfüllt werden…»

Dieses Argument, das für die Wahrheit biblischer Offenbarungen gilt, sollte auch als Vorlage für unseren Glauben an die Echtheit von Privatoffenbarungen verwendet werden. Auch hier geht der Glaube dem Verständnis voraus. Auch wenn es sich bei dem in Frage kommenden Glauben nicht um eine theologische Tugend handelt ohne den wir nicht gerettet werden können, so doch um eine verdienstvolle Tugend, denn sie bedeutet, Vorurteile zu überwinden, vorgefasste Meinungen abzulegen und oft die öffentliche Meinung herauszufordern. Der geistige Nutzen, der uns aus der Begegnung mit Maria erwächst, die wir mit den Augen der Seher betrachten, wird uns geschenkt, wenn wir unsere eigene Begrenztheit akzeptieren. Wir begegnen einem übernatürlichen Ereignis mit Respekt, an das zu glauben wir bessere Gründe haben, als dar-

134. Cyril von Alexandria interpretiert Jesaja auf eine geistige Weise, denn im Original steht: «Glaubt ihr nicht, so bleibt ihr nicht.»

an zu zweifeln. Dadurch werden wir geistig bereichert und auf geheimnisvolle Weise erleuchtet werden. Ohne Demut gibt es keinen Zugang zum Glauben. Wie der Kirchenvater aus Alexandrien schreibt:

> «Das ist der Grund dafür ..., warum sich unser Herr klugerweise enthält ... zu sagen, wie er sein Fleisch zur Speise geben wird; er ... lädt ein zu glauben, bevor man eine Frage stellen kann. Die Apostel glaubten bereits, als er das Brot brach und es ihnen mit den Worten gab: "Nehmet und esset, denn das ist mein Leib"... Betrachtet, wie er es ablehnt, den Gedankenlosen das Wesen des Geheimnisses zu erklären, die sich weigern, zu glauben, ohne zu fragen, aber wie er es denen verständlich macht, die bereits glauben.»[135]

Glaube kommt zuerst, Verständnis danach, genauso wie die Voraussetzung der Schlussfolgerung vorausgeht. Die Beziehung zwischen Aufnahmebereitschaft und Akzeptanz ist dieselbe wie zwischen Ursache und Wirkung. Es sind «die Kleinen», die zuerst zu Erscheinungsorten kommen und in ihrem Kielwasser die Sünder mit sich ziehen. Sie sind ohne geistigen Stolz und dienen so als Referenz für die, deren Seele krank ist. Die Muttergottes bezeichnet die ersteren als ihre Kinder und die zweiten als die verlorenen Schafe. Wie ihr göttlicher Sohn, baut auch sie auf das Schwache und sucht zu retten, was verloren ist. Das kann man an Orten wie Garabandal und Heroldsbach lernen, wo es Kinder sind, die verhärtete Sünder zu Reuetränen bewegen. Welches Unglück, wenn kirchliche Autoritäten diese Fundamental-Theologie göttlicher Barmherzigkeit ihrer Wirkung berauben.

135. Das bedeutet nicht, dass ich den Glauben, den ich der geoffenbarten Wahrheit schuldig bin, auf die gleiche Ebene stelle wie das Engagement für einen Erscheinungsort. Trotzdem gibt es beunruhigende Analogien zwischen den Forderungen, die an die Jünger gestellt werden, wenn es darum geht, die Botschaft Christi zu akzeptieren, und den Anforderungen, die Voraussetzung sind für den Empfang der Gnadengaben, die Maria ihren Kindern gewährt, wenn sie erscheint. In beiden Fällen ist der Geist der Demut nötig. Was für Kinder erreichbar ist, scheint außerhalb der Reichweite von Gelehrten zu sein, es sei denn, sie sind bereit, von den Kindern zu lernen.

33

Pro quibus sunt apparitiones?

Für wen sind Erscheinungen?

Es gibt ein weit verbreitetes Argument: Praktizierende Gläubige hätten es nicht nötig, zu den neuesten Erscheinungsorten zu gehen, was auch gewöhnlich die Meinung ihres Bischofs ist …[136]

MEINE ANTWORT

— Im Gegenteil, es ist gut für sie, und nicht nur für sie, sondern erstaunlicherweise auch für nicht-praktizierende Katholiken, denn

136. Es ist nicht meine Absicht, diejenigen Gläubigen zu kritisieren, die in dieser Frage geneigt sind, dem Rat ihres Bischofs zu folgen. Mein Ziel ist es, Licht in die Diskussion zu bringen, indem ich aufzeige, welche Konsequenzen umsichtige Entscheidungen von zuständigen Behörden oder von beteiligten Personen mit sich bringen. Wir haben es hier mit sehr spezifischen Fällen zu tun. Es ist unmöglich, alle möglichen Situationen vorauszusehen, beginnend mit der, wo der Bischof seine eigene Kompetenz überschreitet(a), bis zu dem Fall, wo der Gläubige nicht auf den wohlüberlegten Rat seines Hirten hört und Gefahr läuft, betrügerischen Propheten zu vertrauen. Für die Rettung von Seelen ist es wichtig, die folgenschwere Bedeutung dieser Debatte aufzuzeigen und dem «a priori»-Misstrauen entgegenzutreten, mit dem heutigen Erscheinungen begegnet wird. Dieses Misstrauen ist zu komplex und zu weit verbreitet, wie ich bereits ausgeführt habe, um noch einmal an dieser Stelle darauf eingehen zu können. Eines der überzeugendsten Argumente für den Sünder, der trotz aller Einwände zu einem Erscheinungsort gebracht wird, ist die Heilung von unheilbaren Leiden.
So wie Dr. Alexis Carrel bei seinem Besuch in Lourdes, sind Ärzte besonders von diesem Argument beeindruckt, welches sie zwingt, ihren rationalistischen Positivismus zu überwinden.
(a) Wie das in Le Laus im 18. Jahrhundert der Fall war, als der Erzbischof von Embrun, ein Jansenist, die Seherin verhaften wollte. Sie jedoch war rechtzeitig von der Muttergottes gewarnt worden und ging nicht nach Embrun, wo sie dem Erzbischof ausgeliefert gewesen wäre.

das ist der Ort, an dem sie in großer oder zumindest beachtlicher Anzahl bekehrt werden. Aber wie können nicht-praktizierende Katholiken überzeugt werden, wenn praktizierende zuhause bleiben? Durch gutes Beispiel kann man weit mehr als durch Worte erreichen. Daher ist es allein schon um des guten Beispiels willen richtig, wenn ein praktizierender Katholik sich auf den Weg macht, auch wenn er den Eindruck hat, dass andere es vielleicht nötiger hätten dorthin zu gehen, als er selbst. Es wäre völlig wirkungslos zu sagen: «Sieh nicht auf mein Tun, sondern auf das, was ich dir sage» … «Wenn ein guter Katholik es nicht für nötig hält nach Medjugorje zu pilgern, warum sollte es ein armer Sünder dann tun?», könnte ein solcher Mensch sich fragen.

Wie groß ist das Leid der Christen, die die Welt, das Fleisch oder der Stolz verleitet hat, ihre Pflicht zu vernachlässigen. Wer nimmt sich der Frau an, die eine Abtreibung hatte, des Mannes, der seine Frau verlassen hat, des Paares, das in Sünde lebt, oder des Drogenabhängigen, wenn nicht die reinste aller Frauen, die letzte Zuflucht der Sünder?

– «Aber man ist doch nicht sicher, dass SIE es ist!», lautet gewöhnlich der nächste Einwand.

– «Seien Sie beruhigt, wenn Menschen dort bekehrt werden, ist das nicht das Werk des Teufels.» Das Reich des Bösen ist viel zu homogen, um gegen sich selbst Krieg zu führen. Der Teufel kann das Gute nicht benützen, denn er kann sich nicht mit ihm verbünden. Er kann nicht Pauls Seele retten, um dadurch die von Peter zu verderben. Die Söhne des Verderbens zeigen im Hinblick auf ihre zentrale Motivation ein viel zu hohes Maß an Einheitlichkeit. Wenn Satan und Luzifer[137] nicht in perfekter Absprache handelten, wie ließe sich dann ihr Erfolg erklären (vgl. Mk 3,22-26)? Und was für eine bemerkenswerte Zusammenarbeit gibt es unter ihren Anhängern

137. Satan und Luzifer sind, nach Pater Amorth, einem römischen Exorzisten, der aus seiner persönlichen Erfahrung heraus spricht, zwei verschiedene infernale Wesen.

auf Erden bei der Unterwanderung von Werten! Luther wünschte sich, die Türken hätten ihm geholfen, Rom zu bekämpfen. Selbst der christliche König Ludwig XIV., seinen Auftrag vergessend, verbündete sich mit den Ottomanen, um seinen Gegner, den Kaiser von Österreich, zu schwächen. So teilen bisweilen Gläubige, ihrer eigenen Überzeugung zuwiderhandelnd, die Logik von Ungläubigen. Könnte das nicht auch manchmal bei den Dienern der Kirche der Fall sein? Es wäre naiv, zu glauben, sie wären Garanten gegen diesseitiges Denken, wo sie doch — wenigstens indirekt — alles tun, um Sünder daran zu hindern, dorthin zu gehen, wo sie bekehrt werden könnten. Es ist, als ob es besser wäre, wenn ein Sünder vorerst in seinen Sünden bleibt, als dass Theologen übereilt handeln, wo eine Unterscheidung schwer ist. Wenn ein verzweifelter Mensch sich in die Seine stürzt, könnte das Platschen einen Passanten aufmerksam machen, und der würde sich heroisch in das Wasser stürzen und den ertrinkenden Menschen retten. Aber Sünder stürzen sich lautlos ins Verderben wie der Schnee, der im Winter fällt. Und, wer wird sich ihrer erbarmen, wenn niemand sie bemerkt?

34

In nomine Oecumenismi

Im Namen des Ökumenismus

Es ist ganz einfach eine Frage von Prioritäten. Ökumenismus ist unser großes Anliegen und unser ekklesiologisches Projekt für die kommenden Jahre. Zugunsten interkonfessioneller Beziehungen ist es besser, wenn marianische Erscheinungen im Hintergrund bleiben. Protestanten reagieren allergisch auf Wunder. Lassen Sie uns die Spaltung zwischen Christen nicht noch vergrößern, wo es ansonsten so viele Gemeinsamkeiten gibt.

Unsere getrennten Brüder werden unsere Zurückhaltung zu schätzen wissen. Haben sie nicht auch Zugeständnisse an uns gemacht? Wir müssen sie auf halbem Wege treffen. Außerdem sollten wir den beredten Worten, die Luther über Maria geschrieben hat, Anerkennung erweisen, die er «die verdienstvolle Magd», «die Jungfrau voll der Verheißung» und «die süße Muttergottes» genannt hat,[138] obwohl, wie wir wissen, seine Kirche das Dogma der Unbefleckten Empfängnis verworfen hat. Wie können wir erwarten, dass Protestanten Erscheinungen annehmen, wo doch Unsere Liebe Frau noch weiter geht und die Titel «Miterlöserin» und «Vermittlerin aller Gnaden» beansprucht? Ein Verschweigen ist keine Negierung, und in unserem ökumenischen Dialog sollte unser Schwei-

138. Diese Vertrautheit könnte als lobenswert empfunden werden, würde nicht ein bemerkbarer Ton von Herablassung mitschwingen.

gen zu solchen Fragen nicht nur psychologische Vorgehensweise, sondern eine Tat christlicher Nächstenliebe sein.

— Ökumenismus sollte nicht einseitig gepflegt werden. Zudem ist unsere eigene marianische Tradition das überzeugendste Argument für die Wiedervereinigung mit den schismatischen Kirchen des Ostens. Was die protestantischen Kirchen betrifft, so ist deren Ablehnung des päpstlichen Primates das Haupthindernis für die Wiedervereinigung und die Frage der Muttergottes eine zweitrangige.

Tatsächlich übt Luther als Folge der gegenwärtigen, freundlichen inter-religiösen Atmosphäre auf Katholiken einen schädlichen Einfluss aus, auch in Fragen der Mariologie. Das ist in der Praxis bei gewissen bekannten Persönlichkeiten nicht zu übersehen, besonders in Deutschland, wo unter katholischen Theologen eine Tendenz zur Rehabilitierung Luthers besteht, der als eine Art Vaterfigur für moderne theologische Spekulationen präsentiert wird. Das Bemühen um die Integration protestantischer Sichtweise von Seiten der Katholiken ist umso mehr verbreitet, als sie ungehindert voranschreitet. Sie wird als die Politik des kleineren Übels angesehen. Aber marianische Frömmigkeit ist nicht ein Anhängsel, eine Zutat unseres Glaubens. Sie kann auch nicht auf rein pragmatische Überlegungen reduziert werden. Mit Maria können wir so viel mehr erreichen! Marianische Frömmigkeit ist unsterblich und ist in Gottes Garten eine immerblühende Blume. Maria war von Anbeginn die Mutter aller Christen, und in unserem katholischen Bewusstsein wird das mit der Zeit immer deutlicher. Das Wirken des Heiligen Geistes in den Seelen erhält durch heutige Erscheinungen einen neuen Anstoß. Es wäre unpassend, sich dieser spirituellen Dynamik mit der Begründung zu widersetzen, sie sei ein Hindernis für die gegenwärtigen Annäherungstendenzen unter den christlichen Bekenntnissen. Diese Annäherungen können «nicht auf Kosten der Pläne des Himmels gefördert werden».[139] Der Himmel hat nicht die Absicht, sich unseren zeitgebundenen Prioritäten anzupassen. Im Gegenteil, wir sind aufgerufen, uns den Forderungen unseres Glaubens zu unterwerfen. Gottes Wille wird erfüllt in der Einhaltung seiner Gebote, auch derer, die zu gewissen Zeiten als weniger wichtig erachtet werden. Die Muttergottes ist das Sprachrohr des göttlichen Willens. Dieser Grundsatz, verstärkt durch ihr eigenes Beispiel, ist für uns sehr gewinnbringend, wenn wir darauf hören, was sie uns zu sagen hat. Solange das Evangelium, das man an Erscheinungsorten hört, kein anderes ist als das, das wir bereits kennen, sondern eher eine Aktualisierung, die den heutigen Herausforderungen besser angepasst ist, kann man es getrost annehmen. Auf lange Sicht werden wir bemerken, dass es all dem nicht widerspricht, was in unseren eigenen ökumenischen Bemühungen gut, fruchtbar und begründet ist. Es gibt eine Wahrheit, die Maria betrifft, so wie es eine gibt, die Jesus betrifft. Und keiner kann aus der einen Gewinn ziehen, wenn er die andere vernachlässigt. Es wäre ein fataler Fehler, aus Gründen des historischen Opportunismus zu glauben, den Sohn zu privilegieren, indem man der Mutter die Attribute wegnimmt, die sie aus der Hand ihres göttlichen Sohnes empfangen hat.[140]

---

139. «Betet für die Wiedervereinigung der drei Kirchen, denn das gehört zu dem Triumph meines Unbefleckten Herzens», sagte die Muttergottes zu den Sehern von Venezuela in Maracaibo am 13. März 1996. Jörg Müller: Warum erscheint Maria so oft? (Mediatrix, St. Andrä-Wördern, 1999, S. 53-54).

140. Die Kirche muss eins sein, aber ohne Kompromisse. «Die Welt sucht Maria, und Maria wird die Welt retten, wenn ihr auf sie hört und euch bekehrt.» Das sagte die Muttergottes im Dezember 1985 zu Renato Baron in Schio.
So wie ein Konvertit vom Protestantismus einst sagte: «Wie konnte ich so lange leben, ohne zu verstehen, dass Maria notwendigerweise meine Mutter ist, wenn Jesus mein Bruder ist?» (Robert John Neuhaus in dem Buch von Timothy Drake: *There we stood, here we stand*, Timothy S. Drake, New York, 2001, VI).

35

Vetera praeferenda sunt

Altbewährtes ist besser

Warum sollten wir zu neuen, kirchlich nicht anerkannten Erscheinungsorten gehen, wenn wir Gnadenstätten wie Lourdes und Fatima haben? Es ist sicherer, der geheiligten Tradition zu vertrauen, und besonnener, seine Zeit nicht zu vergeuden, anstatt das Risiko einzugehen, sich von nicht bewiesenen und nicht anerkannten übernatürlichen Ereignissen täuschen zu lassen. «Bemerken diese Leute denn nicht, dass sie, ohne es zu wissen, den Teufel verehren könnten?», lautet eine andere Kritik, gezielt auf die Menschen, die sich an noch nicht offiziell anerkannten Erscheinungsorten versammeln. Oder in abgeschwächter Form: «Wie kann man wissen, dass man nicht getäuscht wird?» Diese Pilger sind wie temperamentvolle Vollblutpferde, die losstürmen, bevor das Startsignal gegeben wurde. Da die Zeit alles an den Tag bringen wird, warum nicht abwarten?

— Was diese Einwände relativiert, ist die Tatsache, dass in den ersten Jahren der Erscheinungen von Fatima die gleichen Argumente angeführt wurden. «Es wäre besser, wenn die Menschen nach Lourdes gingen!» Aber wenn die Jungfrau jetzt an einem bestimmten Ort erscheint, könnte das nicht heißen, dass sie genau an diesem Ort gebraucht wird? Warum wollen wir es besser wissen als die Vorsehung?[141]

141. Echte Frömmigkeit respektiert die Wünsche des Himmels. Ein Punkt, auf dem die Muttergottes besteht, ist der Ort, an dem sie verehrt werden möchte. In El Escorial

Der Aufruf zu Buße und Gebet war in Fatima im Wesentlichen derselbe wie in Lourdes. Aber der Zeitpunkt war spezifisch gewählt, um uns vor dem Zweiten Weltkrieg und der kommunistischen Gefahr zu warnen, verbunden mit der Aufforderung, für die Bekehrung Russlands zu beten. Die Erscheinungen in Heroldsbach von 1949-1952 trafen kurz nach Beginn des Korea-Krieges zeitlich mit der

---

wurde Amparo, der die Muttergottes auf dem Prado-Nuevo erschien, aus der Fassung gebracht, als der Bürgermeister aus reiner Bosheit den Erscheinungsort in einen Sportplatz verwandeln wollte. Mit Tränen in den Augen schlug sie der Muttergottes vor: «Es gibt andere wunderschöne Anwesen...» Aber Jesus und Maria sind hartnäckig: «Ich möchte meine Wohnung an dieser Stelle haben... Dieser Ort braucht mich.» Anders ausgedrückt: Marienverehrung muss genau an dem Ort zum Ausdruck kommen, den Maria durch ihr Erscheinen geheiligt hat. Der «locus gratiae» (Gnadenort) ist das Ergebnis providentieller Entscheidung: «Kommt zu diesem Ort, fürchtet euch nicht...Ich habe euch versprochen, wer immer zu diesem Ort kommt, wird besondere Gnadengaben erhalten» (6. November 1993: Gabriel: *Premier récit authentique des apparitions de l'Escorial*, F.-X. de Guibert, Paris, 1996, S. 346). Christus bestand, was zu erwarten war, noch mehr als seine Mutter auf diesem Ort. «Dieser Ort gehört mir, genau wie die ganze Welt, und ich bin es, der den Ort wählt, den ich will.» (*L'Escorial: Messages 1992-1998*: Association *Vierge des Douleurs du Pré-Neuf de l'Escorial*, F-64170 Artix, 1999, S. 63).
Gott ist der Herr über Raum und Zeit. Wenn gewisse Gnadengaben für gewisse Erscheinungsorte bestimmt sind, sollten wir sie nicht dort suchen? Unsere sofortige Bereitschaft, dorthin zu gehen, wird belohnt werden. Die Zeit verstreichen zu lassen würde bedeuten, den richtigen Moment zu verpassen. Warum sollten Sünder klüger sein als Gerechte? Die Muttergottes von Maracaibo (Venezuela) drückte es folgendermaßen aus: «Die Kinder der Dunkelheit folgen sehr oft mit größerer Bereitwilligkeit dem Fürsten der Dunkelheit als die Kinder des Lichtes dem, der das Licht ist (Xavier Reyes-Ayral: *Un Message d'Amour*, Résiac, Montsûrs, 1997, S. 192).
Freunde und Verehrer von Erscheinungsorten werden oft dafür kritisiert, dass sie mit ihren Versuchen, für einen Ort zu werben, angeblich zu weit gingen. Während sie Apostel einer guten Sache sein wollen, kann ihre eigene Erfahrung, ihr mangelnder Takt oder der falsch gewählte Zeitpunkt mehr schaden als helfen. Man sollte sich aber nicht von solchen Äußerlichkeiten beeinflussen lassen, zumal wir es hier mit einem charismatischen «compelle intrare» (zwinge sie einzutreten) zu tun haben. Trotz ihrer Fehler ist die Absicht dieser Marienverehrer lobenswert, denn sie versuchen nichts anderes, als die Wünsche der Muttergottes zu erfüllen. Sie sagt es ausdrücklich, dass wir alle Menschen einladen sollen, zu dem Ort zu kommen, an dem sie erscheint. Zum Beispiel sagte sie im September 1967 zu den Pilgern von San Damiano: «...ich verlasse mich auf eure Treue, eure Hilfe, mich bekannt zu machen und meine Anwesenheit auf Erden zu bestätigen...Betet, handelt und ertragt alles, um meine Präsenz untereinander kundzutun Man darf keine Zeit verlieren. Macht euch an die Arbeit.

kommunistischen Gefahr für Europa, besonders für Deutschland, zusammen. In Kibého (1981-1985) sehen wir, wie sich der Himmel zehn Jahre vor dem Völkermord mit seinen Millionen von Opfern um Ruanda sorgte, dem einzigen Land Afrikas mit einer christlichen Mehrheit. Und wenn wir einige Jahrhunderte zurückgehen — wie bedauerlich ist es für Frankreich, dass Ludwig XIV. nicht dem Wunsch Jesu entsprach, der ihm durch Margaret-Marie übermittelt worden war, nämlich sein Heiligstes Herz auf die Banner der französischen Armee zu heften.[142] Wenn es einen Punkt gibt, auf dem der Himmel immer und immer wieder besteht, dann der, dass der Mensch sein Vertrauen auf die göttliche Vorsehung setzen soll.

Jedoch wird es immer Grund zum Ärgernis geben, für die Gutgesinnten, für die Gelehrten, für weltkluge Zeitgeistler, die nach ihren eigenen, subjektiven Maßstäben den zulässigen Umfang göttlichen Eingreifens bemessen wollen.

Wahre Frömmigkeit hat Respekt für das Vergangene. Jedoch, wie viele Sünder — wir sprechen nicht vom Gläubigen, der mit der ei-

---

Das ist die Aufgabe all derer, die meine Botschaft gehört haben...Es liegt an euch, die Seher und meine Erscheinungen bekannt zu machen und damit meinen Triumph auf Erden...» Diesem Wunsch folgte ein Tadel derer, die ihre Aufgabe, die gute Nachricht zu verbreiten, vernachlässigt haben: «Viele haben mich vergessen; ihre Treue hat sich abgenützt. Trotz all der Gnadengaben, die ich über sie ausgeschüttet habe...Sie haben an andere Dinge gedacht, sie haben mich vergessen und verleugnet.» Die Gnaden, die man selbst empfangen hat, nicht mit anderen zu teilen, ist ein Mangel an Nächstenliebe und kommt einem Verrat gleich. Weshalb der Autor dieses Buch geschrieben hat, war vielleicht deswegen, weil er einem ähnlichen Vorwurf entgehen wollte. Die Muttergottes macht es ganz klar, dass ein Versäumnis nicht ohne Konsequenzen bleibt: «Zwingt mich nicht, euch zu verlassen!» Vergessen wir nicht, dass unsere Anwesenheit an einem Erscheinungsort uns zu etwas verpflichtet, und wenn «unser Auftrag nicht darin besteht, mit allen Mitteln zu überzeugen», so doch «zu informieren», sagt André Castella; und er fügt noch hinzu: «Wenn ein Mensch nicht auf uns hört, sprechen wir einen anderen an». (*Stella Maris* — Dezember 2002, S. 29).

142. Dass der Himmel Partei für Ludwig XIV. ergriffen haben soll mit der Erklärung, dass die Feinde dieses kriegerischen Monarchen auch die Feinde des Himmels gewesen seien, scheint erstaunlich. Aber dieses historische Ereignis war der Anlass für den «Gott der Heerscharen», durch ein augenfälliges Zeichen zu bekunden, dass er der Herr über den Sieg sei, und die Protagonisten, mit welchen Fehlern auch immer sie behaftet waren, blieben die Ausführenden seiner Pläne.

nen oder anderen Sünde behaftet ist, sondern von wirklich schwer beladenen Sündern — fahren heute noch nach Lourdes oder Fatima? Dagegen könnten Neugierde und Interesse an einem aktuellen Geschehen der Grund sein, warum so ein armer Mensch sich plötzlich — sagen wir — für Medjugorje interessiert. Und wenn er sich erst einmal die Mühe macht und die Strapazen auf sich nimmt, könnte es passieren, wie es bei vielen noch immer der Fall ist, dass er, überwältigt von der gläubigen Atmosphäre, auf die Knie fällt und im nächsten Beichtstuhl seine Sünden bekennt. So sind es heute die Sünder, die lauwarmen Christen den Weg zum Himmel weisen; denn Sonntags-Katholiken haben seit Langem vergessen, was ihr notwendigstes Sakrament ist. Der Geist weht, wo er will, und man kann kaum an den einzelnen Erscheinungsorten eine Statistik seines Eingreifens anhand der Besucherzahlen erstellen. Neugierde könnte, wie schon gesagt, einen Menschen dazu bewegen, einen heutigen Erscheinungsort wie Medjugorje zu besuchen. Ist es nicht, weil «ER», der Herr, den Anstoß gegeben hat, wenn Menschen sich dort bekehren?

Zunächst mag es erstaunlich sein, dass die Muttergottes mehr Gebete in Medjugorje oder San Damiano zu erhören scheint als in Lourdes und La Salette. Tradition verleiht einem Erscheinungsort die Aura von Echtheit, Aktualität hingegen scheint mit einer Zusicherung größerer Freigebigkeit von Seiten des Himmels verbunden zu sein. Das sind Tatsachen, die man nicht leugnen kann. Es ist nicht angebracht, sich zu beklagen. Wenn wir uns über die Absichten des Himmels Gedanken machen, so werden wir erkennen, dass die Muttergottes immer an einem Scheideweg der Menschheitsgeschichte erscheint, immer dann, wenn eine maßgebliche Entscheidung getroffen werden muss. So geschah es in Fatima im Jahre 1917, um die Menschheit zu warnen, nicht den Weg einzuschlagen, der zum Zweiten Weltkrieg führte, oder in Heroldsbach im Jahre 1949, um zu zeigen, dass der Rote Drache des Kommunismus durch Gebete besiegt werden kann, und in Garabandal, um uns wissen zu lassen, dass «das Ende der Zeiten» — nicht «das Ende der Zeit» — nahe sei und so weiter.

Wenn die Muttergottes in Le Laus, in den französischen Alpen im 17. Jahrhundert vierzig Jahre lang[143] erschien und es deshalb ein heiliger Ort ist, so ist es trotzdem Lourdes, wo sie im 19. Jahrhundert Wunder vollbrachte und nicht länger in Le Laus. Kann Lourdes überboten werden? Heute ist es Medjugorje und nicht länger Lourdes, wo junge Männer in großer Zahl den Ruf Christi hören. Sind nicht Berufungen, Bekehrungen und Heilungen sprechende Zeichen? Sollten wir nicht den Ort bevorzugen, wo der Geist hier und jetzt weht? Lassen Sie uns pragmatisch sein, wenn es angesagt ist. Die besten Parabeln sind Lehrstücke für einen geistigen Pragmatismus, wie er in den Erzählungen vom «lästigen Freund», vom «ungetreuen Knecht», vom «ungerechten Richter», vom «törichten reichen Mann», von den «Talenten», dem «verborgenen Schatz», dem «gerüttelten Maß» und den «Schätzen im Himmelreich» vor Augen geführt wird. Wenn wir an neuen Erscheinungsorten mit reicheren Gnadengaben beschenkt werden, warum sollten wir dann zurückhaltend sein?

Man kann natürlich einwenden, dass nur deshalb, weil etwas neu ist, dies noch lange kein Beweis für seine Qualität sein muss. Das stimmt natürlich, wenn es einzig um das «Novum» geht. Aber wir haben es hier mit einer Botschaft des Himmels zu tun, die sich an unsere Zeit richtet; oder anders ausgedrückt: mit einer Botschaft, die über die unveränderlichen Aufrufe des Evangeliums zu Gebet und Buße hinaus eine Mitteilung enthält, die eine präzis definierte Gefahr betrifft, mit der Zusicherung für geeignete Hilfe.

Wenn ich eben gesagt habe, man könne aufgrund der Besucherzahlen an Erscheinungsorten keine statistischen Angaben über deren Wirksamkeit machen, so muss ich jetzt das genaue Gegenteil behaupten. Es ist natürlich schwer, in einem Bereich positiv zu sein, wo individuelle Entscheidung von der Gnade abhängt. Das

---

143. Viele Kritiker heutiger Erscheinungen stoßen sich an der Tatsache, dass sie sich über Jahre hinziehen, und benützen dies als Argument gegen ihre Authentizität. Ein gutes Gegen-Argument wäre, dass sich vor 300 Jahren die Erscheinungen in Le Laus über vierzig Jahre erstreckt haben. Vergleiche hierzu auch Kapitel 45.

Vorurteil gegen Neues in diesem Bereich sitzt in der öffentlichen Meinung so tief, dass es notwendig war, auf die Willkür hinzuweisen, mit der man eine These für erwiesene Tatsache ausgab.

«Lebende Beispiele sind die überzeugendsten», sagen Pilger, die bei Erscheinungen mit dabei waren und die kritisiert werden, weil sie nach Medjugorje, El Escorial oder Schio und nicht nach Lourdes gegangen sind. In der Kirche gibt es, wie wir sahen, im Namen der Tradition reichlich Kritik an Neuem. Wenn Geschichte sich ereignet, so ist es beeindruckender vor Ort mit dabei zu sein, als sich mit Ereignissen der Vergangenheit zu beschäftigen. Und junge Menschen, die es mehr in das Noviziat neuer Kongregationen zieht als in altehrwürdige Ordenseinrichtungen, sind überzeugt, dass sie die bessere Wahl getroffen haben. Wenn einst angesehene Ordensgemeinschaften verweltlichen, so geschieht dies auf Kosten echter, ewiger Werte. Wir wollen Lourdes oder Le Laus in keiner Weise für unwichtig erklären, denn ihre Botschaft gilt für alle Zeit und ihre Maria ist für immer jung. Aber für neue Kongregationen und neue Erscheinungsorte gibt es eine eigene, ansprechende Dynamik. «Go where the action is!» (Gehen wir dahin, wo etwas passiert.), lautet das Motto junger Geschäftsleute und junger Marienverehrer!

Nach diesen allgemeinen Überlegungen lassen Sie uns hören, was eine Pilgerin, nämlich Marijan Lubjic, nach ihrer Pilgerfahrt über Medjugorje zu berichten hat.

«Das ist es, was ich während der Erscheinungen dachte: Die Gospa...(die Königin des Himmels, die Mutter meines Erlösers und meines Gottes)...ist hier anwesend. Sie ist hier mit Leib und Seele, zwei Meter entfernt von mir und am zweiten Abend, nur einen Meter. Ich habe nichts Außergewöhnliches gesehen außer die Seher vor mir. Entgegen meiner Absicht zu beschreiben, was ich, besonders am dritten Abend erlebt habe, fühle ich mich außer Stande, es zu tun. Und doch, zu wissen, dass die Gospa dort war, hat mich so tief berührt, dass keine Macht der Welt mich hätte dazu bringen können an ihrer Gegenwart zu zweifeln. Was ich da in meiner Seele fühlte, wird für immer in meinem Gedächtnis bleiben.»

«Früher habe ich mir immer sehnlichst gewünscht, zu einem Ort zu gehen, wo die Gottesmutter erschienen ist. Und dieser Traum … wurde für mich wahr, als ich öfter nach Banneux, Beauraing, Lourdes und Fatima kam. An all diesen Orten, besonders in Fatima, hatte ich unvergessliche Erlebnisse. Aber hier in Medjugorje wurden alle diese Pilgerreisen übertroffen, weil der Himmel über die Erde schreitet. Dort ging ich auf den Spuren, die die Gospa vor kurzer Zeit hinterlassen hatte. Hier ist sie selbst anwesend, lebend und real!»[144]

Wer hätte sich nicht gewünscht, damals in Lourdes gewesen zu sein, zwei Meter entfernt von Bernadette? Ähnliche Erfahrungen können wir heute an Orten machen, die wir bequem erreichen können. «Wie viele Propheten wünschten sich zu sehen, was ihr seht und zu hören, was ihr hört!», hielt Christus den störrischen Juden vor. Wir waren weder in den Tagen von Jesus noch in denen der Bernadette mit dabei, aber uns wurden große Gnadengeschenke für unsere Zeit gegeben. Die Kirche macht sie für uns verfügbar, wie das in der Kirchengeschichte noch nie der Fall war, und es wäre ein Fehler, daraus keinen Nutzen zu ziehen.

Als der heilige Johannes Eudes das Fest des Heiligsten Herzens Jesu in seinem Institut einführen wollte, gefiel diese Neuerung manchen traditionell gesinnten, frommen Seelen ganz und gar nicht. Der große Heilige gab dazu folgenden Kommentar: «Neuerungen können in dogmatischen Fragen höchst gefährlich sein, für die Frömmigkeit aber sind sie ausgezeichnet.»

Modernität ist kein Wert in sich, aber sie besitzt einen Reiz, der, wenn er richtig zum Tragen kommt, wie in unseren angeführten Fällen, sich als stark genug erweisen kann, Vorurteile zu überwinden, verlorene Schafe zur Herde zurück zu führen und den Glauben der Lauwarmen neu zu entzünden.

144. Marijan Ljubic: *La Vierge apparaît en Yougoslavie* (Medjugorje), (Ed. du Parvis, Hauteville, Schweiz, 1984, S. 90-91).

Es gehört zur Heiligkeit, dass sie immer neu ist, denn sie ist die Antwort, die ein «anderer Christus» (ein *«alter Christus»*) auf die Probleme der Zeit gibt. Die Vorsehung hat den heiligen Ignatius berufen, einen Gegenschlag gegen die Reformation mit den Mitteln der Moderne zu führen, die dieser Umsturz selbst benützt hatte, besonders die Druckerpresse. Ähnlich wurde die Berufung des heiligen Franz-Xaver aus der Not geboren, die sich ergab, als man die neuentdeckten, heidnischen Gebiete mit Schiffen erreichen konnte.

Heutige marianische Erscheinungen sind nicht weniger zeitgemäß, denn sie beziehen sich präzise auf eine augenblickliche Not der Kirche und der Menschheit oder deren unmittelbare Zukunft. Genau in dem Moment, als die Entscheidungen Roms von den Bischöfen der deutschen Kirche im Namen des Pluralismus in Frage gestellt wurden, lobte die Muttergottes Johannes Paul II.[145]

An dieser Stelle drängt sich der Gedanke an die unerbittliche Verurteilung falscher Frömmigkeit durch Jesus selbst auf. Christus tadelt die Pharisäer für ihre Verehrung, die sie dem Gedächtnis der Propheten erwiesen. Erstaunlicherweise rügte er sie dafür, Grabmäler zu errichten und «Monumente für die Gerechten» zu schmücken. Konnte er denn wirklich in einer Handlung etwas Falsches finden, die die messianische Erwartung förderte? Diesen Projekten stand er absolut nicht wohlwollend gegenüber. Stattdessen erregten sie seinen Zorn und er stellte eine direkte Verbindung zwischen den Pharisäern und den Mördern der Propheten her. Ihre Frömmigkeit richtete sich gegen sie selbst, denn sie diente ihnen als Schutz und Vorwand für ihre mörderischen Gedanken dem gegenüber, den die Propheten angekündigt hatten. Sich auf die Vergangenheit zu stüt-

---

145. Aber nicht nur in Marpingen, sondern auch jüngst in El Escorial sagte unser Herr zu Luz Amparo über Johannes Paul II: «Dieser Mann des Opfers», «unermüdlich …, voll der Weisheit des Heiligen Geistes», und ein Mann, der sein ganzes Leben «der Einheit der Christen und dem Heil der Kirche geweiht hat.» «Und niemand soll sich wundern», sagte Christus, «wenn ich sage, er ist der heiligste Mann, der momentan auf der Erde lebt.» (Botschaft vom Mai 2001 in *Stella Maris* vom Oktober 2001, S. 5). «Il Santo subito» war bereits zu seinen Lebzeiten als solcher zu erkennen.

zen, um in der Gegenwart das abzulehnen, was die Vergangenheit vorbereitet hat, ist ein Zirkelschluss. Und der ist weiter verbreitet, als man gewöhnlich annimmt. Selbst wenn er in so milder Form auftritt, wie etwa dort, wo Medjugorje im Namen von Lourdes kritisiert wird. Lourdes hat implizit Medjugorje angekündigt und hätte uns auf Medjugorje vorbereiten sollen als eine sehr geheimnisvolle, aber notwendige Ergänzung dessen, was «von ähnlicher Natur» vorausgegangen war. Unter diesem Aspekt sollten wir uns an La Salette erinnern, wo die Muttergottes Mélanie unter Tränen die eschatologische Botschaft anvertraute — wie viele andere in heutiger Zeit. Genauso wie Generationen miteinander verbunden sind, so gibt es auch zwischen den Erscheinungsorten, obwohl getrennt durch Zeit und Raum, ein Band geistiger Solidarität.

Die Seligste Jungfrau Maria besucht ihre Kinder, wann immer sie in Gefahr sind, und wenn wir ihre Hilfe anrufen, können wir vor den unmittelbaren Gefahren bewahrt werden. Zu zögern, wäre ein Risiko.

36

Invisibilia praeferenda sunt

Unsichtbares ist wichtiger

Unsichtbare Realitäten sind vorzüglicher als sichtbare: «Ich würde keinen Umweg machen, um ein Wunder zu sehen, aber ich würde kilometerweit laufen, um Zeuge einer Bekehrung zu sein», sagte mir einmal ein Priester. Das innere Wirken der Gnade ist dem der Wunder — die wir mit den Sinnen wahrnehmen — um so viel überlegen, dass wir die Wunder vernachlässigen können. Christus sagte zu der Frau am Jakobsbrunnen: «Wenn du wüsstest, worin die Gabe Gottes besteht» (Joh 4,10), um ihr verständlich zu machen, dass Wasser ein Zeichen für etwas Größeres, Wichtigeres, Geistiges sei. Das Reich Gottes ist für das Auge unsichtbar.

— Wunder als solche zu diskreditieren scheint in gewissen Kreisen weit verbreitet zu sein. Sollten wir jedoch nur, um diese Kreise zu beschwichtigen, die Gaben Gottes, die er in seiner Großzügigkeit über uns ausschüttet, unter den sprichwörtlichen Scheffel stellen? Das ist der Eindruck, den man gewinnt, wenn man die kirchenpolitische Vorgehensweise im Falle von Padre Pio betrachtet. Ihm wurde zehn Jahre lang (1923-1933) jede Form des Apostolates verboten und für den Rest seines Lebens untersagt zu schreiben oder zu predigen. Er, der sprachgewaltigste Apostel, wurde zum Schweigen verurteilt. Ist es dann verwunderlich, wenn so viele Seher der Muttergottes unter willkürlichen Entscheidungen zu leiden haben? Bischöfliche bzw. kirchliche Entscheidungen wurden für die meisten Seher nach einiger Zeit abgemildert, weil sie Laien waren und weil ihnen seit dem Zweiten Vatikanischen Konzil mehr Freiheit zu reden und zu verkündigen gewährt wird. Dennoch sind sie (diese Entscheidungen) symptomatisch für eine fast jansenistische Abwertung dessen, was in den Bereich der Sinne zugunsten dessen, was in den Bereich des Geistes gehört. «Du solltest Dein poetisches Talent hassen», sagte Mutter Angélique Arnauld zu Jacqueline Pascal, der Schwester des großen Philosophen Blaise Pascal, aus deren Feder so selbstverständlich Verse flossen wie der Atem aus dem Mund des Menschen. Diese Verwerfung natürlicher Anlagen erinnert an die Ablehnung übernatürlicher Gnadengaben, wenn ihr unausrottbarer «Fehler» darin besteht, nicht unsichtbar zu sein. Liebe zur engelgleichen Materielosigkeit ist ein weit verbreitetes Phänomen. Jedoch unsere Talente zu verstecken, wird uns in den Parabeln des Evangeliums ausdrücklich untersagt.

Ein Beispiel dafür, was es bedeutet, wenn Menschen mundtot gemacht werden, bietet Sowjetrussland mit seiner gnadenlosen Politik, Dichtern und Schriftstellern das Sprechen und Schreiben zu verbieten. Wie Solschenizyn darauf hingewiesen hat, musste die ästhetische Sensitivität einer ganzen Nation leiden, einschließlich ihrer Fähigkeit, sich an der Schönheit der Sprache zu freuen. Ähnliches passiert, wenn man die Muttergottes in der Person ihrer Botschafter zum Schweigen bringt! Welche Gefahr ergibt sich daraus für das Heil der Seelen! In beiden Fällen ist der kulturelle und spirituelle Verlust gewaltig.

Das Zentrum christlicher Religion ist nicht das Schweigen Gottes, wie manche zu denken scheinen, die Gott am liebsten in den fernen Himmel verbannen möchten. Die Gegenwart Christi in der Eucharistie ist ein Zeichen für seine enge Beziehung zur ganzen Welt, die er nach der offenkundigen Entfremdung in der Zeit zwischen dem Sündenfall und der Inkarnation zu allen Nationen außer Israel wieder herzustellen trachtet. Die Heiligen haben sich in

Statue der Muttergottes von Medjugorje,
die in Civitavecchia Blut weint

ihrem Leben an diese vertraute Beziehung, die zum mystischen Leben gehört, gewöhnt.

Wenn das *Unsichtbare* von höherem Rang ist, weil es mit der «sprudelnden Quelle», das heißt der Gnade, zu tun hat, «deren Wasser ewiges Leben schenkt» (Joh 4,14), so ist das Sichtbare doch unerlässlich für den Glauben. *«Per clarum ad obscurium"* ([Der Glaube schreitet] vom Klaren zum Verborgenen). Jeder Glaube ruht auf Zeugnissen. Aber ein Zeugnis ist nur glaubwürdig, insofern es durch Wunder bestätigt wurde, zumindest zu Beginn. Das war so zur Zeit Jesu und seiner Apostel und die ganze Kirchengeschichte hindurch.[146] Was wäre die priesterliche Arbeit des Pfarrers von Ars gewesen ohne die Gabe, in den Seelen der Menschen lesen zu können? Wunder sind mit einer immanenten Wirksamkeit ausgestattet. Wunder sind sofort effektiv. Was wäre aus Lourdes ohne die übernatürlichen Kräfte seines Wassers geworden?

Sichtbare Zeichen sind an Erscheinungsorten nicht zu bestreiten.[147] Beginnen wir mit dem «Tanz der Sonne» in Fatima, der von

---

146. «... die Werke, die mein Vater mir übertragen hat, damit ich sie zu Ende führe, diese Werke, die ich vollbringe, legen Zeugnis dafür ab, dass mich der Vater gesandt hat» (Joh 5,36). Wäre es etwa unpassend, diese Worte Jesu der Muttergottes in den Mund zu legen, deren Erscheinungen begleitet werden von Zeichen, «die Zeugnis dafür ablegen» und bezeugen, dass der Sohn sie gesandt hat?
Keiner zweifelt daran, dass es besser ist zu glauben, ohne gesehen zu haben, weswegen Jesus Thomas tadelt. Im Ganzen gesehen aber lässt sich sagen, dass Gott, als er beschloss, sich der Menschheit zu offenbaren, Wunder als Erkennungszeichen benutzt; Wunder, aber nicht wahllos verschwendet, sondern Wunder mit einer moralischen Botschaft und als Zeichen und Beweis seiner Gottheit gebraucht.

147. Sie sind ein wesentlicher Bestandteil des marianischen Erziehungskonzeptes für die Menschenmengen, sei es nun für alle Anwesenden, wie etwa in Fatima oder Heroldsbach, oder doch für eine bedeutende Anzahl von Menschen, die aus den privilegierten Momenten nicht zu leugnender Zeichen Gewinn ziehen. So war etwa in Medjugorje «das Wort «MIR» (Friede) in großen Buchstaben aus Feuer oberhalb des Betonkreuzes auf dem Berg Kricevac an den Abendhimmel geschrieben», oder das Kreuz selbst «drehte sich mehr oder weniger schnell in alle Richtungen», «ein weißes Licht verbarg es und machte dann, als es allmählich verschwand, Platz für die Gospa, und das sahen Hunderte oder Tausende von Menschen. Eine Frau berichtet, sie hätte die Heilige Jungfrau bereits fünfzehn Mal gesehen.» ... Als die Seher die Muttergottes danach fragten, antwortete sie: «Dies sind Warnzeichen für diejenigen, die nicht glauben. Das große Zeichen wird

keinem der vielen Menschen, die ihn erlebt haben, jemals in Frage gestellt wurde, auch nicht von Agnostikern. Jedoch, auch dieses Wunder wurde erst dreizehn Jahre später von den zuständigen Be-

---

später kommen, bald, sehr bald» (Marijan Ljubic: *La Vierge Marie apparaît en Yougoslavie* (Medjugorje), Ed. du Parvis, CH-1631 Hauteville, 1984 (?), S. 33-34).
Auch in Manduria haben sich die Worte des Evangeliums bewahrheitet: «Es werden Zeichen sichtbar werden an Sonne, Mond und Sternen ...» (Lk 21,25). Die Muttergottes sagte dort: «Meine Geliebten, es steht geschrieben, dass es Zeichen an Sonne, Mond und der Erde geben wird. Hier möchte ich, dass man sie sieht ...» «Am 20. März 1993, bei der Kapelle der Schmerzensreichen Madonna, drehte sich die Sonne um sich selbst in verschiedenen Farben ... und nahe bei der Sonne konnte man die leuchtenden Umrisse einer Frau mit ausgestreckten Armen wahrnehmen. Alle erkannten die Jungfrau Maria.»
Am 24. März ereignete sich vor den Augen etlicher Zeugen dasselbe Phänomen: die Sonne wechselte, während sie sich drehte, von den Farben rosa zu blau und rot und verwandelte sich dann in eine gewaltige glänzende Hostie.
Am 29. März beobachteten Pilger, während sie in der Kapelle der Schmerzensreichen Muttergottes den Rosenkranz beteten, und Debora zuhause die Passion Christi erlebte, dass das Zentrum der Sonne sich blau verfärbte, umgeben von rotem Glorienschein. Und für drei Minuten schlug sie wie ein Herz.»
«Ein andermal war «Debora, Tochter Gottes» an den Himmel geschrieben» (vgl. oben: *Manduria*, S. 59-60).
In Schio sind alle Pilger bald mit dem Duft der «Rosa Mystica» (der geheimnisvollen Rose) vertraut, der sich während der Erscheinungen über alle Anwesenden ausbreitet oder aber auch den einsamen Pilger, wenn er es am wenigsten erwartet, umfängt. Diesen Rosenduft verströmt ein grob geschnitztes Holzkreuz immerzu im Flügel einer Kapelle. Der Seher, Renato Baron, wurde sogar fälschlicherweise des Betrugs verdächtigt, das Kreuz mit einem Yves Saint-Laurent-Parfum präpariert zu haben. Auf Gerichtsbefehl wurde ein kleiner Splitter des Kreuzes einer rigorosen chemischen Untersuchung unterzogen, der jedoch jeden Versuch einer Erklärung seines Duftes zum Scheitern brachte. Das Holzteilchen wurde monatelang in Alkohol eingelegt, mit Wasser gewaschen, ohne je seinen Duft zu verlieren. Man konnte schließlich keine Erklärung finden.
Als ich das erste Mal an einem Dezemberabend vor die Kapelle kam, in der die ersten Erscheinungen stattgefunden haben, war ich überrascht von dem außergewöhnlichen Wohlgeruch, den ein blütenloser Rosenbusch an der Ecke des Turmes verströmte. Am nächsten Tag, als meine Familie dasselbe Phänomen erlebte, sagte mir meine Frau: «Letzte Nacht, als du zum Hotel zurückkamst, wo wir auf dich gewartet haben, hast du denselben wunderbaren Duft in den Falten deines Mantels mitgebracht.»
Diejenigen, die San Damiano in den Tagen der Mamma Rosa besuchten, erinnern sich, dass sichtbare Zeichen beinahe zu erwarten waren. Und waren denn in der Vergangenheit für die Gefährten des heiligen Antonius von Padua oder des heiligen Gerard Majella Wunder nicht an der Tagesordnung? Warum sollte die Muttergottes weniger großzügig sein beim Verteilen sichtbarer Zeichen des Übernatürlichen?

hörden anerkannt. Welch erstaunliche Übereinstimmung mit diesem dichotomischen (zweiteiligen) Modell an späteren Erscheinungsorten. Obwohl die Erfahrung eines solchen Ereignisses *per se* überzeugt, so wird es doch Gegenstand von Spekulation für den Theologen am Schreibtisch, der niemals die Erkenntnis desjenigen wird teilen können, der dabei war, als die Muttergottes erschien.

In Ostina/Valdarno in der Diözese von Fiesole, südlich von Florenz, berichtete mir eine Dame, die bereits sechsmal während der Erscheinungen in Ostina war (am vierten Sonntag jeden Monats mit geraden Zahlen, nach fünf Uhr nachmittags), dass sie schon dreimal den «Tanz der Sonne» gesehen hätte, nämlich eine Drehung der Sonne um ihre eigenen Achse, ein Farbenwechsel von Gelb zu Gold zu Rot, sichtbarer Glorienschein und das Schlagen wie das eines Herzens.
Betania (ein Vorort von Cua im Staate Miranda, Venezuela) genießt den großen Vorteil, vom Bischof offiziell anerkannt zu sein. Er hatte am 21. November 1987 erklärt, dass nach seinem Urteil, «diese Erscheinungen echt und von übernatürlichem Charakter» seien. Erstaunlich daran ist, dass der Bischof entgegen üblicher Gewohnheit nicht damit wartete, bis die Erscheinungen zu einem Ende gekommen waren. «Diese offizielle Anerkennung ist ein Novum», schrieb René Laurentin, denn kein anderer Erscheinungsort war seit einem halben Jahrhundert auf diese Weise für echt erklärt worden (*Multiplication des apparitions de la Vierge aujourd'hui*: Fayard, Paris, 1995, S. 51-54). Die Seherin in Betania, Maria Esperanza, Mutter einer großen Familie, besitzt viele Charismen (Hellsichtigkeit, die Fähigkeit, in die Zukunft zu schauen und über der Erde zu schweben, Verklärung (Transfiguration), Stigmata, Heilkraft usw.). Außerdem bestätigen mehr als tausend Personen aller sozialen Klassen — arme Leute, junge Leute, Studenten, «Polizisten und Soldaten, Ärzte, Psychologen und Psychiater, Ingenieure und Rechtsanwälte» — dass sie «gelegentliche Visionen» der Muttergottes hatten und zwar an dem Ort, wo Bekehrungen und außergewöhnliche physische Heilungen stattfinden. Diese Erscheinungen begannen im Jahr 1976. 1988 dauerten sie noch an. Die Seherin starb 2001.
Unter einem phänomenologischen Aspekt sind von den heutigen Marienerscheinungen drei besonders außergewöhnlich:
1) Betania von Cua, aufgrund der sofortigen Anerkennung von Seiten des Bischofs
2) Heroldsbach (1949-1952), weil die Seherkinder vom Bischof exkommuniziert wurden, da sie sich weigerten, ihre Aussage, sie hätten die Muttergottes gesehen, zu widerrufen.
3) El Escorial (1980-2002) wegen der physischen Gewalttaten, denen die Seherin und ihre Familie ausgesetzt waren. Ampara war das Opfer einer versuchten Vergewaltigung von drei Angreifern, die sie entblößten und verwundeten und vor denen sie in aller letzter Minute gerettet wurde. Ein andermal wurde ihr Ehemann, der zu der Zeit mittleren Alters war, zusammengeschlagen. Ihr sechstes Kind, ihr Sohn Jesus, kam durch einen Anschlag ums Leben, der als Tod infolge von Drogenmissbrauch getarnt wurde. Die Türe zu dem Raum, in dem Jesus den Tod fand, war aber von außen verriegelt.

Denken Sie an Heroldsbach, wo zehntausend Pilger den «Tanz der Sonne» beobachtet haben und wo an einem anderen Tag siebzigtausend Menschen ein geheimnisvolles, goldenes Leuchten über die Erde fliegen sahen. Während des ersten Wunders sahen die acht kleinen Seherkinder und einige Anwesende aus der Menge die Muttergottes in der Sonne stehen, wo sie wie die «Frau aus der Apokalypse, mit der Sonne bekleidet» war. Diese Ereignisse sollten jedoch zum Stolperstein werden, an dem viele Hoffnungen zerschellten, denn die Seherinnen wurden, als sie älter geworden waren, viele Jahre lang exkommuniziert, da sie sich — wie bereits ausgeführt — weigerten, unter Eid die Realität dieser Ereignisse zu widerrufen. Das war eine höchst unerwartete Sanktion angesichts der Harmlosigkeit der empfangenen Botschaften, die den Aufruf zum Gebet gegen die kommunistische Expansion zum Inhalt hatten. Der Grund, der für diese disziplinären Maßnahmen angegeben wurde, war der, dass ein «neues Fatima» in Bayern unerwünscht sei. Als ob die Ähnlichkeit von Themen und Zeichen ausreichten, um den Erscheinungen, die sich über drei Jahre (1949-1951) erstreckt hatten, die Anerkennung zu verweigern.

Niemand würde zögern, auf einer Werteskala das Wirken der Gnade über alle sichtbaren Wunder zu stellen. Aber man muss zugeben, dass der Himmel in unserer Zeit den Skeptikern eine große Anzahl von erstaunlichen Fakten vor die Türe legt: Madonnen, die menschliche Tränen oder Blut weinen,[148] geweihte Gegenstände, die wohlduftendes Öl mit Heilkraft absondern,[149] ein strahlendes

148. Manchmal als der stumme Ausdruck von Gottes Traurigkeit wie etwa in Civitavecchia, oder als Bestätigung der Erscheinungen bzw. ihrer Botschaften, wie etwa in Naju (Korea), in Akita (Japan) oder in Damaskus (Syrien).

149. Zum Beispiel in Manduria in Süditalien (Puglio). «Während der Zeit von Ende 1993 bis 1997 hat die große Statue der Madonna 347 mal Blut geweint und das Kruzifix in der Kapelle 92 mal. Außerdem sonderte das Kruzifix 18 mal und die Statue der Madonna 22 mal Öl ab. Und dieses Öl hat mehr als einmal seine wundertätige Heilkraft erwiesen. Man berichtet auch, dass die Madonna aus Olivenholz hundertmal Öl und achtzehn mal Blut geschwitzt hat. Auf einem Bild von Jesus hat man 42 mal Tränen von Blut und hundertmal Tränen von Öl beobachtet. Die große Statue der Madonna und das Kruzifix haben öfter menschliche Tränen (gemäß

«Dann erschien ein großes Zeichen am Himmel:
eine Frau mit der Sonne bekleidet» (Offb 12,1), Heroldsbach,
nach einem Gemälde von W. Fiedler

Kreuz am Himmel, wie es auf den Fotos in San Damiano dokumentiert ist, eine Sonne, die wie ein Herz schlägt oder die die verschiedenen Regenbogenfarben annimmt und sich vielerorts um ihre eigene Achse dreht. Manchmal werden diese außergewöhnlichen Erscheinungen von allen Anwesenden wahrgenommen, manchmal aber nur von einigen Privilegierten.

Die Seher werden oft mit außergewöhnlichen Charismen beschenkt, wie etwa die, dass sie ohne Speise und Trank für Wochen und Monate oder für unbegrenzte Zeit leben können, wie das etwa in Kibého oder San Nicola (Argentinien) der Fall ist, oder, dass sie die Stigmata erhalten, wie in El Escorial oder Manduria, dass sie

---

einer Laboranalyse) geweint. Laboranalysen haben außerdem ergeben, dass das Blut der verschiedenen Skulpturen der Blutgruppe AB angehört, dass es warm ist und gerinnt», sobald es in Kontakt mit der Luft gerät (Christian Parmantier-André Castella: *Manduria*; Ed. du Parvis, Hauteville (Schweiz), 1999, S. 57-58).
Wie zu erwarten, ist die Blutgruppe AB eine Konstante bei allen Blutwundern, wie etwa bei dem eucharistischen Wunder von Lanciano und andernorts, oder bei den Blutgüssen von Statuen und Bildern von Christus oder der Muttergottes. Die gleiche Blutgruppe findet sich auf dem Grabtuch von Turin und in Alborello in Süditalien, wo im Abstand von einem Jahr, nämlich am 3. Mai 2003 und am 17. Mai 2004, Bilder von Jesus und Maria Blut absonderten. Neu daran war die Initiative, die der Besitzer, Hochwürden Pietro Chiriatti, ergriff. Er sandte Blutproben für eine DNA-Analyse an das genetische Labor der Universität von Bologna. Und das ist die Antwort, die er erhalten hat: «Dieses Blut ist so selten, dass man es fast als einmalig betrachten muss. Die statistische Wahrscheinlichkeit eines analogen Bluttypus in einer Zeitspanne von tausend Jahren zu finden, ist gleich null, beziehungsweise entspricht sie einer Wahrscheinlichkeit von 1 zu 200 Billionen.» In der Tat «korrespondiert die Gruppierung der genetischen Merkmale des Y-Chromosoms mit keiner der in der Weltdatenbank gespeicherten Gruppierungen, wo die Daten von 22000 männlichen Personen aus 187 Volksstämmen vorliegen ...» Der Kommentar eines Forschers aus dem Labor scheint sehr treffend zu sein: «Es handelt sich wirklich um menschliches Blut, aber es scheint aus einer anderen Welt zu kommen.» Für den Leser der Maria Valtorta ist diese Information wie eine Bestätigung. Hat sie nicht vorhergesagt, man würde eines Tages im Grabtuch von Turin einen Beweis für die Gottheit Christi finden? Eine DNA-Analyse, die bisher in Turin nicht stattgefunden hat, würde sicher dasselbe Ergebnis wie in Alborello bringen. Man wundert sich gewiss, dass es männliches Blut ist, das aus den Bildnissen der Madonna strömt, wie etwa aus den Statuen von Civitavecchia (Italien) und Naju (Südkorea). Es ist nicht ihr eigenes Blut, das die Muttergottes vergießt, sondern das Blut ihres Sohnes, das sie für uns aufopfert (Vgl. Renzo Allegri: «Lacrymations de sang à Alborello dans les Pouilles (sud de l'Italie).» *Stella Maris* (Hauteville, Schweiz), April 2005, S. 9).

Gedanken lesen können oder die Prophetengabe besitzen, wie in Garabandal oder Amsterdam usw.

Nicht weniger beeindruckend sind die Wunderheilungen. Sie führten zum Beispiel zu vielen Konversionen von Ärzten, deren Patienten geheilt aus San Damiano zurückkamen. Wenn heute in einem Pariser Hospital ein Patient ohne die verräterischen Symptome seiner Krankheit wieder erscheint, ist der erste Kommentar des diensthabenden Arztes: «Sie müssen in Medjugorje gewesen sein!» Wie bereits in Kapitel 21 erwähnt, ereignete sich das wohl außergewöhnlichste Wunder in Vaddiakadu in Kerala (Indien), wo nach den Aussagen von niemand geringerem als René Laurentin, der den Fall, kurz danach, untersuchte, ein Baby, das tot geboren und seit sechs Monaten beerdigt war, wieder zum Leben kam.

«Wie hasse ich die, die an Wundern zweifeln», schrieb Pascal (*Pensées*, Brunschvicg 813), und an einer anderen Stelle:

«Der Mensch verachtet Religion; er hasst sie und fürchtet, dass sie wahr sein könnte. Um diese Abneigung außer Kraft zu setzen, sollte man damit beginnen, zu zeigen, dass Wunder und Vernunft sich nicht widersprechen, dass Religion verehrungswürdig ist, dass sie Respekt verdient und dann, dass sie liebenswert ist; bringe die guten Menschen dazu, zu hoffen, dass sie wahr ist, und dann zeige, dass sie wahr ist» (Brunschvicg 187).

Wenn es höchste Zeit ist, dass Freidenker ihre Scheu vor Religion überwinden, so ist es nicht weniger wichtig, dass Skeptiker jeder Art, von denen manche ansonsten gläubig sind, ihre Vorurteile religiösen Wundern gegenüber ablegen. Der Pascal'sche Text könnte dann lauten:

«Der Mensch verachtet Wunder; er hasst sie und fürchtet, dass sie wahr sein könnten; um ihn von seinen Vorurteilen zu heilen, sollte man damit beginnen, zu zeigen, dass Wunder und Vernunft sich nicht widersprechen, dass Wunder verehrungswürdig sind und unseren Respekt verdienen, dass man sie als wünschenswert betrachtet. Dann führe man die gut Gesinnten dahin, sich zu wünschen, dass sie wahr wären und dann zeige man, dass sie wirklich stattfinden.»

Denn in seinem tiefsten Herzen braucht der Mensch Wunder, auch wenn es zunächst seine Selbstsicherheit ins Wanken bringt. Einerseits steht er allem, was die Vernunft überschreitet, misstrauisch gegenüber, und andererseits hält er es nicht aus ohne die Hoffnung, dass Wunder wirklich geschehen könnten. Gott unterschätzt im Menschen nicht die Sehnsucht nach allem, was von oben kommt. Er antwortet darauf, wie Christus es tat mit seinen sofortigen Heilungen der Lahmen, Kranken und Blinden. Zum Heil seiner Apostel zeigte er seine Macht über Winde, Wellen und selbst den Tod. Und er stattete seine Jünger mit ähnlicher Macht aus. Den Menschen guten Willens gibt Gott ein reiches Maß solcher übernatürlicher Gaben.

Wunder sind Geschenke. Derjenige, der sie in der gewöhnlichen Ordnung der Dinge sucht, wird sie nicht finden. Gott gewährt sie denen, die auf seinen Anruf antworten.

Was zeigt uns Christus in seinem Evangelium, «wo Wunder und Zeichen … ein Viertel des Textes ausmachen,»[150] wenn nicht den guten Gebrauch von Wundern. Und gewährt er seinen Aposteln nicht während seines Aufenthalts auf Erden und nach seiner Auferstehung die Gabe der Wundertätigkeit?

Seien wir also nicht überrascht über die große Anzahl von Zeichen und Wundern, wenn Unsere Liebe Frau erscheint.

So lässt der Himmel sich herab, Bitten zu erfüllen. Am meisten werden die Menschen beschenkt, die es am wenigsten erwarten. Manchmal haben sie sogar für eine kleine Weile Anteil an den Visionen der Seher.

Sicher ist das «Zeichen des Jona» das größte Wunder: der Weg vom geistigen Tod zur Auferstehung, von der Dunkelheit der Sünde zum Licht der Liebe. Wenn Bekehrungen der entscheidende Be-

150. Vgl. Franz Speckbacher: *Erscheinungen in Heroldsbach* (Mediatrix-Verlag, A-3423 St. Andrä-Wördern).

weis sind, so sind sie nach den Aussagen derer, die diesen inneren Wandel erfahren haben, oft das Ergebnis sichtbarer Zeichen, die bei Experten so in Verruf stehen.[151] Wie sagte doch die heilige Angela von Foligno: «Der Mensch … liebt, weil er sieht.» Oder an anderer Stelle: «Je mehr der Mensch sieht, desto mehr liebt er.» Dieses Zeugnis einer mit mystischer Einsicht begnadeten Seele sollte genügen, uns zu überzeugen, dass Privatoffenbarungen mit ihren Zeichen und Wundern heute der leichteste Weg zum Glauben an die Offenbarung sind.[152]

Einer der häufigsten Fehler in der Apologetik ist der, die Bedeutung von Wundern zu bagatellisieren. Aber was ist Glaube anderes, als das Wissen um die übernatürliche Ordnung der Dinge?

Und was ist ein Wunder anderes, als eine Manifestation dieser Ordnung?

Ein Christ hält es für erwiesen, dass das Übernatürliche realer ist als das Natürliche und wenn er ein Heiliger ist, lebt er nach diesem Wissen. Er weiß, dass ein Gramm Liebe mehr wert ist als eine Tonne natürlicher Neigungen; wobei im Idealfall die Liebe die Neigungen lenkt. Alles jedoch beginnt mit dem Glauben. Aber dieses Geschenk Gottes ist in das zerbrechliche Gefäß unseres allzu menschlichen Herzens gelegt. Welch ein Trost für die schwachen, erdverhafteten Geschöpfe, dass sie für ihre Beziehung zur jenseitigen Welt auf diese Weise eine persönliche Unterstützung und Bestätigung erhalten! Es ist wohl die Absicht von Wundern, auf der Erfahrungsebene etwas zu verankern, was nur zu oft in unserem hinterfragenden Verstand den Gefahren des heutigen Rationalismus ausgesetzt ist. Gott bietet uns daher mit den Erscheinungen der Muttergottes ein Heilmittel an, das unseren Nöten genau angemessen ist. Welche Torheit, diesen Versuch, unsere Schwäche zu heilen, mit einem anmaßenden Achselzucken abzutun: «Ich brauche dort nicht hinzugehen!» Christus aber antwortet darauf: «Wenn du wüsstest, worin die Gabe Got-

---

151. J.B. Manceaux: *Dozulé*: (Nouvelles Editions Latines, Paris, 1983; S. 141).
152. Siehe Patrick du Laubier: (*Stella Maris* (Schweiz), Januar 2003, S. 3).

tes besteht und wer es ist, der zu dir spricht (Joh 4,7)» — dann hättest du vielleicht anders reagiert. So werden wir erhalten, was wir nicht erwarten, aber ganz sicher, was wir benötigen — und sei es eventuell das Erlebnis eines Wunders. Wenn ein Wunder genügt, um Krüppel und Blinde zu heilen, so sollte ein sichtbares Zeichen vom Himmel für einen Christen mit offenem Herzen ausreichen, um dem Aufruf zu seiner eigenen spirituellen Besserung zu folgen.

Daher ist es äußerst unangebracht, Sehern vorzuhalten, dass sie das, was sie gesehen und gehört haben, für wichtig erachten, denn darin besteht genau ihre gottgewollte Berufung. Die Berufung eines Kartäusermönches ist es, in der Stille seines Klosters abgeschlossen zu leben und — wie auch viele Mystiker es versuchten — «das Geheimnis des großen Königs» im Verborgenen zu verwahren. Eine andere Berufung hat der, dem der Auftrag erteilt wurde, eine prophetische Mission zu erfüllen und Träger himmlischer Botschaften zu sein. Die heilige Theresia vom Kinde Jesu zum Beispiel erschien Therese Neumann, die die Passion Christi an ihrem Körper miterlebte und für Jahre weder Speise noch Trank zu sich nahm, und erklärte ihr, dass es ihre Aufgabe sei, «ein lebender, durch göttliche Vorsehung erwählter Zeuge übernatürlicher Wahrheiten» zu sein.[153] Wunder inkorporieren das Unsichtbare in materielle Substanz,

---

153. Albert Paul Schimberg: *The story of Therese Neumann* (Roger A. McCaffrey Pub., Ridgefield (USA), 1947, S. 22).
Ist der Zustand der Ekstase von Sehern nicht bereits ein Wunder für sich? In Garabandal «wogen» die Mädchen, wenn sie in Ekstase waren, «so viel», dass zwei Männer sie nicht tragen konnten, während sie sich ohne die geringste Anstrengung gegenseitig hochheben konnten, zum Beispiel, um die Muttergottes zu berühren (Jacques Serre-Béatric Caux, *Garabandal*: F.X. de Guibert, Paris, 1996, S. 58).
Wunder haben eine Bedeutung, und dann nennen wir sie «Zeichen». In St. Nicolas in Argentinien lebte Gladys Quiroga de Motta, ohne gesundheitliche Schäden davonzutragen, für einen Monat, nämlich vom 1. November bis 1. Dezember 1983, ohne Nahrung. Ähnlich verhielt es sich in Kibeho, in Ruanda, wo während der 40-tägigen Fastenzeit ein Kind und eine Jugendliche, nämlich Sagatasha und Nathalie, einem Arzt, der wollte, dass sie ihr totales Fasten — ohne Wasser und Nahrung — abbrechen sollten, zur Antwort gaben: «Unsere Liebe Frau hat uns das aufgetragen und ihr gehorchen wir.» Ihr guter Gesundheitszustand blieb unverändert, selbst dann, als sie am Ende der Fastenzeit ohne eine Gewöhnungs-

ohne die sie nicht wahrgenommen werden könnten. Wenn die Muttergottes erscheint, bezwingt das Übernatürliche die natürliche Ordnung und verwirrt die Skeptiker. Das ist nicht ein Mangel an Zartgefühl. Die Vorsehung ist am Werk, deren Sprachrohr die Seher sind.

Wundern gegenüber misstrauisch zu sein, ist eine Haltung, die viele protestantische Kirchen, besonders die lutherische, in ihren Gläubigen erweckt und pflegt. Aber das war nicht immer so. Luther war durchaus geneigt, wie man das in den «Tischreden» sehen kann, «alten Weibergeschichten» Glauben zu schenken. Aber der Rationalismus, den er in die Theologie einbrachte, führte im Laufe der Geschichte, sicher ohne dass er sich dessen bewusst war, dazu, den Glauben an Wunder zu zerstören. Besonders als die Verehrung von Heiligen und das Mönchtum abgeschafft wurden, hielt man Wunder einer Prüfung nicht mehr für wert.[154] Selbst für die Botschaft des Evangeliums erachtete man sie nicht mehr für wesentlich. Übernatürliches wurde auf den rein geistigen Bereich redu-

---

phase wieder normal zu essen begannen (René Laurentin: *Un appel de Marie en Argentine* (O.E.I.L., Paris, 1990, S. 37-39).

154. Hat nicht Luther behauptet, dass der Mensch durch die Erbsünde völlig verdorben sei? Diese Überzeugung, dass der Mensch als Folge davon ontologisch böse sei, hat theologische Konsequenzen, die Luthers Konzept der Beziehung des Menschen zu Gott beeinflussen. Wenn gute Werke so nutzlos sind für die Rettung des Menschen, dass er nur durch den Glauben allein gerettet werden kann, sollten dann nicht die Predigten des Evangeliums allein von übernatürlicher Wirksamkeit sein? In seinem Vorwort zur Übersetzung des Neuen Testamentes schrieb Luther im Jahre 1522: «Die guten Taten [Jesu] sind für mich keine Hilfe, vielmehr sind seine Worte Bringer des Lebens, wie er selbst es gesagt hat.» Aus diesem Grund entwertete der Papst von Wittenberg die Evangelien von Matthäus, Markus und Lukas zugunsten des Evangeliums des heiligen Johannes und die Briefe des heiligen Petrus zugunsten derer des heiligen Paulus, da Paulus die messianische Lehre auf Kosten seiner Taten, Handlungen und Wunder betonte. Die Geringschätzung von Wundern, diese Verleugnung ihres apologetischen Nutzens, diese Missachtung ihrer Notwendigkeit sind so charakteristische Kennzeichen des Luthertums, die bis in unsere Tage auch viele Katholiken beeinflusst haben und die sich dessen überhaupt nicht bewusst sind, dass sie hierin protestantischen Vorurteilen folgen (Vergleichen Sie zu dieser Lehrmeinung von Luther den Artikel von Prof. Erik Morstad: «Die Inkarnation beseitigt»: *Die Tagespost*, November 2002, Nr. 132/Nr. 44, S. 19).

ziert, als wäre es eine Art von Abstraktion. Wunder und Wundertäter wie Franz von Assisi oder der heilige Antonius von Padua gehörten der Vergangenheit an. Nach dem Glauben der Lutheraner oder Calvinisten hat Christus seine Macht nicht den Menschen, die er zur Heiligkeit berufen hat, übertragen. Diese Überzeugung führte schließlich zu Skeptizismus gegenüber Zeichen und Wundern, von denen das Evangelium doch voll ist. Diese von Bultmann geprägte Geisteshaltung durchzieht den heutigen Protestantismus. Misstrauen machte sich breit, und ein kritisches Gefüge von Anspielungen unterwanderte besonders in Ländern mit lutherischer, calvinistischer oder anglikanischer Mehrheit den Glauben ahnungsloser Katholiken. Dies ist zweifelsohne der Grund, warum in Deutschland von den zuständigen Autoritäten Erscheinungen mit «gnädigem Nichtbeachten» behandelt werden. In den USA sind viele praktizierende Gläubige davon überzeugt, dass Wunder mehr schaden als nützen.[155] Aber die Muttergottes bleibt von unseren Vorurteilen — Gott sei Dank — unberührt. Sie erscheint in

---

155. Ich spreche hier nicht von der Seele, die Wunder erwartet, als hätte sie einen Anspruch darauf. Sondern ich spreche von den Pilgern, die zu einem Erscheinungsort gehen in einem echten Geist der Frömmigkeit, und die hoffen, dass sie aus den Gnadengaben Nutzen ziehen. Sie hoffen auf ein Zeichen als Antwort ihres Vertrauens, das ihnen hilft, eine geistige Schwäche, mit der sie geschlagen sind, zu besiegen oder das sie sogar aus ihrem Sündenleben retten könnte. Teilnahme an gemeinsamem Gebet bringt oft erstaunliche Früchte, von denen Bekehrungen die augenfälligsten sind. Die Gnadengaben des Himmels sind oft unerwartete Geschenke, wie zum Beispiel die Berufung zum Priestertum. Es wäre nicht angebracht, das zu verschweigen, was an Erscheinungsorten allgemein bekannt ist, nämlich die Abweichungen von den Naturgesetzen. Die geschehen manchmal auf so diskrete Weise, dass man sich fragt, ob diese Wogen von Rosenduft mitten im Winter Einbildung oder Realität sind. Ein andermal sind sie ganz augenfällig, z.B wenn die Sonne sich dreht und wie ein Herz schlägt, so dass es unmöglich ist, den übernatürlichen Charakter dieses Ereignisses zu leugnen, dessen Zeuge man war.
Es wäre daher falsch, Zeichen zu misstrauen, nachdem unser Herr ihnen so viel Bedeutung beigemessen hat. Er tadelt die Menge, die er durch ein Wunder gespeist hat dafür, dass ihnen das Wunder weniger bedeutete als ihre Sättigung und dafür, dass sie Brot der übernatürlichen Speise vorzogen, wofür dieses nur ein Zeichen war. «Ihr sucht mich nicht, weil ihr Zeichen gesehen habt, sondern weil ihr das Brot gegessen habt und satt geworden seid» (Joh 6,26).

Ländern, wo die öffentliche Meinung gegen sie ist oder in Diözesen, wo der Bischof ihre Besuche nicht begrüßt. Lassen Sie uns beten, dass diese Tendenz überwunden wird und dass jeder, dem dies widerstrebt, erfährt, wie viel Freude es macht, dem Ruf der Muttergottes zu antworten — wie ein Kind, das sich in einer großen Menschenmenge verlaufen hat und seine Mutter wiederfindet.

Der Mensch braucht Wunder. Der Beweis ist, dass Gott ein gerütteltes Maß davon den Menschen, wenn nicht gerade in den Schoß schüttet, so doch in ihre unmittelbare Nachbarschaft oder zumindest an einen Ort in erreichbarer Nähe schickt. Dieses Vermögen, Wunder zu wirken, ist, wie uns gesagt wurde, proportional zum Glauben.[156]

---

156. Das soll nicht bedeuten, dass die kleinste Tat der Liebe, das Glas Wasser, dem Durstigen dargereicht, nicht von größerem Wert sei als ein Glaubensakt. Trotzdem ist es wahr, dass ein Körnchen Glaube, groß wie ein Senfkorn, genügen sollte, einen Maulbeerbaum mitten in das Meer zu pflanzen (vgl. Luk 17,6) ... Nach Gottes Plan ist Glaube der Königsweg, auf dem uns Caritas zum himmlischen Jerusalem führt. Aber vergessen wir nicht, dass das Eingangsportal zur Heiligen Stadt nicht das Werk menschlicher Arbeit ist. *Non sunt sancti qui miracula faciunt, sed qui Deum diligunt*. (Nicht die sind heilig, die Wunder vollbringen, sondern die, die Gott lieben).

Ein Paradoxon ist die Privatoffenbarung. Sie verlangt nicht die Tugend des übernatürlichen Glaubens. Obwohl sie *de facto* privat bleibt, trägt sie zu einer tragfähigen Grundlage für den Glauben an die allgemeine Offenbarung bei. Wunderbare Widersprüchlichkeiten des Übernatürlichen, in denen dank der *conciliatio oppositorum* keine Unvereinbarkeit gefunden werden kann!

Ein in Ehren gehaltener Irrtum unserer Zeit ist die Idee, dass die allgemeine Offenbarung mit dem Tod des letzten Apostels zu einem Ende gekommen sei und Gott daher nicht mehr durch den Dienst auserwählter Seelen mit seiner Kirche sprechen könne. Ohne Zweifel ist man *de fide* nicht verpflichtet, an die Echtheit dieser Kommunikation zu glauben. Dass sie jedoch eine entscheidende Rolle bei der Rettung vieler Seelen spielt, sollte unbedingt betont werden. Ist sich irgend jemand in unserer heutigen Zeit dieser Tatsache bewusst?

Es gibt keinen besseren Weg der Zusammenarbeit mit Gott als den, den er persönlich vorschlägt. In Fragen des Heiles geht die Initiative von ihm aus. Er ist es, der ruft, Er, der vorausschaut, Er, der bittet, Er, der entscheidet. Lassen Sie uns der Vorsehung gegenüber keine Besserwisser sein. Echte Empfänglichkeit besteht darin, dem Ruf des Heiligen Geistes zu antworten.

Nur zu oft spricht man von Wundern im Sinne eines Shakespeare-Zitates, «nature [was] out of joint» (Die Natur war außer Fugen geraten). Das wäre ein bedauerlicher Zustand. Jedoch ist das glatte Gegenteil wahr. Es wäre richtiger, zu sagen, dass Wunder einen kurzen Blick in die Ordnung der Dinge vor dem Sün-

Das Evangelium zeigt uns die Wege der Vorsehung und die Irrwege menschlichen Handelns. Als die Weisen aus dem Morgenlande kamen und die Frage stellten: «Wo ist der neugeborene König der Juden?» erschrak «Herodes und mit ihm ganz Jerusalem» (Mt 2,2), eine eigenartige nervöse Reaktion für ein Volk, das den Messias erwartete. Dem leidenschaftlichen Interesse, das durch die Nachricht erweckt worden war, folgte augenblickliches Desinteresse. Denn keiner, angefangen vom Tetrarchen bis hinunter zum einfachen Volk, auch nicht die Schriftgelehrten, die befragt worden waren, keiner machte sich die Mühe, die Weisen zu begleiten oder ihnen vorauszugehen zu einem Ort, der weniger als acht Meilen entfernt lag.

---

denfall gewähren, als Harmonie herrschte und die Materie dem Geist unterstellt war.

Die Ablehnung von Wundern ist in abgeschwächter Form die Ablehnung des Übernatürlichen. Wie die Geschichte zeigt, führt das eine logischerweise zum anderen, wie der Bach zum Fluss.

37

Virginem tactilem esse non est credendum

Eine Madonna, die man berühren kann, ist nicht glaubwürdig

Sagte Christus nach seiner Auferstehung nicht zu Maria Magdalena: «Rühre mich nicht an»? Bei Visionen drückt sich die Göttlichkeit unseres Herrn und die Erhabenheit seiner Mutter in einer gewissen Distanz zu den Sehern und den anwesenden Gläubigen aus. Und echter, physischer Kontakt scheint damit unvereinbar. Deswegen blieb die Muttergottes in Lourdes in ihrer Grotte, hoch über der Erde.

— In vielen Fällen kommen die Seher der Muttergottes jedoch so nahe, dass sie die Wärme ihrer physischen Präsenz spüren. Catherine Labouré beschreibt, wie sie in der Kapelle der Rue du Bac beim Erscheinen der Madonna die Treppe hinaufsprang und «sich niederkniete mit [ihren] Händen auf den Knien der Muttergottes.»

«Einer der am besten dokumentierten Fälle ist derjenige der Île-Bouchard. Während der Erscheinungswoche (vom 8.-14. Dezember 1947) kamen die vier Seher jeden Tag in Körperkontakt mit Unserer Lieben Frau. Am 8. Dezember heißt die Erscheinung sie mit einem Zeichen ihres Zeigefingers näher zu treten, lässt dann «mit nach oben geöffneten Handflächen» ihre Arme sinken und sagt: «Gebt mir eure Hand zum Küssen.»

Jacqueline Aubry nähert sich als erste, stellt sich auf die Zehenspitzen und «legt die äußersten Fingerspitzen ihrer rechten Hand auf den nach oben gerichteten Zeigefinger der Muttergottes», die sich ihrerseits vorbeugt und «sehr langsam» die Finger von Jacqueline küsst.

Dann folgen ihre drei Begleiterinnen. Aber Laura und Jeanne sind zu klein. Jacqueline hebt sie ohne die geringste Anstrengung mit ausgestreckten Armen hoch hinauf. Erstaunlicherweise wiederholt sie dieses mühelose Emporheben an allen folgenden Tagen vor den Augen der erstaunten Anwesenden.

Als die kleinen Mädchen am 8. Dezember die Kirche von St. Gilles verlassen, tragen ihre Finger eine Art von «leuchtendem Oval» an der Stelle, die Maria mit ihren Lippen berührt hatte.

«Im Jahre 1951 sagte Ida Peerdeman, die Seherin von Amsterdam», dass ihr die Gabe verliehen wurde, die «Umrisse der Gestalt der Muttergottes zu fühlen.»

«In Medjugorje sagten einige der Seher, dass sie die Muttergottes oder ihre Kleider berührt haben.»[157]

Und einige Seher, wie etwa die große Mystikerin Yvonne-Aimée de Malestroit, waren privilegiert, das Jesuskind aus den Händen seiner Mutter in ihre Arme gelegt zu bekommen. Hat nicht der auferstandene Christus seinen Aposteln gesagt, sie sollten ihn berühren, um zu verhindern, dass sie ihn für ein Gespenst hielten? Die Widerstandskraft der Materie bleibt erhalten, selbst wenn sie auferstanden ist und sich ihrer himmlischen Attribute erfreut.

157. Patrick Sbalchiero: «Quand le ciel se laisse toucher» (*Chrétiens magazine*: Mai 2006, S. 19-20).

38

Sunt miracula credenda?

Sind Wunder glaubwürdig?

Die Wunder, die Christus und seine Apostel vollbracht haben, genießen einen speziellen Status. Sie sind Inhalt unseres Glaubens. Ein Christ kann sie nicht wegrationalisieren, auch wenn viele Semi-Christen das in letzter Zeit versucht haben. Diese Wunder sind uns in Texten überliefert, die vom Heiligen Geist inspiriert wurden, nämlich den Evangelien und der Apostelgeschichte. Nun aber sind die Dinge nicht mehr dieselben und werden niemals wieder dieselben sein. Wir müssen die Tatsache akzeptieren, dass die Vorgänge vor 1900 Jahren zu einem Ende gekommen sind. Die Grundsituation hat sich geändert. Die spontanen Heilungen, wie sie in Lourdes bestätigt wurden, könnten an jedem heutigen Erscheinungsort *ad infinitum* multipliziert werden, ohne dass wir damit beweisen könnten, dass diese Erscheinungen echt sind. Diese Wunder, obwohl notariell beglaubigt, kirchlich untersucht und bestätigt, sind nicht Teil unseres Glaubensgutes und werden es nie sein. Ist es nicht offensichtlich, dass man Bethanien, wo Christus Lazarus nach drei Tagen von den Toten erweckt hat, nicht mit Vaddiakadu in Indien vergleichen kann, wo die Heilige Jungfrau am 1. Juli 1991 ein Baby, das tot und seit sechs Monaten begraben war, von den Toten erweckte? Das Wunder von Bethanien zu leugnen würde bedeuten, sich auf die Seite der Pharisäer zu stellen. Das Wunder von Vaddiakadu kann ich ablehnen, weil mein ewiges Heil nicht davon abhängt. Ich kann Vaddiakadu aus jedem erdenklichen Grund in Frage stellen: zum Beispiel gab es nur 60 Zeugen, und die beiden Video-Aufzeichnungen könnten manipuliert sein.

— Wenn ein Wunder eine von Gott den Menschen gewährte Gnadengabe ist, dann verdient diese Gnade Dank und verdient es gewürdigt zu werden. Unsere Gleichgültigkeit dem gegenüber, was nicht von dieser Welt ist, ist nicht der beste Weg, um eines Tages vor Ihn hinzutreten. Wir werden einmal danach beurteilt werden, wie sehr wir geliebt haben, das heißt, nach unserem Eifer, auf Gottes Ruf geantwortet zu haben. Wenn die Hilfe von oben unsere Frömmigkeit vermehrt, was könnte man dagegen einwenden? Wenn das Übernatürliche sich hinter Erscheinungen verbirgt, die so greifbar sind wie das Eucharistische Brot, kann es da nicht manchmal auch seine reale Gestalt zeigen? Tut es das, so bedeutet das nicht automatisch, dass es seinen privilegierten Status der Übernatürlichkeit verloren hätte, den es Dank seines Ursprungs genießt. Skeptiker haben es schwer. Ihr Rationalismus gefährdet die zarte Pflanze geistigen Lebens, die Gott nach seinem Plan mit seinen Gnadengaben tränkt. Er trifft die Entscheidungen. Wir müssen unsere Dankbarkeit erweisen.

Ein Sophist liebt Argumente so sehr, wie er Wundern gegenüber immun ist. Denn Wunder bringen in seine messbare und quantitative Welt ein Element von Unsicherheit, die mit Wissenschaft unverträglich ist. Für den Agnostiker existiert das, was übernatürlich ist, nicht. Der gemäßigte Rationalist, den man nur zu oft unter Christen findet, kann das Übernatürliche seit dem Tod des letzten Apostels nur tolerieren, wenn es unsichtbar ist. Das jedoch bedeutet, den Bereich dessen, was möglich ist, in ungebührender Weise einzuschränken.

Lassen Sie uns daher mit Pascal zusammenfassen, dass sichtbare Wunder das Abbild der unsichtbaren sind, denn «Natur ist ein Abbild der Gnade». Gott offenbart sich durch ein Zeichen, welches auf diese Weise durch Analogie eine Würde erhält, die so bedeutend ist, wie die transzendente Wahrheit, die es ausdrückt.[158] Es gefällt Gott, sich durch Wunder zu offenbaren; vor allem durch Wunder, die teilhaben an der emminenten Würde der Offenbarung. In unseren Tagen zeigt er sich selbst durch Wunder, die diese ursprüngliche Offenbarung reflektieren und die er zu unserem Heil bestätigt. Selbst wenn die Zeichen und Wunder unserer Tage nicht verpflichtendes Glaubensgut sind, so sind sie doch eine Bürgschaft, derer der schwindende Glaube so dringend bedarf. Sie sind offenkundig für die, die Zeugen sind und die dadurch einen besseren Zugang zum Verständnis göttlicher Wahrheiten haben. Können wir denn an dem, was wir gesehen haben, zweifeln? Eine einfache Seele, die mit einer mystischen Gnadengabe beschenkt war, drückte es einmal so aus: «Ich glaube nicht länger, ich weiß es.» Dieses Wissen, das von einer unmittelbaren Erfahrung herrührt, hat nicht den Rang der übernatürlichen Tugend des Glaubens, es ist lediglich eine Ergänzung, kein Ersatz. Es verdrängt auch nicht unseren Verstand, aber es spricht auf dem Weg sinnlicher Wahrnehmung direkt zu unserem Herzen. Wie wunderbar und groß ist das Eingeständnis unserer Unwürdigkeit. Und wie wertlos der Rationalismus, der uns überzeugen möchte, dass Wunder nicht wahr sind.[159]

---

158. *Pensées*, Brunschvicg, nos 675 & 643

159. Tatsächlich scheint es zu viele Wunder zu geben, wie die Pilger bezeugen können, die als erste nach Heroldsbach, Medjugorje, Schio, Manduria und San Damiano gingen. Skeptiker haben die Tendenz das herunterzuspielen, was den Glauben überanstrengt. «Was übertrieben ist, ist unbedeutend.» — wie ein französisches Sprichwort sagt. Die Bewahrer alter Normen der Vergangenheit errichten viele Einschränkungen für die Gegenwart, beschneiden, ohne sich dessen immer bewusst zu sein, Aufgeschlossenheit und Toleranz. Wie groß war im pseudo-wissenschaftlichen Kontext jener Zeit der Skandal, als die Wunder von Lourdes Schlagzeilen machten. Kein geringerer als Zola hatte den Eindruck, er müsse die Ereignisse untersuchen. Er begab sich nach Lourdes und kam mit einem Buch zurück, in dem er eine spontane Heilung, bei der er selbst Zeuge war, als einen langsamen Besserungsprozess beschrieb. So sind die Wege dieser Welt. Wenn Gott an den Erscheinungsorten der Muttergottes sein Eingreifen vermehrt, bedeutet das denn nicht, dass es mehr benötigt wird denn je? Auch für uns stehen, wenn wir es nur wollen, mehr Wunder bereit. In Heroldsbach stellten sich die kleinen Seherkinder auf ihre Zehenspitzen, als sie der Muttergottes ihre Rosenkränze zum Segnen überreichten. Als die Heilige Jungfrau die Rosenkränze in ihre Hand nahm, einen nach dem

Nach Maria Valtorta duldet unser Herr keine Zweifel an seinen Offenbarungen:

«Es gibt wenige Dinge, die ich so streng verurteile wie einen Rationalismus, der die Integrität des Glaubens angreift ... Rationalismus tötet mich in den Herzen der Menschen ... und verdunkelt die Kirche und die Welt.

Ich habe andere Dinge verurteilt, aber nichts so scharf wie den Rationalismus. Er ist der Samen, aus dem so viele andere, bösartige Lehren hervorgegangen sind. Er hat Satan den Weg bereitet, dessen

---

anderen, und sie hochhob, um sie zu segnen, sah die Menge die Rosenkränze über ihren Köpfen in der Luft schweben, offensichtlich ohne eine Stütze. Es gab viele erstaunte «Ahs» und «Ohs». Aber das war nur ein kleiner Teil all der Wunder, die über die Pilger ausgegossen wurden. Hat nicht die Muttergottes früher schon empfohlen, diejenigen, die nicht glauben, sollten zuhause bleiben, und tadelte so die Skeptiker, die geblieben waren, für ihren Unglauben. (a) Mögen die, die wünschen ihren Unglauben zu überwinden, das Gebet des Vaters vom epileptischen Knaben im Markus-Evangelium wiederholen: «Herr... hilf meinem Unglauben!» (Mk 9,24).

Und noch ein weiteres Beispiel, wie über Monate hin Naturgesetze außer Kraft gesetzt wurden. Wenn die Muttergottes in Heroldsbach von einem Ort zum anderen ging, sagte sie den kleinen Mädchen, sie sollten ihr auf den nackten Knien folgen. Das war ein Bußakt, bei dem Abschürfungen, Kratzer und Verletzungen unvermeidlich waren. Erstaunlich war nur, dass sie in der darauffolgenden Nacht verschwanden, ohne eine Narbe zu hinterlassen, so als hätte es sie nie gegeben. Möge jeder, der Verletzungen durch Rutschen auf nackten Knien bagatellisieren möchte, es einmal auf einem Kiesweg ausprobieren. Er wird bald merken, dass dies alles andere als angenehm ist.

Vielfalt ist ein deutliches Kennzeichen von Charismen. Die kleinen Mädchen von Garabandal konnten in einem hörbaren Unisono auf dem steinigen Weg auf die Knie fallen und mit einer erstaunlichen Beweglichkeit auf den nackten Knien herumrutschen, ohne die geringste Verletzung davonzutragen.

In Heroldsbach war die Bußkomponente der Botschaften von Seiten des Himmels deutlicher. Die kleinen Mädchen waren aufgefordert worden, eine symbolische «Quelle von mystischen Gnaden» mit ihren bloßen Händen in den trockenen Boden zu graben. Für die Kinder war das eine lang andauernde Aufgabe, die sie gewissenhaft und beständig ausführten. Das Loch, das so entstand, hatte die Form eines Abhanges, so tief wie die Mädchen groß waren. Ihre Arbeit muss schmerzhaft gewesen sein, denn ihre Finger bluteten. Aber wieder einmal waren die Wunden jeweils am nächsten Tag verheilt, als hätte es sie niemals gegeben.

(a) Norbert Langhofer: *Reich der Mystik, Die Botschaft von Heroldsbach*; I, (Verlag «Arche Josef», Heroldsbach-Forchheim, 1971, S. 124-125).

Herrschaft nie so erfolgreich war, bevor er sich nicht des Rationalismus bediente.»

Und der Herr, der so leicht «dem Elenden [vergibt], der ein unmenschliches Verbrechen begangen hat, das er bereut», sagt: «Ich werde ein strenger Richter sein für die, die auf der Basis doktrinären menschlichen Wissens das Übernatürliche leugnen und die Weise, in welcher der Vater möchte, dass ich es offenbare.»[160]

Nun, was ist Rationalismus? Er ist Verneinung. Er weigert sich, die Existenz oder die Möglichkeit von Phänomenen anzuerkennen, die weder natürliche Kräfte noch der Verstand erklären können. Rationalismus wird außerhalb der Kirche gefunden, wo er behauptet, dass es keine Wunder gäbe. Er wird aber auch in einer abgeschwächten Form in der Kirche gefunden. Und da behauptet er, dass die einzigen wirklichen Wunder die der Vergangenheit seien. Jedoch, wie ich gezeigt habe, können auch die der heutigen Zeit von übernatürlichem Gewinn sein.

Warum einen Widerspruch suchen, wo es keinen gibt? Wunder sind ein sichtbarer Teil dessen, was unsichtbar ist. Modernismus ist allgegenwärtig in unserer Welt, zumindest in einer abgeschwächten Form. Und Wunder sind Gegenstand seiner Phobien.

Rationalismus an sich ist ein Kennzeichen des Teufels, denn er ist die Leugnung des Übernatürlichen. Luzifer, ein geschaffenes Wesen wie viele andere, aber das höchste an Würde, das am höchsten ausgezeichnete und schönste, konnte kaum das Geschenk seiner Existenz verweigern. Luzifer war aus so geistigem Material geschaffen, so vollkommen, dass in ihm kein Fehler zu finden war. Eigenliebe jedoch findet eine Rechtfertigung in sich selbst, gemäß einer Neigung, die jede Form von Gemeinschaft ausschließt, selbst eine Gemeinschaft, die so vertraut, so intim ist, dass keine geschaffene Kreatur sie erstellen kann. Das Dilemma Luzifers war, dass ihm eine Variante der Sohnschaft Gottes und der Bruderschaft Christi angeboten wurde, seiner Natur als reiner Geist angepasst. Dieses Ange-

---

160. *Cahiers de 1943*: S. 101; S. 202-203

bot einer Liebe, anders als seine eigene Selbstliebe, wurde von ihm jedoch als eine Form von Selbstaufgabe betrachtet, die eine Abhängigkeit von einem anderen als ihm selbst mit sich gebracht hätte. Simone Weil sagte einmal, als sie vom Menschen sprach, «wir sind von solcher Art, dass wir nur Gott lieben können. Das ist unsere Tragödie.» Das ist auch unsere Rettung. Und es wäre die von Luzifer selbst gewesen, hätte er das angenommen, was nur durch einen grenzenlosen Akt der Dankbarkeit erwidert werden konnte.

39

Praeteritum mensura presentis

Vergangenes als Maßstab für Gegenwärtiges

Nach diesem Prinzip sollten übernatürliche Offenbarungen sich nach den Normen vorausgehender Jahrhunderte richten. Anders ausgedrückt: Um anerkannt zu werden, müsste Medjugorje ungefähr wie Lourdes, La Salette oder Rue du Bac sein. Richtlinien wurden in der Vergangenheit erstellt. Die Kirche ist ein lebendiger Leib, der aus seiner Jahrhunderte langen Erfahrung schöpft. Was abweicht von dem, was man im Licht der Geschichte erwartet, ist verdächtig. Tradition ist der Prüfstein für die Wahrheit.[161]

— Der Haken an diesem Kriterium ist der, dass es sich auf Erfahrungen beruft, die in einer völlig anderen Zeit unter völlig an-

161. Nach diesem Argument könnte Medjugorje kaum die Anforderungen erfüllen, die aus den Erfahrungen der Vergangenheit erwachsen sind. Marian Ljubic weist darauf hin: «... in der Geschichte der Kirche ist es noch nie geschehen, dass Erscheinungen in einem solchen Kontext wie in Medjugorje stattgefunden haben: in einer Kirche, während der Heiligen Messe, in perfekter Regelmäßigkeit, das heißt, jeden Tag, mit Wissen und voller Zustimmung und in der Anwesenheit des lokalen Klerus.» (*La Vierge Marie apparaît en Yougoslavie*: Ed. du Parvis, CH-1640 Hauteville, 1984 (?), S. 77). Nach Meinung des Autors dieser Zeilen ist diese noch nie da gewesene Neuheit als äußerst plausibles Argument für die Echtheit dieser Erscheinungen zu betrachten. Zu einer ganz anderen Schlussfolgerung kommen natürlich die Kritiker von Medjugorje, für die jede Neuerung im *modus operandi* (in der Vorgehensweise) des Himmels dem Prinzip der Unveränderlichkeit Gewalt antut, welches ihrer Meinung nach axiomatisch sein sollte für übernatürliches Eingreifen, nachdem es für Dogmen grundlegend ist.

deren Bedingungen gemacht wurden. Erinnerung ist selektiv und nichts beruhigt mehr als Vertrautes. Gott ist allerdings nicht an unsere Vorstellungen gebunden. Wie oft hat Christus seine Zuhörer mit seinen Parabeln irritiert. Die Madonna, fast wie eine Mutter, die ihr Kind mit einem Geschenk überraschen möchte, setzt uns genauso oft in Erstaunen, wie sie uns entzückt. Um den vollen Nutzen aus ihren Besuchen zu ziehen, müssen wir aufnahmebereit sein. Warum sollten wir ihrer Großzügigkeit willkürliche Grenzen setzen? Engstirnigkeit ist fehl am Platz, wenn wir der unermesslichen Vielfalt der Geschenke Gottes begegnen. Unsere eigenen Erwartungen gehen in die falsche Richtung. Wie in einer Symphonie, deren Anfangsthema sich dank seiner innewohnenden Notwendigkeit wunderbar entfaltet, so entstammt die göttliche Idee, die das übernatürliche Ereignis lenkt, einem Plan, der erst in Erscheinung tritt, wenn das Ereignis zu einem Abschluss kam. Erst jetzt können wir die providentielle Auswirkung von Fatima wirklich verstehen, jetzt, wo der Eiserne Vorhang gefallen ist. Jetzt verstehen wir, was wir damals nur vermutet haben. Diejenigen, die der Vorsehung vertraut haben, finden sich in ihrem Vertrauen bestätigt. Was wir eine «Privatoffenbarung» nennen, verlangt von uns einen Glaubensakt; das ist ihr eigentlicher Zweck.

Wir können die prophetische Natur heutiger Marienerscheinungen nicht einfach abstreiten, nur weil wir ihre Auswirkungen nicht wirklich verstehen. Sie sind unerlässlich, selbst wenn sie anfangs aus unserem eigenen beschränkten Blickwinkel heraus völlig überflüssig erscheinen. Sie können uns irritieren, wenn sie nicht mit den Vorbildern der Vergangenheit übereinstimmen. Jedoch geben sie eine Antwort auf die Nöte und Probleme unserer Tage, die aus dem Mangel an Frömmigkeit entstehen und unserer angeborenen Unfähigkeit, in die Zukunft zu schauen. Für alle diejenigen, die immer das «Warum» und «Wozu» wissen möchten,[162] ist die zeitli-

162. Der scharfsinnige Etienne Gilson rügte den Unglauben seiner Kollegen folgendermaßen: «Was für Professoren eine Quelle der Verwunderung ist, verliert in ihren

che Ungewissheit der angekündigten Ereignisse der beunruhigendste Aspekt bei den Botschaften der Muttergottes. Wenn schon die Apostel nicht unterscheiden konnten zwischen den Prophezeiungen, die die Zerstörung Jerusalems und die das zweite Kommen Christi betrafen, wie können wir dann die Worte der Muttergottes erklären, die so weit zurückliegen wie zum Beispiel La Salette? Wie können wir uns die «Warnungen» und das angekündigte «Strafgericht» als unmittelbar bevorstehende Ereignisse erklären? Was wir von den Aposteln lernen können ist, dass die frühen Christen, die die Prophezeiungen ernst genommen haben, dem Massaker, das dem Aufstand der Juden im Jahre 69 folgte, entkamen. «Readiness is all» («Bereitschaft ist alles»), schrieb Shakespeare, und das Öl des Glaubens geht den weisen Jungfrauen, die den Bräutigam erwarten, niemals aus.[163]

Ein Christ weiß, dass Christus Wunder vollbracht und die Macht, Wunder zu wirken, seinen Jüngern übertragen hat. Aber wir können derzeit ständig beobachten, wie bei Erscheinungen der Muttergottes Heilungen und Bekehrungen mit Bestürzung und Unglauben aufgenommen werden, als sollte ein Baum nicht nach seinen Früchten beurteilt werden.[164] In der Vergangenheit sah man

---

Augen jeden Anspruch auf Existenz.» Victor Hugo schrieb auch sehr passend: «[Il] est puéril ... de se figurer qu'en se bandant les yeux devant l'inconnu, on supprime l'inconnu» («Es ist kindisch ..., sich vorzustellen, man könne die Existenz von etwas Unbekanntem annullieren, indem man eine Augenbinde trägt.») (*Les travailleurs de la mer*, I, 1, 7). Es ist zu erwarten, dass Wissenschaftler, die sich selbst auf die Beobachtung von Phänomenen beschränken, die in einem Labor wiederholt werden können, auf die Einmaligkeit von Wundern allergisch reagieren. Allerdings ist es mehr als erstaunlich, wenn Theologen, deren Studienobjekte die Geheimnisse des Glaubens sind, sich dem Übernatürlichen gegenüber intolerant erweisen, wenn es in der Gestalt der Muttergottes in Erscheinung tritt. (Für die Zitate siehe Henri Guillemin: *L'affaire Jésus*, Seuil, Paris, 1982, S. 84).

163. Dietrich von Hildebrand sah in der «Veränderungsbereitschaft» die geistige Voraussetzung zur Wahrheitsfindung. (Siehe: *Die Umgestaltung in Christus*, Josef Happel, Regensburg 1971).

164. Erstaunlicherweise war das ein Zankapfel für Luther. Dass er die Zitate Jesu auf den Kopf stellte, schien ihn nicht im Geringsten zu beunruhigen. Nach ihm «ist es der Baum, nach dem die Früchte beurteilt werden können.» (a) Viele der

in Wundern den besten Beweis für die Echtheit von Offenbarungen. Heute werden Wunder abgetan als Gerüchte, Aberglauben oder Mythenhandel. Was durch die Tradition nicht geheiligt wurde, verdient unsere Aufmerksamkeit nicht. Was zeitlich und räumlich nicht weit weg liegt, lässt den Heiligenschein des Mysteriums vermissen. Durch eine gewisse geistige Verwirrung wird ein Wunder, das leicht als solches verifiziert werden kann, für weniger wahr gehalten als eines, von dem man in Büchern liest. Aufgrund der wasserdichten Trennung von Glaube und Wissenschaft ist ein Wunder, wenn es beobachtet werden kann, ohne Interesse. Für viele ist es ein Skandal, wenn heute etwas geschieht, wofür es im Bereich natürlicher Ursachen keine rationale Erklärung gibt. Das Grabtuch von Turin wird aus verschiedenen Gründen verunglimpft: Sein Abbild ist weder ein Gegenstand des Glaubens, weil es sichtbar ist, noch ein Gegenstand der Wissenschaft, weil die Technik, mit der es erstellt wurde, unbekannt und nicht zu erklären ist. Dieses Phänomen zwischen zwei Bereichen, die sich fremd sind, ist für den Verstand undenkbar und mit Experimenten nicht erfassbar. Trotzdem konfrontiert es mit einer Tatsache, die nicht negiert werden kann. Übernatürliches sollte nicht zu nahe am Bequemen liegen. Aus Vertrautheit kann Geringschätzung entstehen. Was von oben kommt, sollte sich nicht mit dem vermischen, was von unten ist. Die Zurückweisung Christi von Seiten der Juden seiner Zeit kann am besten verstanden werden als deren Weigerung, einen Messias anzuerkennen, der nicht mit dem Bild übereinstimmte, das sie im Voraus von ihm entworfen hatten. Im Lichte dieses his-

---

Menschen, die die Übernatürlichkeit heutiger Erscheinungen verneinen, gehen ähnlich vor, indem sie behaupten, dass die guten Früchte, die man an Orten wir Medjugorje finden kann, nichts beweisen, weil man zuallererst sicher sein muss, ob es wirklich Maria ist, die dort erscheint. In ihren Augen kann man aus der Übernatürlichkeit der Früchte (wie etwa Bekehrungen) nicht auf die Übernatürlichkeit dessen schließen, was sie verursacht hat. So haben wir lediglich eine Wirkung ohne die entsprechende Ursache!

(a) Pierre Chaunu zitiert Abbé Christiani in seinem Vorwort zu Luther: *Les grands récits réformateurs* (Flammarion, Paris, 1992, S. 84 in seinem Kommentar zu *Die Freiheit eines Christenmenschen*).

Mirjana von Medjugorje in Ekstase

torischen Präzedenzfalles scheint die Skepsis unserer Tage, mit der marianische Erscheinungen aufgenommen werden, vorprogrammiert zu sein. Die exquisite Zwanglosigkeit der Muttergottes verwirrt das Diktat der Konvention. Offensichtlich haben wir Wichtigeres zu tun, als zu einer Begegnung mit ihr zu eilen, wenn sie ihre himmlische Wohnung verlässt. Wer in unserer Zeit möchte überhaupt noch die Leiter besitzen, die Jakob in seinem Traum sah, wo die «Engel Gottes auf und nieder [stiegen]» (Gen 28,13)?

40

Credo quia absurdum

Ich glaube, weil etwas vernunftwidrig ist

Warum glaubt man an die Echtheit heutiger Erscheinungen? Wie wir in den vorausgehenden Kapiteln gesehen haben, gibt es gute Gründe dafür, skeptisch zu sein. Man geht ja nicht auf eine Pilgerreise ohne Motivation und man schenkt einem Bericht ohne plausible Erklärung keinen Glauben. Kritiker des Christentums haben ein passendes Epigramm gefunden, um sein Engagement für intellektuell nicht Verifizierbares in Misskredit zu bringen: «Credo quia absurdum.» Manche protestantische Glaubensrichtungen misstrauen der Vernunft so sehr, dass sie sich Pascals Ermahnung zu eigen gemacht haben könnten: «Tais-toi, raison imbécile!» («Sei still, törichte Vernunft!»). Als ob wir ohne gesunden Menschenverstand in theologischen Fragen auskommen könnten!

— «Credo quia absurdum» ist jedoch keine christliche Maxime. Gläubige, die von der Echtheit heutiger Erscheinungen überzeugt sind, sind es aus guten Gründen. Und ich möchte meine Leser auf ganz spezifische Gründe aufmerksam machen, die ich bisher noch nicht erwähnt habe. Sie sind im Wesentlichen nicht verschieden von denen, die die Apostel dazu führten, an Christus zu glauben. Nathanael ist ein gutes Beispiel dafür. Denn dieser «echte Israelit, ein Mann ohne Falschheit», war erstaunt darüber, dass Christus etwas über ihn wusste, was nur übernatürlich erklärt werden konnte.

«Woher kennst du mich?» Jesus antwortete ihm: «Schon bevor dich Philippus rief, habe ich dich unter dem Feigenbaum gesehen» (Joh 1,47-49). Jemandem zu begegnen, der die Gabe der Hellsichtigkeit besaß, konnte für den zukünftigen Apostel nur eines bedeuten, nämlich: dass er vor dem «Sohn Gottes ... [dem] König von Israel» stand. (Joh 1,49). Christus lobte ihn für seine Bereitschaft, auf der Basis einer so geringen Evidenz zu glauben: «Du wirst noch Größeres sehen ... Ihr werdet den Himmel geöffnet und die Engel Gottes auf- und niedersteigen sehen über dem Menschensohn» (Joh 1,51).

Der Übergang vom «du» zum «ihr» (vom Singular zum Plural) scheint darauf hinzudeuten, dass die Erfüllung des letzen Versprechens in der fernen Zukunft liegt. Denn Nathanael, der spätere Apostel Bartholomäus, würde nicht mehr auf dieser Erde leben, um Zeuge der prophetischen Erfüllung dieses Jakobstraumes zu werden. An dieser Stelle des Johannes muss man zwischen drei Ebenen unterscheiden: das Zeichen, das den Glauben hervorruft, die Wunder, die diesen Glauben bestärken und die eschatologische Visison.

Diese Ebenen kann man auch bei Marienerscheinungen finden. Glücklich die Gläubigen, die auf solche Weise eine Bestätigung des übernatürlichen Charakters dessen erhalten, was sie erleben! Das geschah zum Beispiel im Fall von Pater Ramon Andreu in Garabandal, als sein innerer, nicht ausgesprochener Wunsch eine plötzliche Antwort erhielt.

> «Lass eines dieser [vier] Kinder aus ihrer Verzückung erwachen, während die anderen [drei] in Ekstase verweilen. Und das geschah. Mari-Loli kam aus ihrem ekstatischen Zustand heraus, drehte sich leicht um und blickte zu Pater Ramon und fiel dann wieder in Verzückung.»[165]

Noch Außergewöhnlicheres geschah Don Valentin am 9. Mai 1962, als er den Himmel um ein unbestreitbares Zeichen bat: «Lass diese kleinen Mädchen heute nacht in Ekstase fallen, während ich schlafe, lass sie mich aufwecken und mich mit dem Zeichen des

---

165. Jacques Serre — Béatrice Caux: *Garabandal* (F.-X. de Guibert, Paris, 1996, S. 68).

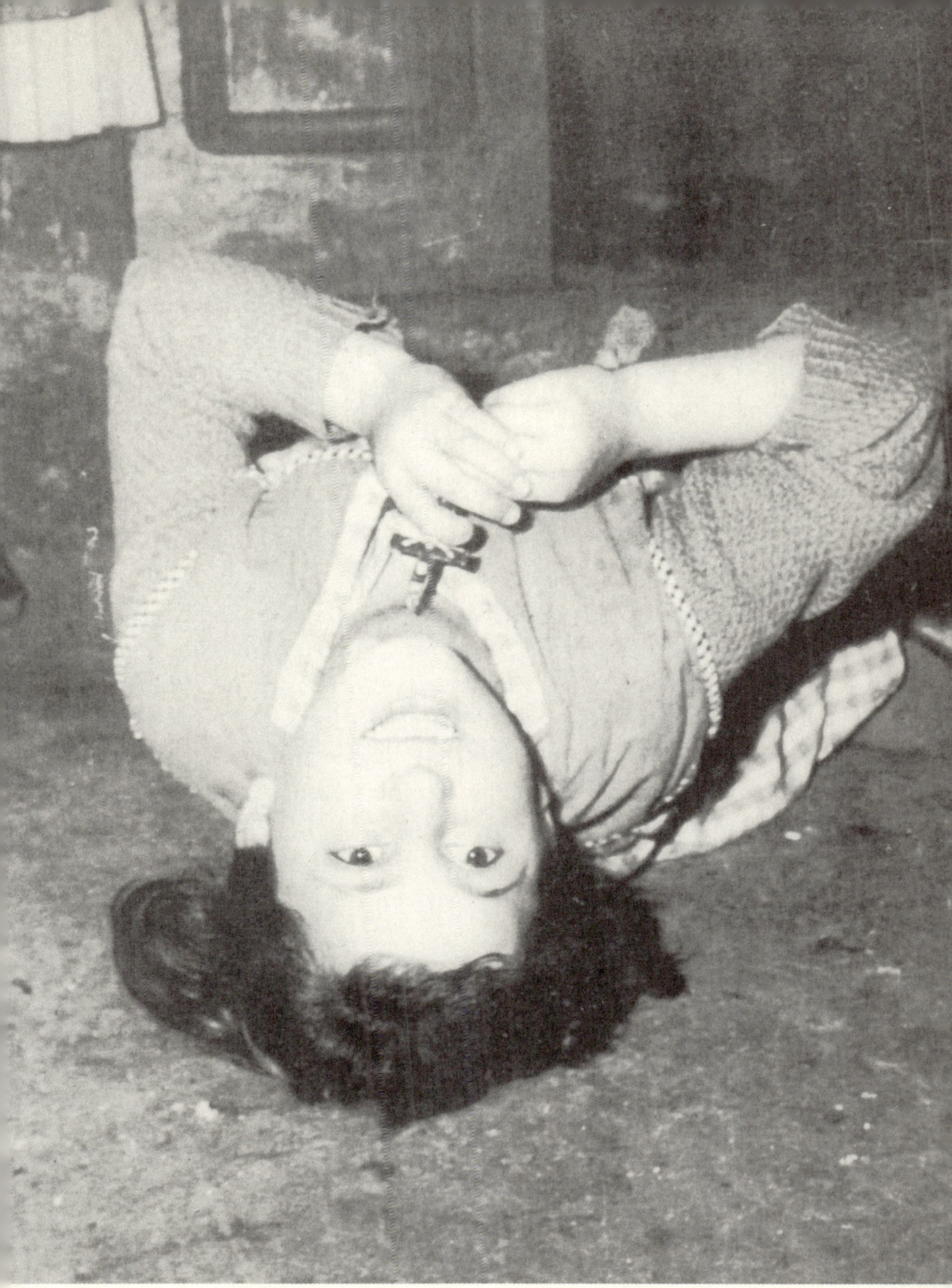

Mari-Loli von Garabandal in ekstatischem Zustand,
der manchmal die Gesetze der Schwerkraft aufzuheben schien

Kreuzes segnen, lass sie mir das Kruzifix zum Kusse reichen.» Nichts weniger als das. Und:

> «Genau um zwei Uhr morgens kommt eines der Mädchen im Zustand der Ekstase an die Haustüre von Don Valentin und beginnt zu klopfen. Da alles schläft, antwortet niemand, aber das Mädchen fährt fort so heftig zu klopfen, dass schließlich die Türe geöffnet wird. Don Valentin schläft und weiß nicht, dass das Mädchen im Haus ist. Sie kommt, immer noch in Ekstase, an sein Zimmer. Ohne Warnung öffnet sie die Türe zu seinem Zimmer und legt das Kruzifix auf seine Lippen, was ihn plötzlich aufweckt. Das kleine Mädchen segnet ihn einige Male mit dem Kreuz und verlässt dann schließlich mit einem Lächeln den Raum.»[166]

So wurde Don Valentin, überwältigt von der verblüffenden Antwort auf sein inneres Gebet, einer der eifrigsten Verteidiger von Garabandal! Was dazu führte, dass sein gutes Verhältnis zum Apostolischen Administrator getrübt wurde.

Wenn es keine Vorurteile gibt, erfüllt der Himmel manchmal individuelle Wünsche von Menschen, die es am wenigsten erwarten. Es kann sogar passieren, dass diese für kurze Zeit die Visionen der Seher teilen, wie etwa in Heroldsbach, wo mehrere Gläubige aus der Menge Zeugen des Wunders von der «Frau in der Sonne» wurden. In Medjugorje sahen zwei Mütter, die um ihre Kinder trauerten und die sich aufgrund des gleichen Schicksals angefreundet hatten, ihre eigenen Kinder wieder; die eine sah ihr Baby in den Armen der Muttergottes und die andere ihren kleinen Jungen, wie ihn die Madonna an der Hand führte.

Was die Seher betrifft, so will der Himmel manchmal deren Auftrag durch ein außergewöhnliches Zeichen beglaubigen. Wenn es um Bilokation geht, sollte man unbedingt Amparo aus El Escorial erwähnen. Manchmal nimmt ein Engel ihre Gestalt an und spricht und handelt in ihrem Namen. Aber ganz plötzlich lässt der Engel

---

166. F. Sanchez-Ventura y Pascual: *La Vierge est-elle apparue à Garabandal?* (Nouvelles Editions Latines, Paris, 1966, S. 124).

durch eine hieratische Bewegung oder einen außergewöhnlichen Duft seine wahre Natur erkennen. Alle Zweifel werden beseitigt, wenn die wirkliche Amparo, die noch nicht weiß, was stattgefunden hat, an einem anderen Ort ausgemacht wird und Zeugen bestätigen können, dass sie diesen Ort niemals verlassen hat.[167]

Stigmata an derselben Seherin sind eine gesicherte Tatsache. Es handelt sich dabei um ein vorübergehendes Phänomen, während sie die Leiden der Passion Christi durchlebt. In dieser Hinsicht ist sie nur eine von vielen stigmatisierten Sehern, die, wenigstens für eine gewisse Zeit, an ihrem Fleisch die blutigen Spuren der Kreuzigung tragen.[168]

Genau wie Nathanael, dem später als Märtyrer-Apostel Bartholomäus die Haut am lebendigen Leib abgezogen wurde, nicht Zeuge werden sollte, wie «die Engel Gottes … über dem Menschensohn … auf- und niedersteigen» (Joh 1,51), so genießen die Seher, die unter der Skepsis kirchlicher Autoritäten leiden, nicht immer das Privileg, ihre Voraussagen erfüllt zu sehen. An diesem Punkt der Geschichte jedoch sollte es möglich sein, dass die jungen Seher dieser Generation die Genauigkeit ihrer Vorhersagen bestätigt bekommen, sowohl in ihrer beruhigenden als auch in ihrer katastrophalen Verwirklichung. Denn nach der Aussage Marias treten wir in das eschatologische Zeitalter ein, das in der Apokalypse angekündigt ist. Den heutigen Sehern könnte es dann ergehen wie Lucia von Fatima, die das bestätigt sah, was sie vorausgesagt hatte, nämlich den Zweiten Weltkrieg, die russische Gefahr und den derzeitigen Verfall des Kommunismus.

---

167. Gabriel: *Premier récit authentique des apparitions de l'Escorial* (F.-X. de Guibert, Paris, 1996, Kapitel 6, sur les bilocation, S. 221-232).

168. Ebd. 2, Über Stigmata, S. 139-177. Von den anderen stigmatisierten Sehern, deren Botschaften besonders beeindruckend sind, sollten wir Gladys Quiroga de Motta in San-Nicolas (Argentinien) und Schwester Agnes Sasagawa in Akita (Japan) erwähnen. Aber das sind nur zwei Namen aus einer langen Liste.

41

De Reditu Christi

Die Wiederkunft Christi

Wenn Christus wiederkommt, so wird das auf dem Thron seiner Herrlichkeit sein, um die Lebenden und Toten zu richten. Die meisten Theologen teilen diese Meinung, und damit werden alle Voraussagen über das Ende der Zeiten, die wir in Garabandal und Medjugorje gehört haben, um ihre Glaubwürdigkeit gebracht. Wie können wir aber eine universale Katastrophe wie die der «drei Tage Dunkelheit» erklären, welche die Zahl der Erdbewohner mit der tödlichen Sicherheit immanenter Gerechtigkeit um zwei Drittel reduzieren wird? Braucht das letzte Gericht etwa einen Probelauf, quasi eine Generalprobe? Die derzeitige Exegese hat außer einer metaphorischen keine Erklärung für die «tausend Jahre» der Offenbarung, wo Satan in die Hölle gesperrt wird.

Gibt es denn überhaupt so etwas wie die zwischenzeitliche Wiederkunft Christi? Vor seiner Auffahrt in den Himmel verhieß er die bevorstehende Ankunft des Heiligen Geistes, und die beiden Engel, die bei seinem Abschied sagten, er werde wiederkommen (Apg 1,11), sprachen nach Meinung unserer Theologen vom Tag des letzten Gerichtes.

— Deutlich bringt die eben ausgeführte Kritik vier Phänomene, die nicht getrennt voneinander betrachtet werden sollten, in einen

Zusammenhang. Das «Ende der Zeiten»[169], als Folge der «großen Not», weist auf einen Bruch in der Geschichte hin. Die «drei Tage der Finsternis» werden abgelöst von Satans tausendjähriger Gefangenschaft in der Hölle. Das ist die Zeit der zweiten Wiederkunft Christi, auch wenn ihre wahre Natur geheimnisvoll bleibt. Manche Prophezeiungen, wie etwa die folgende von Christus an Schwester Faustina, beantworten diese Frage:

> «Bevor ich als gerechter Richter erscheinen werde, komme ich als König der Barmherzigkeit. Vor dem Tage des Gerichts wird den Menschen ein Zeichen am Himmel gegeben werden. Jedes Licht am Himmel wird erlöschen und es wird eine große Dunkelheit auf der Erde geben. Das Zeichen des Kreuzes wird am Himmel erscheinen, und aus den Wunden des Erlösers wird von den Händen und Füßen ein großes Licht ausströmen, was für eine gewisse Zeit die Erde erleuchten wird.»[170]

Wie bei den meisten Prophezeiungen scheint die Zeitkomponente ohne Bedeutung zu sein. Aber könnten wir sie nicht mit den Verkündigungen einiger Päpste der jüngeren Vergangenheit in Verbindung bringen?[171] Johannes Paul II. richtete sich in seinen Ansprachen vom 11. Mai 1997 in Beirut und vom 24. Mai 1998 in Turin besonders an unsere Generation: «Unser Geist, angeregt von einer lebendigen Erfahrung, freut sich und ruft aus: "Komm Herr Jesus". Und die Antwort aus der Apokalypse füllt unsere Herzen wie das eines jeden Gläubigen mit Freude: "Ja, ich komme bald!"

Wenn es vorstellbar ist, sich beim Gedanken an das Letzte Gericht zu freuen, wie viel verständlicher ist es dann, über die Wieder-

---

169. Nicht zu verwechseln mit dem «Ende der Zeit».
170. Schwester Faustina zögerte anfangs sehr, die Botschaft zu verbreiten, von der sie voraussehen konnte, dass sie mit viel Skepsis aufgenommen werden würde. Aber der Herr bestand darauf und sagte ihr, wenn sie es nicht täte, wäre sie persönlich für die Seelen verantwortlich, die dadurch verloren gingen. Ob das Zeichen in dem Augenblick oder später erscheinen wird, weiß ich nicht. In jedem Fall verdient es aber, erwähnt zu werden.
171. Was andere Päpste zu diesem Punkt gesagt haben, vgl. die «Zusammenfassung» in diesem Buch.

kunft Christi zum Errichten seiner Königsherrschaft auf Erden zu jubeln – auch wenn sie sich nur für begrenzte Zeit und in einem begrenzten Rahmen ausbreiten wird … Der Papst drückt sich nur in vagen Begriffen aus, und das wahrscheinlich mit Absicht. Seine Worte erinnern an die Bibel, die zu befragen wir angeregt werden, um sie im Hinblick auf die Botschaften der Muttergottes in unserer Zeit zu lesen, wie wir es früher anhand von Kommentaren der ersten Kirchenväter getan haben.

Mit prophetischem Ernst scheint Johannes Paul II. zu sagen: «Die Herrschaft Christi ist morgen.» Aber auf welches «Morgen» bezieht er sich? Erwartet er eine «Parusie», ähnlich den Erwartungen der frühen Christen? Denn wenn wir in der Geschichte weit genug zurück gehen, werden wir entdecken, dass man die Schrift dahin auslegte, dass Christus nicht nur einmal, sondern zweimal wiederkommen wird. Und diese Meinung war durchaus bekannt und verbreitet. Sie wurde von keinen Geringeren als Irenäus, Justinian, Tertullian, Hippolytus, Methodius, Laktantius, Ambrosius und selbst Augustinus[172] geteilt.

Nach **Irenäus** (140-202) wird Christus bei seiner ersten Wiederkunft die «Herrschaft der Heiligen» errichten. Er, der Bischof von Lyon, der noch Polykarp (65-156), den Schüler des Apostels Johannes kannte, nannte dafür folgende Gründe: «Es ist wahrlich passend, dass [die Gerechten] in dieser Welt, wo sie gelitten haben und in der ihre Geduld in so vielfältiger Weise auf die Probe gestellt wurde, die Früchte ihrer Ausdauer ernten sollen; dass sie auf dieser Erde, wo sie wegen ihrer Liebe zu Gott getötet wurden, wieder zum Leben erwachen werden; dass sie in dieser Welt, wo sie unter Knechtschaft gelitten haben, herrschen mögen. Denn Gott ist reich an allen guten Dingen und alle Dinge gehören ihm. Es ist daher angemessen, dass diese Welt, wenn sie erst wieder in ihrem uran-

172. Dieses einschränkende «selbst» im Fall des Bischofs von Hippo steht nicht ohne Grund, denn wie wir später sehen werden, hatte er in diesen Fragen Schwierigkeiten, eine klare Position zu beziehen.

fänglichen Zustand hergestellt ist, sich ohne irgendwelche Hindernisse im Dienst der Gerechten finden sollte.» (*Against the heresies*, V, 321, 1). «Dies wird geschehen nach dem Sieg über den Anti-Christ», erklärt Patrick de Laubier, «es ist die erste Auferstehung, das ewige Leben für die Gerechten, der die zweite, allgemeine Auferstehung folgen wird...» [173]

Vor ihm hat der heilige **Papias** (70-150)[174] ein Königreich beschrieben, in dem „der Gerechte herrschen wird, nachdem er von den Toten auferstanden ist... [während] die Schöpfung ... befreit und erneuert, in Überfluss alle Arten von Nahrung hervorbringen wird".

Der heilige **Justin**, ein Märtyrer (100/110-165), sagte eine Zeit universellen Friedens voraus:

«Wenn du jemals Christen findest ..., die diese Lehre nicht annehmen, betrachte sie nicht als wahre Christen... Denn ich bin sicher, ... dass es eine Auferstehung des Fleisches geben wird gefolgt von tausend Jahren in der Stadt Jerusalem, die wiedererrichtet, geschmückt und ausgebaut sein wird, wie Ezechiel, Jesaja und andere Propheten es vorhergesagt haben.»

Auch **der heilige Irenäus von Lyon** war, wie schon erwähnt, in seinem Buch *Adversus Haereses* mit seinen Vorhersagen sehr spezifisch:

> «Nachdem der Anti-Christ die ganze Welt in eine Wüste verwandelt und für dreieinhalb Jahre regiert haben wird ... wird der Herr auf den Wolken des Himmels herabkommen ... und den Anti-Christ und seine Anhänger in das Meer aus Feuer schicken...
>
> Das wird geschehen, wenn der Gerechte nach seiner Auferstehung von den Toten herrschen wird...

---

173. Aus *Le temps de la fin de temps*, F.X. de Guibert, Paris, 1994, S. 46
174. Der heilige Papias gilt hier besonders als Autorität, weil ihm der heilige Johannes nach Irenäus sein Evangelium diktierte. Vgl. Sie dazu Joseph Iannuzzi (*La splendeur da la Création*, S. 49-50), dem ich alle die folgenden Zitate der Kirchenväter verdanke (Kapitel 3, 1, S. 47-78)

Das hörten die Ältesten von Johannes, dem Jünger des Herrn, wenn er sich an die Lehren des Herrn bezüglich dieser Zeiten erinnerte…

Die Menschheit wird in Frieden mit sich selbst leben, und so die Natur, wo es Feldfrüchte im Überfluss geben wird und die Tiere in Eintracht miteinander verkehren werden.»

Der eloquente und präzise **Lactantius** (250-317) versteht die Apokalypse wörtlich, und sagt einen doppelten Sieg über den Teufel voraus. Als ersten einen zeitlich begrenzten, wenn der falsche Prophet, das Tier und alle Teufel in die Hölle gesperrt werden und ein Millenium des Friedens eingeleitet wird; und dann den zweiten, der ewig dauern wird, wenn nach dieser Friedensperiode in letzter Minute mit der Rückkehr des Bösen – in Gestalt des Gog und Magog – das letzte Gericht heraufgeführt werden wird.

«Daraufhin wird der Sohn Gottes erscheinen. Sobald er das Unrecht ausgerottet, sein großes Gericht gehalten und die Gerechten wieder zum Leben erweckt haben wird…, wird er tausend Jahre bei den Menschen bleiben und wird sie mit Gerechtigkeit regieren … Die Welt selbst wird sich freuen und jubeln, befreit von der Herrschaft des Bösen, der Gottlosigkeit, des Verbrechens und des Irrtums.»

Nach Jannuzzi bedeutet diese Aussage «“Christus wird für tausend Jahre unter den Menschen weilen” im Grunde genommen **eine innere und spirituelle Herrschaft in den Seelen**» (meine Hervorhebung). Im ersten Gericht werden alle Ungläubigen, die zu dieser Zeit auf der Erde leben, gerichtet werden: von solcher Art ist die erste Parusie. Das zweite und letzte Gericht wird eintausend Jahre später gehalten und wird die gesamte Menschheit betreffen.[175]

175. Offensichtlich hat sich Iannuzzi die Ansicht des heiligen Bernhard von Clairvaux (190-1153) zu eigen gemacht, für den dies zweite Kommen Christi «unsichtbar [sein wird], während die beiden anderen sichtbar [sein werden]». Dieses «zwischenzeitliche Kommen ist verborgen; die Erwählten allein sehen den Herrn und werden gerettet.» Verborgenheit scheint sein unverwechselbares Merkmal zu sein.

Der **heilige Cyrill von Jerusalem** (315-386), Kirchenvater und Kirchenlehrer, unterscheidet zwischen dem ersten Kommen des Herrn, bei seiner Geburt aus der Jungfrau Maria, «seinem zweiten, verborgenen, wie Regen auf das Vlies und seinem dritten Kommen, das sich vor aller Augen ereignen wird...»

Was nun den **heiligen Augustinus** (354-430) betrifft, so ist seine Lehre zu diesem Thema, gelinde ausgedrückt, verwirrend. Zunächst beschreibt er im Kapitel 7 der *Stadt Gottes* (*civitas dei*) die in der Apokalypse erwähnten tausend Jahre als die Sonntagsruhe der Heiligen, „die auferstehen werden, um sie zu feiern". Dann, in einem späteren Abschnitt des siebten Kapitels sieht er im letzten Millenium eine Zeit von vollkommenen und heiligen Seelen. Schließlich gebraucht er im folgenden Kapitel die tausend Jahre als symbolische Figur, die die Kirche von Christi Geburt bis zum Ende der Welt durchschreitet. Erstaunlicherweise wurde lediglich seine letzte Interpretation von den meisten Theologen des Mittelalters bis zu unseren Tagen übernommen. Sie scheinen offensichtlich davon auszugehen, dass diese letzte Version implizit die beiden vorhergehenden außer Kraft setzt.[176] Aber viel wahrscheinlicher stellte Augustinus eine vorläufige Hypothese als Hilfe für diejenigen auf, die der traditionellen Interpretation nicht zustimmten.

Gott sei Dank war der heilige **Johannes Chrysostomos** (347-407) anderer Meinung und so auch der **heilige Bonaventura** (1221-1274), der «eine Zeit des Friedens am Ende der Zeiten vorausgesehen hat. In der Tat wird der Anti-Christ nach dem großen Zusammenbruch der Kirche vom heiligen Erzengel Michael besiegt werden ..., dann wird es vor dem Tag des Gerichtes eine Zeit

176. Was die tausend Jahre betrifft, möchte ich mich am liebsten der Challoner-Rheims-Bibel-Übersetzung aus der Vulgata anschließen, wo ich in einer Fußnote Folgendes fand: «*tausend Jahre*: nicht wörtlich zu verstehen. Sie beziehen sich auf eine beachtliche Zeitspanne und stehen dafür, dass nach der Vernichtung feindlicher Könige und der Fesselung des Drachens die Kirche eine lange Periode des Friedens erleben wird. Während dieser Zeit wird Christus über die Seelen der Menschen und der Christen herrschen, durch deren Einfluss er die Welt regieren wird» (Saint Anthony Guild Press, New Jersey, 1941, S. 738).

solchen Friedens und solcher Gelassenheit geben, wie sie seit Erschaffung der Welt nicht bestanden hat.» Die Menschen werden heilig sein, wie zur Zeit der Apostel. Denn «denen, die dem Anti-Christ wiederstanden haben, wird der Geist im Überfluss gegeben werden».[177] Es ist bemerkenswert, dass **Kardinal Ratzinger**, der über Bonaventura promoviert hat, erwähnt, dass diese Lehre «niemals von der Kirche offiziell zurückgewiesen oder verurteilt worden ist.» Und das sind gute Botschaften, wie sie uns auch in der *Apokalypse* verkündet werden:

> «Sie hatten das Tier und sein Standbild nicht angebetet, und sie hatten das Kennzeichen nicht auf ihrer Stirn und auf ihrer Hand anbringen lassen. Sie gelangten zum Leben und zur Herrschaft mit Christus für tausend Jahre» (Offb 4-5).

Kardinal **Jean Daniélou** ist in *A history of early Christian Doctrine* (S. 377, 379) überzeugt davon, dass der heilige Johannes meint, was er sagt. In der Tat wird es ein Zwischenstadium geben, in dem die wiedererweckten Heiligen noch auf der Erde verweilen und noch nicht in ihr Endstadium eingetreten sein werden; denn das ist einer der Aspekte des Mysteriums der letzten Tage, der noch nicht enthüllt worden ist."

So gibt es also für die „Wiederkunft Christi" zwei Thesen, von denen keine dogmatisch definiert wurde. Welcher von beiden sollen wir uns anschließen?

Hat sich **Johannes Paul II.** für das Kommen Christi «auf den Wolken des Himmels» (Apg 1,11) entschieden oder für seine Wiederkunft in der Herrlichkeit des Vaters zum letzten Gericht? Für sich selbst betrachtet, ist diese erste Interpretation sehr attraktiv, auch wenn sie nicht sicher ist.

177. «Dann wird sich die Prophezeiung von Ezechiel (Kapitel 40) erfüllen, wenn die Stadt von unten, das heißt die streitende Kirche der triumphierenden Kirche – soweit dies in dieser Welt möglich ist – angeglichen wird. Dann kommt die Erbauung der Stadt und die Erneuerung aller Dinge, wie sie zu Anfang waren. Und dann wird Frieden herrschen. Wie lange dieser Friede dauern wird, weiß Gott [allein]» (*Les Six Jours de la Création*, Desclée, 1991, (Cerf), S. 373.

Im Lauf der Geschichte gibt es einige herausragende Gestalten, die entweder eine vorhergegangene Lehrmeinung vertreten oder eine neue theologische Richtung einschlagen. Letzteres taten im 12. Jahrhundert die heilige Hildegard von Bingen, der heilige Bernhard von Clairvaux und Joachim de Fiore, und im 13. Jahrhundert Nicolaus von Cusa und der heilige Bonaventura.

Marie des Vallées, die der heilige Johannes Eudes im 17. Jahrhundert um Rat zu fragen pflegte, vergleicht die kommenden Ereignisse mit einer Serie von Fluten: die erste, eine Flut aus Wasser, vom himmlischen Vater gesandt, – die zweite aus Blut, aus der Seite des Sohnes am Kreuze geflossen, – die dritte aus Feuer, vom Heiligen Geist gesandt, «die so schmerzlich sein wird wie die vorausgehenden, denn sie wird auf viel Widerstand treffen und auf sehr viel grünes Holz, das nicht leicht brennen wird.» Auf solche Weise, so könnte man sagen, wird die glühende Flamme der Caritas, die in Feuerzungen über dem Haupt der Apostel schwebte, am Ende der Zeiten in eine Feuersbrunst verwandelt, um das Böse zu verzehren.

Gott hat in seiner Weisheit den Zeitpunkt vorausbestimmt, wann er seine Herrschaft – nach der Großen Not auf Erden – für ein symbolisches Millenium errichten würde. Die Menschen, die vor dem glühenden Feuerofen verschont wurden, nachdem die Engel das Unkraut vom Weizen getrennt haben, werden an seiner künftigen Königsherrschaft mitwirken (Mt 13,36-43). Dieses Gleichnis bezieht sich ohne Zweifel genau auf das Ende der Welt, aber es erhält eine ähnliche Bedeutung, wenn man es auf das «Ende der Zeiten» bezieht, das als ein Vorspiel für das «Ende der Zeit» angesehen werden kann. In diesem Zusammenhang muss man wohl die folgende irritierende Schriftstelle betrachten: «Ich sage euch: von zwei Männern, die in jener Nacht auf einem Bett liegen, wird der eine weggenommen und der andere zurückgelassen. Von zwei Frauen, die mit derselben Mühle Getreide mahlen, wird die eine mitgenommen und die andere zurückgelassen» (Lk 17,34-36). Darf ich noch einmal eine Analogie für die Interpretation dieses geheimnisvollen Textes anbieten? Als die Atombombe auf Hiroshima fiel, wurde die ganze Stadt und alle Bewohner vernichtet, mit Ausnahme des Hauses der Jesuiten, dessen Bewohner nicht nur die Explosion überlebten, sondern auch die Nachwirkungen der Radioaktivität.[178]

---

178. Die Analogie, die ich vortrage, ist eher sachlich, verglichen mit der Auslegung der Seherin Luz Amparo von El Escorial. Ihr sagte der Herr: „Ich, der Sohn des lebendigen Gottes, habe die Macht über die Blitze in meiner Hand, und die Macht über meine Feuerwagen, meine Erwählten zu sammeln und sie zu diesem Ort zu bringen, meine Tochter. Sieh dir diese Streitwagen an, meine Tochter, und beschreibe sie.

Amparo (während sie ihre Beschreibungen mit Ausrufen von Bewunderung und Freude untermalt): „Ich sehe große Wagen mit großen Rädern; innen sind Männer, gekleidet wie Löwen und Engel, und sie blicken immer nach vorne; ihre Flügel schließen sich aneinander; sie steigen herab. Um sie herum sind Millionen und Abermillionen von Augen. Menschliche Arme strecken sich aus, um diese Wesen zu packen. Sie landen auf der Erde mit Löwenkrallen, auf ihren Köpfen tragen sie Taucherhelme aus Saphir und auf ihren Körpern Steine von Jaspis. Die Räder sind in die vier Himmelsrichtungen gedreht. Es gibt Millionen von ihnen. [Sie] öffnen ihre Augen, strecken ihre Arme aus und wählen all diese Geschöpfe aus ... Sie sind alle im Innern [der Streitwagen], sie schließen ihre Augen und öffnen ihre Krallen und ihre Räder sind in die gleiche Richtung gedreht ... [Sie] gelangen in einer anderen Welt an, einer ganz anderen Welt; alles ist Glanz und Schönheit ... Sie alle halten an, sie öffnen erneut ihre Augen, sie alle beginnen wegzugehen. Oh, wie viele sind es dort ...! Oh wie schön ist dieser Ort! Sie werden dort bleiben bis zum Letzten Gericht ... oh, solche Größe!" (L'Escorial, Messages 1992-1998: Association Vierge des Douleurs du Pré- Neuf de l'Escorial, F-64170 Artix, 1999. S. 44-45: Auszüge).

Das Schicksal der «Geschöpfe», auf solche Weise erwählt und «in die Welt von Eden gebracht, ist denen vorbehalten, die das Evangelium gelebt haben» (id.), erklärt Christus. Und er macht es ausdrücklich klar, dass diese wunderbare Erwählung sich nicht auf den «größeren Teil der Menschheit» bezieht. Und als wollte er auf unsere intellektuelle Schwachheit Rücksicht nehmen, bezieht er sich auf eine Textstelle bei Matthäus (24, 40-41), deren Bedeutung er eben auslegte, selbst wenn die dabei verwendete Sprache im naiven, neo-prophetischen und alttestamentlichen Stil von Amparo uns zunächst mehr verwirren als beruhigen könnte. «Seit also wachsam! Denn Ihr wisst nicht, an welchem Tag Euer Herr kommt» (Mt 24,42).

Ganz wie es in Ton und Inhalt eine Konvergenz zwischen Daniel und er geheimen Offenbarung gibt, so gibt es eine zwischen der Vision Amparos und diesen beiden erwähnten prophetischen Texten. Private Offenbarungen müssen sozusagen durch Analogie authentifizien werden. Es ist offensichtlich, dass wir in der nahen Zukunft vieles zu erwarten haben, was rein menschlich betrachtet völlig unwahrscheinlich zu sein scheint. Wir treten in eine Zeit ein, in der Konflikte zwischen Himmel und Hölle nicht weniger offenkundig sein werden als zu der Zeit der Sintflut, der Flucht aus Ägypten oder dem ersten Kommen Christi. Die Wendepunkte in der Geschichte sind präzedenzlos, aber sind deswegen nicht weniger von der Vorsehung gesteuert als ihr übernatürlicher Charakter dies offenbart.

Können wir daraus schließen, dass dieses Haus verschont blieb, weil es der einzige Ort im Zentrum der Stadt war, wo täglich der Rosenkranz gebetet wurde?

Was immer der Fall sein mag, die eschatologischen Botschaften der Erscheinungen von Garabandal, San Damiano, El Escorial, Venezuela, Emmitsburg usw. gehören in die Reihe einer prophetischen Tradition, die mit den frühen Kirchenvätern begonnen hat und von Mélanie Calvat aus La Salette weitergeführt wurden.[179]

Die Visionen Amparos, weit davon entfernt, uns zu beunruhigen, sollten uns vielmehr beruhigen, da sie auf eine Konvergenz der geoffenbarten Texte hindeuten. Weitere Verweise finden Sie am Ende des nächsten Kapitels.

179. Zum Beispiel erklärte der heilige Erzengel Gabriel am 19. Juni 1981 der Seherin Luz Amparo Cuevas, die symbolische Vision, die sie eben hatte, bedeute, dass Christus erscheinen würde «strahlend für all diejenigen, deren Seele auf Gott und seine heiligste Mutter» ausgerichtet ist, und dass dies das «Zweite Kommen Jesu auf Erden» sein würde. «Unser Herr und Unsere Liebe Frau ... bestätigen oft ... den Triumph ihrer vereinten Herzen, das zwischenzeitliche Kommen von Jesus, bevor er seine glorreiche Herrschaft auf Erden errichten wird» (Gabriel: *L'Escorial, Messages 1992-1998*, Association Vierge des Douleurs du Pré-Neuf de l'Escorial, F-64170 Artix, S. 19).

In Kérézinen (Bretagne: 1938-1965) beruhigte die Muttergottes die Seherin Jeanne-Louise Ramonet mit dem Hinweis auf den biblischen Charakter ihrer eschatologischen Prophezeiungen: «Meine Prophezeiungen sollten als marianische Prophezeiungen betrachtet werden, in völliger Übereinstimmung mit der Geheimen Offenbarung des Johannes ... Sie sollten dich trösten und stärken. Sie bekannt zu machen, ist eine Tat der Liebe...» Und sie beziehen sich auf Frankreich: «Ich bin gekommen, um Frankreich aufzurichten und zu retten ... Die Zeit ist nicht mehr fern, wo Frankreich, meine auserwählte Nation, sein wahres und reines Aussehen wieder entdecken wird. Wenn Frankreich erst wieder zu Christus gefunden hat, wird seine Frömmigkeit wieder ein Licht für die Heiden sein...» Aber die restliche Welt ist nicht vergessen: «Es wird eine große Tröstung für die Kirche geben, eine weltweite Bejahung Christi.» «Habt Mut, ihr Christen, das Reich Gottes ist nahe» (zitiert von Joseph Corre in *Chrétiens magazine*, September 2008, S. 2: «Go to Kérézinen»).

Nicht nur die Muttergottes, sondern auch zahllose Mystiker verkünden das Kommen Christi in nicht allzu ferner Zukunft. Er wird dann das Reich errichten, um das wir im «Vaterunser» beten. Lassen Sie uns ein Beispiel aus «Angelas Tagebuch» zitieren: «Warum ist es so schwierig, den Plan Gottes, des Vaters, zur Erlösung der Menschheit zusammen mit Maria zu begrüßen? Warum sollen wir glauben, dass Jesus nur zurückkommt, um der Welt das Ende zu bringen ..., [denn] wenn ich die Heilige Schrift lese, fühle ich in meinem Herzen eine immer größere Überzeugung, dass Jesus zurückkommen wird, um die Schöpfung wiederherzustellen.» Und Angela fügt hinzu, was sie von Christus gehört hat: «Meine Kleine, ich werde nicht zurückkommen, um zu zerstören. Ich bin die Barmherzigkeit. Satan hätte gesiegt,

Lassen Sie uns die Macht des Gebetes nicht unterschätzen. Für zweitausend Jahre haben Christen auf Christi Geheiß die folgenden drei Bitten an Gott gerichtet:

«Vater unser, um Himmel
1. geheiligt werde Dein Name
2. Dein Reich komme
3. Dein Wille geschehe wie im Himmel, so auf Erden.»

Man könnte sagen, Gott schickt sich an, die zweite Vaterunser-Bitte zu erfüllen, und damit gleichzeitig die erste und dritte.[180]

---

wenn ich jetzt käme, um die Welt zu richten. Das Unbefleckte Herz Mariens würde nicht triumphieren, [wenn] es so viele in die Irre gegangene Kinder [gäbe] … Mein Kindchen, was wäre dieser Triumph, wenn der Sieg der «Frau, bekleidet mit der Sonne» nicht mit ihren Kindern, die auch meine sind, geteilt werden könnten? Er wäre ohne Bedeutung, wenn meine Kinder sich niemals an der Wirklichkeit erfreuen könnte, für die ich mich selbst geopfert habe. Welchen Sinn würde es haben, wenn Satan keine Macht mehr über meine Schöpfung hätte, wenn ich zurückkäme, um sie zu zerstören? … [Denn] ich sehne mich danach, meine Kinder zu umarmen … ich wünsche es mir, mit euch Kindern zu spielen. Ich wünsche, in euren Häusern willkommen geheißen zu werden. Ich wünsche, euch damit bekannt zu machen und euch einen Geschmack zu vermitteln von dem, was der Vater für euch auf Erden bereitet hat!» (zitiert in: Stella Maris, Juli-August 2006, S. 29-30 aus *Je suis la Résurrection et la vie*, Ed. du Parvis, Hauteville, Schweiz, 2003).

Die meisten Autoren, die sich mit der «Zweiten Wiederkunft Christi» in naher Zukunft beschäftigen, sehen in ihr lediglich das Kommen Christi in seiner Herrlichkeit zum Letzten Gericht. Um jedoch all das was die Schrift für die letzten Zeiten angekündigt hat, einzubeziehen, sind sie gezwungen, eine beachtliche Menge von Ereignissen in die Zeitspanne einer Generation zu zwängen. Mit einer «zwischenzeitlichen Wiederkunft» jedoch, auch wenn die genaue Abfolge der Ereignisse an vielen Stellen unklar ist, ist es möglich, die Überfülle der zur Verfügung stehenden Daten einzuordnen.

180. Gott kann die Vaterunser-Bitte «Adveniat regnum tuum» erfüllen, wenn wir bereit sind, der Apokalypse zu glauben. Denn die Apokalypse bestätigt sicherlich die Erfüllung der letzten Vaterunser-Bitte «libera nos a malo», zumal wenn wir sie gemäß der griechischen Vorlage mit «erlöse uns von **dem** Übel» (dem Teufel) übersetzen.

Offensichtlich halten 99% der Theologen das «Reich Gottes», dessen Kommen sie erbitten, zumindest auf dieser Welt, für ein unrealistisches Geschehen. Fast gewinnt man den Eindruck, als möchten sie dessen Vollendung hier auf Erden verbieten. Das ist umso erstaunlicher, als sie mit der dritten Vaterunser-Bitte den Himmel ersuchen, dass sein Wille im Himmel wie auf Erden geschehe. Diese Erfüllung des göttlichen Willens, der im Himmel nicht behindert wird, trifft unter uns auf den Unwillen der Sünder. Sollten wir daraus schließen, dass der «Name» Gottes nur wirklich «geheiligt» wird jenseits unserer Erdensphäre, da dies auf unserem Planeten wahrlich nur von einer verschwindenden Minderheit getan wird?

Könnte die Herrschaft Christi vor dem Letzten Gericht nicht noch auf dieser Welt errichtet werden?

Die Wege des Herrn sind nicht so unerforschlich, wie man glaubt: Es gibt in der Sprache der Liebe ein Element der Wiederholung in vertrauten Mustern. Die göttliche Vernunft, die das erste Kommen Christi lenkte, bleibt auch bei seiner Wiederkunft die treibende Kraft. «Es ist durch die seligste Jungfrau Maria, dass Jesus in diese Welt kam», schreibt der heilige Louis-Marie Grignion de Montfort, «und es ist auch durch sie, dass er die Welt regieren wird.» Ist nicht Maria «die Morgendämmerung, die vorauszieht und die Sonne der Gerechtigkeit entschleiert?» Und wie die Dämmerung den Tag heraufführt, so tut dies Maria mit Jesus. «Wenn [der] liebenswerte Jesus … ein zweites Mal auf die Erde kommt (was er sicherlich tun wird), um dort zu herrschen, so wird er für dieses Kommen dafür keinen anderen Weg wählen als den durch die Heilige Maria, durch die er so sicher und vollkommen das erste Mal gekommen ist.»

Das sind die Worte Grignions de Montfort in seinem Buch, das man «Abhandlungen über die wahre Frömmigkeit» (Nr. 1, 49 und 158) genannt hat, dem er aber selbst den Titel «Vorbereitungen auf die Herrschaft Jesu Christi» gegeben hatte. So sicher war er sich einer zwischenzeitlichen Wiederkunft unter dem wohlwollenden Schutz von Maria.

Wahrscheinlich ist der prophetische Charakter jüngerer Erscheinungen der Grund dafür, dass ihnen so viel Skepsis entgegengebracht wird. Zukünftiges stößt als Hypothese auf Interesse. Aber die gewöhnliche Reaktion ist in der Regel die, zu warten, bis die Vorhersagen sich erfüllt haben. Zum Festhalten an Evidentem benötige ich keinen Glauben. Unsere Bereitschaft, einer Prophezeiung Glauben zu schenken, ist so verdienstvoll wie die, der Erscheinung zu glauben, die sie verkündet hat.

Das würde schließlich bedeuten, dass das Herrengebet durch Gottes Ratschluss Ausdruck einer unerreichbaren Erwartung wäre …

«In Fällen wie diesen [Erscheinungen] ist es besser zu glauben, als nicht zu glauben. Wenn du glaubst und es erweist sich als echt, wirst du glücklich sein, dass du geglaubt hast, denn unsere Heilige Mutter hat dich darum gebeten. Wenn du aber glaubst und es erweist sich als falsch, wirst du alle Gnadengaben empfangen, als wäre es wahr gewesen, weil du geglaubt hast, es wäre wahr» (Seine Heiligkeit Papst Urban VIII, 1623-1644). Welch wunderbare Erklärung, wenn sie nur authentisch wäre. Denn kein Mensch scheint den Beweis dafür erbringen zu können. Diese offensichtlich apokryphe Aussage von Urban VIII. läuft in die entgegengesetzte Richtung zur heutigen Logik, der gemäß, in Anbetracht aller Dinge, Zweifel die beste Antwort auf eine Situation sind, die alles beinhalten, nur keine absolute Sicherheit. Dass eine solche sachdienliche Sicherheit bei Privatoffenbarungen fast unmöglich ist, reduziert viele der gängigen Argumente bezüglich kontemporärer Marienerscheinungen «ad absurdum».

Jesus sandte seine Jünger zu zweit in die Städte und Ortschaften, in die er kommen wollte. Die Aufgabe dieser Vorhut war es, die Kranken zu heilen und den Leuten zu sagen: «Das Reich Gottes ist euch nahe» (Lk 10,1-9). Wunder bestätigten die Echtheit dieser Botschaften, deren Erfolg trotzdem vom guten Willen der Menschen abhing. Die meisten Menschen verzögerten nach vielversprechenden Anfängen für zweitausend Jahre die Errichtung der Herrschaft Christi. Aber siehe da, die Muttergottes hat sich dieses Themas der Königsherrschaft ihres Sohnes in naher Zukunft wieder angenommen. Um ihren Worten Gewicht und Autorität zu verleihen, verfährt sie wie die Apostel, indem sie Wunder wirkt und die Menschen heilt und belehrt.

Deswegen sollten wir aufnahmebereit sein für die Botschaften unserer Zeit, die der Himmel zu unserem Heil in El Escorial, Manduria und Emmitsburg wiederholte, nachdem er sie bereits vor etlichen Jahren in Garabandal mit fast den gleichen Worten verkündet hat. Die Warnung vor politischen und kosmischen Unruhen wird wiederholt, als ständen sie unmittelbar bevor. Von jetzt an spricht die Muttergottes wie die Apokalypse vom «Ende der Zeiten».[181] Die Chronologie dessen, was stattfinden wird, gehört in den Bereich göttlicher Vorsehung. Gott möchte die Menschen zur Reue anspornen, wodurch sie insgesamt oder zum Teil vor den angekündigten Katastrophen verschont blieben. Vielleicht erteilt er aber auch dem Engel der Plage den Befehl, die Sünder mitten in ihrem sündigen Treiben zu schlagen als angemessene Vergeltung für ihre Verstocktheit.[182]

---

181. Eine Anspielung auf die Apokalypse ist klar erkennbar, nämlich: «Eine Zeit und zwei Zeiten und eine halbe Zeit» (Offb 12,14). Die «eine Zeit» reicht von Adam bis zur Sintflut, die «zwei Zeiten» von der Sintflut bis zur Inkarnation und von der Inkarnation bis zum Zweiten Kommen, und die «halbe Zeit» deckt sich mit den tausend Jahren der Apokalypse (20,2-3), wo Satan im «Abgrund» gefesselt wird, zumindest nach der Interpretation der italienischen Mystikerin Luisa Piccarreta (1865-1947).

182. Simone Weil macht in ihrer Arbeit *La Connaissance surnaturelle* (S. 262-263) die Beobachtung, dass, wenn wir um das Kommen des Reiches Gottes bitten, wie wir es beim Beten des Vaterunsers tun, wir um das Ende der Welt beten. Denn wenn das Reich Gottes das Gute ist, dann ist es nicht von dieser Welt. Denn das Gute ist ein Absolutes. Für sie gibt es das Gute, wie dieses, nur in der neuen Welt, denn sie hält diese Welt für zu kontingent. Aber sollen wir für das Kommen der neuen Welt beten? Dann würden wir für das himmlische Jerusalem beten; und nichts ist wünschenswerter als das. Aber ich kann mir nicht helfen zu denken, dass Christus, als er seinen Jüngern das Vater Unser beten lehrte, vor allem gebot, für das Reich Gottes auf Erden zu beten. Dieses Reich Gottes auf Erden kann in allen seinen Gliedern nicht ganz rein und ungetrübt gut sein. Kein Teil von ihm ist bereits vollkommen. Trotzdem verlangt Christus, dass keiner eine Todsünde begehen soll. Niemand von uns kann sich so glücklich schätzen, in diesem Leben wie Maria ohne Sünde zu sein. Aber wir sind aufgerufen, uns der Sünde zu enthalten, die den Tod der Seele zur Folge hat: Nicht nur die Sünde gegen den Heiligen Geist müssen wir meiden, die den ewigen Tod mit sich bringt, auch die schweren Sünden dürfen wir nicht begehen, von deren Folgen wir im Sakrament der Buße geheilt werden können. Wäre es vielleicht möglich, dass Todsünden nicht mehr begangen würden, wenn Christi Königsherrschaft auf Erden errichtet ist? Wie könnte ich eine Antwort auf diese Frage geben! Aber ich weiß eines, wenn ich bete „dein Reich komme", dass ich um etwas bete, was Wirklichkeit werden wird, nicht nur in der Ewigkeit, sondern bereits auf dieser Welt und zu dieser Erdenzeit. Und diese Zeit bemisst die geheime Offenbarung mit tausend Jahren, wie genau auch immer dieses Zeitmaß mit dem korrespondiert, was wir uns darunter vorstellen. Das Freilassen des Teufels aus der Hölle wird dieses Semi-Paradies beenden, aber nur für kurze Zeit, vielleicht für die Dauer von ein oder zwei Generationen.

42

De magisterio ordinario

Die gängige Lehrmeinung

Man irrt, wenn man glaubt, Christus käme zu einem anderen Zweck wieder als dem des Letzten Gerichtes. Im *Katechismus der Katholischen Kirche* finden wir hierfür *expressis verbis* die Begründung: Rom hat gesprochen und lehnt Millenarismus, selbst in seiner milden Form, ab. Aus dieser Sichtweise des Lehramtes müssen wir schließen, dass die Muttergottes nicht in Garabandal, nicht in San Damiano oder Medjugorje oder an irgendeinem anderen Ort erschienen ist, wo sie, von der die Seher behaupten, es handle sich um die Mutter Christi, millenaristische Aussagen macht. Erkennt man diesen Zusammenhang an, scheint es mehr als gerechtfertigt zu sein, wenn der Bischof einer Erscheinung den übernatürlichen Charakter abspricht.[183] Der Bischof gibt schließlich nur die Meinung von 99% der Theologen wieder, der zufolge Millenarismus, selbst in seiner milden Form, inakzeptabel ist. Seit Augustinus ist diese Frage entschieden, trotz anderer Meinung von Seiten des heiligen Bonaventura, Nikolaus von Cusa, des heiligen Grignion de Montfort und anderer Mystiker. Zudem

183. Wenn die Muttergottes in Medjugorje in millenaristischen Begriffen spricht, wie kann sie die sein, die zu sein sie behauptet?» Die Skepsis vieler Kritiker beruht auf diesem Argument. Wenn ein Begriff nicht definiert ist, bietet er die Möglichkeit zu vielen Interpretationen an. Die Absicht dieses Kapitels ist es, zu zeigen, dass man keine böse oder doppelsinnige Meinung in prophetische Äußerungen hineinlesen sollte, nur weil sie geheimnisvoll sind.

können wir die Aussage von Johannes Paul II., die wir im vorhergehenden Kapitel erwähnt haben, nicht so verstehen, als hätte er *ex cathedra* gesprochen. Es kann keine «zwischenzeitliche Wiederkunft Christi» geben, die ein Zeitalter des Friedens und der Frömmigkeit einleitet, womit eine vorweggenommene Variante von Gottes Königreich auf die Erde käme, dessen wahres Eintreffen dem Äon der Ewigkeit angehört, das vom Letzten Gericht eingeleitet wird.

Das ist — um nur ein Beispiel zu nennen — auch die Meinung von Livio Fanzaga, der in seinem Buch *Wrath of God,* the days of the Antichrist — wie 99% seiner Fachkollegen — die Wiederkunft direkt vor dem Letzten Gericht ansiedelt.[184] Für ihn ist ein zwischenzeitliches Reich vor der dreijährigen Herrschaft des Antichrist unmöglich und ganz unvorstellbar.

Sein Argument ist, dass eine zwischenzeitliche Wiederkunft Christi, die eine Periode des Friedens und der spirituellen Blütezeit errichten würde, im Widerspruch zu unserem christlichen Glauben stünde, der im *Katechismus der Katholischen Kirche* zuverlässig festgelegt und aufgezeichnet sei. Gemäß Artikel 672 und 677 sei der Fall klar, und alles andere eitle Spekulation.[185]

— Diese Artikel, die ich später zitieren werde, stellen offensichtlich ein großes Hindernis dar und erlauben uns nicht, mit feinem Gespür und Scharfsinn an heutige Marienerscheinungen heranzugehen. Allerdings nur, wenn wir sie wie Fanzaga verstehen. Seine Interpretation jedoch hat den Haken, dass sie die unverständlichen

---

184. (Roman Catholic Books, Fort Collins, CO, 1998). Dasselbe tat Robert Hugh Benson in seinem eschatologischen Roman *The Lord of the World*.

185. Wie so oft bei einer Kontroverse tendieren die Opponenten dahin, ihre Position zu verhärten und zu übertreiben, anstatt eine gemeinsame Basis zu suchen. So sollte man nicht auf den unterschiedlichen Ansichten früher Kirchenväter oder Mystiker und der Meinung des heiligen Augustinus bzw. des heiligen Thomas bestehen. Denn die beiden letztgenannten widersprechen nicht auf kategorische Weise früheren Meinungen, noch widerlegen sie sie. Ihr Schweigen wurde als Missbilligung verstanden. Die Nachwelt hat aus der fehlenden Stellungnahme zu einem Thema eine ausgesprochene Ablehnung gemacht. Zumindest ist dies die These von Joseph Iannuzzi (s.u.).

Verse 4-6 des 20. Kapitels der Apokalypse übergeht. Dieser Text sagt aus, dass «die erste Auferstehung» der «Seelen aller, die enthauptet worden waren, weil sie an dem Zeugnis Jesu und am Wort Gottes festgehalten hatten … zur Herrschaft mit Christus für tausend Jahre» gelangen werden. Dieses tausendjährige Reich folgt auf den Sieg des «Wortes Gottes» und der «Heere des Himmels» über das «Tier», das zusammen mit dem großen «Drachen» … «bei lebendigem Leib … in den See von brennendem Schwefel geworfen [wird].» Satan wird für die Dauer der Herrschaft gefesselt und im Abgrund verschlossen bleiben. Für eine kurze Zeit wird er danach diese Herrschaft zu einem Ende bringen (Offb 19,11-21 und 20,1-3).[186]

186. Offb 19,11-15. 19-21 und 20,1-10 (auszugsweise): «Dann sah ich den Himmel offen, und siehe, da war ein weißes Pferd, und der, der auf ihm saß, heißt «Der Treue und Wahrhaftige»; gerecht richtet er und führt er Krieg … Und sein Name heißt "Das Wort Gottes". Die Heere des Himmels folgten ihm auf weißen Pferden; sie waren in reines, weißes Leinen gekleidet. Aus seinem Mund kam ein scharfes Schwert; mit ihm wird er die Völker schlagen. Und er herrscht über sie mit eisernem Zepter und er tritt die Kelter des Weines, des rächenden Zornes Gottes …»
«Dann sah ich das Tier und die Könige der Erde und ihre Heere versammelt, um mit dem Reiter und seinem Heer Krieg zu führen. Aber das Tier wurde gepackt und mit ihm der falsche Prophet; er hatte vor seinen Augen Zeichen getan und dadurch alle verführt, die das Kennzeichen des Tieres angenommen und sein Standbild angebetet hatten. Bei lebendigem Leib wurden beide in den See von brennendem Schwefel geworfen. Die übrigen wurden getötet mit dem Schwert, das aus dem Mund des Reiters kam; und alle Vögel fraßen sich satt an ihrem Fleisch.»
«Dann sah ich einen Engel vom Himmel herabsteigen; auf seiner Hand trug er den Schlüssel zum Abgrund und eine schwere Kette. Er überwältigte den Drachen, die alte Schlange — das ist der Teufel oder der Satan —, und er fesselte ihn für tausend Jahre … Danach muss er für kurze Zeit freigelassen werden.
«Dann sah ich Throne; und denen, die darauf Platz nahmen, wurde das Gericht übertragen. Ich sah die Seelen aller, die enthauptet worden waren, weil sie an dem Zeugnis Jesu und am Wort Gottes festgehalten hatten. Sie hatten das Tier und sein Standbild nicht angebetet, und sie hatten das Kennzeichen nicht auf ihrer Stirn und ihrer Hand anbringen lassen. Sie gelangten zum Leben und zur Herrschaft mit Christus für tausend Jahre … Selig und heilig, wer an der ersten Auferstehung teilhat. Über solche hat der zweite Tod keine Gewalt. Sie werden Priester Gottes und Christi sein und tausend Jahre mit ihm herrschen.
Wenn die tausend Jahre vollendet sind, wird der Satan aus seinem Gefängnis freigelassen werden. Er wird ausziehen, um die Völker an den vier Ecken der Erde, den Gog und den Magog zu verführen und sie zusammenzuholen für den Kampf; sie sind so zahlreich wie die Sandkörner am Meer. Sie schwärmten aus

Das Eingreifen des Übernatürlichen, das dem Guten Sieg verleiht, hat hier kosmische Dimensionen. Jedoch ist das Gute von begrenzter Dauer, wie die plötzliche Freilassung Satans aus seinem Gefängnis für den Kampf der letzten Tage zeigt.

Wenden wir uns nun dem Artikel 672 des Katechismus zu:

> «Christus hat vor seiner Himmelfahrt gesagt, die Stunde sei noch nicht da, um das von Israel erwartete messianische Reich herrlich zu errichten. Dieses sollte den Propheten zufolge für alle Menschen die endgültige Herrschaft der Gerechtigkeit, der Liebe und des Friedens bringen. Die jetzige Zeit ist nach dem Wort des Herrn die Zeit des Geistes und des Zeugnisgebens, aber auch noch eine Zeit der «Not» (1 Kor 7,26) und der Prüfung durch das Böse, das selbst die Kirche nicht verschont und die Kämpfe der letzten Tage einleitet. Sie ist eine Zeit des Harrens und des Wachens.»

über die weite Erde und umzingelten das Lager der Heiligen und Gottes geliebte Stadt. Aber Feuer fiel vom Himmel und verzehrte sie. Und der Teufel, ihr Verführer, wurde in den See von brennendem Schwefel geworfen, wo auch das Tier und der falsche Prophet sind. Tag und Nacht werden sie gequält, in alle Ewigkeit» (*Die Bibel: Einheitsübersetzung der Heiligen Schrift*, Katholische Bibelanstalt GmbH, Stuttgart, 1980).
Wenn die Apokalypse in ihrer Zeiteinteilung «millenaristisch» ist, so ist es die Muttergottes bei ihren heutigen Erscheinungen auch, aber nicht ganz so explizit. In Venezuela sagte sie am 19. Juli 1995: «Sehr bald wird [der Teufel] in Ketten gelegt und in das Feuer der Hölle verbannt werden, wo er für eine lange Zeit der Menschheit keinen Schaden zufügen kann» (Xavier-Reyes-Ayral: *Un message d'Amour*: Résiac, Montsûrs, 1997, S. 98).
In Schio spricht Christus am 21. August 2001 auf ähnliche Weise: «[Satans Zeit] kommt zu einem Ende ... diese Ereignisse, so schmerzvoll sie sein mögen, werden den Triumph Marias, der Heiligsten Mutter, und den Anbruch meiner Herrschaft in allen Herzen ankünden. Die Zivilisation der Liebe wird nicht länger ein Traum, sondern die tagtägliche Wirklichkeit der kommenden Jahrhunderte sein.» Das jedoch, was folgt, was ein «Morgen» betrifft, das bald unser «Heute» sein könnte, ist weniger beruhigend: «Meine Kinder werden [quasi als Vorbereitung] mehr und mehr aus der angeblich liberalen Gesellschaft verbannt werden.» Daher sollte man sich geistig auf diese Zeiten allgemeiner Gewalt vorbereiten. Auf diese Weise werdet ihr gestärkt für den Kampf und bereit für die neue Evangelisation sein.» Jesus kündet nichts weniger als «die Umgestaltung der Welt» an, ... «einer neuen Welt, die nur Christus gehört, einer erneuerten Kirche, der Mutter und Führerin aller Völker.»

Auf den ersten Blick scheinen die Aussagen des Artikels 672 die der Muttergottes geradezu der Falschheit zu überführen. Analysieren wir sie jedoch sorgfältig, so glaube ich nicht, dass wir zu demselben Schluss kommen wie etwa Fanzaga. Die Muttergottes kündet nämlich keine endgültige Herrschaft oder Ordnung an, weit gefehlt, sondern eine Herrschaft oder Ordnung von gewisser Dauer. Sie sieht auch nicht die Abschaffung aller «Nöte» oder jeder «Prüfung durch das Böse» voraus, da die Zukunft der Menschheit geplagt bleiben wird mit der Ungewissheit, die jeden in Sünde Geborenen trifft.

Und hier der Artikel 677:

> «Die Kirche wird nur durch dieses letzte Pascha hindurch, worin sie dem Herrn in seinem Tod und seiner Auferstehung folgen wird, in die Herrlichkeit des Reiches eingehen. Das Reich wird also nicht in stetigem Fortschritt durch einen geschichtlichen Triumph der Kirche zustande kommen, sondern durch den Sieg Gottes im Endkampf mit dem Bösen. In diesem Sieg wird die Braut Christi vom Himmel herabkommen. Nach der letzten kosmischen Erschütterung dieser Welt, die vergeht, wird es in Gestalt des Letzten Gerichts zum Triumph Gottes über den Aufstand des Bösen kommen.»

Die Botschaft der Jungfrau vom 15. August 2001 wiederholt diese Worte ihres Sohnes: «Die Zeit der großen Reinigung ist nahe. Die Erde, beschmutzt von den unzähligen Sünden der Menschen, bedarf der Wiedererlangung ihrer ursprünglichen Reinheit, um die Zivilisation der Liebe zu empfangen. Gott selbst wird unter den Menschen wohnen, die seine Liebe angenommen und ihre Sünden erkannt haben … Wenn du deinen Glauben wirklich liebst …, so nimmst du [damit] die neue Schöpfung voraus, und bereitest [dich selbst] auf deine neue Aufgabe als Apostel für alle die vor, die sich in großer Anzahl um dich scharen werden, dürstend nach der Erkenntnis Gottes» (*Stella Maris*, Februar 2002, S. 25). Wie sollte man diese «neue Welt, die ganz Christus gehört» nennen, wo Gott selbst unter den Menschen leben wird, und welchen Namen sollte man dieser «Zivilisation der Liebe», die «die alltägliche Realität» sein wird, geben, wenn nicht «Reich Gottes», das im Evangelium angekündigt wird.
Was die Modalität dieser — sicherlich biblischen — Gegenwart Gottes betrifft, so glauben manche, dass es der Heilige Geist ist, der in den Seelen wirken wird …

Der Engel ergriff den Drachen, die alte Schlange, das ist der Teufel und Satan, und fesselte ihn auf tausend Jahre. Er warf ihn in den Abgrund, schloß zu und brachte ein Siegel darüber an…
(Offb 20,2-3), Stich: Albrecht Dürer

Was Artikel 677 als die «Herrlichkeit des Reiches» bezeichnet, ist genau das, was Artikel 672 «die endgültige Herrschaft (bzw. Ordnung)» nennt. Aber kontemporäre marianische Erscheinungen künden keine, um es noch einmal zu sagen, «endgültige Herrschaft» an, sondern eine Herrschaft von begrenzter Dauer. Sie können daher nicht dafür kritisiert werden und man kann ihnen nicht unterstellen, sie würden dem ordentlichen Lehramt der Kirche widersprechen.

> «Dieser gegen Christus gerichtete Betrug zeichnet sich auf der Welt jedesmal ab, wenn man vorgibt, schon innerhalb der Geschichte die messianische Hoffnung zu erfüllen, die nur nachgeschichtlich durch das eschatologische Gericht zu ihrem Ziel gelangen kann. **Die Kirche hat diese Verfälschung des künftigen Reiches, selbst in ihrer gemäßigten Spielart, unter dem Namen «Millenarismus» zurückgewiesen.** Vor allem aber die «zuinnerst verkehrte» politische Form des säkularisierten Messianismus» (Artikel 676).

Der im Druck hervorgehobene Satz verweist auf eine Anmerkung zu Artikel 3839 im Denzinger-Enchiridion, dem gemäß der gemäßigte Millenarismus «nicht als eine gesicherte Doktrin gelehrt werden kann.» Das heißt aber nicht, dass er nicht als Hypothese verwendet werden darf. Außerdem, wenn Millenarismus auf solche Weise unter Verdacht gestellt wird, so entgeht doch die wissenschaftliche Lehre vom Millenium, richtig verstanden, jeder Zensur. Wurde an der Lehre vom Millenium nicht von den frühen Kirchenvätern festgehalten? Wurde sie nicht von zahllosen Heiligen und Mystikern wiederbelebt und durch die mindestens implizite Anerkennung der Päpste von Leo XIII. bis zu Johannes Paul II. ausgezeichnet?[187] Der Triumph des Unbefleckten Herzens Mariens, den wir mit Bezug auf heutige Prophezeiungen in Erinnerung gerufen haben, erweist sich als eine besondere Modalität eschatologi-

187. Dazu vergleiche nicht nur das vorausgehende Kapitel, sondern auch die Zusammenfassung dieses Buches.

scher Vorhersagen, die man bereits in der Bibel finden kann. Die Präzisierung, die sie bringen, sollte keinen Alarm auslösen oder die Verwirrung der Gläubigen vermehren. Stattdessen sollte sich das Vertrauen in den Schutz Mariens verstärken.

Belege in der Bibel finden sich hierzu nicht nur in der Apokalypse (Offb 19,11-21; 20,1-10; 5,8-10; 22,20), sondern im ganzen Neuen Testament (Mt 24,6-14. 21-22; Mk 13,9-12; Mt 24-28; 37-41. Lk 21, 28; Joh 14,20;[188] Apg 1,4-11; Röm 8,19-23; Hebr 9,28; 2 Thess 2,1-10; 1 Thess 5,2-4; 1 Thess 1,9-10; Röm 13,11-12; 1. Kor 1,7-8; Phil 4,4-5; 1 Tim 6,14; 2 Tim 3,1-5; Jak 5,7-8; 1 Petr 4,7; 2 Petr 3,8-10).[189]

---

188. «An jenem Tag werdet ihr erkennen: ich bin in meinem Vater, ihr seid in mir und ich bin in euch» (Joh 14,20).

189. Für diese Referenzen sind wir Monsignore Aldo Gregori zu Dank verpflichtet: *La Venue intermédiaire de Jésus dans les écrits du Nouveau Testament* (Ed. du Parvis, Hautevillle, Schweiz, 1997). Lassen Sie uns die Textstelle in der Apostelgeschichte betrachten, wo die Errichtung des Gottesreiches auf Erden ausdrücklich angekündigt wird. Die Apostel fragten Jesus: «Herr, stellst du in dieser Zeit das Reich für Israel wieder her? Und er sagte zu ihnen: «Euch steht es nicht zu, Zeiten und Fristen zu erfahren, die der Vater in seiner Macht festgesetzt hat ...» «Als er das gesagt hatte, wurde er vor ihren Augen emporgehoben...» Danach erklärten ihnen zwei Engel: «Dieser Jesus, der von euch ging und in den Himmel aufgenommen wurde, wird ebenso wiederkommen, wie ihr ihn habt zum Himmel hingehen sehen (Apg 1,6-11). Wenn er «ebenso wiederkommen» wird, so kann sich das nicht auf das Letzte Gericht beziehen. Denn wir wissen, dass für sein feierliches Konklave der Rahmen ganz anders sein wird: Trompetenschall, Heerscharen von Engeln und der Richter, «auf dem Thron seiner Herrlichkeit» sitzend (Mt 25,31). Folglich sollte die nahe Wiederkunft Christi, selbst wenn das Ereignis mit Würde ausgestattet ist, deutlich weniger auffallend sein. Sie wird nicht die Wiedererrichtung des Reiches Israel mit sich bringen, wie die Apostel es sich vorgestellt hatten, sondern die Errichtung der Königsherrschaft Gottes. Dieses Reich wird «eine halbe Zeit» (Offb 12,13) dauern oder anders ausgedrückt: symbolische tausend Jahre. Am Ende der Welt jedoch wird die Wiederkunft Christi die Fundamente des Universums erschüttern und «Erde und Himmel» werden «vor seinem Anblick» fliehen und es wird «keinen Platz mehr für sie geben» (Offb 20,11). Dieser kosmische Zusammenbruch «am Ende der Zeiten», dem die «tausend Jahre» vorausgehen, wird vorbereitet werden von der «großen Not... wie es noch nie eine gegeben hat, seit die Welt besteht, und wie es auch keine mehr geben» wird. Matthäus sagt ausdrücklich, dass diese Not, die in ihrer Einmaligkeit der Sintflut ähnlich ist, nicht noch einmal eintreten wird (Mt 24,21). Und wenn er weiterhin sagt, dass «es auch keine mehr geben wird», bedeutet das nicht, dass die Erde nicht zerstört wird und dass sie noch bewohnt sein wird.
Bei Lukas gibt es im Kapitel 21, als Christus Verwirrung, Verfolgung, Kriege und Naturkatastrophen ankündigt, einen Vers, der in ganz auffälliger Weise aus dem

Leser, die bislang die Ansicht Fanzagas und seiner Fachkollegen teilten, sind vielleicht nach Überprüfung der oben angeführten Referenzen dahin gelangt, die These vom «Ende der Zeiten», die sie direkt mit dem Ende der Welt in Verbindung bringen, in Frage zu stellen. Vielleicht können sie erkennen, dass die jetzigen Botschaften der Muttergottes zu diesem Thema, biblisch betrachtet, überzeugender sind als die Argumente Fanzagas und Kollegen. Man kann nur hoffen, dass die Aussagen der Heiligen Mutter die Augen

---

Zusammenhang fällt: «Wenn [all] das beginnt, dann richtet euch auf, und erhebt eure Häupter; denn eure Erlösung ist nahe» (Lk 21,28). «Erlösung wovon?», fragt Monsignore Aldo Gregori (vgl. oben S. 23-34). «Vom Leben? Für den Preis eines universellen Todes, der der allgemeinen Auferstehung des Fleisches am Ende der Welt vorausgehen wird? Das wäre ironisch. Oder bedeutet dieser Vers Erlösung von allem Übel nach dem Eintritt in das ewige Leben? Aber diese Erlösung findet bereits tagtäglich statt für jede Seele, die im Stand der Gnade stirbt, ohne dass die Welt zu einem Ende kommt.»
Das zumindest ist die Interpretation von Gregori, für den es keine andere Auferstehung gibt als die von den Toten. Das macht Sinn, solange man 1 Kor 15, 51-52 nach der Vulgata liest: «Seht, ich enthülle euch ein Geheimnis: wir werden nicht alle entschlafen, aber wir werden alle verwandelt werden — plötzlich, in einem Augenblick, beim letzten Posaunenschall. Die Posaune wird erschallen, die Toten werden zur Unvergänglichkeit auferstehen, wir aber werden verwandelt werden…» In den meisten griechischen Manuskripten findet sich jedoch folgende Lesart: «Wir werden nicht alle schlafen (sterben), aber wir werden verwandelt werden.» Dies könnte man dann auf folgende Weise interpretieren: Diejenigen, die am letzten Tage leben, werden nicht sterben, sondern es wird eine Verwandlung ihres natürlichen Körpers in einen geistigen stattfinden (diese Interpretation findet sich in einem Kommentar zu der betreffenden Stelle in *The New Testament…translated from the Latin Vulgate*, St. Anthony Guild Press, Paterson, New Jersey, 1941, S. 482). Obwohl dieser Kommentar im ersten Moment überzeugend zu sein scheint, so könnte doch die Zweideutigkeit des Wortes «schlafen» uns dazu bringen, die griechischen Manuskripte so zu interpretieren, dass der Übergang von diesem Leben in das nächste, auch wenn er in einem einzigen Augenblick und nicht durch «Schlaf» geschieht, durch eine Transmutation (Umwandlung) erfolgt, und in gewisser Weise dem allgemeinen Los der vorausgehenden Menschheit ähnlich ist. Bedenkt man die dramatischen Umstände der kosmischen Umwälzungen, wenn «Erde und Himmel» fliehen werden und es «keinen Platz mehr» für sie geben wird (Offb 20,11), so sind die Menschen um dieses Schicksal, wenn die Zeit zu einem Ende kommt, nicht zu beneiden.
Wenn wir von der Erlösung nach der «großen Not» sprechen können, ist es dann nicht deshalb, weil wir in die «Zivilisation der Liebe» und in die der Gerechtigkeit eintreten werden, die Paul VI. angekündigt hat und damit in das Reich Gottes auf Erden, worin eine unserer Vaterunser-Bitten besteht?

öffnen für die objektive und explizite Meinung vieler Passagen der Heiligen Schrift, die bis in die heutige Zeit — dank eines sklavischen Augustinianismus — im Dunkeln blieben.[190] Die

---

190. Das bedeutet nicht, dass die zahllosen Anhänger der «augustinischen Schule» Mangel an Argumenten hätten, wie das in einem Kommentar zur Apokalypse 19,11 und 20,11 deutlich wird: «Der ganze apokalyptische Kontext und das kleinste Detail jeder Passage beweisen, dass die «tausend Jahre» nicht wörtlich verstanden werden sollten. Die «tausend Jahre» werden sechsmal erwähnt. Damit stehen sie im Gegensatz zu der perfekten Zahl sieben, und daraus können wir schließen, dass sie für eine geschichtliche Zeit stehen, wie etwa drei Jahre und ein halbes oder ein ähnliches Äquivalent. In Wirklichkeit haben sie mit dem geistigen Reich Christi und den Erwählten zu tun, mit genau dieser Zeit, wo die Kirche auf Erden unter Zwist, Prüfungen und Verfolgung leidet. Aber diese lange, historische Periode wird durch den Sieg Christi und seiner Kirche gänzlich zu einem Ende kommen, ohne die Möglichkeit eines Widerrufs (*L'Apocalypse et ses harmonies bibliques:* Ed. des nouvelles images, Lombreuil (Loiret), 1964). Ein Kommentar ist allerdings kein Beweis. Er erklärt nicht das Geheimnis, das die Zukunft umgibt, während die Orientierung, die kontemporäre Erscheinungen geben, eine Erklärung erlauben, die näher an der offenkundigen Meinung der biblischen Texte liegt.
Exegese und Hermeneutik haben sich immer mit der schwierigen Erklärung eschatologischer Prophezeiungen beschäftigt. Der heilige Johannes scheint sich der Probleme, die sich ergeben würden, bewusst gewesen zu sein. Hat er nicht vor den Freiheiten, die man sich bei der Interpretation der Apokalypse nehmen würde, gewarnt, und den Lesern empfohlen, nicht zu viel ihren eigenen Ideen zu vertrauen? «Ich bezeuge jedem, der die prophetischen Worte dieses Buches hört: Wer etwas hinzufügt, dem wird Gott die Plagen zufügen, von denen in diesem Buch geschrieben steht. Und wer etwas wegnimmt von den prophetischen Worten dieses Buches, dem wird Gott seinen Anteil am Baum des Lebens und an der heiligen Stadt wegnehmen, von denen in diesem Buch geschrieben steht» (Offb 22,18-19).
Die Muttergottes von Emmitsburg stimmt mit dem heiligen Johannes überein: «Das Buch der Geheimen Offenbarung..., obwohl es das wichtigste unserer Zeit ist, ist das am wenigsten verstandene.» Anders ausgedrückt, es war für uns geschrieben, es war für uns gedacht, für uns, die Menschen des 21. Jahrhunderts, mehr als für all unsere Vorfahren. Folgen wir seinem Weg, der uns durch einen Wald von Symbolen führt, bis wir ihren allegorischen Sinn verstehen, der sich auf die Ereignisse unserer heutigen Zeit bezieht.
Was immer die Verdienste dieses Kapitels sein mögen, es verdankt seine Informationen folgenden Autoren:
1) Msgr. Aldo Gregor: *La Venue intermédiaire de Jésus dans les écrits du Nouveau Testament* (Ed. du Parvis, Hauteville, Schweiz, 1997)
2) José Luis de Urrutia, SJ: *Le temps qui vient selon les prophéties des papes, des saints et des mystiques* (F.-X. de Guibert, Paris, 1997)
3) Patrick de Laubier: *Le temps de la fin des temps, Essai sur l'eschatologie chrétienne* (F.X. de Guibert, Paris, 1994)

Prophezeiungen des Alten Testaments verleihen denen des Neuen Testamentes, die sie bestätigen, eine poetische Aura:

«— ...Denn der Unterdrücker ist nicht mehr da ...» (Jes 29,20).

Und dann:

«Ich bin Gott, ...
ich habe von Anfang an die Zukunft verkündet
und lange vorher gesagt, was erst geschehen sollte.
Ich sage: mein Plan steht fest, und alles, was ich will,
führe ich aus ...» (Jes 46,9-10).

Und dann noch:

«Es begegnen einander Huld und Treue;
Gerechtigkeit und Friede küssen sich.
Treue sprießt aus der Erde hervor.
Gerechtigkeit blitzt vom Himmel hernieder (Ps 85,11-12).»

«Dann wohnt der Wolf bei den Lamm, der Panther liegt beim Böcklein...
Man tut nichts Böses mehr und begeht kein Verbrechen
auf meinem ganzen heiligen Berg;
denn das Land ist erfüllt von der Erkenntnis des Herrn,
so wie das Meer mit Wasser gefüllt ist» (Is 11,6-9).

---

4) Paul Bouchard: *Le règne de Dieu sur le terre! Utopie ou réalité?* (Spirimédia/ Parvis, Chertsey, Quebec, 1994)

5) Joseph Iannuzzi, OSJ: *The triumph of God's Kingdom in the Millenium and End Times* (St. John the Evangelist Press, Havertown, PA, 1999).
Das zuletzt genannte Buch hat ein Imprimatur und kann als Autorität betrachtet werden. Es zeigt, wie die Prophezeiungen des Neuen und des Alten Testamentes aufeinander bezogen sind und sich ergänzen. Außerdem erklärt es, dass es falsch ist, in eschatologischen Fragen einen fundamentalen Gegensatz zwischen der Lehre der frühen Kirchenväter und denen der jüngeren Zeit zu suchen.
Für die Erklärung der jüngsten Botschaften der Muttergottes sollten die biblischen und sonstigen religiösen Texte, die in diesem Kapitel erwähnt wurden, eine große Hilfe sein. Wir sollten uns auf sie stützen, um zu verstehen, was die Seher uns zu sagen haben. Eines ist sicher: die Muttergottes stimmt bei ihren heutigen Erscheinungen nicht mit einer Theologie überein, die die Möglichkeit einer zwischenzeitlichen Wiederkunft Christi ablehnt.

> «Dann wird man sagen: Dieses verödete Land ist
> wie der Garten Eden geworden; die zerstörten, verödeten,
> vernichteten Städte sind wieder befestigt und bewohnt»
> (Ez 36,35).
> «Ich will über Jerusalem jubeln und mich freuen
> über mein Volk.
> Nie mehr hört man dort lautes Weinen und lautes Klagen»
> (Is 65,19).

Und weiter:

> «Seht, ich sammle sie aus allen Ländern, wohin ich sie
> in meinem Zorn und Grimm und in großem Groll
> versprengt habe.
> Ich bringe sie wieder zurück an diesen Ort
> und lasse sie wieder in Sicherheit wohnen.
> Sie werden mein Volk sein und
> ich werde ihr Gott sein.
> Ich bringe sie dazu, nur eines im Sinn
> zu haben und nur eines zu erstreben: mich alle Tage zu
> fürchten, ihnen und ihren Nachkommen zum Heil»
> (Jer 32,37-39).

Wenn Juden die Verfolger ihrer jüdischen Landsleute, nämlich der ersten Generation von Christen, waren, so wurden Jahrhunderte später Christen zu Verfolgern von Juden. Am Ende der Zeiten jedoch werden es die Juden sein, die das priesterliche Amt des gesprochenen Wortes wiederentdecken, welches ihre Ablehnung Christi ihnen entzogen hat. Erst einmal bekehrt, werden sie durch ihr Apostolat zur weltweiten Verkündigung des Evangeliums beitragen.[191]

---

191. Das ist zumindest mein Verständnis der biblischen Prophezeiungen. Ich bin mir dessen bewusst, dass dies nicht die Meinung der meisten Interpreten ist, deren Verständnis sich vor allem aus Römer 11,25-26 herleitet.
«...Verstockung liegt auf einem Teil Israels, bis die Heiden in voller Zahl das Heil erlangt haben...»

— «So spricht der Herr der Heere: In jenen Tagen werden zehn Männer aus Völkern aller Sprachen einen Mann aus Juda an seinem Gewand fassen, ihn festhalten und sagen: wir wollen mit euch gehen; denn wir haben gehört: Gott ist mit euch» (Sach 8,23)

Hier wird die kollektive Bekehrung der Juden als ein größeres Gut für die Welt angesehen, als der Gewinn, der paradoxerweise der Welt durch ihre Ablehnung Christi entstanden ist. Gott kann aus Schlechtem Gutes werden lassen. Wieviel größer muss dann der Gewinn sein, wenn Gutes von Gutem kommt, nicht nur für die Juden, sondern für die ganze Welt.

Daher kann Paulus in folgender Weise argumentieren:

«Denn wenn schon ihre Verwerfung für die Welt Versöhnung gebracht hat, dann wird ihre Annahme nichts anderes sein als Leben aus dem Tod» (Röm 11,15).

Wer benötigt dieses «Leben aus dem Tod», wenn nicht die Heiden, die vom Glauben abgefallen sind? Sie erleiden den schlimmsten Tod. Eine weniger schlimme Form des Verlustes übernatürlichen Lebens ist die, die aus Ignoranz erwächst. Sie ist das Los der Menschen, die noch im «Todesschatten» sitzen und darauf warten, dass ihnen die Frohe Botschaft verkündet wird.

Denn wenn der Abfall der Juden Bekehrung der Heiden bedeutete, könnte dann der Glaubensabfall der Heiden die Bekehrung der Juden bewirken? Das auserwählte Volk wird auf die eine oder andere Weise Großes verursachen, und sicherlich Größeres in seiner Hingabe an Gott als in seiner Auflehnung. Der Fürst dieser Welt kennt die Schriften. Er hat daher guten Grund, den Untergang dieser Nation zu planen, die auf direkte oder indirekte Weise eine Herausforderung für seine Herrschaft darstellt.

Die Aussage des Textes scheint folgende zu sein: Die Juden, als Volk, werden die letzten sein, die sich bekehren. Allerdings schreibt der heilige Paulus auch folgende geheimnisvolle Zeilen: «Wenn aber schon durch ihr Versagen die Welt und durch ihr Verschulden die Heiden reich werden, dann wird das erst recht geschehen, wenn Israel zum Glauben kommt» (Röm 11,12).

43

De loco qui appellatur Medjugorje

Medjugorje

Auf Medjugorje passen Superlative. Für manche Kritiker gibt es dort allerdings zu viel des Guten: die Überfülle sogenannter übernatürlicher Ereignisse liefert Grund zu Misstrauen. Weniger kritische Beobachter jedoch sehen in diesem Ort in Kroatien den bedeutendsten Erscheinungsort unserer Tage. Nicht nur, dass die Erscheinungen bereits ein Vierteljahrhundert andauern, sondern Maria sagte auch, dass dies der letzte Ort sein würde, den sie in unserer Zeit besuchen würde. Er beansprucht ausgesprochen viel Platz in den Medien mit üppigen Pro-und-Kontra-Publikationen. Er hat intensives Interesse bei Ärzten erweckt, die wissenschaftliche Tests an den Sehern in Ekstase durchgeführt haben. Seine Geschichte ist besonders dramatisch; anfangs wegen des Widerstandes der kommunistischen Behörden, später wegen des juristischen Zuständigkeitskonflikts zwischen dem Bischof und den franziskanischen Priestern, die die Gemeinde zu betreuen hatten; und schließlich aufgrund des Bürgerkrieges, der das Dorf verschonte, aber den Bischofssitz zerstörte. Marias Bestehen auf Buße erregte ebenfalls die Gemüter. Sie wollte, dass zwei Tage pro Woche bei Wasser und Brot gefastet wird. Auch die Tatsache, dass sie den Sehern zehn Geheimnisse anvertraute, führte zu zahllosen Kommentaren. Jedoch scheint Medjugorje eine unvergleichbare Erfolgsgeschichte zu schreiben, bedenkt man die Anzahl der Beichten, die dort abgelegt werden, die Bekehrungen, von denen berichtet wird, und die

Berufungen zum Priestertum unter den Pilgern. Trotzdem hat der unablässige Strom himmlischer Botschaften Sorge erweckt, wie auch die Ankündigung eines großen Wunders, sichtbar für alle auf dem Berg der Erscheinungen. Garabandal ist der einzige andere Ort, wo eine solche Prophezeiung ausgesprochen wurde.

Selbst wenn man noch hinzufügt, dass sonst tödlich verlaufende Krankheiten und Drogenabhängigkeit geheilt wurden, dass viele Pilger Zeichen gesehen haben und dass Besucher beeindruckt sind von dem inneren Frieden, der sie erfüllt, wenn sie dort ankommen, hat man noch lange nicht alles gesagt, was es Bemerkenswertes über Medjugorje zu sagen gäbe. Zum Beispiel ist der erzieherische Einfluss auf das Gottesvolk dank der beharrlichen Wiederholung der Wahrheiten des Evangeliums in den Botschaften der Muttergottes von unschätzbarem Wert.

Aber all die oben erwähnten unvergleichlichen Besonderheiten sind ohne Bedeutung, wenn der Ortsbischof deren übernatürlichen Charakter nicht anerkennt. Als Nachfolger der Apostel hat er in solchen Dingen das Sagen. Und beide Bischöfe, der am Anfang zuständige und der jetzige, bleiben bei ihrer Überzeugung, dass die Erscheinungen der Muttergottes nicht authentisch seien. Wir alle kennen den Ausspruch: «Roma locuta causa finita» (Rom hat gesprochen, der Fall ist abgeschlossen). Auf lokaler Ebene ist der Fall «tatsächlich abgeschlossen» und soll als solcher betrachtet werden. Und es ist genau diese kategorische Nein der zuständigen Autoritäten, das mit einem Strich die oben angeführten positiven Fakten annulliert und einen Schatten des Misstrauens auf Medjugorje wirft.

— Zu dem gleichen schroffen Schluss gelangen viele Kritiker in ihren Veröffentlichungen, die vergessen, dass der Status von Medjugorje in seiner Art einmalig ist. Denn als Pilgerort ist er der Jurisdiktion des für ihn zuständigen Bischofs entzogen worden, dessen Einwände dadurch zu privaten wurden. Medjugorje untersteht nun der jugoslawischen Bischofskonferenz, dessen Vorsitzender, Kardinal Kuharic, im Jahre 1993 folgende Erklärung abgab: «Nach drei Jahren Untersuchung haben wir Medjugorje zu einer Pilgerstätte und einem geweihten Ort ernannt. Das heißt, dass wir keine Einwände haben gegen eine Verehrung der Muttergottes, die im Einklang mit der Lehre der Kirche und unseres Glaubens steht … Aus diesem Grund vertrauen wir weitere Untersuchungen der Kirche an. Die Kirche ist nicht in Eile.»[192] Bedenkt man die negative Haltung des Ortsbischofs, so fragt man sich, was die Bischofskonferenz zu einer positiven Entscheidung gebracht haben könnte. Die Logik, die dieser Entscheidung zugrunde liegt, kann man vielleicht besser verstehen, wenn man ein Interview zu Hilfe nimmt, das Kardinal Ratzinger dem Journalisten Vittorio Messori gegeben hat. Befragt zu der verwirrenden Zunahme von Erscheinungsorten, gab der spätere Papst zur Antwort: «Eines unserer maßgeblichen Kriterien ist es, das Urteil über *die übernatürliche Wahrheit des Ereignisses* nicht mit den *geistigen Früchten* zu verwechseln.» Während ersteres vom Bischof oder vom Vatikan untersucht werden muss, muss letzteres von den Ortspriestern gefördert werden. Diese Unterscheidung ist fundamental, weil die «Früchte» offenkundig und erwünscht sind, während die Authentizitätsfrage sehr komplex ist und in einer angemessenen Untersuchung sorgfältig durchleuchtet werden muss. Kardinal Ratzinger begründet seine Meinung mit einem historischen Rückblick. Es gibt so viele Heiligtümer aus dem Mittelalter, die auf legendären Traditionen beruhen, die sich aber spirituell als äußerst nützlich erwiesen haben. Die überkritischen Anforderungen moderner Untersuchungen sind von geringerer Bedeutung als die «Beständigkeit und Rechtgläubigkeit des religiösen Lebens, das [an Erscheinungsorten] seine Nahrung findet.»[193] Die Früchte des religiösen Lebens in Medjugorje oder anderswo sollten nicht gänzlich von einer Entscheidung abhängig gemacht werden, die das Ergebnis einer langwährenden Untersuchung ist. Der Geist des Gesetzes

---

192. Zitiert von Roland Noé, Chefredakteur von Kath net Linz, in: *Die Tagespost* vom 25. April 2006, S. 12.

193. René Laurentin: *Multiplication des apparitions de la Vierge aujourd'hui* (Fayard, Paris, 1995, S. 42).

ist, nach Paulus, wichtiger als der Buchstabe. Und Charismatikern sollte ein gewisser Spielraum eingeräumt werden, ohne dass man sie gleich verdächtigt, eine Gefahr für den wahren Glauben zu sein.

Viele Schwierigkeiten, denen heute Seher und Gläubige ausgesetzt sind, könnten leicht aus dem Weg geräumt werden, wenn diese von Kardinal Ratzinger gemachte Unterscheidung besser bekannt wäre. Die weit verbreitete Idee, dass Pilger daran gehindert werden sollten, zu einem Erscheinungsort zu kommen, solange dieser nicht ohne den geringsten Schatten eines Zweifels anerkannt wurde, ist willkürlich und der Autonomie des Heiligen Geistes gegenüber respektlos, «der weht, wo er will». Auch ein Heilig- und Seligsprechungsprozess ist langwierig und mühsam und kann sich über Jahrhunderte hinziehen — denken wir nur an Johanna von Orléans, die erst fünf Jahrhunderte nach ihrem Tod heilig gesprochen wurde. Genauso braucht auch die Anerkennung von Erscheinungen ihre Zeit. Aber wie die Kirche Menschen nicht daran hindert, noch nicht selig oder heilig Gesprochene um ein Wunder zu bitten, so hält sie ihre Kinder auch nicht davon ab, an einem noch nicht anerkannten Erscheinungsort um ein Gnadenwunder zu bitten. Die Kirche ermuntert ihre Gläubigen zu Gebetsinitiativen jeder Art,[194] «solange sie in Einklang mit der Lehre der Kirche stehen». Das nennt man «die wahre Freiheit der Kinder Gottes».

Anders ausgedrückt: Spannen wir nicht den Wagen vor das Pferd. Ohne die erprobten Regeln des gesunden Menschenverstan-

---

194. Obwohl sie dies nicht in ihrer offiziellen Funktion an Erscheinungsorten jüngeren Datums tut, begrüßt sie doch Pilgerfahrten nach Medjugorje, besonders unter priesterlicher Leitung, während sie sie nicht selbst initiiert, wie das für Lourdes und Fatima der Fall ist. Das scheint ein Balanceakt zu sein. Die Kirche unterstützt diese Frömmigkeitsübungen, initiiert sie aber nicht. So war auch die Verehrung des Heiligsten Herzens eine Privatangelegenheit, bis Rom schließlich, überzeugt durch die daraus erwachsenden Früchte, Paray-le-Monial ein Jahrhundert nach den Erscheinungen offiziell anerkannte. In solchen Fällen nimmt die Kirche eine abwartende und beobachtende Haltung ein, die gemäß den Umständen entweder ablehnend oder zustimmend ausfällt. Zustimmend, wenn die positiven Evidenzen überwältigend sind. Und es kann auch geschehen, dass sie etwas anerkennt, was sie zuerst abgelehnt hat.

des ablegen zu wollen, geben wir Gott, was Gottes ist, statt auf die Ergebnisse von Überlegungen zu warten, die sich über Jahre hinziehen können und manchmal zu keinem eindeutigen Schluss führen. Klugheit sollte die Dringlichkeit des Rufes nach Bekehrung, Buße und Gebet, den man in Medjugorje hört, nicht neutralisieren. In *Tre Fontane*, nahe Rom, wo Bruno Cornacchiolo die Muttergottes im Jahre 1947 gesehen hatte, «gibt es eine offizielle Anerkennung des Kultes, der dort stattfindet, jedoch keine Bestätigung des übernatürlichen Charakters der Erscheinungen.» Jeder, der nach Tre Fontane geht, kann feststellen, dass dieser Kult effektiv gefördert wird, wie das etwa 1987 der Fall war, als der Kardinalvikar von Rom dort die Heilige Messe zelebrierte. Und selbst so bedeutende Ereignisse wie die in der Rue du Bac in Paris, wo die heilige Catherine Labouré ihre Hände in den Schoß der Muttergottes legen durfte, waren niemals Gegenstand einer offiziellen Erklärung.[195]

Warum sollten wir von Medjugorje verlangen, was wir für 150 Jahre dem Ort nicht zur Bedingung gestellt haben, an dem die Wunderbare Medaille ihren Ursprung genommen hat. Lassen Sie uns aus einem Brief Johannes Paul II. an einen polnischen Freund zitieren, in dem er schreibt: «Auch ich versetze mich täglich im Gebet nach Medjugorje: im Geist vereinige ich mich mit all denjenigen, die dort beten oder mit denen, die den Ruf zum Gebet vernehmen, der von dort ausgeht.»[196] Denn Gebet ist das einzige Heilmittel gegen die heutige Glaubensentfremdung.

---

195. Vergleiche Anmerkung 1, S. 43. Der Seher von Tre Fontane mag die am wenigsten geeignete Person gewesen sein, der die Muttergottes erschien. Zu der Zeit, nämlich im Jahre 1947, war er ein militanter Adventist, der an einem Artikel schrieb, in dem er die selige Jungfrau Maria angriff. Aber nicht nur das: er plante auch, Papst Pius XII. zu ermorden. Seine Bekehrung erfolgte so plötzlich und unerwartet wie die des heiligen Paulus.

196. 8. Dezember 1992: eine von vielen ähnlichen Passagen aus Briefen an Marek und Zofia Skmarnicki, zitiert von Schwester Emmanuel Maillard: *L'Enfant caché* (Ed. des Béatitudes, Nouan-le-Fuzelier, 2006, S. 390). In der Tat sehnte sich Johannes Paul II. danach, nach Medjugorje zu gehen, wollte aber die Autorität des Ortsbischofs nicht verletzen.
Bereits am 26. März 1984 sagte Johannes Paul II. zu Msgr. Hnilica: «Medjugorje ist die Fortsetzung von Fatima.» Später soll er sich den Bischöfen der indischen

Bischofskonferenz gegenüber folgendermaßen geäußert haben: «Medjugorje ist der Schlüssel zum Verständnis für das, was in der Welt und in der Zukunft stattfindet» (24. November 1993) (vgl. *Chrétiens magazine*: 15. Mai 2009, S. 9).

44

Addendum
Non patet de supernaturalitate
Der übernatürliche Charakter ist nicht erwiesen

Mit diesem Satz werden häufig Marienerscheinungen von bischöflichen Kommissionen versehen. Er bedeutet, dass der übernatürliche Charakter eines zu überprüfenden Ereignisses nicht nachgewiesen ist. Diese Tatsache muss zunächst ohne *Wenn* und *Aber* akzeptiert werden. Und Gläubige sollten Erscheinungsorte, die solchermaßen begutachtet wurden, meiden.

— Nach Meinung von René Laurentin, dem bekannten Mariologen, sollte man sich von dieser Formulierung nicht in die Irre führen lassen. Offensichtlich hat man es hier mit einem Wortspiel zu tun, das selbst den Mitgliedern der Kommission nicht bewusst zu sein scheint. Denn «Übernatürliches» kann ein zweifaches bedeuten. Erstens kann es sich auf ein Wunder beziehen und zweitens auf etwas Übernatürliches. Beide Phänomene können im Kontext mit dem «Non patet de supernaturalitate» weiter aufgegliedert werden. Gewöhnlich wird dieser Satz von der Allgemeinheit so gedeutet, dass die Erscheinungen, die noch überprüft werden, so in Frage gestellt werden, dass man davon ausgehen kann, sie hätten gar nicht stattgefunden oder fänden nicht statt. Entweder weil der Seher sich selbst etwas vormacht, oder weil er andere täuschen möchte; weil er an Wahnvorstellungen leidet oder lügt, oder weil er ein Psychopath ist; für den Seher wirklich keine angenehme Ausgangslage.

Hier sollte uns eine Analogie helfen: wenn einer eines Verbrechens angeklagt ist, muss er solange für unschuldig erachtet werden, solange er nicht verurteilt ist. Natürlich wird diese Regel von den Menschen nicht beachtet, wenn ein Verbrechen vor den Augen der Öffentlichkeit begangen wird, wie das zum Beispiel der Fall war, als Ali Agca auf Johannes Paul II. schoss. Übertragen auf unsere Situation hieße das: wenn die Botschaften der Muttergottes, die von den Sehern übermittelt werden, an sich nicht überspannt oder unmoralisch, sondern im Gegenteil höchst erbaulich sind, warum sollten sie nicht das Recht *«im Zweifel für ihre Echtheit»* in Anspruch nehmen können? Was erbauend ist, sollte mit einem *Plus* und nicht mit einem *Minus* versehen werden. Und die Erfahrungen der Vergangenheit sollten uns abhalten, voreilig Schlüsse zu ziehen[197]

Der Begriff «übernatürlich» ist, wie schon erwähnt, mehrdeutig, das heißt, er kann etwas bezeichnen, das die Gesetze der Natur außer Kraft setzt. Oder er bezeichnet eine «Bewegung von Gott her auf geistiger Ebene». Aus Lourdes zum Beispiel gibt es Berichte über Hunderte, ja Tausende von Wundern bzw. wunderbaren Heilungen. Aber bis heute wurden nur 66 davon offiziell anerkannt. Heißt das etwa, dass abgesehen von diesen 66 alle anderen Heilungen imaginär gewesen seien? Dass zahllose Menschen, die behaupten, sie seien geheilt worden, sich selbst etwas vorgemacht haben? Oder heißt es nicht vielmehr, wenn wir es mit dem gesunden Menschenverstand betrachten, dass die Kommission 66 Heilungen das

---

197. Wie kommt es, dass man in übernatürlichen Ereignissen, deren Wirkung auf die Menschen so positiv wie nur möglich sein kann, sofort eine schleichende Gefahr vermutet? Warum werden Seher, welche die Botschaften der Muttergottes übermitteln, die zu Gebet und Buße aufruft, mit Argwohn betrachtet und gar für selbstsüchtig und psychisch labil erklärt? Die Erklärung hierfür finden wir natürlich in der Tatsache, dass im übernatürlichen Bereich Echtes leider seltener auftritt als Illusorisches. Oft enthalten die Botschaften jüngerer Erscheinungen eschatologische Ankündigungen, deren prophetischer Gehalt, als Antwort auf die fortlaufende Menschheitsgeschichte, unerwartete Wendungen annehmen könnte.

Attribut «wunderbar» zugesprochen hat, ohne damit die Realität der zahllosen anderen Heilungen zu bestreiten? Wunderbar an Lourdes ist nicht nur die Tatsache, dass Lahme und Blinde wieder laufen und sehen können, und das von einer Minute zur anderen, sondern, dass diese Heilungen — offiziell anerkannt oder nicht — begleitet werden von geistigen Früchten. Das ist der Punkt, wo die zweite Bedeutung des Wortes «übernatürlich» in Betracht gezogen werden muss. In Lourdes ist die Gnade am Werk, denn es finden Bekehrungen statt. Würde der Bischof von Lourdes sich selbst in Misskredit bringen wollen, indem er sagte, der übernatürliche Charakter dieser Bekehrungen sei nicht nachgewiesen? Oder indem er sich nur darauf beschränkte, sein Urteil lediglich zu physischen Heilungen abzugeben? Das wäre in höchstem Maße willkürlich. Lourdes wird von den Gläubigen sehr geliebt, weil es auf all ihre Nöte eine Antwort gibt, sei es mit seinem wunderkräftigen Wasser oder seinen Prozessionen mit dem Heiligsten Sakrament und seiner von Gebeten erfüllten Atmosphäre usw...

Wenn heute Erscheinungen stattfinden und es zu unzähligen Bekehrungen kommt, so wäre es ratsam, folgende Überlegungen von René Laurentin in Erwägung zu ziehen:

«...eine Erscheinung ist weder ein Wunder (auch wenn sich dann Wunder ereignen) noch ein größeres Phänomen in der Kirche (meistens ist es ein rein privates Phänomen) noch ein juristisches (mit gewissen Ausnahmen), sondern ein pastorales und spirituelles.»

Laurentin verweist auf die Richtlinien zur Unterscheidung bei Erscheinungen von Kardinal Seper, dem Vorgänger von Kardinal Ratzinger, vom 25. Februar 1978. Seper betont dort, dass das Hauptaugenmerk nicht auf rechtliche Aspekte und das *forum externum* gerichtet werden solle, «während das ganze Problem im *forum internum* (d.h.: im geistlichen Leben) liegt. Als Folge der Zunahme von Erscheinungen wird deren pastoraler und spiritueller Charakter momentan rehabilitiert.» Kurz gesagt: man sollte den Baum an seinen Früchten erkennen. Seher sollten außerdem nicht ausgegrenzt, nicht zurückgewiesen und verleumdet werden (auch wenn es nur indirekt geschieht).[198] Die Mission, die sie erfüllen, ist im weitesten Sinn des Wortes eine prophetische.

Mein Buch ist daher ein Appell für weit mehr als nur Toleranz von Seiten kirchlicher Behörden den Sehern gegenüber. Und es ist erfreulich zu beobachten, dass sich eine Entwicklung zugunsten einer positiven und unterstützenden Einstellung abzeichnet, wie zum Beispiel bei den Bischöfen in Südamerika.[199] Das würde bedeuten, dass in Zukunft die oben beschriebenen Missstände nicht mehr einträten, die Gläubige unnötigerweise einschüchtern und entmutigen und die Seher einer unverdienten Kritik aussetzen würden.

Wenn die Erklärung «non patet de supernaturalitate» eine einschränkende Aussage beinhaltet, so doch keine negative. Denn wenn sie auch bestätigt, dass die Ereignisse an einem Erscheinungsort derzeit nicht für übernatürlich erklärt werden können, so sagt sie nicht, dass diese nicht nützlich, ja sogar empfehlenswert sein könnten. Wären die Botschaften moralisch oder dogmatisch fragwürdigen Inhalts oder würden sie für die Seelen der Gläubigen eine Gefahr darstellen, wäre der Bischof der erste, der ausdrücklich darauf hinweisen würde. So sollten Menschen, die erwägen, zu einem Erscheinungsort zu pilgern, nicht den Eindruck erhalten, ihr Gewissen erlaube es nicht wegen des «non patet de supernaturalitate». Es ist die mildeste Form der Einschränkung.

Es gibt aber auch Fälle, über die die Erklärung «patet de non supernaturalitate» ausgesprochen wird. Das bedeutet, dass diese Erscheinungen erwiesenermaßen unecht sind, entweder, weil die Botschaften nicht in Einklang mit den geoffenbarten Wahrheiten stehen, oder weil der Seher bzw. die Seherin getäuscht wurde, aus welchen Gründen auch immer, oder selbst täuscht. Falls der Seher

---

198. Siehe René Laurentins Artikel: «Heurts et malheurs des voyants», *Chrétiens magazine*, Caumont-sur-Durance, 15. März 2003, S. 18-19.
199. Der Bischof von San Nicolas in Argentinien führt die Pilgerscharen persönlich an, und der Bischof von Betania in Venezuela erklärte die dortigen Erscheinungen für echt, bevor sie zu einem Ende gekommen waren.

oder die Seherin krankhafte Wahnvorstellungen hat oder sich verstellt, sollte die Erklärung diese Umstände mit in Betracht ziehen, so dass vor allen Dingen die christliche Liebe, sprich caritas, nicht verletzt wird.[200]

---

200. Pater Laurentin glaubt, dass der Ausdruck «patet de non supernaturalitate» verwirren könnte. Obwohl seine Bedeutung klar zu sein scheint, könnte man doch diffuse Folgerungen daraus ziehen. Und er erklärt dies anhand der Erscheinungen von Emmitsburg (Maryland 1993-200?), auf die diese Formel von Seiten der erzbischöflichen Kommission in Baltimore angewandt wurde. Laurentin sagt: «Es erscheint ziemlich paradox, Übernatürliches bei einer gläubigen, christlichen Person wie Gianna Talone-Sullivan auszuschließen, deren ganzes Leben, ihr Glaube, ihre Liebe ohne Eigeninteresse ... dem Dienst der Armen geweiht ist.» Und er fragt, ob diese Armen «nicht die wichtigen Personen» sind, auf die sich die Sorge des Evangeliums richtet.
Wenn Gianna Talones Leben, das erfüllt ist von tiefem persönlichen Gebet, wenn ihr Verzicht auf eine Karriere, zunächst am Hospital von Scottsdale und dann von Maryland [zugunsten der Sorge für die Armen] nicht übernatürlich ist, was ist dann übernatürlich in der Kirche? Das Übernatürliche könnte man dann sogar aus dem Leben der Mutter Teresa ausschließen, wenn die Bedeutung von «übernatürlich» sich auf Wunder und Wunderbares bezieht, weil es zu ihren Lebzeiten keine Wunder gegeben hat.
Die Schwierigkeiten entstanden dann, als die Erklärungen bezüglich der Entscheidung des nicht-übernatürlichen Charakters der Ereignisse in Emmitsburg an die Presse gegeben wurden, und dies eine Kampagne von Diffamierung über Fernsehen, Radio und Internet ins Rollen brachte. Zu erwähnen ist allerdings, dass der Erzbischof den Namen der Seherin nicht genannt hatte. Es fielen Ausdrücke wie «Lüge», «Verstellung» usw.
Wenn die Erklärung «patet de non supernaturalitate» auf Emmitsburg angewandt meint, dass es dort Bekehrungen und Heilungen gibt, dass der Rosenkranz dort gebetet wird, dass die Mittellosen kostenlose medizinische Versorgung erfahren, sollte es dann nicht mehr Orte geben, wo der Erde solche Gnaden vom Himmel gewährt werden?
René Laurentin fragt sich, ob im Fall Talone nicht eine gewisse Unfähigkeit in der Anwendung juristischer Vorgehensweisen in Erscheinung tritt. Warum hat man zu Emmitsburg nicht die gleiche Einstellung wie zu Scottsdale, dem man das «non patet de supernaturalitate» zugestanden hat und wo man sagte, die Sache sei nicht häretisch «(auch wenn man die Verehrung des Jesuskindes in der Eucharistie als eine ungewöhnliche, aber trotzdem haltbare Neuheit bedauere...)»?
Gianna war erstaunt, dass das Dekret des Erzbischofs ihr nicht persönlich überbracht worden war. Es erreichte sie jedoch auf indirektem Weg ein Jahr später über die Diözese Scottsdale.
So konnte die Seherin mit beeindruckender Demut sagen: «Ich danke der Kommission für ihre Arbeit.»
Das ist, zusammengefasst, der Kommentar von René Laurentins Artikel, den man in seinem umfangreichen Werk unter dem Titel «Talone» finden kann: *Dictionnaire des «apparitions» de la Vierge Marie* (Paris, Fayard, 2007, S. 1335-1337).

45

Garrulitas res humana

Geschwätzigkeit ist eine menschliche Schwäche

Der quantitative Faktor ist das Charakteristikum bei heutigen Marienerscheinungen, das am meisten Anstoß erregt: es gibt einfach zu viele. Nehmen wir die erste Hälfte des 20. Jahrhunderts oder die dokumentierte Geschichte der vorausgegangenen Jahrhunderte als Maßstab für eine vorstellbare Häufigkeit übernatürlicher Erscheinungen, so müssen wir daraus schließen, dass das, was in den letzten 50 Jahren unter dieser Bezeichnung stattfand, außerhalb des Richtsatzes liegt. Die Muttergottes vertraut den Sehern über 50 Jahre hinweg Botschaften an, als wäre kein Ende damit abzusehen: in der Tat, sie spricht einfach zu viel.[201]

---

201. Es geschah offensichtlich in Heroldsbach (1949-1952), dass die Muttergottes diese Serie von Erscheinungen eröffnete, deren «quantitativer Faktor» bemerkenswert ist. Es gab Hunderte von Erscheinungen, die sich über drei Jahre hin erstreckten und die bei gewissen Anlässen über zehn Stunden dauerten. Außerdem war es höchst bemerkenswert, wie viele Anwesende Zeugen von wunderbaren Zeichen wurden, und nicht weniger außergewöhnlich war die Vielzahl der Erscheinungen von Engeln und Heiligen. Aber offensichtlich, — wie es in einem französischen Sprichwort heißt: «Ce qui est exagéré est insignifiant» (Was übertrieben ist, ist ohne Bedeutung) —, schienen die Ereignisse umso weniger zu überzeugen, je wunderbarer sie wurden. Zumindest schien das bei denjenigen der Fall zu sein, die den übernatürlichen Charakter dieser Geschehnisse zu beurteilen hatten.
Dieser quantitative Faktor, in dem jeder Kritiker einen Affront gegen den gesunden Menschenverstand sieht, wurde seit Heroldsbach so sehr zum Zankapfel an vielen Erscheinungsorten, dass er zum Maßstab für Echtheitsfragen wurde. Paolo Albertini zum Beispiel in Poderobba-Monte Monferano hat die Heilige Jungfrau seit 1986 täglich gesehen. In der Öffentlichkeit fanden diese Erscheinungen seit

— Bevor ich dieses Argument anfechte, möchte ich diejenigen, die es anführen, darauf aufmerksam machen, dass sie in ihrer Kritik unangemessen selektiv sind; denn bereits im 17. Jahrhundert erfreute sich die Seherin Benoîte Rencurel zwischen 1664 und 1718 nicht weniger als 600 Erscheinungen der Muttergottes: «bisweilen mehrmals am Tag, und an gewissen Tagen in der Mitte von Pilgerscharen.»[202] Sollte das jedoch die Ausnahme sein, die die Regel bestätigt, so lassen Sie mich zu meiner Antwort kommen…

Durch die Evangelien sind wir an eine Nüchternheit der Sprache gewohnt, die wir uns zum Vorbild nehmen. Wortfülle von Seiten Christi oder Mariens wären Zeichen schlechten Geschmackes. Wir schätzen die *brevitas evangelica* (die Knappheit der Evangelien). Drückt Christus sich nicht in kurzen einprägsamen Sätzen, in erstaunlichen Hyperbeln und Metaphern aus? Lassen Sie uns nicht vergessen, dass die Evangelisten nur einen Bruchteil dessen berichten, was Christus tatsächlich gesagt hat. Nach Johannes «… könnte die ganze Welt die Bücher nicht fassen, die man schreiben müsste», wenn man alle Worte und Taten Jesu aufschreiben wollte (Joh 21, 25). Heute, in unserem Kommunikationszeitalter, sind die Botschaften der Muttergottes nicht länger und zahlreicher als die ihres Sohnes, welche die Menschenmengen an den Ufern des Sees von Galiläa gefesselt hielten. Warum die Fülle kritisieren, die wahrscheinlich den Gegebenheiten des Evangeliums entspricht? Das heißt nicht, dass Privatoffenbarungen den gleichen Status genießen sollten wie allgemeine Offenbarungen. Was jedoch beide gemeinsam haben, das ist von Bedeutung. Sollte die Wahrheit nicht von den Dächern verkündet werden? Wenn Jesus zu großen Volksmengen sprach, redete er dann nicht so, dass er noch von den Hörern in der letzten Reihe verstanden wurde? Das brachte ihm schließlich den Beinamen «Jesus, der Nazarener» ein, das heißt «der Deklamierer», «der

---

1996 lediglich am 4. jedes Monats statt. Das sind 7500 private Erscheinungen und 126, die in der Öffentlichkeit stattfanden.

202. Vgl. Bernard Gallizia: *Medjugorje, la controverse* (F.-X. de Guibert, Paris, 2005, S. 50).

Prediger». Sollte er, der erfahrene Pädagoge, es versäumt haben, die Themen ausführlich zu erörtern, von denen wir in den Evangelien nur Zusammenfassungen oder Auszüge lesen? Er, der Rabbi, der Meister, sollte er nicht den Redefluss besessen haben, den wir von jemandem seines Rufes erwartet hätten? Und hat er mit seinen zahllosen Parabeln nicht eine Methode gefunden, die seinen Hörern angepasst war, so dass seine Lehre im Gedächtnis von Fischern, Bauern und Hirten haften blieb? Ganz wie Plato, der als bestes Vehikel seiner Philosophie für die geschwätzigen Griechen seine Dialoge erfand. Jesus, weit davon entfernt, nur ein Erfinder von Aphorismen zu sein, wusste, dass die ihm zur Verfügung stehende Zeit kurz war. In der Tat sind es die heutigen Erscheinungen, die der Vorstellung entsprechen, die wir von dem ungeheuren Überfluss seiner sprachlichen Mittel haben sollten. Und das ist angemessen. Denn heute ist die Dringlichkeit und die Kürze der Zeit, die uns zur Verfügung steht, ziemlich dieselbe wie damals.

Kritiker jedoch scheinen aus der *brevitas romana* eine Regel zu machen, einen kategorischen Imperativ für marianische Erscheinungen, dem gemäß im Lichte vorausgehender Jahrhunderte die heutigen Erscheinungen zu zahlreich sind, um authentisch zu sein.[203] Aber dieses Argument, basierend auf statistischer Häufig-

---

203. Wie immer, wenn Kritik erhoben wird, scheint sie aus mehr als einem Grund gerechtfertigt zu sein. Hier ist es die große Zahl von Geheimnissen, die den Sehern anvertraut wurde, — manchmal, wie im Falle von Medjugorje, bis zu zehn an eine Person.
Es gibt immer einen Stein des Anstoßes, und die Seher sind sich dessen bewusst, was die Priester wiederum für unglaubwürdig erachten. Was am meisten Anstoß erregt, sagt Marija von Medjugorje, ist die Häufigkeit der Erscheinungen. «Sie fragen uns, warum die Gospa so lange erscheint. Alles, was wir wissen, ist, dass sie kommt und dass wir sie sehen. Zuerst dachten wir, sie käme nur für uns oder für unsere Pfarrei. Aber im Laufe der Zeit haben wir mehr und mehr verstanden, dass ihre Botschaften an die ganze Menschheit gerichtet waren.»
Die jugendlichen Seher haben ihrer Verwirrung bezüglich der unerwarteten Häufigkeit der Erscheinungen Ausdruck verliehen, die zu der Zeit täglich stattfanden, worauf Maria nur «mit einem Lächeln antwortete.» «Werdet ihr denn meiner müde? Alles geschieht nach den Plänen Gottes. Habt Geduld. Harret aus im Gebet und Opfer. Alles geschieht zur richtigen Zeit ..»(a).

keit, ist weniger überzeugend als die Tatsachen, auf die sie sich beziehen. Man fühlt sich an den Kommentar von Padre Pio erinnert, als er nach seiner Meinung zu den Hunderten von Erscheinungen in Garabandal gefragt wurde, die schließlich auf mehr als 2000 angewachsen waren: «Wie viele Erscheinungen braucht ihr denn noch, wo sie schon acht Monate andauern?»[204] Der große Heilige beantwortete die Kritik, indem er sie umkehrte und den Kritikern vorhielt: «Wie oft muss sich die Seligste Jungfrau Maria noch zeigen, bevor sie ernst genommen wird? Der Skandal besteht nicht darin, dass sie niemals aufgibt, sondern darin, dass wir vor ihren Warnungen die Ohren verschließen.» In El Escorial antwortete Maria ihren Kritikern mit scharfen Worten:

Ist die «richtige Zeit», die kommen wird, die Zeit des Abschiedes der Muttergottes? Sie hat nämlich angekündigt, dass diese Erscheinungen die letzten dieser «Endzeiten» sein würden. Wenn sie «zu einem Ende gekommen sein werden, wird es nur noch falsche Erscheinungen geben» (b). Könnte das etwa die Kritiker beeinflussen, ihren Wunsch, dass die Erscheinungen bald zu einem Ende kommen mögen, zu revidieren? (Marijan Ljubic: *La Vierge Marie apparaît en Yougoslavie (Medjugorje)* (Ed. du Parvis, CH-1631, Hauteville, 1984 (?). (a) S. 63-64; (b) gemäß der Aussage von Mirjana; (c) gemäß der Aussage von Vicka; (d) S. 98.

In Amerika war die Botschaft die gleiche: «Im Juli 1996 erschien die Muttergottes Gianna und sagte ihr, sie würde die letzte Seherin sein, der sie erscheinen würde. Nicht die letzte, die begonnen hat, sie zu sehen, aber die letzte, die aufhören wird, sie zu sehen.» (Dom Forker, *Our Lady of Emmitsburg*: Queenship Pub. Co., Goleta, CA, 2000, S. 148).

Es wird ein solcher Unterschied sein zwischen der Überfülle heutiger Erscheinungen, die Misstrauen erwecken, und dem darauffolgenden völligen Ausbleiben von Erscheinungen. Der Teufel wird sich diese Lücke zunutze machen, um den Menschen in ihrer Leichtgläubigkeit eine Falle zu stellen, in die sie in ihrer Bestürzung über einen so abrupten Wandel tappen werden.

204. Jacques Serre - Beatrice Caux: *Garabandal* (F.-X. de Guibert, Paris, 1996, S. 121).

Es ist eine allgemein beobachtete Tatsache, dass mehr Gnadengaben an Orten empfangen werden, ob es sich dabei um Bekehrungen oder Heilungen handelt, so lange die Erscheinungen anhalten. Überfülle begleitet die Anwesenheit der Muttergottes. Ist ihr Erscheinen nicht ein Zeichen ihrer Gnade? Weit entfernt von Verwunderung sollte man über den quantitativen Faktor erfreut sein! Wenn die Erscheinungen über Stunden hinweg andauern, wird da die Zeit nicht sinnvoll zu größerem Gewinn im Gebet verbracht? Und wenn sie täglich stattfinden, ist das nicht zum Nutzen für mehr Pilger?

«Was ist der Mensch, dass er glaubt, er könne mir vorschreiben, wie oft ich erscheinen darf?»[205]

Als der Bischof von Mostar im Jahre 2002 zur Kenntnis nahm, wie viele Erscheinungen die Seher von Medjugorje in den letzten zwanzig Jahren erfahren haben, kam er auf eine Zahl, die den gesunden Menschenverstand verhöhnt, nämlich auf 16 000. In jüngerer Zeit, als er seine Schätzung aktualisierte, kam er auf 22 000 Besuche der Muttergottes. Geht man vom Jahr 2006 aus, kommt man wohl auf 35 000.[206] Sollen wir schockiert sein oder uns freuen? Im zweiten Fall werden wir an die Worte des Propheten Joel erinnert, die der heilige Petrus am Abend des Pfingstfestes wiederholte:

> «In den letzten Tagen wird es geschehen, so spricht Gott: ich werde von meinem Geist ausgießen über alles Fleisch. Eure

---

205. Für El Escorial am 15. April 1984: *Premier récit authentique des apparitions de l'Escorial* (F.-X. de Guibert, Paris, 1996, S. 325).

206. Nur im Bereich materieller Dinge kann man Quantität als Argument gegen Qualität einsetzen. Aber Zahlen, die wir von Medjugorje kennen, wurden bei Erscheinungen in der Vergangenheit und auch noch in der Gegenwart nicht diskutiert oder als dem gesunden Menschenverstand widersprechend empfunden. Wir kennen sie aus dem Leben von vielen Heiligen und Mystikern wie Padre Pio, Maria Valtorta, Katharina Emmerich, Therese Neumann, Theresa von Avila, Anna Maria Taigi, Don Bosco usw…, deren Visionen bisher niemand versucht hat zu zählen. Bei vielen von ihnen handelte es sich um tägliche Visitationen wie etwa bei Vicka in Medjugorje — «Aber wie können Sie Vicka von Medjugorje mit den größten Heiligen aller Zeiten vergleichen?» könnten Sie vielleicht einwenden. Darauf würde ich antworten, dass nicht ich es bin, der auf diese Parallele hinweist, sondern der Himmel, der in Medjugorje ebensoviele Bekehrungen geschehen lässt wie in San Giovanni di Rotondo bei Padre Pio. Und wir wissen alle, mit welcher Skepsis die Charismen von Padre Pio in gewissen einflussreichen Kreisen der Kirche zu seinen Lebzeiten beobachtet wurden. Die Wunder, die seine Anhänger ihm zugeschrieben haben, waren so zahlreich, dass sie die Gesetze der Wahrscheinlichkeit außer Kraft setzten: irgendwas lief da schief! «Ein stigmatisierter Mönch in der Geschichte des Franziskanerordens ist genug, und das ist Franz von Assisi! Wie könnte man glauben, dass Padre Pio eine weniger bedeutende Gestalt als der heilige Franziskus sei?» — «Aber nicht wir weisen auf diese Parallele hin, sondern der Himmel, der Padre Pio vielleicht größere Gnaden verliehen hat als dem «poverello». Vielleicht, weil der heilige Franziskus freien Zugang bei Päpsten, Bischöfen und Sultanen hatte, während Padre Pio von seinen Oberen verfolgt wurde, bis hin zu dem skandalösen Punkt, dass sie seinen Beichtstuhl mit Mikrofonen abhörten.» Zieht man in Erwägung, wie Jesus zu seiner Zeit aufgenommen wurde, könnte Ablehnung dann nicht ein Zeichen für Authentizität sein?

Söhne und eure Töchter werden Propheten sein, eure jungen Männer werden Visionen haben, und eure Alten werden Träume haben…» (Apg 2,17-18).

Diese Zeit scheint gekommen zu sein.

Vergleiche sollten nur mit Vergleichbarem gemacht werden. Vergangene Jahrhunderte sind nicht aus dem gleichen Stoff gemacht wie das unsere. Wir sind Zeugen des größten Glaubensabfalls und Verlustes religiösen Lebens in der Geschichte des Christentums. Wir beobachten einen ungeheuerlichen Anstieg von Abtreibungen, während der Zeitgeist in den Medien seine Macht über den Verstand der Menschen ausübt. Wenn Apostasie die definitivste Form der Sünde gegen den Heiligen Geist darstellt, ist dann das Eingreifen der Muttergottes als unserer letzten Hoffnung und Zuflucht nicht schon dadurch gerechtfertigt?[207] Im Laufe der Geschichte hat Gott viele Sünden der Menschen ertragen. Er erwies den Heiden seine Großmut und zog sie aufgrund ihrer Unkenntnis der Offenbarung nicht zur vollen Verantwortung. Aber er duldete weder die universale Korruption, welche die Sintflut zur Folge hatte, noch Ausflüchte, die zum babylonischen Exil führten, noch die Hartnäckigkeit Israels, was ihre tausendjährige Zerstreuung unter die Nationen verursachte. Wenn er die erwählten Söhne zurückweist zugunsten der adoptierten, wie wird er dann die Nicht-Juden strafen, wenn sie ihrerseits ihre Berufung verweigern?[208] Wir, die christlichen Nationen, haben von dem Erbe profitiert, das ehemals für das

---

207. Wenn man ihre Unterweisung, der es weder an Substanz noch Vielfalt mangelt, in einem Satz zusammenfassen wollte, so würde er die Dringlichkeit und Notwendigkeit zum Gebet beinhalten. «Mein Sohn in seiner Barmherzigkeit kann leicht umgestimmt werden», dieser wohlbekannte Satz unterstreicht alle Bitten der Muttergottes. Nicht nur, dass sie die Anwesenden auffordert, den Rosenkranz zu beten, sondern sie verschafft auch die Möglichkeit, genügend Zeit dafür aufzubringen. Hat man die geistigen Früchte bedacht, die für die Gemeinschaft der gesamten Christenheit aus diesen anhaltenden Gebeten, aus dieser *oratio continua* erwachsen? Die Kirche erfreut sich bereits des hilfreichen Beistandes des *laus perennis* (des immerwährenden Lobpreises) der Mönche und Nonnen. Aber Laien finden an Erscheinungsorten einen Ort für gesammelte Gebete…

208. «Die meisten Menschen sind von ihrem Glauben abgefallen; sie nennen sich zwar Katholiken, aber ignorieren die Lehre…», sagte die Muttergottes zu der Seherin

erwählte Volk bestimmt war. Aber, wenn wir es zurückweisen, verbünden wir uns mit Israel in seiner Ablehnung des Messias. Wird er mit uns nicht genauso unerbittlich sein wie mit jenen, deren Unbeständigkeit wir genau nachahmen? Ist es nicht möglich, dass auch wir verworfen werden, so dass an Israel, nachdem es sozusagen für seine Vergangenheit «gesühnt» hat, durch das Martyrium seiner Kinder in Auschwitz und anderswo, sich die Prophezeiungen des Propheten Sacharia erfüllen: «In jenen Tagen werden zehn Männer aus Völkern aller Sprachen einen Mann aus Juda an seinem Gewand fassen, ihn festhalten und sagen: wir wollen mit euch gehen; denn wir haben gehört: Gott ist mit euch» (Sach 8,23)?

Spricht man vom Holocaust, so wird man in ihm bald den Samen der Märtyrer sehen, aus dem die Ernte der Bekehrungen erwachsen wird. Denn diese Zeugen, selbst wenn sie nicht alle Zeugen eines Glaubens waren, den sie nicht mehr besaßen, waren implizit die Träger einer Mission, die einem Volk anvertraut war, das sich seiner zweifachen tragischen Bestimmung nicht bewusst war. Infolge der Uneinsichtigkeit ihrer Vorfahren ignorierten sie ihre erste Bestimmung, und ihre zweite aus Mangel an Unterscheidungsfähigkeit. Denn wie könnten sie, ohne an Christus zu glauben, jemals ihre Aufgabe als Apostel für die restliche Welt erfüllen, was, nach Paulus, ihre Aufgabe ist?

Außergewöhnliche Zeichen brauchen außergewöhnliche Heilmittel. Können wir sicher sein, dass der Himmel nicht den Augenblick höchster Not zur größten Entfaltung seiner mitleidsvollen

---

von El Escorial am 6. Februar 1993 (Gabriel: *Premier récit authentique des apparitions de l'Escorial*: F.-X. Guibert, Paris, 1996, S. 351).

In Frankreich ist die Lage sehr schlimm. Nach Aussagen des *l'Express International* vom 1. November 2001, S. 47, gaben 45% der befragten Personen zur Antwort, dass sie ungläubig seien, und unter den Jugendlichen zwischen 18 und 24 Jahren waren es sogar 63%.

Was der heilige Paulus in seinem ersten Brief an Timotheus (4,1-3) angekündigt hatte, scheint sich zu bestätigen: «Der Geist sagt ausdrücklich: in späteren Zeiten werden manche vom Glauben abfallen; sie werden sich betrügerischen Geistern und den Lehren von Dämonen zuwenden, getäuscht von heuchlerischen Lügnern, deren Gewissen gebrandmarkt ist.»

Barmherzigkeit erwählt hat? — Und das auf seinem wirkungsvollsten Weg: über Maria. War sie es nicht, die im Laufe der Geschichte öfter eingegriffen hat: bei Lepanto, um uns vor den ottomanischen Türken, und in Fatima, um uns vor der kommunistischen Gefahr zu retten?

Wovor will sie uns heute retten, wenn nicht vor der Gefahr, die Papst Johannes Paul II. so leidenschaftlich abzuwenden versuchte: dem Glaubensverlust in Gottes eigener Kirche?[209]

Einen Standpunkt für oder gegen Erscheinungen einzunehmen, schließt automatisch immer den Versuch mit ein, Gottes Absichten zu verstehen. Ist das nun anmaßend oder normal? Sind wir Christen nicht ständig dazu aufgerufen, Zeichen und Wunder zu interpretieren? Ein wunderbares Zitat von Pascal könnte hierzu eine Antwort geben: «Wenn Gott uns seine Boten schickt, sollten wir sicherlich auf sie hören. Ereignisse sind solche Boten.» Und sie zeigen uns deutlich an, dass wir in einer Zeit der Barmherzigkeit, der *«tempus Mariae»* leben, die uns nach Gottes Plan unter der Leitung Marias geschenkt wird.[210]

---

209. Bei ihren Erscheinungen gibt es ein Thema, zu dem die Muttergottes immer wieder zurückkehrt: «Meine lieben Kinder, bleibt vereint mit dem Papst. In meiner Kirche wird es zu einer großen Spaltung kommen.» Aus der öffentlichen Botschaft an die Seher von Venezuela am 6. November 1993 (Xavier Reyes-Ayral: *Un message d'Amour*, Résiac, Montsûrs, 1997, S. 183). Wenn ich es wagen darf, die Botschaft der Muttergottes scheinbar zu korrigieren, so möchte ich behaupten, dass diese «Spaltung» bereits stattgefunden hat, auch wenn sie noch nicht so augenfällig ist. In unserer westlichen Welt haben die meisten Katholiken keine Bedenken zuzugeben, dass sie in gewissen Fragen mit dem Glauben ihrer Vorfahren nicht mehr übereinstimmen. Zwei Drittel der Gläubigen erklärten in einer Umfrage, nicht mehr an die «Realpräsenz» zu glauben. Was wir aber für die Zukunft erwarten können, ist wahrscheinlich nicht nur die Spaltung aufgrund eines Dogmas, sondern überhaupt das Bekenntnis, kein Christ mehr zu sein. Was bislang implizit war oder mit Gutwilligkeit zutapeziert wurde, wird sich zu einer vollen Ablehnung ausweiten.

210. «Diese Zeit ist meine Zeit», erklärte Maria am 25. Januar 1997 in Medjugorje: «Und daher, meine lieben Kinder, lade ich euch ein weiterzubeten» (zitiert von David Plunkett: *Heaven Wants to bei Heard*; Fowler Wright Books, Leominster, Herefordshire, 1997, S. 141).
«Unsere Epoche ist die Epoche der Immaculata, so wie andere sagen, dass es die Epoche des Heiligen Geistes sei», schrieb P. Maximilian Kolbe am 15. März

Zusammenfassung

1936 (zitiert von Patrick du Laubier: *Le temps de la fin des temps*: F.-X. de Guibert, Paris, 1994, S. 83).
Was auch immer die Probleme unserer Tage sind, so sollten wir trotzdem mit der Mystikerin Julian von Norwich sagen: «Alles ist gut, und alles wird gut sein, und alle möglichen Dinge werden gut sein» («All is well and all shall be well, and all manner of things shall be well»).

«Und Jerusalem wird von den Heiden zertreten werden, bis die Zeiten der Heiden sich erfüllen.

....

Genauso sollt ihr erkennen, wenn ihr das geschehen seht, dass das Reich Gottes nahe ist.» (Lk 21, 24, 31)

Am Anfang riss der Drache «ein Drittel der Sterne vom Himmel» mit sich, das heißt, ein Drittel der Engel, die der Mensch berufen ist in Gottes Gefolgschaft zu ersetzen. Von nun an ergeht die Einladung zur Heiligkeit an die, die nur wenig unter den Engeln stehen *(«pauca minus ab angelis»)* und die aufgerufen werden, «vollkommen zu sein wie auch [der] Himmlische Vater vollkommen ist.»[211] Jetzt ist die Zeit, auf die die Prophezeiung zutrifft: «Danach aber wird es geschehen, dass ich meinen Geist ausgieße über alles Fleisch» (Joel 3,1)

Der Abfall der «großen Anzahl» wird der «kleinen Herde» zum Nutzen gereichen. Denn sie, die «tüchtigen und treuen Diener» werden zusätzlich zu den «Talenten», die sie dazu gewonnen haben, auch die erhalten, die von den «schlechten und faulen Dienern» weggenommen wurden, die ihre Talente in der Erde versteckt haben. In einem Mysterienspiel könnte man die Kohorten von Engeln auftreten lassen, die damit beschäftigt wären, Talente aus der Erde zu graben, die, ohne Früchte zu bringen, von den geistig Geizigen verscharrt worden sind, um sie an die zu verteilen, die es verdienen (Mt 25,14-27).

---

211. Diese «pauca minus ab angelis» sind Geschöpfe, die «etwas weniger als Engel» sind, anders ausgedrückt, die Menschen.

Denn nichts, was von Gott kommt, wird verschwendet. Zukünftiges profitiert vom Vergangenen. So werden die Gläubigen von morgen durch providentielle Ergänzung aus dem kollektiven Glaubensabfall der heutigen, säkularisierten Menschheit Gewinn ziehen, was auch, in ihren eigenen Worten ausgedrückt, den Erwartungen der Päpste des 20. Jahrhunderts entspricht.

Leo XIII. hat gewissermaßen noch bedingt den Weg geöffnet:

«...der Glanz des Glaubens wird wieder erstrahlen, die Schwerter werden fallen und die Waffen werden aus den Händen gleiten, wenn alle Menschen die Herrschaft Christi anerkennen und sich ihr mit Freude unterwerfen und «jede Zunge bekennt, dass der Herr Jesus Christus in der Glorie Gottes des Vaters ist» *(Annum sacrum)*.

Pius XI. erklärte, dass die Einsetzung des Festes «Christus, König des Universums», «die Freude des Tages» ankündigt, «wo die Menschheit sich aus freiem Willen der süßen Herrschaft des Christkönigs unterstellen wird» *(Miserentissimus Redemptor)*.

Pius XII. ist präziser:

«Wie viele Herzen, o Herr, warten auf dich! Wie viele Seelen sehnen sich danach, dass die Zeit kommt, wo du allein in ihren Herzen leben und regieren wirst. Komm, Herr Jesus, komm, es gibt so viele Zeichen, dass deine Wiederkunft nahe ist (Ansprache über das Ostergeheimnis 1957).

Fast wie ein zweiter Hegel beruft er sich auf die Geschichte, aber auf eine Geschichte, die den Absichten des wahren Geistes zustimmt: «Die Geburt eines neuen Lebens, einer neuen Menschheit in ständigem Fortschritt in Ordnung und Harmonie, mag sie schmerzvoll und lange sein, so ist sie das vom Gott der Geschichte «post Christum natum» zugeteilte Ziel, zu dem alle Söhne Gottes, die frei geschaffen wurden, persönlich und aktiv ihren Beitrag leisten müssen» (Radio-Ansprache Weihnachten 1957).

Als Papst Johannes XXIII. im Begriff stand, das Konzil einzuberufen, beteuerte er seine «definitive Entschlossenheit, zu gewissen alten Formen lehramtlicher Erklärungen zurückzukehren.» Hatte er die Absicht, den Glauben an die Königsherrschaft Gottes auf Erden wiederzubeleben, wie sie vormals von den Aposteln angenommen und von den frühen Kirchenvätern gefeiert wurde? In seinen Augen war es der Zweck des II. Vatikanischen Konzils, «den Weg» zu bahnen, «der zur Einheit der Menschheit führt», was, viel zu kurz gegriffen, von den meisten als die Einheit unter den christlichen Kirchen verstanden wurde. In dieser Einheit der Menschheit sah er «die notwendige Voraussetzung, um aus der irdischen Stadt ein Abbild der himmlischen Stadt zu machen.» Und Papst Johannes XXIII. greift noch einmal auf dieses Thema zurück in seiner Ansprache anlässlich des Abschlusses des II. Vatikanischen Konzils, in der er prophezeite, dass das neue, lang erwartete Pfingstfest «nichts anderes [sei] als ein neuer Schritt auf das Königreich Gottes in dieser Welt.»

Präziser stellt Paul VI. der «Zivilisation des Hasses» unserer Tage die «Zivilisation der Liebe» gegenüber, die «das Fieber gnadenloser sozialer Konflikte überwinden und der Welt die so lange erwartete Umgestaltung der letztlich christlichen Menschheit schenken wird.»[212]

Aber wie wir bereits in Kapitel 42 gesehen haben, ist es Johannes Paul II., der anlässlich des 2000-jährigen Jubiläumsjahres der Christenheit «die volle Bedeutung» und die «eschatologische Implikation» dieser «Zivilisation der Liebe» entfaltete, die von Paul VI. angekündigt worden war. Ist diese Zivilisation der Liebe denn nicht genau das Reich Gottes, auf das wir alle hoffen? Paul Bouchard sieht darin «die Erkenntnis, dass die Menschheit bald in das König-

---

212. *Documents pontificaux de Paul VI (Discours de clôture de l'Année Sainte)*, Ed. St. Augustin, Saint-Maurice (Schweiz), 1979, Bd. 14, S. 790. Diese sozialen Konflikte sind unvermeidlich in einer Wirtschaft, wo die Interessen von Kapital und Arbeit im Widerspruch stehen, weil sie nicht in der gleichen Hand ruhen. Wann wird Besitz und Arbeit in der Hand ein und derselben Person liegen? Die Utopien von staatlichem Kapitalismus oder zügellosem Liberalismus haben lange genug das unverwechselbare Recht der menschlichen Person unterdrückt, das nur verwirklicht werden kann (was bislang nur sehr zögerlich versucht wurde) in einer sozialen Struktur, die das Individuum in die Verantwortung nimmt, weil es Teil hat an Arbeit und Besitz.

reich Gottes eintreten wird».[213] Und Johannes Paul II. scheint in seiner Enzyklika *Redemptoris Missio* offensichtlich der gleichen Ansicht zu sein: «Es ist Gottes Plan, bereits in diesem Leben ein Königreich des Friedens und der Gerechtigkeit zu errichten. Das scheint auch die Bibel mit ihrem "neuen Himmel und der neuen Erde" anzukünden» (Jes 65,17; 2 Petr 3,13; Offb 21,1).

Dieses Thema, von einem Papst zum nächsten weiter entwickelt, kommt bei den heutigen Mystikern zur vollen Entfaltung. Unser Herr sagte zu Josefa Menendez, «Ich will herrschen», «Ich will den einzelnen Seelen und Nationen vergeben. Ich will über Nationen und über die ganze Welt herrschen. Ich will meinen Frieden bis an die äußersten Grenzen der Welt ausbreiten...Ich bin der Friede. Ich werde herrschen!»[214]

Zu Monsignor Ottavio Michelini († 1979) spricht Jesus noch deutlicher: «...wie schon gesagt wurde: "Am Ende wird das barmherzige Herz Jesu und das unbefleckte Herz Mariens triumphieren"...auf diese Weise wird die Ankunft meines Reiches auf Erden stattfinden...Es wird, anders ausgedrückt, mein zwischenzeitliches Kommen sein...[das] unsichtbar ist, im Gegensatz zu meinem ersten und meinem letzten Kommen, die beide sichtbar sind...[Das zwischenzeitliche Kommen] wird die Herrschaft Jesu in den Seelen errichten.»[215]

---

213. *Le règne de Dieu sur la terre! Utopie ou réalité?* (Ed. Plurimédia/Parvis, Hauteville (Schweiz), 1994, S. 45) ist ein Buch, dem ich sehr zu Dank verpflichtet bin, wie auch dem Buch von Paul Bouchard *Les papes-prophètes du monde nouveau*, aus dessen Kapitel XIII ich die Zitate der Päpste für dieses Kapitel entnommen habe.

214. Ebd. S. 148.

215. *Ebd.* S. 157-158. Mgr. Michelini übermittelt folgende Worte Christi: «Ich vertraue dir, mein Sohn, noch einmal die Nachricht dieser Stunde der Reinigung an, nach der es einen neuen Himmel geben wird, eine neue Erde und eine neue Kirche. Das entscheidende Eingreifen meiner Mutter, der Königin des Sieges, wird für alle klar zu erkennen sein, sowie meine eigene Macht und Herrlichkeit als die des wahren Gottes und wahren Menschen. Ein neues Zeitalter in der Geschichte der Menschheit wird folgen» (S. 158).
Mein zwischenzeitliches Kommen ... wird unsichtbar sein», sagt der Herr an dieser Stelle. Aber sollten wir die Phrasierungen, die von den verschiedenen

Obwohl das Kommen unsichtbar ist, so wird das Reich augenfällig sein. Maria Valtorta beschreibt es in leuchtenden Farben:

«Oh, meine Geschenke! Sie werden euch glücklich machen. Ihr werdet weder Hunger noch Gewalt noch Unglück kennen. Euer Leib und noch mehr eure Seele wird sich an meinem Manna laben; die Erde wird sich zu einer zweiten Schöpfung erheben, völlig neu, in einer Atmosphäre von Frieden und Einklang zwischen den Völkern und zwischen Himmel und Erde. Denn ich werde die Fülle meines Geistes ausgießen, der euch durchdringen wird und euch die übernatürliche Einsicht in Gottes Ratschlüsse geben wird.»

«Es wird die Herrschaft des Geistes sein, die Herrschaft Gottes, um die man…im "Vaterunser" bittet. Wohin möchtet ihr, dass das Reich Gottes kommt, wenn nicht in eure Herzen? Dort muss mein Reich auf Erden beginnen. Ein mächtiges Reich, wenn auch ein begrenztes.»[216]

Ist es nicht angebracht, dass die Mission, das zweite Kommen Christi anzukünden, Maria anvertraut wurde? Der heilige Louis de Montfort sagt dazu: «Wenn daher, was gewiss ist, die Erkenntnis [Christi] und das Reich Jesu Christi auf diese Welt kommen werden, so wird das nur als notwendige Folge der Erkenntnis [Mariens] und der Herrschaft der heiligen Jungfrau Maria sein, die ihn bei seiner ersten Ankunft geboren hat und ihn bei seiner zweiten Ankunft allen bekannt machen wird.» In diesem Satz ist die Thesis dieses Buches in wenigen Zeilen zusammengefasst.

Propheten bezüglich der Wiederkunft Christi gebraucht werden, wörtlich nehmen? Das wäre angebracht, wenn unter den Mystikern Einheitlichkeit die Regel wäre. Das allerdings ist kaum der Fall. Gianna Talone Sullivan von Emmitsburg sagt zum Beispiel, dass Christus «als Kind» erscheinen wird, während andere Visionäre von einem gewaltigen Kreuz am Himmel sprechen, das für die ganze Welt sichtbar ist; nach Luz Amparo «wird Jesus strahlend all denen erscheinen, die sich Gott und seiner Heiligen Mutter geweiht haben» (*L'Escorial, Messages 1992-1998*: Association *Vierge des Douleurs*, F-64170, 1999, S. 10).

216. *A l'aube d'une ère nouvelle, Prophéties de Jesus confiées à Maria Valtorta* (Centro Editoriale Valtortiano-Ed. du Parvis, Hauteville (Schweiz), S. 82-83, in Kapitel 28, *«Après la chute da l'Antichrist: la Paix de Dieu»*).

Lassen Sie uns daher die «kleinen Stimmen» zitieren, welche die Botschaften unserer Mutter Maria oder ihres Sohnes, zuweilen mit Hilfe des heiligen Michael, verkünden. So hat Maria zu Gladys Quiroga de Motta in Saint-Nicolas in Argentinien am 25. Dezember 1988 gesagt: «Jesus kam in diese Welt aus Liebe, und sein zweites Kommen zu seiner größeren Herrlichkeit wird auch aus Liebe geschehen.»[217]

In Manduria, Apulien (Süditalien), übermittelt Debora folgende Worte Christi:

«Ich komme, um der Erde das "neue Pfingsten" zu bringen.»

«Meine Absicht ist es, das Kommen meines Reiches auf Erden wie im Himmel herbeizuführen.»

«Das neue Jerusalem wird bald in eure Mitte hinabsteigen.»[218]

Und von Seiten der Muttergottes überbringt sie folgende Worte:

«Bald...wird das göttliche Licht der Heiligsten Dreifaltigkeit diese Erde erfüllen und ihr den Glanz der Reinheit verleihen. Dann wird mein Sohn zurückkommen und die glorreiche Herrschaft seines Vaters errichten.»[219]

Was kann man sonst diesen Zitaten noch hinzufügen, wenn nicht die Worte des Engels an Maria gerichtet, die ihren Sohn betreffen und die sie selbst mancherorts, wenn sie erscheint, wiederholt: «Er wird herrschen.»

---

217. René Laurentin: *Lire la Bible avec Marie, Messages de Notre Dame du Rosaire à San Nicolas* (F.-X. de Guibert, Paris, 1993, S. 378).

218. Christian Parmantier — André Castella: *Manduria*, (Ed. du Parvis, Hauteville (Schweiz), 1999, S. 123-126).

219. *Ebd.* S. 145, 114-115.
Falls die angeführten Aussagen als unzuverlässig erachtet werden, weil die Seher noch nicht anerkannt sind, so lassen Sie mich zu bedenken geben, dass ihre Prophezeiungen vom Inhalt her vielen anderen, anerkannten, gleichen. Generell sind die Voraussagen sehr ähnlich, ob sie nun aus Garabandal kommen, dem der Bischof von Santander mehr als zurückhaltend gegenüberstand, oder aus El Escorial, wo der Erzbischof mehr als wohlwollend reagierte. Umstände können sich günstig oder ungünstig auswirken. Bischöfe jedoch tendieren in der Regel im Laufe der Zeit dazu, sich mehr von den guten Früchten beeindrucken zu lassen, die sie beobachten können, als sich von der problematischen Erscheinungsform eines Ereignisses erschüttern zu lassen.

Denn man kann sagen, dass er in einem Rahmen herrschen wird, der seiner Größe entspricht, wie er es durch den Mund des Propheten Jesaja verkündet:

«Denn schon erschaffe ich einen neuen Himmel und eine neue Erde. Man wird nicht mehr an das Frühere denken. Es kommt niemand mehr in den Sinn» (Jes 65,17).

Appendix

Oder: Themen, die nochmals zu kommentieren der Autor sich getrieben fühlt.

46

«Id non mihi opus est», atque de feminismo

«Ich brauche das nicht» und Feminismus

Im Fernsehen gab es einmal einen Bericht zu heutigen Erscheinungen der Muttergottes. Ein Priester wurde im Rahmen dieser Sendung gefragt, ob er plane, zu diesen Erscheinungsorten zu gehen, und er antwortete darauf: «Das brauche ich nicht.» Der hypothetische Charakter dieser noch nicht anerkannten Erscheinungen hatte auf diesen Priester offensichtlich eine abschreckende Wirkung. Viele Priester und Laien würden die gleiche Antwort geben, weil ihnen die Jagd nach Sensationen zuwider ist. Sie halten es entschieden für besser, zuhause in ihrer Pfarrkirche zu beten, als Kuriositäten nachzujagen. In Ländern wie Deutschland oder den USA, wo die protestantische Mehrheit den Ton angibt, scheint unter Katholiken der Trend zu bestehen, die Rolle von Maria herunterzuspielen und damit Marienfrömmigkeit zu diskriminieren,[220] besonders wenn es sich um kontemporäre, noch nicht anerkannte Erscheinungen handelt.

---

220. Es ist wahr, dass Luther selbst es weder gewünscht noch vorausgesehen hat, dass die Verehrung der Muttergottes eines Tages von seinen Anhängern mit Misstrauen belegt würde, die er nur begrenzen wollte, soweit er es für vernünftig hielt. Nichtsdestoweniger ist er es, der die Ausgrenzung und den progressiven Ausschluss der Muttergottes initiiert hat, wie er in der protestantischen Frömmigkeit und Liturgie heute üblich ist.

— «Ich brauche das nicht», oder «Ich muss nicht», eine Antwort, die mehr als gerechtfertigt zu sein scheint. Sie bringt jedoch die Sache nicht auf den Punkt. Denn jede Erscheinung der Muttergottes sollte im Zusammenhang mit derzeitigen geschichtlichen Ereignissen gesehen werden. «Die Zeichen der Zeit» sind solcher Art, dass sie charismatischen Gegebenheiten eine tiefere Bedeutung verleihen. «Lernt etwas aus dem Vergleich mit dem Feigenbaum! Sobald seine Zweige saftig werden und Blätter treiben, wisst ihr, dass der Sommer nahe ist» (Mk 13,28) oder: «Sobald ihr im Westen Wolken aufsteigen seht, sagt ihr: "Es gibt Regen". Und es kommt so. Und wenn der Südwind weht, dann sagt ihr: "Es wird heiß". Und es trifft ein. Ihr Heuchler! Das Aussehen des Himmels und der Erde könnt ihr deuten. Warum könnt ihr dann die Zeichen dieser Zeit nicht deuten? Warum findet ihr nicht von selbst das rechte Urteil?» (Lk 12,54-57). Jesu Ton, mit dem er sich an die Pharisäer wendet, ist streng. «Die Zeit einzuschätzen» gehört zur Tugend der Unterscheidung. Was ist dieses «Licht», das nicht unter den «Scheffel» gestellt werden darf, anderes als, die Offenbarung von Gottes Plänen, die «diese[r] Generation» gegeben ist. Denn sie gilt für uns wie für die «Kinder» der Tage Jesu Christi, über die «all das unschuldige Blut … kommen [wird], das auf Erden vergossen worden ist, vom Blute Abels, des Gerechten, bis zum Blute des Zacharias» (Mt 23,35), bis hin zum Blut des Messias selbst. Unsere Generation könnte diejenige sein, die für den Glaubensabfall der christlichen Nationen des 20. Jahrhunderts zu bezahlen hat. «The fathers having eaten green grapes, the sons' teeth were hurt» (Die Väter haben grüne Trauben gegessen, und die Söhne haben davon Zahnschmerzen bekommen).

Die Warnungen der Muttergottes bei jüngsten Erscheinungen sind an alle gerichtet, da wir alle betroffen sind. Selbst wenn nicht jeder von uns dorthin gehen kann, wo immer sie erscheint, so sind wir gut beraten, zu erwägen, was sie sagt. Hier einige Zitate aus El Escorial in Spanien, deren Anspielungen auf Texte der Heiligen Schrift offenkundig sind:

– «Seid bereit, das Siegel der Erwählten zu empfangen» (4. April 1985).

– «Kommt zu diesem Ort, wo ihr gesegnet und mit einem Kreuz auf der Stirn gezeichnet werdet…»

«Hebt all die Andachtsgegenstände in die Höhe, sie werden für den *Tag der Finsternis* mit einem besonderen Segen gesegnet werden» (3. Juli 1999).[221]

Diese Worte erinnern an «das Siegel auf [der] Stirn» der «Knechte» Gottes, das sie vor dem Unheil bewahren wird, das die restliche Menschheit befällt, während «die Sonne … schwarz [wird] wie ein Trauergewand» (Offb 7,2-4 und 6,12). Matthäus warnt uns, dass «sich die Sonne verfinstern und der Mond … nicht mehr scheinen [wird]» und dass «die Sterne … vom Himmel fallen [werden]» (24,29). Für

221. Vgl. auch Gabriel: *Premier récit authentique des apparitions de l'Escorial* (F.-X. de Guibert, Paris, 1996, S. 333-334): «Ich möchte, dass sie zu diesem Ort kommen, so dass ihre Stirne mit dem Siegel bezeichnet wird; dass, wenn der Tag kommt, der jetzt nahe ist, sie nicht von dem Feind überwältigt werden, dank des Zeichens der Erwählten …» «Ihr werdet es am Tage der Züchtigung aneinander sehen …» «Satan ist auch damit beschäftigt, seine Anhänger zu bezeichnen und Macht auszuüben über den größten Teil der Menschheit» (4. April 1985).
Erwählung war bislang immer ein wohlgehütetes Geheimnis. Dass sie bald öffentlich gemacht werden soll, wenn auch nur für kurze Zeit, ist eine erstaunliche Neuheit. Aber abgesehen von dieser Offenbarung gibt es für die Menschen dieser Zeit viele augenscheinliche Hinweise auf eine exklusive Erwählung. Auf welcher Seite der großen Kluft zwischen Abtreibungsgegnern und Pro-Choice-Wählern stehen er oder sie? Das ist nur der erste Schritt. Der nächste jedoch ist entscheidend. Er führt zu dem immer weiter werdenden Graben zwischen solchen, die an der Tradition festhalten, und den Anhängern des Liberalismus. Denn Wahrheit ist immer jung und in der Vergangenheit verwurzelt, dem Ort der Offenbarung, während die Moderne mit ihrem Liberalismus ihren eigenen Anteil an der Zukunft hat — leider einen negativen —, dem der Umkehrung aller Werte und des Subjektivismus in Fragen der Moral.
- Die Einladung Jesu ist klar: «Meine Kinder, lasst euren Schutzengel eure Stirne mit einem Siegel versehen. **All diejenigen, die hierher kommen, werden mit dem Siegel gezeichnet und gesegnet werden**» (1. August 2001 — Hervorhebung durch den Autor). Hat es jemals ein großzügigeres Angebot gegeben? Lassen Sie es uns allgemein bekannt machen, dass Jesus darauf besteht, dass wir uns die Mühe machen sollten, zu kommen (*L'Escorial, Messages 1992-1998*: Association *Vierge des Douleurs* du Pré-Neuf de l'Escorial, F-64170 Artix, 1999, S. 54).

diesen «Tag der Dunkelheit» gibt es viele präzise vorwarnende Schriftstellen, zum Beispiel: Joel 1,15; 2,2; 2,10; 3,4; 4,15.

Auch Mystiker sagen uns seit langem, dass in den «letzten Zeiten» ein Strafgericht über die Völker kommen wird. Leiden werden denen zum Heil gereichen, die der Versuchung nicht erliegen, auch um den Preis des Märtyrertodes, wie die frühen Christen. Aber den meisten von uns scheint die Dringlichkeit des Augenblicks wenig Sorge zu bereiten, da wir uns nicht bewusst sind, wie nahe die Wiederkunft des Menschensohnes ist. Zu viele Sekten haben sich eine Gemeinde geschaffen, wo sie eschatologische Vorhersagen von direkt bevorstehenden Katastrophen ankündigen. Die Leichtgläubigkeit ihrer Anhänger wiederum verstärkt unsere Skepsis dem Millenarismus gegenüber. Wie ungewiss die Zukunft auch sein mag, wir können nicht außerhalb unserer Zeit leben. Es gibt aber aktuelle Zeichen, die drohende Veränderungen anzukünden scheinen. So ist wohl die Rückkehr Israels ins Gelobte Land das auffallendste.

Außerdem sind wir Zeugen einer soziologischen Revolution, die keiner bestreiten kann, deren wahre Auswirkung aber nur wenige zu bemerken scheinen. Atheistischer Humanismus erzeugt eine moralische Laxheit, deren letzte Anomalie bei Frauen in der Verweigerung ihrer eigenen natürlichen Kondition besteht …

Seit dem Sündenfall haben die Töchter Evas am meisten unter dessen Folgen gelitten. Und das ist umso paradoxer, als es die Söhne Adams sind, die die Menschheit vom Bösen zum Schlechteren geführt haben. Denn es sind Männer gewesen, die die führenden Freigeister der letzten vier Jahrhunderte waren. Frauen haben erst seit kurzer Zeit in den Medien Einfluss gewonnen. In der Umkehrung der Werte hat «das andere Geschlecht» die verlorene Zeit schnell aufgeholt, besonders mit Hilfe solcher Schriftstellerinnen wie Simone de Beauvoir, Germaine Greer und Betty Friedan oder Politikerinnen wie Bella Abzug und Simone Veil. Diese der breiten Öffentlichkeit wohlbekannten Persönlichkeiten haben im Namen der «Frauenbewegung» (women's liberation) einen amoralischen Pragmatismus entwickelt, den die Politik inzwischen institutionalisiert hat. Und es scheint, als würden sie, ohne sich dessen bewusst zu sein, die Prophezeiung des heiligen Vincent Ferrer in die Tat umsetzen, der ein Strafgericht für die Menschheit angekündigt hat für den Tag, da Frauen sich wie Männer benehmen: «Lasst euch die Zeit zur Warnung sein, wenn Frauen wie Männer gekleidet sich freizügig benehmen, wie es ihnen gefällt, und Männer sich ordinär wie Frauen kleiden.»[222] Bis dahin konnte das, was falsch war in der Welt, auf die Tat von Männern zurückgeführt werden. Denn es sind Männer, die Kriege führen, und durch sie wurde Mord — kollektiv oder individuell — zum Normalfall. In der heutigen Zeit gibt es jedoch eine Wende: Das meiste Blut wird heute auf Veranlassung und mit Zustimmung von Frauen vergossen, die das Leben ihrer ungeborenen Kinder zerstören.[223] Ist Abtreibung nicht der

222. St. Vincent Ferrer (1350-1419) in *Le temps qui vient selon les prophéties* (F.-X. de Guibert, Paris, 1997, S. 82). Nicht nur, dass Männer sich wie Frauen kleiden in der Scheinwelt der Transvestiten, sondern es gibt solche, die Frauen werden, was man als Transgendering (Geschlechtsumwandlung) bezeichnet. Aber es gibt natürlich auch Frauen, die sich dank Transgendering in einen Mann verwandelt haben. Auf diese Weise wird der sexuelle Unterschied ausgelöscht, durch ein Wesen, das weder Mann ist, denn es kann nicht zeugen, noch eine Frau, denn es kann nicht gebären.

223. In Frankreich gibt es zwanzig Mal mehr Männer als Frauen in Gefängnissen, denn Frauen übertreten weniger leicht die Gesetze. Jetzt jedoch haben sie sich entschieden, gleichen Anteil an Verbrechen zu haben: sie haben dank einer äußerst wirksamen feministischen Propaganda die Legalisierung des Kindermordes «in utero» (im Mutterleib) erreicht, von dem sie nun in einer Häufigkeit Gebrauch machen, die, was die Anzahl der Opfer betrifft, vergleichbar ist mit den blutigsten Kriegen und den tödlichsten Plagen. Die, die das Leben spendet, bringt nun den Tod! «Sei überzeugt, dass es vor meinen Augen kein größeres Verbrechen gibt als dieses», sagt Christus zu Agnès-Marie in *La joie de Dieu* (Résiac, Montsûrs, 2000, S. 29). Je wehrloser das Opfer, desto unnatürlicher das Vergehen, desto größer die Sünde!
Sich gegenseitig zu töten, war eine spezifisch männliche Anomalie. Jetzt wurde Abtreibung in vielen Ländern ein Mittel, um das Geschlecht des Kindes zu bestimmen. Und so töten nun Frauen Frauen, besonders in Indien oder China, wo Mädchen im Vergleich zu Jungen weniger wert sind. Aus diesem Vorurteil wird ein vorhersehbares demographisches Ungleichgewicht entstehen, dessen soziologische und moralische Folgen verheerend sein werden. Wenn die heutigen chinesischen Babys erwachsen sein werden, wird es einen Überschuss von einhundert Millionen Männern geben, die vergebens eine passende Partnerin suchen werden. Man kann es kaum wagen, sich vorzustellen, wie dieses kollektive Gefühl von Frustration sich äußern wird.

äußerste Versuch «den Baum des Lebens» zu entwurzeln? Dies ist der Fall bei der bewussten und freiwilligen Kooperation beider Partner, wo die Gesellschaft die Verheißung einer Nachkommenschaft, die im sexuellen Unterschied verankert ist, widerruft.

Wenn ganz am Anfang die Initiative zur Sünde von Eva ausging, so sind es doch die Söhne Adams, die im Laufe der Geschichte die größere Neigung zum Töten gezeigt haben und die natürliche Ordnung auf den Kopf stellten. Aber am «Ende der Zeiten», nachdem Frauen sich nach Jahrtausenden der männlichen Vorherrschaft befreit haben, sind es nun die Töchter Evas, die aus einem Imitationsdrang heraus die Zukunft der Menschheit gefährden. Aber wie wollen Frauen «durch das Gebären von Kindern» gemäß dem heiligen Paulus «gerettet werden», wenn sie die Mutterschaft verweigern?[224]

---

224. (1 Tim 2,15). Ist es nicht bezeichnend, dass der Teufel, «ein Mörder von Anfang an», sich zuerst an Eva gewandt hat, um sich die Menschheit zu unterwerfen? Als hätte er in diesem Wesen aus Fleisch ihre Fähigkeit beneidet, das Ebenbild Gottes, nämlich ihre Kinder, zu reproduzieren. Nachdem er durch seine ursprüngliche Revolte gesündigt hatte, vereinigte sich seine ontologische Sterilität mit seiner Unfähigkeit, Gutes zu tun. Und diese doppelte Unfähigkeit bewegte ihn umso mehr, als Eva, als Frau, das Versprechen einer unermesslichen Erfüllung erhielt. Nach Tausenden von Jahren der Frustration hofft er, durch seine zweite Unterwanderung den Frauen, einer Spezies, die er als Rivalen seiner selbst betrachtet, die unheilbare Schuld der Nicht-Weitergabe des Lebens einzupredigen. Es war daher Gottes Wunsch, dass die Heilige Jungfrau, die zweite Eva, durch ihr Eingreifen fast im letzten Moment der Geschichte die Zerstörung der weiblichen Berufung, nämlich der Verwirklichung einer Gemeinschaft von «Christi Brüdern und Schwestern», verhinderte, deren Zahl «ein Drittel der Sterne vom Himmel erreichen könnte (Offb 12,4).

— Am 28. Dezember 2000, am Fest der Unschuldigen Kinder, gewährt uns die Muttergottes in Schio einen Einblick in die Folgen des ungeheuerlichen Missbrauchs des Naturgesetzes durch die Frauen: «Leben, meine Kinder, Leben! Die Verweigerung des Lebens ist eine sehr schwere Sünde. Sie bringt den Seelen die größten Qualen.»

«Ja, liebe Kinder, diese Generation wird an den Folgen mitzutragen haben, unter denen Europa leiden wird, weil es Gott verraten hat» (*Stella Maris*, März 2001, S. 21).

Immanente Gerechtigkeit ist so unversönlich wie Demographie. Das Römische Reich, das an einem fünfhundert Jahre andauernden Abfall der Geburtenrate litt, fiel von 60 auf 30 Millionen Bewohner, um schließlich nach dem Eintreffen der Goten als Kulturnation zu verschwinden. Aufgrund der unvermeidlichen Einwanderung aus der Dritten Welt könnte Europa innerhalb von fünzfig Jahren das gleiche Schicksal ereilen. Zahlen sprechen eine deutliche Sprache. Muslime sind

Sie folgten dem Vorbild des Mannes in eine Welt der todbringenden Lüge, in eine Welt ohne Gott. Gibt es noch genug gesunde Elemente für das Überleben einer religiösen Glaubenspraxis? Denn Christus warnt: «Wird jedoch der Menschensohn, wenn er kommt, auf der Erde (noch) Glauben vorfinden?»

Parallel zum Glaubensverlust kommt es zum Verlust von Moral und Sitte. Sexualität vereitelt ihre eigene Bestimmung und erhebt wie eine mörderische Ideologie Anspruch auf ihren Anteil an Opfern. Und sie hat ihren Anteil erhalten, gemäß den Prophezeiungen des heiligen Johannes «...eine Frau auf einem scharlachroten Tier sitzen[d], ... [mit einem] goldenen Becher in der Hand, der mit dem abscheulichen Schmutz ihrer Hurerei gefüllt war ... betrunken vom Blut der Heiligen und vom Blut der Zeugen Jesu» (Offb 17,3-6). Diese hoch angesehene Hure «...voll ... mit dem abscheulichen Schmutz ihrer Hurerei», die ihre eigenen Nachkommen vernichtet, hat sich mit Herodes im Massaker von unschuldigen Kindern verbündet.[225]

---

die einzigen, deren Fruchtbarkeitsrate unter dem Einfluss der Moderne nicht so merkbar reduziert wird. In Indien zum Beispiel haben christliche Frauen 2,4 Kinder, hinduistische 2,8, muslimische 4,8 Inzwischen gibt es 35 Millionen Muslime in Europa. (Statistiken aus dem Jahre 2002)
— Es gibt einen Grund für die beharrliche Aufforderung der Muttergottes in Medjugorje, wenn sie sagt: «Habt keine Angst, Kinder zu haben, vielmehr solltet ihr Angst haben, keine zu haben.» Und die Seherin Mirjana ergänzt noch geheimnisvollerweise: «Wenn die Geheimnisse enthüllt werden, wird man verstehen, warum es nötig war, viele Kinder zu haben.» Könnte es sein, dass die «Geheimnisse», die ihr anvertraut wurden, mit den Sieben Plagen zu tun haben, die in der Apokalypse angekündigt wurden (Offb 16). (Soeur Emmanuel: *Medjugorje, les années 90...* Ed. des Béatitudes, Burtin, 1996, S. 144)?

225. Wenn wir die Geschichte der Ablehnung Gottes von Seiten der Frauen skizzieren, kommen wir zu folgendem Verlauf: Die erste Phase, die entscheidend war, begann mit dem Sündenfall. Die Folgen waren katastrophal; die Sühne folgte, und Frauen nahmen eine lange Knechtschaft hindurch die Buße für ihr Vergehen auf sich. In der zweiten Phase wird die ursprüngliche Auflehnung durch einen Geist des Protestes nochmals durchlebt. Denn Frauen, die ursprünglich den Sündenfall anführten, haben mehr dafür gesühnt als Männer, bis sie, verärgert über diese Demütigung, fanden, einen zu hohen Preis bezahlt zu haben, und in der Revolte unserer Zeit die geistige Führung übernahmen.
Nach Maria Valtorta — die damit eine Intuition des heiligen Augustinus erläutert — bestand die Erbsünde darin, dass unsere Ureltern Geschlechtsverkehr haben

«… die große Hure …, die auf einem scharlachroten Tier [sitzt] …, betrunken … vom Blut der Heiligen und vom Blut der Zeugen Jesu» (Offb 17,1-7), Stich: Albrecht Dürer (Ausschnitt)

Wie könnten wir in unserer gegenwärtigen Situation Maria «nicht brauchen», sie, die Mediatrix (Mittlerin), die Coredemptrix (Miterlöserin), die Spenderin aller Gnaden, die neue Eva des neuen Adam?[226]

---

wollten wie die Tiere, obwohl in ihrem präternaturalen Zustand eine andere Weise körperlicher Vereinigung für sie vorgesehen war. Hierin wiederholte Maria Valtorta den hl. Augustin, der dahingehend argumentierte, dass die Sünden gegen das Fleisch mit dem Vergehen der Erbsünde in Verbindung gebracht werden können, obwohl sie nicht die schlimmsten, aber doch die häufigsten sind.

So kommt es, dass Eva durch ihre sexuelle Aberration ihren ehemaligen quasi-engelhaften Zustand verloren hat

Heute hat sich der Kreis geschlossen. Frauen schlüpfen, verführt von der Schlange, in die Rolle die Tiere. Nicht genug damit, wünschen sie sich nun Unfruchtbarkeit und geben die Rasse, zu der sie gehören, dem Aussterben preis.

Durch ihre erste Sünde entdeckte sie [Eva] die Begierde, anders ausgedrückt, die ungeheure Lust auf Vergnügen. Sie glaubte nicht, dass sie Tod ernten würde, wenn sie Begierde säte. Sie sollte bald herausfinden, dass sie sich getäuscht hatte …

Nach Maria Valtorta wollte Satan nicht, dass Eva die Freude kennen sollte, ohne Begierde und ohne Schmerz Leben zu spenden, eine Freude, die nur um weniges geringer als die von Engeln [gewesen wäre].

Indem sie die Begierde entdeckte, entdeckte Eva den Tod für sich und ihre Nachkommen. Heute verbindet sie, durch ihre eigene Initiative, Lust mit Tod, wenn sie das Leben verweigert. Ist es nicht, als würde sie zu Gott sagen: «Ich zahle es dir zurück: Ich zerstöre dein Ebenbild in diesem Kind; ich räche mich an der immanenten Gerechtigkeit, die mir den Tod brachte; und diesen Tod, der der Preis für die Sünde ist, füge ich dem Leben zu, das mir zur Weitergabe anvertraut wurde.»

Durch Empfängnisverhütung entschließt sie sich, unfruchtbar zu sein, indem sie sich selbst zu einer Zusammenarbeit mit Gott unfähig macht, nämlich ein Kind zu empfangen …

Simone de Beauvoir antwortete Freunden, die ihr anboten, jedes Kind, das sie mit Sartre haben könnte, großzuziehen: «Ich brauche kein zweites Ich, ich bin mir selbst genug. Und ich brauche auch keinen zweiten Sartre, er genügt mir.» Das moderne Paar lehnt die Ergänzung ab, die aus ihrer Partnerschaft eine Dreierbeziehung machen würde entsprechend dem göttlichen Vorbild. Ihre Einzigartigkeit ist so perfekt, dass sie nicht geteilt werden sollte.

Aber, wenn man Kinder ablehnt, weist man Gott zurück.

226. Maria Valtorta: «… ebenso wie Eva mit Adam in der Sünde vereint war, so ist Maria (die neue Eva) mit Christus (dem neuen Adam) in der Erlösung der Menschheit vereinigt.»

«Es ist das sogenannte Prinzip der "Vergeltung", wodurch Erlösung die Umkehrung von Sünde wird: "die Vergeltung Gottes"» (*Poema* I, 35).

«… so wie das Böse durch die Frau in die Welt kam, so ist es angemessen, dass Gott durch "die Frau" in die Welt kommen sollte» (*Il Poema dell' Uomo Dio IV*, 855). (Nach Gabriel Roschini, *La Vierge dans l'oeuvre de Maria Valtorta*: Ed. Kolbe, Montréal, 1983, S. 178-179). Es gibt eine doppelte Wiederherstellung des

Der Priester, den wir mit seinem: «Ich brauche das nicht», weiter oben zitiert haben, steht nicht im Widerspruch zur Lehre. Er wendet sich lediglich gegen die heutigen Erscheinungen. Trotzdem hat alles damit zu tun, dass Erscheinungen zu Maria hinführen, wie Geschenke zum Geber. Wenn Maria sich zeigt, kann man da auf die Frage verzichten, warum sie, die in den Himmel aufgenommen wurde, erscheint? Es gibt genügend Gründe für ihren Besuch und den ihres himmlischen Gefolges, das die Königin begleitet. Unser Desinteresse an ihren Botschaften ist eine Missachtung dessen, was von höchstem Interesse sein sollte. Denn diese Botschaften stammen von einem Wesen, das unsere Liebe absolut verdient. Lehrte uns der Engel in Fatima nicht die Verehrung des ersten Samstags im Monat als Sühne für unsere Vernachlässigung Mariens? Das Kind, das sich nicht an seine Mutter erinnert, die Seele, die sich nicht der Wohltaten entsinnt, die sie empfangen hat, sollte daran erinnert werden, dass sie in Schuld steht und dass Dankbarkeit, die am meisten vernachlässigte Tugend, im Himmel sehr hoch geschätzt wird.

«Ich muss dort nicht hingehen», sagte der Priester, als man ihn nach seiner Meinung über einen heutigen Erscheinungsort fragte. Es wäre nicht passend, seine Gründe dafür in Frage zu stellen, denn über so persönliche Entscheidungen ein Urteil abzugeben, kann wohl niemand wagen. Aber könnte sich ein Sünder — und wer ist ohne Sünde? — nicht vorstellen, dass die Muttergottes ihn braucht, auch wenn er für sich keine Notwendigkeit sieht, diesem Angebot Marias zu folgen? Denn als Mutter der Kirche braucht Maria das Gebet der Gemeinschaft der Gläubigen.[227]

Guten durch Maria: das erste Mal durch ihr Fiat; das zweite Mal durch das Eingreifen ihres Unbefleckten Herzens am Abend vor dem zweiten Kommen Christi. — Betrachtet man das Problem aus einer anderen Perspektive, so kann man bemerken, dass Satan den Fall Evas verursacht hat, dass sie sich aber an ihm durch ihre Mutterschaft rächte. Die Eva unserer Tage aber scheint das vergessen zu haben.

227. In El Escorial versichert uns die Muttergottes: «Wenn alle gottgeweihten Seelen täglich den Rosenkranz beten würden, würden alle Seelen gerettet werden (Gabriel: *Premier récit authentique des apparitions de l'Escorial*, F.-X. de Guibert,

Bedenken wir doch, dass diejenigen, die Gottes Gnadengaben interpretieren und danach leben, von gleicher Wichtigkeit sind wie deren Empfänger.[228] Was auf dem Spiele steht, ist die Glaubwürdigkeit der Botschaften des Himmels. Denn sie bedürfen zu ihrer Verbreitung der Mitarbeit des Klerus und des Laien. Wenn Gott einen Plan hat, sollten wir uns nicht darüber freuen, an dessen Erfüllung mitzuwirken? Sind wir uns dieser Ehre überhaupt bewusst? Die Muttergottes ruft uns! Wir aber versäumen es, auf ihre Einladung zu antworten und unseren minimalen, aber unerlässlichen Beitrag, nämlich den unseres Gebetes, zu leisten. Wir sollten unseren Auftrag nicht vergessen, die Gute Nachricht zu verbreiten, dass sie heute hier und überall dort, wo sie erreicht und verehrt werden kann, erscheint.

Paris, 1996, S. 326). Welch einmalige und staunenswerte Durchschlagskraft besitzen Priester und Ordensleute mit ihren Gebeten, einen Schatz in Reichweite! — Ich will damit nicht sagen, dass jeder, der nicht zu einem Erscheinungsort geht, damit eine göttliche Strafe hinnehmen müsste; dies ist keine Frage von Ursache und Wirkung.

Aber es ist wichtig, zu betonen, dass die Muttergottes oft wiederholt, sie habe die Hände voll mit Gnadengaben, deren Empfang von der Anwesenheit eines Menschen an dem Ort, den sie mit ihrem Besuch beehrt, abhängt.

«Die Königin des Südens … kam vom Ende der Erde, um die Weisheit des Salomo zu hören. Hier aber ist einer, der mehr ist als Salomon» (Lk 11,31). Passen diese Worte Christi aus seiner Zeit nicht heute auf Maria in Medjugorje oder Manduria, um nur diese zwei zu erwähnen?

Je mehr man die Wohltat einer Sache erfahren hat, umso mehr entbehrt man sie, wenn man einmal auf sie verzichten muss. So ist es auch mit den Gläubigen. Den meisten von ihnen fehlt die Muttergottes erst, wenn sie aus eigener Erfahrung den Trost und die Wohltaten kennen gelernt haben, die die Verehrung der Heiligen Jungfrau ihrer Seele bringt. Aber ein Anfang muss gemacht werden.

228. Vgl. *Mon enfant, Petit traité de la Grâce* (Ed. du Parvis, Hauteville, Schweiz, 1999, S. 42).

47

De feminismo (bis)

Feminismus (2)

Die Frauenbewegung hat Frauen von diskriminierenden Gewohnheiten, wie etwa ungleicher Bezahlung für gleiche Arbeit, befreit und hat ein soziales Bewusstsein für die Gleichheit der Geschlechter gebracht. Warum sollte die Kirche mit einer Bewegung in Widerspruch stehen, der man solche Errungenschaften verdankt? Der Feminismus hat Ungerechtigkeiten korrigiert, die dem jahrtausendealten Überlegenheitsanspruch des Mannes und seinen Macho-Vorurteilen entstammen. Ist es nicht höchste Zeit, dass diese Stimme in kirchlichen Kreisen gehört wird?

— Jedes Jahrhundert der Kirchengeschichte hat seine spezifischen Probleme. Um das Jahr 1500 sehnte sich eine Elite in der Kirche nach einer Veränderung innerhalb kirchlicher Tradition: Lefèvre d'Etaples, Savonarola, Erasmus suchten nach einem Weg zurück zur Einfachheit des Evangeliums. Skandale gab es zur Genüge, und Missbräuche schienen üblich und durch Gewohnheit legalisiert zu sein: Prinzen kauften Bischofsämter für ihre Söhne; Bischöfe vernachlässigten die Residenzpflicht; Laien wurden Titularäbte; Päpste hatten Kinder. Anstatt der lang erwarteten und erhofften Reform jedoch kam es zu einer Revolution, die sich eines Namens bediente, auf den sie keinen Anspruch hatte und der nur auf die spätere «Gegenreformation» angewandt werden kann. Was wir heute als Reformation bezeichnen, ließ die latente Dynamik von Verbesserungen in eine gefährliche Theologie einmünden. Ohne das Talent Luthers für spekulative Improvisationen wäre das Ende anders ausgefallen. Der Teufel kann das, was böse ist, auf etwas ursprünglich gut Gemeintes verpflanzen, wenn er im Stolz des Menschen und im Zeitgeist einen Verbündeten findet.

Heute geschieht ziemlich genau dasselbe, wenn das, was der «Geist des Konzils» genannt wird, in der Praxis verleugnet, woran man sich theoretisch zu halten vorgibt, und wenn man aus den Texten des II. Vatikanischen Konzils Schlüsse zieht, die im Widerspruch zu dessen Aussageabsicht stehen.[229] Dafür gibt es keinen besseren Beweis als eine Liturgie, in der Latein durch die Volkssprache ersetzt und gregorianischer Gesang der Vergessenheit anheim gestellt wird. Die Heilige Messe bzw. Eucharistiefeier konzentriert sich auf die Teilnahme der Gemeinde statt auf die Feier des Opfers. Und um sicher zu sein, dass diese teilweise Vernichtung des sakralen Charakters religiöser Zeremonien — zumindest wie wir es verstehen — effektiv wird,[230] verbannt man die Schönheit durch Er-

229. Dieser Missbrauch der Absichten der Konzilsväter wurde bald offenkundig. 1970 erklärte Kardinal Bengsch von Berlin: «Die Glaubwürdigkeit der Kirche erleidet schwere Rückschläge, wenn vier Jahre nach Beendigung des Konzils unter dem Druck der öffentlichen Meinung **die Konzilsbischöfe den Entscheidungen des Konzils nicht mehr zustimmen können**» (*Informationen aus Kirche und Welt*, Augsburg, Advent 2000, S. 5, zitiert in Der Fels, II, 1970). Die öffentliche Meinung kann für sich nicht die gleiche übernatürliche Hilfe wie das Konzil in Anspruch nehmen. Ebenso wie es ein Trugschluss der Demokratie ist zu denken, die Wahrheit liege bei der Mehrheit. Im Gegenteil, sie ist gewöhnlich das Vorrecht von wenigen.

230. Ich spreche hier nicht, wie bereits erwähnt, von dem übernatürlichen Charakter der Messe an sich, sondern von unseren eigenen Wahrnehmungen als Ergebnis dessen, was die Veränderungen Pauls VI. bewirkt haben. Haben nicht die Texte und selbst die liturgischen Gesten im äußeren Ritus mehr an Bedeutung verloren als sie an Bedeutung für unsere Zeit gewonnen haben? Seitdem Tradition ihren Einfluss verloren hat, scheint «Erneuerung» fast obligatorisch. Der Priester fühlt nur zu oft, dass er von den zwingenden Vorschriften befreit wurde und damit nun das Recht habe zu improvisieren.
Ist Liturgie nicht der Versuch, uns dem himmlischen Fest anzunähern, an dem unsere Seele, wenn sie wieder mit unserem Körper vereint sein wird, vor Gottes Angesicht teilnehmen wird? Ist es falsch zu glauben, dass es in Bewegung, Gesten, Gesang und Musik eine Beziehung zwischen unserem irdischen Feiern

lass von oben aus ihrer Zufluchtsstätte, dem Heiligtum, wo sie bis dahin im Ritual des Ausdrucks von Frömmigkeit ihre Rolle gespielt hatte.[231] Außerdem wurden durch offenes Missachten der Forde-

---

und dem himmlischen Pendant geben sollte, auch wenn dies außerhalb unserer Reichweite liegt? Und dass wir Gott auf der neuen Erde und unter einem neuen Himmel verherrlichen werden auf eine Weise, die das, was wir hier auf Erden bereits zu erreichen suchen, mit einem qualitativ höheren Register versehen wird? Wir sind derzeit Lehrlinge in dem, was wir eines Tages perfekt ausführen werden, aber das Ziel ist dasselbe: unsere Verehrung Gottes. Es ist ein puritanischer Fehler zu leugnen, dass die Schönheit dieser Welt und der Kunst in ihren höchsten Ausdrucksformen dazu dienen sollte, ihren Schöpfer zu loben.

231. Erwartet Gott, die Quelle und der Schöpfer aller Schönheit, etwa nicht, dass die Verehrung, die ihm erwiesen wird, seine eigene Vorstellung davon widerspiegeln sollte? Obwohl Schönheit und Gott erst im Himmel eins sein werden, so scheint es in Wahrheit «würdig und recht» zu sein, dass sie uns in der Liturgie zu unserer eigenen Erbauung an einen paradiesischen Zustand erinnert.

Die Schönheit aus unseren Kirchen zu entfernen bedeutet, Gott aus seinem Heiligtum zu verbannen, zumindest in der einzigen Form, unter der unsere Sinne ihn hier auf Erden wahrnehmen können. Ist die Inkarnation nicht die Realisation eines Paradoxons, das in der Gegenwart Gottes besteht, den wir sehen können? Ein Kult, der die inhärente Logik des Mysteriums seiner unmittelbaren Nähe respektiert, wird in seiner Liturgie die elementaren Regeln der Schönheit verwirklichen.

In der Heiligen Messe ist Jesus als Mensch und als Gott gegenwärtig. Er hört uns mit Ohren, er sieht uns mit Augen. Sollten wir ihm nicht einen Gottesdienst darbringen mit einer Musik, die «die Sterne in Bewegung» setzen kann (wie Dante es ausdrückt)? Und mit einer Liturgie, die seiner würdig ist? Und welcher Empfang wäre eines solchen Gastes würdig? Wir können einem solchen Gast nicht weniger als das Allerbeste geben, wie es die drei Könige taten mit ihrem Gold für seine Königswürde, mit der Myrre für seine Sterblichkeit und Weihrauch für seine Gottheit.

In einer Bachfuge ist Gott in einer zweifachen Weise anwesend: erstens auf analoge Weise in den Harmonien, die die Ordnung seiner Schöpfung verkörpern, und zweitens indem ER es ist, der höchste Künstler, der das Genie Bach erschaffen hat und der insofern indirekt der Urheber der Kunstwerke ist, die wir bewundern. Gott ist in der Kunst und besonders dort, wo sie das Attribut der Perfektion besitzt, dort, wo sie nicht verändert werden kann, ohne dass ihre immanente Notwendigkeit zerstört würde. Es ist, als hätte Gott die Musik von Bach geschrieben, indem er sich selbst in einer nicht-begrifflichen Sprache ausdrückt, die von Liebe spricht. Es gibt einen Plan in der Musik des Meisters, wie es ihn auch in allen Dingen unter der Sonne gibt. Aber in den heutigen Gottesdiensten werden Lieder gesungen, die alles andere als moralisch erhebend sind und höchstens an Lagerfeuermusik erinnern. Liturgie sollte eine Verbindung zu einer transzendentalen Realität herstellen und zu einer Vergangenheit, die durch die Tradition geheiligt ist, die bis zurück in Jesu Zeiten reicht.

Der Titel von John Sawards Buch *The Beauty of Holiness and the Holiness of Beauty — Die Schönheit der Heiligkeit und die Heiligkeit der Schönheit* (Ignatius Press, San Francisco, 1997) beinhaltet genau das Programm, das in den Kirchen

rungen des Konzils nach Evangelisierung der Welt die Schwächsten der Gesellschaft um einen freien Zutritt zur geoffenbarten Wahrheit gebracht: Für Kinder wurde ein Katechismus verfasst, der dar-

---

in die Tat umgesetzt werden sollte. Heiligkeit ist das konstitutive Element dieser Schönheit, von der die Liturgie, wenn sie dieses Namens würdig ist, Zeugnis ablegt zu unserer Erbauung und zum Lobe Gottes, der *laus divina*.
Schönheit kommt von Gott. Lassen sie uns Gott geben, was von Gott kommt. Das ist die Verehrung, die er verdient.
Schönheit ist dem Heiligen angemessen; sie ist heilig, und wenn sie nicht als solche behandelt wird (- es gab und gibt unnatürlichen Missbrauch, brutalen Missbrauch), dann ist das eine Vergewaltigung ihrer Integrität. Daher fühlt man sich nicht wohl, wenn der Versuch gemacht wird, sie mit Hilfe von Trivialität zu kompromittieren. Die Vermischung von Hässlichem und Schönem ist eine ungebührliche Vergewaltigung. In dem romanischen Dom von Worms sind die beiden künstlerisch zweitrangigen barocken Hochaltäre nicht nur geschmacklos, sie bringen vielmehr auch Weltlichkeit in eine sonst zum Gebet anregende Architektur. Auf gleiche Weise zerstört moderne Interpolation jahrhundertealte Elemente unserer Liturgie, deren Schönheit Ausdruck von Transzendenz ist. Daher muss man sie pflegen.
Die Messe ist beides: «Mitteilung Gottes» («Dieu communiqué»: Bossuet) und Vorwegnahme des Himmels. Dass wir diese Wahrheit verstehen und die Heiligste Dreifaltigkeit verehren, ist Sinn der Liturgie. Und wenn sie nicht zur Erbauung der Gläubigen dient, erfüllt sie eine ihrer wesentlichen Aufgaben nicht. Als im Mittelalter der heidnische Potentat von Kiew Abgesandte nach Konstantinopel schickte, um Erfahrungen über die christliche Religion einzuholen, so überzeugte ihn deren Bericht, um der Bekehrung seines Volkes zuzustimmen, denn sie sagten: «Die Feiern waren so schöne, dass wir glaubten, wir wären im Himmel.»
Wie weit sind wir von diesem Ideal entfernt, selbst im Gebrauch unserer Sprache. Christen sollten sich bewusst sein, dass Hässlichkeit das Merkmal des eschatologischen Tieres ist, dessen unmittelbare Nähe sich anzukündigen scheint. Sein bevorzugtes Medium ist Rockmusik. Dessen Raserei passt zu seinen ikonoklastischen Absichten und es träumt davon, die Heiligkeit der Sonntagsmesse zu schänden. Kann man leugnen, dass seine Absichten seinen Zielen nahe gekommen sind?
Es liegt auf der Hand: Um Religion unattraktiv zu machen, muss man sie lediglich hässlich machen. Und genau das geschah. Die Rechtfertigung für diese Einstellung ist folgende: da die Moderne eine Abwertung der Ästhetik beinhaltet, würde eine Religion, die nicht dem generellen Trend folgt, als unmodern erscheinen, als etwas, das den Kontakt zur modernen Zeit verloren hat.
Ein augenfälliges Beispiel für diesen pseudo-demokratisierenden Prozess kann man in der Illustration der meisten religiösen Kinder- und Jugendbücher beobachten. In den Tagen von «Winnie the Pooh» (Winnie, der Bär) wurden Kinder so dargestellt, wie sie sein sollten: süß, reizend, unschuldig. Heute porträtiert man sie als ungestüm, eigensinnig und wild. Wie kann man erwarten, dass diese jungen Raufbolde sich zu etwas anderem als zu Hooligans entwickeln? Die gleiche Entwicklung macht Religion, wenn ihre Ausdrucksformen billig werden. Sie reflektieren nicht mehr eine Welt, erlöst durch Gnade, sondern eine Welt, aus der alle christlichen und ästhetischen Werte geflohen sind.

auf angelegt war, Zweifel in ihren Verstand zu säen, besonders der Wahrheit gegenüber, die durch die Tradition vermittelt wird.[232] Um die Kirche noch mehr zu destabilisieren, wurden dreißig Jahre später zwei Generationen von jungen Menschen durch den Geist freier Dekonstruktion «protestantisiert». Das persönliche Gewissen wurde zum Stolperstein für die Wahrheit. Um dem Ganzen noch die Krone aufzusetzen, wurde der Zeitgeist herbeizitiert, um die Themen der Frauenbefreiung und des Feminismus einzuführen.

Haben Frauen bis dahin nicht im Herzen der Kirche die Rolle von «Maria» erfüllt, während in diesem geistigen Bethanien die Arbeit von «Martha» Männern übertragen war? Frauen streben von nun an nach der Verantwortung in den Verwaltungsämtern. Wenn Frauen durch ihre Arbeit von zuhause fern gehalten werden, wenn sie häusliche Unterwerfung mit beruflicher Unterdrückung vertauschen, so findet diese Unordnung im sozialen Leben ihr Gegenstück in den religiösen Gemeinschaften. Berufungen bleiben aus. Mutterschaft scheint in den Augen der Welt zu Passivität zu verurteilen, das Gebetsapostolat des Ordensstandes unwirksam zu sein. Wenn Christsein die Subversion weltlicher Weisheit bedeutet, sollte man dann nicht den notwendigen Schluss daraus ziehen? Jedoch

---

232. Statt auf bewährte Weise den Katechismus zu unterrichten, wurden Lehrmethoden und Programme entwickelt, deren einziger hypothetischer Vorteil darin besteht, modern zu sein. Dass Neuheit kein Kriterium für Vorzug sein muss, kann man am französischen Katechismus «Pierres vivantes» (Lebende Steine, 1982) erkennen, der für Jahre das Unkraut des Zweifels ausgesät hat statt den guten Weizen der Wahrheit. Die Idee hinter dieser Vorgehensweise war wohl, dass das Kind für sich selbst die Wahrheit der Religion durch einen persönlichen Prozess von «trial and error» (Versuch und Irrtum) finden sollte. Dabei hat man jedoch vergessen, dass Glaube eine Lehre ist, die ursprünglich direkt vom Himmel empfangen und später durch die Tradition weiter vermittelt wurde. Normalerweise wird Glaube nicht entdeckt; er wird nur gelehrt von Menschen oder von Gott. Die Wahrheit liegt nicht in der Zukunft, sie liegt vor allem in der Vergangenheit. Und Dank des kirchlichen Amtes wurde sie mit großem Eifer bewahrt.
Lassen Sie uns daher nicht, wie Simone Weil sich ausdrückte, «den christlichen Glauben in eine Sache [verwandeln], entwurzelt in ihrem Verhältnis zur eigenen Vergangenheit» (*Cahiers* III, Plon, Paris, 1956, S. 247). Offensichtlich hat sie die Exzesse unserer Generation vorausgesehen.

«den besseren Teil» Marias zurückzuweisen, bedeutet, die Wege des Himmels abzulehnen.»[233]

Da das Frausein gar nicht hoch genug geschätzt werden kann, sollte es nie der Gefahr ausgesetzt werden, seinen spezifischen Charakter zu verlieren. Wenn die eine Hälfte der Menschheit ihre Fehler zu denen der anderen addieren sollte, würde es die Rasse, zu der wir gehören, bald nicht mehr geben. Sind die Zugeständnisse an die öffentliche Meinung, was den Altarraum betrifft, nicht bedauernswert? Wenn trotz einer Tradition, die so alt wie die Christenheit ist, Frauen zum Altar zugelassen würden, so würde es am Ende dazu führen, dass es in Kirchen — im Altar- wie im Kirchenraum — nur noch Frauen gäbe. Und das wäre eine echte Verarmung.

Hat sich die Muttergottes bei ihren bedeutendsten Erscheinungen nicht hauptsächlich Frauen ausgesucht, so als wollte sie deren spezifische prophetische Gabe unterstreichen? Welcher Unterschied zwischen dem Alten und Neuen Bund! Jehova wählte Männer als Boten. Maria scheint ihre Botschaften bevorzugt kleinen oder jungen Mädchen anzuvertrauen oder gottgeweihten Jungfrauen oder verheirateten Frauen. Die, die sie erwählt, behandelt sie mit dem Respekt, der ihrer Mission zukommt. Wir alle wissen, mit welcher Hochachtung sie sich an Bernadette wandte, mit Worten, die uns allen im Gedächtnis eingegraben sind: «Würden Sie die Güte haben, in den nächsten zwei Wochen hierher zu kommen?» — «Voulez-vous avoir la grâce de venir ici pendant quinze jours?»

---

233. Es sind «die Wege des Himmels», wie Thérèse von Lisieux sie verstanden hat, und die der weiblichen Kondition besonders angepasst sind, wenn sie schreibt: «Im Herzen der Kirche … wähle ich die Liebe.»

48

De innocentibus

Die unschuldigen Kinder

Manche Menschen sind schockiert darüber, dass so viele Familien zu Erscheinungsorten gehen, um sich dort — nach ihrer Meinung — von abergläubischen Praktiken indoktrinieren zu lassen.

— Wir alle beobachten die offenkundigen Symptome der heutigen Revolte gegen Gott, wo Atheismus zunimmt, Agnostizismus in Mode, religiöser Relativismus im Trend und Esoterik höchst populär ist. Auf kollektiver Ebene bekundet die Menschheit, von Plato «großes Tier» genannt, öffentlich ihren rein säkularen Charakter, und die Leugnung eines übernatürlichen Schicksals von Seiten des Individuums ist nicht weniger weit verbreitet. Männer und Frauen verkünden mit ihrem «modus vivendi» und mit dem Sprachrohr der Medien ihre Freiheit vom Naturrecht. Worüber man in der viktorianischen Gesellschaft nur mit gedämpfter Stimme gesprochen hat, hält man jetzt geeignet für Kinder. Sie sind Opfer einer generellen Subversion und werden jetzt nach Prinzipien erzogen, die so absurd sind wie der moderne Feminismus. Und da Kinder nicht fähig sind, für sich selbst zu entscheiden, wie sie erzogen werden sollten, werden sie Verhaltensnormen ausgesetzt, die so lax sind wie die der Erwachsenen. Sie werden den gängigen sexuellen Obsessionen ausgesetzt, noch bevor sie das Alter dafür erreicht haben. Schulen haben vor unbeschützten Augen Geheimnisse entschleiert, die früher für spätere Enthüllungen aufgehoben wurden, und haben damit einen Anschlag auf die Unschuld der Kinder verübt, weil sie dem feinen Gespür vorgegriffen haben. Der Spieltrieb wurde missbraucht. Die Intimsphäre, die durch das Schamgefühl geschützt war, wurde verletzt als logische Folge von androgynen Anomalien. Nach dem Versuch, den Unterschied von Mann und Frau in Kleidung und Betragen abzuschaffen, ist es jetzt das Ziel, sich sein Geschlecht selbst zu wählen.

Im Gegensatz zu diesen Abscheulichkeiten verkündet die Muttergottes bei ihren Erscheinungen traditionelle Werte. Und wenn sie sich für die Rückkehr der Mütter in ihr Heim einsetzt, dann ermutigt sie auch zur Wiederentdeckung einer lang vergessenen Sitte, nämlich der Errichtung christlicher Gemeinschaften.[234] Das würde uns zurück in die Zeit der Apostel bringen, als die erste Generation der Gläubigen, besonders die Jüngeren, sich in den beschützenden Kokon der Kirche hüllte, abgeschirmt von dem schädlichen Einfluss der Welt. Ein Kind, das durch seine Eltern nicht vor

---

234. Die Muttergottes von Maracaibo in Venezuela sagte: «Meine Kinder, heute will ich euch einladen, die frühen christlichen Gemeinschaften nachzuahmen.» (Xavier Reyes-Ayral: *Un message d'amour*: Résiac, Montsûrs, 1997, S. 195).
Das Thema gibt es auch in El Escorial, wo das Gemeinschaftsleben der Familien nach Weise der frühen Christen wieder eingeführt wurde. Die ersten Familiengemeinschaften, die auf Verlangen des Himmels und unter seiner Anleitung ihre eigene Habe aufgegeben haben, indem sie alles verkauften und alles gemeinsam haben, leben seit Januar 1990 in «La Magdalena» gemeinsam in einem großen Haus wie die frühen Christen (Gabriel: *Premier récit authentique des apparitions de l'Escorial*: F.-X. de Guibert, Paris, 1996, S. 109).
Zu diesem Thema scheint der Himmel sich immer wieder und hartnäckig zu äußern:
Am 7. Oktober 1989 sagte die Muttergottes: «Seid bescheiden, meine Kinder, sagt euch los von euren Besitztümern und habt alles gemeinsam, wie es die ersten Christen taten. Behaltet nichts für euch, lasst alle daran teilhaben, was euer ist.» Am 4. November 1989 ist sie noch spezifischer: «… ich möchte, dass ihr an nichts gebunden seid …, dass ihr alle eins seid, dass das, was für alle da ist, jedem einzelnen gehört und dass das, was für jeden einzelnen ist, allen gehört, meine Kinder. Das ist der Weg des Evangeliums.» Hatte die Muttergottes etwa die Weltwirtschaftskrise vorausgesehen? Denn das wäre ein Weg für Familien, sie zu überleben. In El Escorial und an anderen Orten, an denen die Muttergottes erscheint, wird der Armut Haus und Unterkunft angeboten.

Die Muttergottes von E. Escorial in Spanien

der Anstiftung zum Bösen durch die Medien beschützt wird, ist nur zu schnell eine Beute der weit verbreiteten Ablehnung des Naturrechtes, wie es von den Erwachsenen praktiziert wird. Da «... alle Wesen aus Fleisch auf der Erde ... verdorben» leben (Gen 6,12), so wird, wie in den Tagen des Noah, die Arche marianischer Frömmigkeit den Geist der rettenden Unterwerfung der Kreatur unter ihren Schöpfer bewahren.

«Unschuld allein kann uns retten», sagt das Gewissen. Aber es gibt keine Unschuld mehr. Wir haben sie in den Herzen der Kinder zerstört.

Wo aber kann Unschuld noch gefunden werden, wenn nicht bei Maria?

49

In praxi

In die Praxis umgesetzt

Sie sagen: «Die Muttergottes ist erschienen!» Aber solange der Ortsbischof sich nicht positiv dazu geäußert hat, muss diese Behauptung als fraglich angesehen werden.

Vorschnelles Handeln kann zu Irrtum führen. Warum etwas überstürzen? Zur rechten Zeit werden alle Fragen beantwortet werden. Wir sollten uns Zeit lassen, bis der Bischof die Echtheit eines übernatürlichen Ereignisses festgestellt hat, was leichter sein wird, wenn die Vorgänge zu einem Ende gekommen sind. Es ist ein Zeichen von Besonnenheit und gesundem Menschenverstand, wenn Menschen guten Willens ihre Absichten zu einer Pilgerreise aufgeben, bevor die Erscheinungen zu einem Ende gekommen sind. Keiner wird kanonisiert, bevor er nicht gestorben ist. Warum sollten Erscheinungen für echt erklärt werden, bevor sie aufgehört haben?

MEINE ANTWORT

— Und warum sollte man, wenn man dieser Logik folgt, zu einem Ort gehen, solange die Muttergottes dort erscheint? Denn in 99,75% der Fälle wird der Bischof warten, bis sie nicht mehr kommt, bevor er den Gläubigen guten Willens rät, dorthin zu gehen.[235] Aber kann der Durchschnittschrist diese Ansicht teilen? Er

235. Die einzige Ausnahme, die ich kenne, ist Betania bei Cua, Venezuela, wo der zuständige Bischof, ohne zu warten bis die Erscheinungen zu einem Ende gekommen waren, die Ereignisse für echt erklärte. Die Seherin von Betania, «Maria Es-

muss sich nicht wie der Bischof um die Seelen sorgen, außer um seine eigene. Wenn er alles bis zu dem Zeitpunkt hinausschiebt, wo alles vorüber ist, verdient er dann nicht die Rüge: «Was für eine seltsame Art, auf eine Einladung zu reagieren! Der Gast will ganz sicher sein, dass die Dame des Hauses, des Wartens müde, sich in ihre Privatgemächer zurückgezogen hat, bevor er auf dem Bankett erscheint.»

Fast fühlt man sich an Jesu Kommen erinnert, den die Seinen nicht aufnahmen, denn auch die Muttergottes scheint zu kommen und von den Ihren nicht aufgenommen zu werden (Vgl. Jh 1,11). Wenn die Folge für die Zurückweisung Jesu schlimmer ist als das Gericht über Sodom (Mt 11,23; Lk 10,12), was wird dann das Schicksal dieser widerspenstigen Gäste Mariens sein? Denn wir sind alle eingeladen, wenn nicht namentlich, so doch implizit. Beim Namen gerufen zu werden, ist die Ehre, die nur wenigen erwiesen wird. Es war der Fall bei den Aposteln und Jüngern, deren Identität in den Evangelien aufgezeichnet ist. Es waren jedoch noch mehr berufen als die, die ohne Zögern auf den Ruf antworteten. Von den vielen, die eine plausible Begründung dafür haben, dem Ruf Christi nicht auf der Stelle zu folgen, kennen wir einige. Der eine wollte zuerst «seinen toten Vater begraben», ein anderer bat um Aufschub, bis er von seiner Familie Abschied genommen habe (Lk 9,52-62). Ein dritter konnte sich nicht von seinem großen Reichtum trennen (Mt 19).

---

peranza Medrano de Bianchini (geboren 1928) hatte ihr ganzes Leben hindurch mystische Erfahrungen, die sie auf ihre Mission vorbereiten sollten. Von Kindheit an wurde sie von der Heiligen Theresia von Lisieux und von der Muttergottes besucht ... Ihre himmlischen Besucher vermittelten ihre Heirat mit Geo Bianchini Gianni ... Eine Zeitlang war Padre Pio ihr geistlicher Ratgeber ... Sie machte nicht nur die Erfahrung von so klassischen mystischen Phänomenen wie Stigmata, Schweben über der Erde, Lesen in den Seelen der Menschen und Ausströmen von Rosenduft, sondern auch sehr ungewöhnliche wie die, dass ihr Körper von einer Schicht goldfarbener Feuchtigkeit und lebendigen Rosen umhüllt war, die aus ihrer Brust wuchsen. Zeuge dieser Phänomene waren Ärzte, Rechtsanwälte, Psychiater, Ingenieure, Atheisten, die durch sie bekehrt wurden, und selbst ein Fernseh-Journalist, der manche dieser Ereignisse gefilmt hat» (Fr. Edward D. O'Connor: *Marian Apparitions Today, Why so many?*; Queenship Publishing, Santa Barbara CA, 1996, S. 23).

Durch ihren Wunsch, die Entscheidung zu verschieben oder abzulehnen, die ihrer Natur nach ein «Alles oder Nichts» verlangte und die so erhaben war, dass man augenblicklich handeln musste, sind ihre Namen in Vergessenheit geraten. Sicher, die Einladung der Muttergottes, die an alle und jedermann gerichtet ist, ist so unbestimmt, dass sie einen großen Spielraum lässt. Trotzdem wäre es überheblich, die Gnaden gering zu schätzen, die jenen Seelen gewährt werden, die sofort auf die Bitten der Muttergottes antworten.

Die Angelegenheit ist wichtig und die Zeit drängt. «Es ist keine Sünde», sagt der, der zuhause bleibt, wenn er von dem Ruf Mariens hört. Aber ist das nicht eine seltsame Art und Weise, eine geistige Option lediglich unter dem Aspekt zu betrachten, ob man sich schuldig fühlt, wenn man sie vernachlässigt? Das würde bedeuten, dem Konformismus nachzugeben oder der Annehmlichkeit und der Bequemlichkeit, während die Muttergottes diejenigen, die ihrem Ruf folgen, mit Geschenken überschüttet. Diese Geschenke sind an unsere Anwesenheit an einem bestimmten Ort und an das Heute gebunden. Machen wir nicht auch manchmal einen Umweg, um jemand zu treffen, der uns lieb und teuer ist? «Es wird rechtzeitig genug sein, wenn die Erscheinungen erst einmal vorüber sind», sagt der eine, dann wird es für den Bischof leichter sein, das richtige Urteil zu fällen. So zu argumentieren, muss hinterfragt werden, denn man beruft sich darauf, wie man mit Angelegenheiten dieser Art in der Vergangenheit umgegangen ist. Aber in der Vergangenheit waren die Umstände völlig anders.

1) Der Laie besaß noch nicht die Freiheit zur Eigeninitiative, die ihm durch das II. Vatikanische Konzil gewährt wurde.

2) Da die gesamte Weltbevölkerung in den letzten drei Jahrhunderten nur einen Bruchteil von der des 20. Jahrhunderts erreichte, ist es logisch, dass die Anzahl der Erscheinungen geringer war.[236]

---

236. Sicher hat es weniger gegeben, auch wenn dies — zumindest teilweise — daran liegt, dass uns nicht genügend Dokumentation zur Verfügung steht. Bemerkenswert ist jedoch, dass es in moderneren Zeiten von einem Jahrhundert zum

3) Die Botschaften des Himmels waren in früheren Zeiten nicht so betont eschatologisch, wie sie es heute sind, noch hatten sie diesen dramatischen Charakter des Ausnahmezustandes.[237]

4) Weit geringer waren die Zeichen, an denen auch «Nicht-Seher» teilhaben konnten, wie Statuen, die Tränen oder Blut weinten, Bilder, die Heilung bringendes Öl absonderten, unerklärbare Phänomene an der Sonne oder am Himmel, wunderbare Wogen von Duft.[238]

---

nächsten große Unterschiede gibt, offensichtlich als Folge von mehr oder weniger großer Frömmigkeit bei den Menschen. Im Mittelalter fällt das dreizehnte Jahrhundert mit seinen 42 dokumentierten Erscheinungen der Muttergottes besonders auf (10 davon in Deutschland), während es im elften Jahrhundert nur 14 Marienerscheinungen gab (eine davon in Deutschland), im zwölften Jahrhundert gab es 26 (6 davon in Deutschland), im vierzehnten Jahrhundert 33 (4 davon in Deutschland) und schließlich 41 Erscheinungen im fünfzehnten Jahrhundert (5 davon in Deutschland). In der Moderne können wir ebenfalls Schwankungen beobachten: so im sechzehnten Jahrhundert 71 (2); im siebzehnten Jahrhundert 97 (20); im achtzehnten Jahrhundert 31 (7); im neunzehnten Jahrhundert 106 (6); und im zwanzigsten Jahrhundert 427 (47 davon in Deutschland) (Daten nach Hierzenberger, Gottfried/Nedomansky, «Erscheinungen und Botschaften der Gottesmutter Maria», Weltbild Verlagsgruppe, Augsburg, 1993: zitiert von Roland Süssmuth: «Die Erscheinungen der Muttergottes im Dienste der Verkündigung (Mission), der Bestätigung der Offenbarungswahrheit und der mütterlichen Ermahnung aus naturwissenschaftlicher Sicht» in *Die Stellung der Muttergottes in der Welt- und Heilsgeschichte* von Albrecht Graf von Brandenstein-Zeppelin, Alma von Stockhausen (Hrsg.), Gustav-Siewerth-Akademie, Weilheim-Bierbronnen, 2008, S. 130.

Wenn ich alle dokumentierten Marienerscheinungen der Vergangenheit bis hin zum 19. Jahrhundert addiere, komme ich auf die Zahl 491. Das sind für 1900 Jahre Christentum lediglich 64 Erscheinungen mehr als für das vergangene Jahrhundert. Je weiter wir zurückgehen, desto weniger zuverlässig sind die Informationen. Trotzdem können wir aus der Häufigkeit marianischer Erscheinungen in jüngster Zeit auf ihren unmittelbaren eschatologischen Charakter schließen.

237. Für diese Regel gibt es natürlich Ausnahmen wie etwa im Fall der Prophezeiungen von Mélanie Calvat von La Salette.

238. Lassen Sie uns aus dem Süssmuth-Artikel zitieren, den wir in der Anmerkung 222a erwähnt haben. Dort lesen wir unter dem Titel «Lakrimationsphänomene bei Madonnen-Statuen» (S. 156-169) folgendes: «Lakrimationen in Figuren aus Stein, Terracotta, Holz und Kunststoff» sind aufgetreten. «Seit dem Konzil ist die Zahl der weinenden Mutter-Gottes-Statuen unbestreitbar angestiegen mit Schwerpunkten der letzten Jahrzehnte.»

«In den 80er und 90er Jahren weinten über 100 Rosa-Mystica-Statuen in der ganzen Welt.» Diese Statuen weinten entweder «natürliche Tränen» (was die La-

5) Die Erscheinungen setzten sich nicht über Jahre hinweg fort, wie sie es heute tun.
6) Die Möglichkeiten, über die ganze Welt zu reisen, waren weitaus geringer als die, die uns heute mit Hilfe von Flugzeug, Auto oder Bahn zur Verfügung stehen.
7) Da Nachrichten nicht in Lichtgeschwindigkeit die äußersten Grenzen einer Provinz, eines Landes oder der Erde erreicht haben, konnten die meisten Gläubigen gar nicht wissen, was sich anderswo ereignete. Im Falle von Fatima zum Beispiel hatte außerhalb von Portugal trotzt der spektakulären Rotation der Sonne dreißig Jahre lang kaum jemand von diesem Ereignis gehört Der Himmel hat sein Eingreifen heute auf neue Weise organisiert. Wir müssen daraus schließen, dass es für das «hic et nunc» (für das Hier und Heute), und nicht für die künftigen Generationen gedacht ist. Unsere Kinder jedoch werden ernten, wo wir gesät haben. Keine Gnaden werden in der Gemeinschaft der Heiligen verschwendet. Momentan sind wir es, die dazu aufgefordert sind, auf die Großzügigkeit des Himmels zu antworten. Aber wir könnten auch die sein, die mit der «großen Not» konfrontiert werden, die bei Matthäus 24,21 erwähnt wird und die auf den Strom aus Feuer, Blut und Tod stoßen werden, der in Garabandal und El Escorial angekündigt wurde.

Eines aber ist sicher: Wenn Gott in dieser Welt straft, dann dient es zu unserem Heil. Was das Fallen der Sterne vom Himmel betrifft, wie es in der Apokalypse (6,13) angekündigt ist, so wird deren Sturz, der der Sturz Satans ist, dessen Komplizen unter den Menschen mit sich ziehen, wenn er in die Hölle geschleudert wird. Diese Strafe, die unaufhörlich ausgesetzt und hinausgeschoben wird, wird uns alle in diesen «letzten Zeiten» treffen. Das ist der Grund für die scheinbar endlosen Serien von Erscheinungen in Medjugorje und anderswo.

---

boranalysen ergeben haben) oder Tränen aus Blut. Die meisten dieser Statuen sind nach dem Modell der Erscheinungsmadonna von Montichiari (Brescia, Italien, 1947-1966) gemacht.

Zugegeben: «Keiner wird zu Lebzeiten heilig gesprochen.» Aber hätten Sünder warten sollen, bis Padre Pio tot war, um sich ihm anzuvertrauen und bei ihm zu beichten? Diese Frage ist natürlich absurd. Die Heilige Thérèse von Lisieux versprach nach ihrem Tode «Rosen regnen [zu] lassen». Das Apostolat von Padre Pio aber verlangte es, dass sein Charisma schon zu seinen Lebzeiten zum Einsatz kam. Es wäre absurd und eine Verschwendung gewesen, die vom Himmel gewährte Hilfe, die er uns im Beichtstuhl anbot, nicht anzunehmen.

Unsere Berufung als Christen des 21. Jahrhunderts ist es, gemäß der Formulierung von Fatima, für den Triumph des «Unbefleckten Herzens Mariae» zu arbeiten.

Die Stars der Politik, des Sports, der Unterhaltung stehen — dank der Medien — im Mittelpunkt des Interesses. Wann immer sie auftreten, ziehen sie Tausende von Anhängern und Fans in ihren Bann. Und die Muttergottes soll sich in Schio oder San Damiano mit ein paar Hundert Rosenkranzbetern — wie es gewöhnlich der Fall ist — zufrieden geben!

Christen sind oder sollten im Krieg mit dem Teufel liegen. Die heilige Johanna von Orléans erinnerte ihre ängstlichen Hauptleute, die Verzögerungstaktiken einsetzen wollten, daran, dass jede Verzögerung ein Verzicht auf einen strategischen Vorteil sei. Für geistige Kämpfe gilt dasselbe. «Ich sah den Satan wie einen Blitz vom Himmel fallen» (Lk 10,18), sagte Jesus. Und in der Tat, Luzifer und seine Lakaien werden als Feuerkugeln auf die Erde prallen und ihre ergebenen Diener mit in den Abgrund ziehen, die da sind die Abtreibungsärzte, die Verfechter von Pro Choice, die Förderer von Sterilisation und all denen, die das Zeichen des Tieres auf ihrer Stirne tragen.

Lassen Sie uns an dieser Stelle noch einmal auf die beiden Kriterien hinweisen, die zur Unterscheidung bei Erscheinungen jedem zur Verfügung stehen, nämlich:

1) Sind die Seher guten Glaubens? Das ist das subjektive Kriterium.

«Die Sterne des Himmel fielen herab auf die Erde, wie wenn ein Feigenbaum seine Früchte abwirft» (Offb 6,13), Stich: Albrecht Dürer

> 2) Gibt es geistige Früchte wie Bekehrungen, Heilungen, Erbauung? Das ist das objektive Kriterium. Sicher gibt es andere Unterscheidungsmerkmale, aber diese beiden sind für den gesunden Menschenverstand ausschlaggebend, und mehr wird von uns nicht erwartet.[239]

Mit den Menschen, die zu Erscheinungsorten gehen, passiert etwas. Das ist eine Tatsache, die auf Erfahrung beruht. Hier ereignet sich etwas, das so stark sein kann wie das Gefühl der Auferstehung, das Gefühl, den alten Menschen abgelegt und den neuen angezogen zu haben. Es kann sein wie ein sanfter Wind der Gnade, ein tieferes Wissen um die Liebe Gottes. Niemand kommt ungerührt, unverändert von einer Pilgerreise zu Unserer Lieben Frau zurück. Es ist eine spirituelle oder emotionale Begegnung. Es ist etwas Neues im Leben, so etwas wie die Einladung auf eine Ebene des Gebetes, die man bis dahin nicht gekannt hat. Eine Veränderung zum Besseren hat stattgefunden. Man ist dem Himmel näher gekommen; der Glaube wurde wiederhergestellt oder gestärkt; Zweifel und Ungewissheit wurden aus dem Weg geräumt. Der Mensch kehrt zu dem «unum necessarium» zurück, zu dem ausschließlichen Streben nach dem Guten, das uns zu der Liebe führt, «die uns von Anfang an in ihren Armen hält» (Simone Weil).[240]

---

239. Wie etwa die Übereinstimmung der Botschaften mit der Lehre der Kirche. Diese Übereinstimmung ist eine «sine qua non»-Bedingung. Aber auch hier sollten Überstürzungen vermieden werden. Die wunderbare Formulierung der Muttergottes von Lourdes «Ich bin die Unbefleckte Empfängnis» erfüllte den Pfarrer von Lourdes zunächst mit Bestürzung, denn sie schien damals zu ungewöhnlich. Dasselbe geschah in größerem Umfang in Medjugorje, wo die Kritiker argwöhnten, dass die Muttergottes mit allen Religionen auf viel zu wohlwollendem Fuße stand, als dass ihre Erscheinung echt sein konnte. Dabei bemerkten diese Kritiker nicht, dass sie gemäß der lokalen Terminologie mit den «Religionen» die «ethnischen Gruppen» der Region meinte. Denn Maria ist, wie wir wissen, die Mutter aller Völker, auch wenn sie sich von Rom getrennt haben oder Häretiker (Moslems) sind oder sich durch ein Schisma (Serben) vom wahren Glauben entfernt haben. Die Muttergottes bleibt auch für sie, wenn sie sie anrufen, die Mittlerin (Mediatrix) aller Gnaden, die sie für ihre Bekehrung brauchen.
240. Zu den Gnadengeschenken, die man erwarten darf, hat eine mit mehr Autorität ausgestattete Stimme als die meine sich folgendermaßen geäußert: «Wenn du dein Herz öffnest, um die Muttergottes zu grüßen, wenn sie erscheint, auch

50

Sponsa Christi[241]

Braut Christi

Hoffnung ist nach Hochwürden Bro «die Tugend für die Zukunft in der Gegenwart.» Das heißt, man setzt sein Vertrauen auf die Vorsehung. Diese hoffnungsvolle Haltung konnte man bei den Vätern des letzten ökumenischen Konzils beobachten, im Gegensatz zu der weniger zuversichtlichen Stimmung, die folgte, als die Veränderungen in der Kirche nicht die Erwartungen erfüllten, die man in sie gesetzt hatte. Die Generation, die folgte, sollte für die Kirche «die verlorene Generation» werden. Paul VI. charakterisierte diese post-konziliare Zeit mit dem Satz: «Der Rauch Satans ist in die Kirche eingedrungen.» Trotzdem sah er unter einem anderen Aspekt für die Zukunft eine «Zivilisation der Liebe» voraus. Johannes Paul II. antwortetet mit seinem vielzitierten Satz: «Fürchtet euch nicht» den Herausforderungen seiner Zeit. Benedikt XVI. strahlte ein neues Gefühl der Entschlossenheit aus.

Was immer die Zukunft bringen wird, so ist es beruhigend zu wissen, dass «die Pforten der Hölle» die Kirche nicht überwinden

---

wenn du sie nicht siehst, so wirst du dieselben Gnaden erhalten wie wir, die Seher! Wir sind nichts Besonderes, die Muttergottes möchte allen gewähren, was sie uns bringt» (Vicka von Medjugorje, zitiert von Schwester Emmanuel: *Les saints, nos protecteurs* in *Stella Maris*, März 2006, S. 23).

241. Dieses Kapitel wurde auf Anregung von Pater Dietrich von Stockhausen, dem Rektor der «Gebetsstätte» von Heroldsbach, geschrieben.

werden. Wir können nur voraussehen, dass das, was kommt, eine Folge dessen ist, was war.

— Wenn wir in der Menschheit eine Spezies ohne übernatürliche Bestimmung sehen, dann können wir jeden Augenblick das Schlimmste erwarten. Jeder x-beliebige Splitter eines explodierenden Sternes könnte, während er durch das Weltall saust, die Erde treffen. Christen aber wissen, dass es für den «Fall eines Sperlings» eine Vorsehung gibt. Ist der Mensch nicht mehr wert als ein Sperling? Das wichtigste Ereignis der Geschichte ist die Menschwerdung Christi. Für uns ist das Leben Christi das Maß aller Dinge. Bei seinem Tod wurde aus seiner Seitenwunde seine Braut, die Kirche, geboren. Die Tradition lehrt uns, dass das Leben der Braut dem Leben des Bräutigams angeglichen wird. Wäre es nicht denkbar, in der Verfolgung, die die Kirche unter der römischen Herrschaft erduldete, eine Parallele zu den Gefahren zu sehen, denen Jesus in seiner frühen Kindheit unter Herodes ausgesetzt war? Erinnert uns die Missionierung der heidnischen Welt nicht an die Verkündigung des Reiches Gottes durch Christus? Die Kirche hat jedoch noch keinen Prozess durchlebt, der an Dramatik und Heftigkeit dem Leiden, der Kreuzigung und dem Tode Christi gleich käme, auch wenn es Länder wie Sowjetrussland gibt, wo der Vergleich auf einer lokalen Ebene denkbar wäre. Als ein personifiziertes Ganzes hat die Kirche noch kein Schicksal erlitten, das dem ihres Herrn und Meisters an Härte und Universalität ähnlich wäre. Sollten wir daher erwarten, dass sie mit dem Antichrist, der noch einmal die Rolle des Judas spielen wird, treulos den Händen ihrer Todfeinde ausgeliefert wird? Wird die weltliche Macht über sie Gericht halten wie Pontius Pilatus über Christus? Was wird ihr Kreuzweg sein? Wird sie von ihren Feinden verspottet und verhöhnt werden, wenn sie auf der Folterbank ihrer Verfolger liegt? Wann wird sie, als man sie für tot hielt, von den Toten auferstehen?

Viele Prophezeiungen haben, wie in diesem Buch schon oft ausgeführt, die Zukunft der Kirche vorhergesagt. Ein immer wiederkehrendes Thema ist das des Triumphes, nachdem ihre Feinde besiegt und der Hölle übergeben sein werden. Denn das wird «für Tausend Jahre» das Schicksal Satans und der bösen Geister sein. Danach werden sie für eine kurze Zeit entlassen werden bis zur Wiederkunft Christi in seiner Herrlichkeit für die Auferstehung der Toten und das letzte Gericht.

Diese «Tausend Jahre» vor der Wiederbelebung des Fleisches wird die «Auferstehung» der Kirche analog zu der von Christus sein. Hat außerdem Christus nach Ostern nicht vierzig Tage lang seine Jünger mit seinen Erscheinungen gestärkt, bevor er in den Himmel aufgefahren ist, von wo aus er den Geist, den Tröster, gesandt hat? So wird es auch eine «halbe Zeit» für den Heiligen Geist geben, wie es «eine Zeit» für Christus gegeben hat. Die Symbolik der Zahlen wird hier in «Jahrtausenden» ausgedrückt, von denen vier dem Vater zugeschrieben werden, während die zwei folgenden Christus gehören.[242] Auf welche Weise diese scheinbar präzise Proportionalität reflektiert, was in Bezug auf die Geschichte der Menschheit dem Vater, was dem Sohn und was dem Heiligen Geist eigen ist, ist schwer zu sagen.

Wird es nicht in diesen letzten «tausend Jahren» sein, dass die Prophezeiungen von Christus an Natanael sich erfüllen: «Amen, amen, ich sage euch: Ihr werdet den Himmel geöffnet und die Engel Gottes auf- und niedersteigen sehen, über dem Menschensohn» (Joh 1,51)? Dazu gibt Bossuet folgenden Kommentar: «Warum ist der Himmel offen? Und was tun diese Engel, die mit so leichtem Fuß auf- und niedersteigen von der Erde zum Himmel und vom Himmel zur Erde? Die Erde liegt nicht länger in Feindschaft mit dem Himmel; der Himmel ist nicht länger ein Gegensatz zur Erde: Der Weg von einem Ort zum anderen ist mit seligen Geistern gefüllt,

---

242. Dies ist eine freie Textauslegung meinerseits von Offb 12, 14 und Dan 7, 25: «Eine Zeit und zwei Zeiten und eine halbe Zeit» unter Bezugnahme auf die Interpretation dieser Stelle durch die Mystikerin Luisa Piccarreta (vgl. Anmerkung 173).

deren Liebe eine perfekte Verbindung dieses Ortes der Pilgerschaft mit unserem himmlischen Vaterland ermöglicht.»[243]

Wir befinden uns jetzt in der Zeit vor der Passion der Kirche, wenn die Menge den Stellvertreter Christi feiert, wohin auch immer er geht. Aber es ist ein vergänglicher Triumph, denn die Kirche verliert jährlich Tausende von Gläubigen an die Laschheit in Fragen von Moral und religiösem Relativismus. Wenn jedes dritte Kind von vier ungeborenen Kindern im Mutterleib getötet wird und wenn Gleichgültigkeit ihrer Notlage gegenüber die gängige Haltung unserer Christen ist, dann wissen wir, dass die Mächte der Finsternis die Oberhand besitzen.

243. Zitiert in der französischen Ausgabe von «Magnificat», Oktober 2008, S. 383.

51

Judaei

Die Juden

Die Faszination, die von ihrer Geschichte ausgeht, hat das Interesse solcher Genies wie Pascal oder Léon Bloy erregt. Im Laufe der Jahrhunderte wurden sie den Völkern zum Ärgernis, bei denen sie während ihrer drei Exile Zuflucht gefunden hatten (zumindest den weniger löblichen Elementen der jeweiligen Gesellschaft), den Ägyptern, den Babyloniern oder den sprichwörtlichen Heiden (Nicht-Juden). Zu dieser letzten Gruppe gehören die Römer, Araber, manche heißköpfige Möchtegern-Kreuzfahrer, von der Pest geplagter mittelalterlicher Mob, engstirnige, christliche Monarchen, pogromsüchtige Russen und als Krönung sämtlicher Anomalien ein vom Darwinismus besessener Diktator. Nun, da die Juden in ihr Land zurückgekehrt sind, können wir da hoffen, dass sie gnädig von weiteren Verfolgungen verschont bleiben werden?

— Das würde bedeuten, dass sie ihre Mission als prophetisches Volk erfüllt haben. Denn der Fürst dieser Welt und seine leichtgläubigen Diener sind ewig entschlossen, diese Erfüllung zu vereiteln. Das Kommen des Messias als Nachfahre des Hauses David ist vorhergesagt. Jedoch «Er kam in sein Eigentum, aber die Seinen nahmen ihn nicht auf» (Joh 1,11). Der Grund dafür ist, er wurde als Monarch erwartet in Übereinstimmung mit seiner königlichen Abstammung, der das Königreich Israel in seinen alten Grenzen wiederherstellen würde. Mit ganz ähnlichen Worten hat der Engel bei der Verkündigung die Rolle beschrieben, die er spielen würde: «Er wird über das Haus Jakob in Ewigkeit herrschen und seine Herrschaft wird kein Ende haben» (Lk 1,33). Und die Apostel, ganz Kinder ihrer Zeit, erwarteten letztlich nicht weniger von ihm. Judas, vielleicht der schlaueste unter den Jüngern, konnte seine Enttäuschung nicht zügeln und verkaufte seinen Meister um harte Münzen, wie man einen Sklaven verkauft. Die verbleibenden elf hegten noch am Morgen des Himmelfahrt-Tages große Träume: «Herr, stellst du in dieser Zeit das Reich für Israel wieder her?» (Apg 1,6). Wenn schon die wenigen Auserwählten so irre geleitet waren, so war die Blindheit der Menge verständlich. Von all den Prophezeiungen, bei Mose angefangen bis hin zu den Propheten, wurden nur diejenigen, die eine Salomon-ähnliche Herrschaft des Messias voraussagten, nicht in Frage gestellt. Und es gab viele davon. Wer würde nicht jubilieren und vor Freude tanzen, wenn er das sechzigste Kapitel von Jesaja liest. Die ganze Welt würde Jerusalem Anerkennung zollen.

Heute wird den Ankündigungen großer Dinge, von denen wir nun wissen, dass sie sich zu Zeiten Jesu nicht erfüllt haben, eine andere Bedeutung gegeben. Uns wird gesagt, wir sollten diese Versprechungen in einem geistigen Sinn verstehen. Warum auch nicht? Als solche machen sie Sinn.

Die frühen Kirchenväter wussten, dass sie diese Prophezeiungen fast wörtlich verstehen konnten, weil sie sich auf die Zukunft, und nicht, wie zuerst gedacht, auf das erste Kommen Christi bezogen. Die Väter wussten auch, dass es ein zweites Kommen des Menschensohnes geben würde, und diesmal in Übereinstimmung mit seinem königlichen Stand. Das Königreich Gottes, von welchem der Herr zu den Juden sagte, es sei mitten unter ihnen, wird erst seine Erfüllung *ad extra* finden, wenn er «auf den Wolken des Himmels» (Mt 26,64) wiederkehren wird.

Die Juden wollten nicht auf Christus hören, als er seinem Ruf als Knecht Gottes folgte, dessen Aufgabe bei Jesaja, Kapitel 53, beschrieben steht, weil sie nicht an einem geistigen Königreich interessiert waren.

Nur im Rahmen eschatologischer Geschehnisse, kann das, was geistig ist, seine weltliche Vollendung finden, die ihres himmlischen Ursprungs würdig ist.

Während das erwählte Volk seiner Berufung untreu wurde, weil sie nicht ihrer weltlichen Erwartung entsprach, so sind wir, die Heiden des 21. Jahrhunderts, mit unserem eher gnostischen Fokus auf spirituelle Realitäten, blind für die Dimensionen des Gottesreiches, das kommen wird. Wir lesen Jesaja, Kapitel 53, das für uns mit Vergangenheit zu tun hat, und vergessen darüber Kapitel 60, das sich mit der Zukunft beschäftigt.

Anstatt unsere Hüften zu gürten und den guten Kampf zu kämpfen, der, ungeachtet des Verrats von vielen kurz vor seinem Sieg steht, verzweifeln wir am Morgen. Dabei war das Reich Gottes niemals näher.

Aber auch wir sind, wie die Juden früherer Zeiten, unfähig, die Ereignisse der Gegenwart, im Licht der Schrift zu verstehen. Wenn aber die heutigen Juden beginnen, ihre Vergangenheit zu verstehen, wollen wir uns dann nicht ihrem Eifer anpassen und unserem bevorstehenden Schicksal in die Augen sehen?

Index

Liste der in diesem Buch erwähnten Erscheinungsorte.[244]

– Akita in Japan, 1973-1981, Seherin: Schwester Agnès Sasagawa Katsuko: Marienstatue, die Tränen weint und duftendes Öl ausscheidet; Schwester Agnès hört innere Stimmen.

– Amsterdam in den Niederlanden, 1945-1959, Seherin: Ida Peederman.

---

244. Hier finden Sie, wie auch im übrigen Buch, die Namen der Orte marianischer Erscheinungen, die ich persönlich für echt halte. Die Liste ist nicht erschöpfend, da ich mich auf die Erscheinungsorte beschränke, über die ich Kenntnis aus erster Hand habe oder über die ich mich äußerst sorgfältig und ausführlich informieren konnte. Die Liste ist auch nicht offiziell, denn nur der Bischof kann dank seines ihm übertragenen Amtes über die Echtheit entscheiden. Ich kann vielleicht sagen, dass ich lediglich das mögliche Resultat beschreibe. Denn die Erfahrung zeigt, dass es ziemlich leicht vorherzusagen ist, was das Ergebnis dieser langandauernden Überlegungen sein wird, die der tatsächlichen Anerkennung der Übernatürlichkeit vorausgehen. Das Hauptanliegen meines Buches ist es, die falschen Argumente zu widerlegen, die gegen echte Erscheinungen angeführt werden. Und ich hoffe, dass diese Haltung des Zweifels allmählich einer objektiveren Haltung weicht.
Im Jahre 2001 wurde der übernatürliche Charakter der Ereignisse in Kibého, Ruanda, vom Bischof anerkannt. Der tragische Völkermord, der vorausgesagt wurde, war offensichtlich die Bestätigung für die prophetische Natur der Vorhersagen, die durch das Blut von zwei Sehern besiegelt wurde. Auch Montichiari in Brescia, Italien (1947-1966) und Balestrino, Savone, ebenfalls Italien, (1949-1971) haben die zuständigen Behörden ihre Zustimmung erteilt. Dasselbe gilt seit dem 21. Dezember 2001 für die L'Île-Bouchard im Departement Indre-et-Loire. Die Anerkennung kam in einem sehr kritischen Moment, als die französischen Kommunisten beinahe die Kontrolle über das Land an sich gerissen hätten. Äußerst unerwartet kam es in jüngster Zeit zu einer Anerkennung der Erscheinungen «Unserer Lieben Frau aller Völker» von Amsterdam (1945-1959), da man diese Erscheinungen zunächst für dämonisch gehalten hatte.

– Betania in Cua, im Staate von Miranda, Venezuela, 1976-1988, Seherin: Maria Esperanza Medrano de Bianchini.

– Dozulé, nahe Caen in der Normandie, 1972-1978, Seherin: Madeleine.[245]

– Emmitsburg, Maryland, USA, 1993-20?...,[246], Seherin: Gianna Talone-Sullivan. Siehe Kap. 44: Addendum.

Für das Auflisten von Erscheinungsorten mit offizieller Anerkennung kann man zwei Bücher empfehlen, auch wenn sie bereits etwas veraltet sind: *Multiplication des apparitions de la Vierge aujourd'hui. Est-ce Elle?* (abbé René Laurentin: Fayard, Paris, 1988) und *Pourquoi la Vierge apparaît aujourd'hui?* (Anna-Maria Turi: Félin, Paris, 1988). Ausführlicher, aktueller und auf den neueren Stand gebracht sind: Gottfried Hierzenberger & Otto Nedomanskys *Erscheinungen und Botschaften der Gottesmutter Maria: Vollständige Dokumentation durch zwei Jahrtausende* (Pattloch Verlag, Augsburg, 1993) und René Laurentin & Patrick Sbalchieros *Dictionnaire des «apparitions» de la Vierge Marie* (Arthème Fayard, Paris, 2007, 1428 Seiten).

245. Dozulé ist einer der am heftigsten umstrittenen Erscheinungsorte, weil Christus dort bat, man möge ein Kreuz von 738 m Höhe, der Höhe von Golgatha, errichten. Heute wäre eine solche Konstruktion durchaus machbar. Aber aus verständlichen Gründen kann man sich kaum vorstellen, dass es gemacht wird. Ich persönlich halte es nicht für utopischer als die Leidenschaft, die die Erbauer gotischer Kathedralen antrieb, die Gesetze der Schwerkraft zu überwinden und Gewölbe in schwindelnde Höhen hochzuziehen, wie etwa in Beauvais mit seinen 48 m Höhe.
Pharaonen bauten Pyramiden, um ihre Unsterblichkeit sicherzustellen. Die französischen Könige waren bei ihren Ausgaben nicht zurückhaltend. Denken wir nur an Franz I. mit seinen elf Schlössern; besonders an Chambord, in dem er sich nur 72 Tage aufgehalten hat, — und unsere Wolkenkratzer, die Türme von Babel der Geschäftswelt! Mit dem Kreuz von Dozulé würde Frankreich nur zu den Zeiten zurückkehren, wo man Ausgaben zur Verherrlichung Gottes niemals für verschwenderisch hielt. Und es wäre eine Wiedergutmachung für seine Politik des Ausschlusses der Religion und der religiösen Symbole aus der Gesellschaft. In vier Jahrhunderten wurden im Mittelalter mehr Steine für Kirchen verbaut als in Ägypten in zweitausend Jahren für Tempel und Pyramiden. Gibt es etwas, das verehrungswürdiger ist als das Kreuz? «Per hoc signum vinces» (Mit diesem Zeichen wirst du siegen). Es ist die Verehrung des Kreuzes, mit dem Maßstab der Moderne, für die die Seherin Madeleine in Dozulé wirbt, um die Schleusen für die himmlischen Gnaden zu öffnen. Da, wie nicht anders zu erwarten, aus dem ursprünglichen Vorschlag nichts wurde, haben viele fromme Familien ein Kreuz in der Höhe von 7,38 m in blauer Farbe zu Ehren der Muttergottes auf ihrem Grund und Boden errichtet.

246. Das Fragezeichen bedeutet, dass die Erscheinungen noch nicht aufgehört hatten.

– El Escorial, nahe Madrid, Spanien, 1980-2002, Seherin: Luz Amparo Cuevas, letzte Botschaft 5. Mai 2002.

– Garabandal, nahe Cosio, Provinz Santander, Spanien, 1961-1963, Seherinnen: Conchita Gonzalez, Mari-Cruz Gonzalez Madrazo, Jacinta Gonzalez Gonzalez, Mari-Loli Mazon Gonzalez (alle nicht miteinander verwandt).

– Heroldsbach, nahe Bamberg, Deutschland, 1949-1952, Seherinnen: acht kleine Mädchen.

– L'Île-Bouchard, im Loire-Tal, 1947, Seherinnen: Jacqueline Aubry und drei andere kleine Mädchen.

– Kérézinen, Finistère, in der Bretagne, 1938-1965, Seherin: Jeanne-Louise Ramonet.

– Kibého, Ruanda, Afrika, 1981-1985, Seher: sechs junge Mädchen und ein Junge, von denen drei offiziell als Seherinnen anerkannt wurden.

– Litmanova, Nord-Slowakei, nahe Stra L'ubovna, 1990-1995, Seherinnen: zwei kleine Mädchen, Katka Ceselkova und Ivetka Korcakova.[247]

– Lyon Croix-Rousse, Frankreich, 1882-1883, Seherin: Anne-Marie Coste.

---

247. Als Ivetka am 24. Februar 1991 die Muttergottes fragte, warum sie bei ihrer vorhergehenden Erscheinung, nämlich am 17. Februar, ganz in Schwarz gekleidet war, erhielt sie die furchtbare Antwort: «Am persischen Golf, wo der Krieg tobt, sind fast alle Seelen verdammt [und ich höre ihre] qualvollen Schreie» (*Vers l'unité ... Messages de Notre Dame à Litmanova* Résiac, Montsûrs, 1997, S. 52). Zu dem Thema «Die kleine Zahl der Erwählten» vergleiche Kapitel 7. Es liegt im Trend unserer Zeit, die Vorsehung falsch zu verstehen und zu glauben, weil Gott gut ist, wird er Sünder davon abhalten, in die Hölle zu gehen. Es wäre richtiger zu sagen: Weil er gerecht ist, wird er sie nicht daran hindern, ihre Freiheit zu gebrauchen. Aber als letzten Ort der Zuflucht hat er Maria bestimmt.

– Manduria, zwischen Tarent und Brindisi, Süditalien, 1992-200?..., Seherin: Debora Moscogivri.[248]

– Maracaibo, Venezuela, 1988-..., Seher: zwei Knaben: Juan Antonio Gil und José-Luis Matheus.

– Marienfried, Pfaffenhofen, Süddeutschland, 1940-1946, Seherin: Bärbel Ruess.

– Marpingen, nahe St. Wendel und Neunkirchen, Deutschland, 1999, Seherinnen: Marion Guttmann, Christine Ney-Niederkorn und Judith Hiber.

– Medjugorje, Bosnien, Jugoslawien, 1981-200?..., Seherinnen: Vicka Ivankovic, Mirjana Dragicevic,[249] Marija Pavlovic, Ivanka Ivankovic und die Knaben Jakov Colo und Ivan Dragicevic.

– Naju in Süd-Korea, 1985-200?..., Seherin: Julia Youn.[250]

---

248. Seit 2002 finden die Erscheinungen auf Wunsch des Bischofs in privaten Räumen statt.

249. Die Erscheinungen der Muttergottes erfährt Mirjana öffentlich an jedem 2. des Monats.

250. Der Erzbischof erkennt weder den übernatürlichen Charakter der Erscheinungen noch die wunderbaren Zeichen der Muttergottes von Naju an, deren Statue Tränen weint. Nach einem ungewöhnlich starken Tränenguss sagte die Muttergottes zu Julia Youn: «Ich habe es schon einmal in der Vergangenheit gesagt, du sollst nicht glauben, dass die Katastrophen in der Luft, auf Erden und in den Meeren natürliche, zufällige Ereignisse sind; die vielen Erdbeben, die Stürme, die die Erde überfluten, die sintflutartigen Regenfälle, die Taifune, die unnatürlich schweren Schneefälle, die Waldbrände, die Hungersnöte und Seuchen, die Kriege und der Mord, die Angriffskriege und die Konflikte zwischen Nationen und Volksstämmen, Scheidungen in den Familien, Zwiespalt und Mord unter Verwandten», all das ist kein Zufall. («Maria heute», Schweiz, April 2006, S. 28). Was uns hier gesagt wird, ist, dass Katastrophen nur natürlich sind insoweit die Natur daran beteiligt ist. Wir tendieren dahin zu glauben, sie seien zufällig, weil sie nicht voraussehbar sind. In Wirklichkeit sind sie so providentiell wie der Fall des Sperlings in der Bibel. Sind wir nicht mehr wert als die Vögel des Himmels? Was sich auf uns privat oder kollektiv auswirkt, hat Sinn und Zweck. Der Sinn ist die Liebe, wie alles, was von Gott kommt. Der Zweck ist unser Heil, das jedoch, wie so oft, unserer Mitarbeit bedarf. Wenn wir nicht die Absicht Gottes in Ereignissen lesen, bleiben sie ein Rätsel. Wenn wir sie zu wörtlich interpretieren, scheinen sie absurd. Aber von Zeit zu Zeit wird über sie das Licht der Ewigkeit ausgegossen und dann können wir verstehen, dass alles unserem geistlichen Wohl dient. Der leich-

teste Weg, um diese Ebene übernatürlicher Weisheit zu erlangen, ist der, auf die Lehren unserer heiligen Mutter an derzeitigen Erscheinungsorten zu lauschen.
Was die Verantwortung des Menschen für das drohende Unheil betrifft, so sollte man zwei Extreme vermeiden. Erstens: zwischen den Opfern und dem Unglück, das sie getroffen hat, einen Zusammenhang von Ursache und Wirkung zu sehen. Zweitens: eine Beziehung zwischen den Sünden der Menschen und dem Übel, das sie heimsucht, auszuschließen. Der Mensch sollte sich bewusst sein, dass Gottes Gerechtigkeit in dieser Welt immanent ist und nicht selektiv, wie sie es nach dem Tode sein wird, wo die Strafe genau dem Verbrechen entsprechen wird. Es wäre absurd, darauf zu bestehen, dass AIDS nicht der Preis sei, den Homosexuelle eventuell zu bezahlen haben für ihr abwegiges Verhalten, aber ebenso, dass ein Kind, das HIV-infiziert auf die Welt kam, für sein Leiden verantwortlich sei. Es gibt eine Solidarität unter den Menschen, die die moralische Verantwortlichkeit dessen vergrößert, der sich anormal benimmt. Deswegen kann das Vergehen des einen die Ursache für das Unglück eines anderen sein. Das Leiden eines Unschuldigen kann für die unmittelbaren oder entfernten Missetaten eines anderen schmerzlindernd sein. Als Gesamtheit sind die Menschen die Schmiede ihres eigenen Schicksals; für das Individuum kann es auch anders sein. Warnte Jesus die Juden seinerzeit nicht mit den Worten: «Ihr alle werdet ... umkommen, wenn ihr euch nicht bekehrt» (Lk 13, 5) vor der drohenden Verwüstung ihres Tempels und ihres Landes?. Und doch hat das Unglück in den meisten Fällen ihre Kinder ereilt.
Nach Pater Paul Maria Sigl, dem Gründer der Familie Mariens, ist es ein Fehler, Unheil und Katastrophen allein auf Gottes immanente Gerechtigkeit zurückzuführen. Unter dem Einfluss des Teufels die Gebote zu brechen, bedeutet, sich von Gottes Führung loszusagen. Feuer und Schwefelregen auf Sodom und Gomorrha sind des Teufels Antwort auf die Sünden der Menschen. Bei einer guten Lebensführung häuft Gott Gutes auf uns, bei einer schlechten fügt der Teufel uns Übles zu. Und er ist so versessen darauf, im gleichen teuflischen Ton zu antworten, dass er nicht immer wartet, bis die Sünder gestorben sind. Er ist niemals glücklicher, als wenn er die Hölle auf Erden errichten kann, wie er es zum Beispiel in Auschwitz getan hat. Für alle Zeiten erweitert er seine Herrschaft über Lebende und Tote.
Wie muss Satan es genossen haben, die sündige Menschheit in der Sintflut ertränkt zu haben!
Krieg bedeutet für ihn Spaß. Im Krieg drückt sich am besten seine menschenmörderische Neigung aus. Kriege sind ihm noch lieber als Überschwemmungen und Erdbeben, denn im Krieg ist der Mensch das Instrument seines eigenen Ruins. Diese Ironie der Umstände reizt Satans sardonischen Humor. In beiden Arten von Katastrophen ist er am Werk. Aber auch der böse Wille des Menschen kann die positiven Pläne von Gottes Vorsehung außer Kraft setzen. Das geschah zum Beispiel in Frankreich im 18. Jahrhundert. Die Philosophen haben sich gegen Gott gewandt, und die begeisterten Leser von Voltaire und Diderot haben die Revolution verursacht und gingen selbst in den Napoleonischen Kriegen zugrunde. Eine rein intellektuelle Rebellion endete in dem Massaker von Millionen von Menschen. Wenn die Elite einer Nation nicht an die Offenbarung glaubt, hat der Fürst dieser Welt freie Hand.

– Ostina/Valdarno, Diözese Fiesole, nahe Florenz, Italien, 1993-200?…, Seherin: Sylvana Orlandi.[251]

– Pederobba, am Berge Monferena, Diözese Padua, Italien, 1996-200?…, Seherin: Paola Albertini.[252]

– Salta, Argentinien, Mai 1990 — …, Seherin: Maria Livia Galliano Obeid[253]

– San Damiano, nahe Piacenza, Italien, 1961-1981, Seherin: «Mamma» Rosa Quattrini.

«As flies to want on boys are we to the gods.
They kill us for their sport.» (Shakespeare)
«Was Fliegen sind den müss'gen Knaben, das sind wir den Göttern,
Sie töten uns zum Spaß.»

So wie in der Antike diese Götter nach dem heiligen Paulus nichts anderes als Dämonen waren, so sind unsere heutigen Ideologien nichts weniger als das. Feminismus, verstanden als das Recht auf Abtreibung, ist Satans liebste Antwort auf die Aussage von Paulus: Die Frau «… wird dadurch gerettet werden, dass sie Kinder zur Welt bringt» (1. Tim 2, 15). In Ausübung dessen, was man euphemistisch «reproductive rights» (Fortpflanzungsrechte) nennt, zerbricht die Frau die direkte Verbindung zur Erlösung. Auf diese Weise häuft die Lizenz zu töten auf die Menschen glühende Kohlen dämonischer Vergeltung.

Nach den uns zur Verfügung stehenden prophetischen Quellen können wir bemerken, dass die bevorstehenden «drei Tage Finsternis», die die Menschheit erwarten, die bisher größte Katastrophe, die es je gegeben hat und geben wird, ein direktes Eingreifen Gottes darstellen. Denn sie werden die Welt von den Millionen von Dämonen, die sich auf der Welt tummeln und von den Menschen, die ihnen dienen, befreien.

251. Den jüngsten Berichten zufolge finden die Erscheinungen um fünf Uhr nachmittags am letzten Sonntag jeden zweiten Monats im Haus der Seherin statt (also: Februar, April usw.).

252. Am meisten bekannt in Amerika durch die wunderbare Heilung von Mutter Angelica am 29. Januar 1998. Mutter Angelica (Mother Angelica) kennt man von ihren Sendungen bei EWTN. Die Erscheinungen gab es seit 1986, und sie waren zunächst Privaterscheinungen, wurden aber seit 1996 öffentlich und finden nun jeweils am 4. jedes Monats auf dem Berg Monfenera um 18 Uhr statt (s. Patrick Sbalchiero, «Une fidèle hors du commun: Paola Albertini», *Chrétiens Magazine*, 15 April 2007, S. 15-19). Pederobba liegt 34 Kilometer nordwestlich von Treviso.

253. Öffentliche Fürbitten an jedem Samstag um 12 Uhr auf dem Berge von Cerro (ausgenommen während der Regenzeit vom 15. Januar bis 15. März). Die Gebetsintentionen sind: Weihe an das eucharistische Herz Jesu, Gebet um die Einheit von Ost- und Westkirche und die Vorbereitung auf das zweite Kommen unserer Herrn Jesus Christus.

- San Nicolas, Argentinien, 1983-1990, Seherin: Gladys Herminia Quiroga de Motta.
- Schio, nördlich von Vicenza, Italien, 1985-2004, Seher: Renato Baron.
- Scoglio, nahe Placania und Caulonia, Kalabrien, Italien, 1968-1992, Seher: Fratel Cosimo.
- Scottsdale, Arizona, USA, 1987-1993, Seherin: Gianna Talone und neun junge Seherinnen.
- Tilly-sur-Seulles, Diözese Bayeux, Normandie, 1896-1905, Seherin: Marie Martel.
- Tre Fontane, Vorort von Rom, 1947, Seher: Bruno Cornacchiola.
- Vaddiakadu, Kerala, Indien, 1985-200?..., Seherin: Maryammal.
- Valkensward, nahe Eindhoven, Niederlande, 1987-..., Seherin: Agatha Molki.
- Zeitoun, Kairo, Ägypten, 1968-1971, Maria wurde von mehr als 250.000 Menschen gesehen.[254]

254. Diese Visionen sind erwähnenswert aufgrund der großen Anzahl von Menschen, die sie beobachten konnten. Ich habe die Erscheinungen in diesem Buch nicht weiter erwähnt, weil die Muttergottes nicht gesprochen hat.

Illustrationen

Vorderer Umschlag: Madonna von Sassoferrato, Arte-Doria-Pamphilij-Museum, Rom

Hinterer Umschlag: Jacques Cabaud übergibt Papst Johannes Paul II. am 3. April 2002 sein Manuskript (Foto von «L'O.R.», Vatikanstadt)

Einleitung: Padre Pio
Mamma Rosa von San Damiano

Kapitel 4: Anne-Marie Coste und die Medaille der «Verlassenen Mutter»

Kapitel 5: Yvonne-Aimée von Malestroit als junges Mädchen

Kapitel 6: Alphonsine von Kibeho in Ekstase
Die vier apokalyptischen Reiter von Albrecht Dürer (Offb 6, 1-8)

Kapitel 14: «Eine Frau, mit der Sonne bekleidet; der Mond war unter ihren Füßen und ein Kranz von 12 Sternen auf ihrem Haupt» (Offb 12,1), Stich: Albrecht Dürer
Debora von Manduria in Ekstase

Kapitel 15: «Ein anderes Tier stieg aus der Erde herauf. Es hatte zwei Hörner wie ein Lamm, aber es redete wie ein Drache» (Offb 13,11). Stich: Albrecht Dürer (Ausschnitt)

Kapitel 21: Das Baby, das in Vaddiakadu gestorben war, als man es 6 Monate später lebend in seinem Sarg wiederfand

Kapitel 36: Statue der Muttergottes von Medjugorje, die in Civitavecchia Blut weint
«Dann erschien ein großes Zeichen am Himmel: eine Frau mit der Sonne bekleidet» (Offb 12,1), Heroldsbach, nach einem Gemälde von W. Fiedler

Kapitel 39: Mirjana von Medjugorje in Ekstase

Kapitel 40: Mari-Loli von Garabandal in ekstatischem Zustand, der manchmal die Gesetze der Schwerkraft aufzuheben schien

Kapitel 46: «... die große Hure ..., die auf einem scharlachroten Tier [sitzt] ..., betrunken ... vom Blut der Heiligen und vom Blut der Zeugen Jesu» (Offb 17,1-7), Stich: Albrecht Dürer (Ausschnitt)

Kapitel 48: Die Muttergottes von El Escorial in Spanien

Kapitel 49: «Die Sterne des Himmel fielen herab auf die Erde, wie wenn ein Feigenbaum seine Früchte abwirft» (Offb 6,13), Stich: Albrecht Dürer

NOTA: Ich bin dem Arte-Doria-Pamphilij-Museum, Rom, für die Druckerlaubnis der Madonna von Sassoferrato zu Dank verpflichtet und dem Germanischen Nationalmuseum, Nürnberg, für die Druckerlaubnis der Stiche von Albrecht Dürer. Ich danke dem Parvis-Verlag für die Fotos von Mamma Rosa, Debora, Mirjana und der Statue von Medjugorje. Ich bedanke mich bei F.-X. de Guibert und O.E.I.L. für die Fotos von Mari-Loli, die Muttergottes von Naju und von El Escorial. Ich verdanke dem Hovine-Verlag die Fotos von Padre Pio und René Laurentin die Bilder von Alphonsine und dem wieder zum Leben erweckten Baby von Vaddiakadu.

Für die Bibelzitate habe ich die Einheitsübersetzung der Heiligen Schrift «Die Bibel» benützt, Gesamtausgabe; 5. Auflage — Stuttgart: Katholische Bibelanstalt, 1988.

Inhaltsverzeichnis

Dritter Teil

APPENDIX